国学新知文库·第二辑

詹石窗 | 主编

元代婺源
胡氏易学研究

李育富◎著

人民出版社

总　序

詹石窗

　　"国学"一词最早见于《周礼·春官》："乐师掌国学之政,以教国子小舞。"其中所谓"国学"实际上是指上古时期国家设立的学校。随着历史的进展,"国学"的内涵逐渐发生演变。到了近现代,"国学"成为指称我国特有学术的一个术语,其外延是以儒、道、释为主体的中华民族传统文化,涉及古代哲学、史学、文学、艺术、语言学、科学等诸多领域。本《文库》正是从广义上使用"国学"概念的,至于"新知"既意味着新的领域、新的视野,也意味着新的探索、新的认识。由于国学的范围相当广泛,这套文库当然应该有所选择,关注那些具有新发现、新观点的成果,这就是为什么将"国学"与"新知"合成的用意所在。从文稿选择的立场看,既然是"国学",则入选的文稿必定是传统文化方面的;既然是"新知",文稿如果仅仅反映传统文化内容,还是未能符合要求的,必须是两个方面的特质兼备,才能进入这套文库之中。也许组织者对文稿的选择不一定准确,但不论情况如何,"新知"乃是编纂这套文库的初衷,表达着一种愿望、一种追求,一种目标。

　　《国学新知文库》的编纂工作确立了如下宗旨:

　　第一,弘扬求实精神,鼓励学术创新。众所周知,任何一种学术研究,都必须具有求实精神,国学研究当然也不能例外。就过程而言,国学研究的求实精神首先意味着对从事的领域展开广泛的调查,精读相关的经典文献,详细占有资料,然后进行深入思考,避免信口开河,无中生有,有中说无,而是依据事实,客观陈述,立论稳妥。这种求实精神在节奏加快的当今学术圈中尤其需要。与此相联系,《国学新知文库》也特别强调学术创新。往昔的

1

成就固然可以引为自豪,但重复劳动是没有前途的。惟有学术创新,才能永葆国学的旺盛生命力,焕发学术研究的青春。所谓"创新"就国学领域来说,首先是文献史料的新发现、新发掘;其次也在于使用新的研究方法,从新的角度进行新的审视,提出新的选题,开展新的分析等等。古人称"天地日新",又谓"革故鼎新",此类格言成语说明我们的民族学术文化传统本来就非常提倡创新。在新的时代,尽管所谓"新"的标准不同,但先民们倡导创新的精神却依然没有过时,值得我们在国学研究工作中认真思考和发挥。

第二,扩展文化视野,兼蓄古今中外。从研究资料来说,我们不仅要熟悉浩如烟海的中国古代典籍、田野信息、考古资讯以及国内前贤时仁的论著,还要有世界眼光,努力掌握国外同行的学术动态,因为随着中国经济的快速崛起,海外对中华文化的研究越来越重视,成果也越来越丰硕。在文化学术传播越来越快的信息社会中,如果我们不能及时了解他国学者的学术新成就,就可能步他人之后尘,重复无谓的劳动,甚至陷入迷乱状态,徘徊不前;惟有高瞻远瞩,放眼全球,关注他国关于中国传统文化的研究成就,并且认真加以分析和借鉴,才能扬长避短,超越学术瓶颈,取得新的突破。

第三,关注薄弱环节,培植研究特色。经过长期的努力,国学研究在总体上虽然取得了巨大成就,但存在许多薄弱环节却也是毋庸置疑的事实。以往许多人谈国学,常常把它局限在儒家文化圈内。其实,此等视野是相对狭窄的。由于认识的局限和导向问题,国学研究未能在比较广阔的领域展开,故而限制了它的发展前景。有鉴于此,我们组织编纂《国学新知文库》不仅要继续关注儒家学说和中国化了的佛教文化,而且将加强对国学中的一些薄弱环节的探究,比如道家、道教之学、古代科技哲理、传统经学与艺术的关系等等,这些领域都是以往的国学研究相对比较忽略的,现在我们应该对这些领域的研究多加鼓励。从发展的立场来看,"强势"与"薄弱"本是相对而言的。当人们对于某个领域、某种专题不太关注而没有投入足够力量加以研究的时候,该领域或专题就是一种"薄弱环节",而当人们对这种"薄弱环节"有了足够重视的时候,"薄弱环节"就可能转化为"强势环节"。但愿我们的努力不仅可以化"薄弱环节"为"强势环节",而且能够在实际工作中培植新的特色。

根据以上原则,我们从2006年开始,陆续推出《国学新知文库》(第一辑),包括以下著作:詹石窗主撰《道教与中国养生智慧》、昌乐著《禅悟的实证:禅宗思想的科学发凡》、黄永锋著《道教服食技术研究》、沈文华著《内丹生命哲学研究》、蒋朝君著《道教生态伦理思想研究》、周谢清果著《先秦两汉道家科技思想研究》、江峰著《太谷学派生命哲学研究》、谢晓东著《现代新儒学与自由主义:徐复观殷海光政治哲学比较研究》、黎文松著《楞严学与人类生命健康之研究》、于国庆著《道教与传统兵学关系研究》、郑志明著《中国殡葬礼仪学新论》、杨燕著《〈朱子语类〉经学思想研究》、周天庆著《明代闽南四书学研究》、黄永锋著《道教在当代中国的阐扬》、阚美丽著《道教养生哲学:吕祖善书思想研究》、徐朝旭等著《儒家文化与民间信仰》、张丽娟著《以清为贵的文化哲学——〈关尹子〉及其注疏研究》。这些著作以儒释道思想文化研究为主,在内容上涉及历史、民俗、政治、军事以及医学养生等不同领域。

当今世界,经济全球化已是不争的事实。然而,就精神领域而言,大多数人却依然主张文化多元化,因为一个民族只有保存自己的优秀文化传统,才能傲然屹立在世界民族之林。所谓"一方水土养育一方人民,一方人民弘传一方文化",既说明世界范围的文化本来就是多彩多姿的,也意味着文化"个性"乃是民族存在的基本标志之一。中华传统文明在历史长河中曾雄踞世界东方,其中蕴涵的精神宝藏,特别是人文资源,可以为我国的现代化进程提供有力的智力支持。可是,晚清西学东渐以来,我国学术界主流倾斜于吸纳西洋、东洋文明,以追随西方的学术理论和研究方法为时髦,热衷于做西学的诠释者和传播者,却逐渐远离了对中华文化传统的认同。我们认为,富有情操的中国知识分子既要有宽广的胸襟和视野,敢于借鉴西方文明的优秀成果,同时也应该坦然地开启心扉,理直气壮地为发掘国学的积极资源而大胆探索,奉献力量。因为中国传统文化不仅已经登上国际文化舞台,正在与西方学术进行平等对话,而且成为我国腾飞的强大精神载体,从而被西方世界所关注。美国科学史专家萨顿(George Sarton)说:"正如东方需要西方一样,今日的西方仍然需要东方……不要忘记东西方之间曾经有过协调;不要忘记我们的灵感多次来自东方。为什么这不会再次发生?伟大的思想很可能有机会悄悄地从东方来到我们这里,我们必须伸开两臂欢迎它。对于东方科学采取粗暴态度的人,对于西方文明言过其实的人,大概不是科学家……新的鼓舞可能仍然,而且确确实实仍然来自东方,如果我们觉察到这一点,我们会聪明一些。"①萨顿的论述无疑是深刻的,对于我们的研究工作来说也是富有启迪的。有鉴于此,我们考虑,继续推动中华传统文化的传承与研究工作,于是有了《国学新知文库》(第二辑)的计划形成。这项工作得到了中国道教协会副会长张高澄道长住持的浙江省天台桐柏宫管委会的大力支持。经过反复磋商,形成了一批新的选题,包括《〈周易〉治道思想研究》《葛洪、葛长庚人生价值观研究》《元代婺源胡氏易学研究》等。正如第一辑规划一样,《国学新知文库》(第二辑)的选题对象主要是研究中华传统文化学者的优秀成果,尤其侧重考虑博士生与专职博士后的学术著作。按照程序,所有选题经过编委会讨论通过之后报送出版社审核立项。

胡适曾经在《〈国学季刊〉发刊宣言》说过:"我们深信国学的将来,定能远胜国学的过去。"这是因为国学研究从一开始就是因应了时代的需要,并且随着时代的发展而向前迈进。我们希望《国学新知文库》第二辑也能切近时代脉搏,为中华民族伟大复兴、为人们的精神生活提供有益的文化资源。

谨识于四川大学老子研究院

2010 年 10 月 10 日初稿

2019 年 7 月 5 日修订

---

① [美]乔治·萨顿:《科学的生命:文明史论集》,商务印书馆 1987 年版,第 140—141 页。

目　　录

绪　言

一

　　朱熹之后,朱子学一方面逐渐走向官学化,另一方面由于其门人、私淑弟子、酬唱之友,以宣扬朱子学为己任,形成朱子门人后学群体,凸显朱子学系脉,展现出朱子学宏大叙事场面。

　　元代朱子新儒学,有学者以为呈三线发展:一是许衡为代表的北方赵复一线;二是许谦为代表的南方金华一线;三是吴澄为代表的江西饶鲁一线。①

　　程朱之学,宋末时盛于南方而于北方无甚影响,因当时南北道绝,载籍不相通,北方以孔孟传统儒学为尊。《元史》称:"枢既退隐苏门,乃即复传其学,由是许衡、郝经、刘因,皆得其书而尊信之。北方知有程、朱之学,自复始。"②《宋元学案》称:"当是时,南北不通,程、朱之书不及于北,自先生而发之。"③黄百家于《鲁斋学案》案:"自石晋燕、云十六州之割,北方之为异域也久矣,虽有宋诸儒叠出,声教不通。自赵江汉以南冠之囚,吾道入北,而姚枢、窦默、许衡、刘因之徒,得闻程、朱之学以广其传,由是北方之学郁起。"④全祖望称:"河北之学,传自江汉先生,曰姚枢,曰窦默,曰郝经,而鲁斋其大宗也,元时

---

① 参见陈荣捷:《元代之朱子学》,载《朱学论集》,华东师范大学出版社 2007 年版,第 199 页。
② (明)宋濂等撰:《元史》卷 189,中华书局 1976 年版,第 4314 页。
③ (清)黄宗羲原著,全祖望补修,陈金生、梁运华点校:《鲁斋学案》,《宋元学案》卷 90,中华书局 1986 年版,第 2994 页。
④ (清)黄宗羲原著,全祖望补修,陈金生、梁运华点校:《鲁斋学案》,《宋元学案》卷 90,中华书局 1986 年版,第 2995 页。

实赖之。"①"复"与"先生""赵江汉",皆指赵复。1235 年赵复被元兵所俘,后向姚枢献程朱之书,理学遂于北方传播。鲁斋为许衡之号,许氏曾任国子祭酒。刘因亦曾入仕。经许衡、刘因等人发扬,朱子理学在北方才广为人知,迈向官学化。赵复、许衡等人为程朱理学在北方的传播并推动朱熹理学的官学化作出了重要贡献,因此被黄宗羲的《宋元学案》称为北方学案。②

朱熹弟子兼女婿黄榦(勉斋)传朱熹之学于何基(北山),由此奠定北山学派。何基授业于王柏,王柏授之金履祥,许谦又承朱子学于金,遂拉出程朱之学金山一线。许谦受元统治者青睐,为朝廷所礼敬,虽屡聘于朝而不起,承学之士,闻而兴起。朱子之学愈发为世推崇。此一线对于推进朱子理学的官学化和非官学化亦起着重要作用。

江西饶鲁一线中,饶鲁为南宋末饶州余干人,曾师事于柴元裕、柴中行、李燔、黄榦等。吴澄师从饶鲁弟子程若庸,故吴为朱熹四传弟子。

对于元代朱子学,学界突出鲁斋学派(许衡)、静修学派(刘因)、草庐学派(吴澄)。此三者朱子学影响较大,黄百家谨案:"有元之学者,鲁斋、静修、草庐三人耳。草庐后,至鲁斋、静修,盖元之所藉以立国者也。"③时有"北有许衡,南有吴澄"之说。学界如此重视此三人,大概源于北方学派对于朱子理学官方化和北方影响的贡献,以及饶鲁一线、金华一线出于黄榦。朱熹众弟子中,学界素来视黄榦为朱熹理学之嫡脉,故饶鲁、金华二线亦因出于黄榦而受重视。

三线之说,描述了元代朱子学发展的大致线脉,但是,这种划分比较笼统。这涉及如何看待朱子后学群体的研究视角问题。我们以为,从当时社会影响的角度来分析朱子后学的分布状况固然是重要线索,但如果从地域文化与道脉思想传承相结合的视野来看,朱子后学发展的历时性状况和其空间发展的共时性分布状况可能会更清晰。其实,我们亦常以区(地)域学术的角度来看

---

① (清)黄宗羲原著,全祖望补修,陈金生、梁运华点校:《鲁斋学案》,《宋元学案》卷 90,中华书局 1986 年版,第 2994 页。
② 黄宗羲定为北方学案,全祖望分为鲁斋学案、静修学案。
③ (清)黄宗羲原著,全祖望补修,陈金生、梁运华点校:《静修学案》,《宋元学案》卷 91,中华书局 1986 年版,第 3021 页。

待学术派系,如王安石为代表的"荆公新学",司马光为代表的"涑水学",苏轼为代表的"蜀学",周敦颐为代表的"濂学",张载为代表的"关学",程颢、程颐为代表的"洛学"等流派,皆是以区(地)域地名称呼。《宋元学案》是对宋元学术脉系进行梳理的专门编纂著作,对以上学派皆进行了学案式叙述,此外,对朱熹列有晦翁学案,对于朱子后学列有清江学案、西山蔡氏学案、勉斋学案、潜斋学案、沧州诸儒学案、双峰学案、介轩学案、北山四先生学案、草庐学案等。《宋元学案》的做法,不是简单空泛地以区(地)域名来命名某个学派,而是融道脉思想传承与地域相结合的方式进行梳理,除了明显带有道统学理的成分外,也蕴含有地域划界的特色。

北方一线、金华一线、江西饶鲁一线是朱子学发展中较为凸显的一部分。这种三线描述,也带有显著的道脉性、地域性。其中,北方一线、金华一线的道脉性、地域性较清晰,而以吴澄为代表的饶鲁一线因涉及新安理学、江西朱子学①,则不足括。如果从道脉性和地域性相结合、朱子后学发展的历史性和共时性相结合的角度来看元代朱子后学,则实际情况远比三线细而复杂得多。宋元朱子学,除了北方一线、金华一线外,新安理学、江西朱子学也是颇负盛名。后两者既相互区别又有交织之处。

新安理学源自朱熹,主要经由徽州②(旧称新安)朱子门人和学术酬唱之友以传承朱子学为中心而发展起来的理学派别。周晓光先生将新安理学发展历程分为四阶段:南宋时期为新安理学的崛起时期,在朱熹影响下,徽州一大批人士如程洵、吴昶、程永奇、汪莘、李季札、滕珙、滕璘等朱熹门人及程大昌、吴儆、王炎等学术酬唱人士,推崇朱熹理学,并注重理学之事功。宋元之际与元代为新安理学发展时期,程若庸、许月卿、胡方平、胡一桂、陈栎、胡炳文、程复心、倪士毅等朱熹后学维护朱子学的纯洁性,排斥异论。元明之际与明代为新安理学之盛而复衰时期,以朱升、郑玉、赵汸为代表,提出求真知、求实理,和会朱陆。清中叶是新安理学的终结时期,以戴震开辟皖南学派,以江永、程瑶

① 基于宋元文化圈和元朝行政区域划分的考虑,本书的婺源朱子学为新安朱子学的重要组成部分;文中"江西"主要是于元江西行省而言;"江西朱子学"泛指江西行省朱子学,不含婺源朱子学在内。

② 宋元徽州辖婺源、休宁、歙县、绩溪、祁门、黟县。

田为过渡人物,侧重考据实证、音韵训诂及典章制度研究等,朱子理学遂少有问津者。① 新安理学带有强烈的朱子学宗派性质和特征②,元末赵汸似已认识到此点,他说:"其学所本,一以郡先师子朱子为归。凡《六经》传注、诸子百氏之书,非经朱子论定者,父兄不以为教,子弟不以为学也。是以朱子之学虽行天下,而讲之熟、说之详、守之固,则惟推新安之士为然也。"③明代程曈编《新安学系录》,定新安学案性质。当代以来,解光宇、周晓光、李霞等人士,倡明新安理学,揭示新安理学的历史发展。新安作为程朱阙里,其理学与朱子学官学化不同,表现出非官学化,呈现较强的地域文化特色。作为朱子学传承系脉,新安理学于宋降之后的学术地位愈发明显。

江西与朱子学渊源颇深,不仅是朱熹讲学论辩、任官施教之地,也是朱子后学传播朱子学的重镇。周茶仙先生说:"信州为朱子学进入江西之门户;饶州为江西朱子学的渊薮;南康则为江西朱子学之中心;抚州虽是陆九渊的故乡,但由于陆学中衰反而在元明之际成为朱子学的中兴之地;吉安地方文化特色浓郁,仅可谓是朱子学同调会聚之所,朱子学氛围并不浓郁;其他诸如赣州、隆兴、建昌、南安、瑞州等地,因学术风气相对不盛,理学家虽为数不少,但朱子后学实属零星。"④周茶仙先生之言不无根据。据《宋元学案》所列的宋元朱子学派,其中涉及江西的有介轩学派、双峰(饶鲁)学派、存斋晦静息庵学派、草庐学派等。

介轩学派为饶州德兴董梦程(介轩)所创。介轩初承朱熹弟子董铢和程端蒙,后学于朱熹另一弟子兼女婿黄榦,故介轩应为朱熹再传弟子。介轩门下名宿倍出,如沈毅斋、董鼎、胡方平、胡一桂、许月卿、程若庸、程荣秀等。双峰学派为江西饶州余干饶鲁所创。饶鲁师事朱子多位门人,以传承朱子理学为己任,从学者众,培养出许多朱子后学,如陈大猷、程若庸、汪华等弟子及吴澄、程钜夫、熊良辅等再传弟子后学,学术影响深远,被称为"江右理学巨子"。草

---

① 参见周晓光:《新安理学源流考》,《中国文化研究》1997 年夏之卷(总第 16 期)。
② 新安理学的朱子学宗派性质和特征,不仅可以证见于各阶段的思想特质之比较,也可证见于其朱子学脉师承(见后文宋元朱子学脉图)。
③ (元)赵汸:《东山存稿》卷 4,文渊阁《四库全书》第 1221 册,台北商务印书馆 1986 年影印版(因引此版本的引文很多,凡下不再一一注明版本),第 287 页。
④ 周茶仙:《宋明时期江西朱子后学群体研究概说》,《朱子学刊》2011 年第 1 辑。

庐学派为朱熹四传弟子吴澄所创,出于饶鲁一脉。黄百家说:"黄勉斋榦得朱子之正统,其门人……又于江右传饶双峰鲁,其后遂有吴草庐澄,上接朱子之经学,可谓盛矣。"①存斋晦静息庵学派为江西安仁(今江西余江)"三汤"(汤千、汤巾、汤中)所创,三人师从朱熹私淑弟子柴中行,后学于朱熹再传弟子真德秀,亦与饶州余干朱子学派关系甚大。江西这四个学派均与饶州密切,故"《宋元学案》中,江西朱子后学创立六大支派,而饶州独居其半。所以称饶州是江西朱子学流传之渊薮,可谓名副其实"②。

宋元之际信州的朱子学也是影响巨大。朱子出闽入赣,以信州为门户,其一生 14 次出闽,绝大部分是路经信州。这里还发生过朱熹与陆九渊的鹅湖之会,为学界称道。

从地域上来看,双峰学派与介轩学派,一为饶州之余干,一为饶州之德兴,形成环南都阳湖理学重镇。而在北鄱阳湖,由于朱熹知南康军三年,修复白鹿洞书院以为讲学阵地,四方学者纷至沓来,亦涌现出一大批朱子学群体,如都昌黄灏、建昌李燔等,皆为后世名家,弟子亦众。由此,以传播朱熹理学为典要,以朱熹二、三、四、五弟子为核心,形成环鄱阳湖理学。加上信州等地的朱子学,江西朱子学的空间分布状况和朱子后学群体声势不弱的规模大略可见。

以上所述,可略见宋元朱子门人后学的发展和分布状况。其实,关于朱子学脉的传承和地域分布情况,今人陈荣捷、谢辉、段继红等做过不少考察。③我们在前人基础上,根据《朱子全书》《宋元学案》《新安文献志》《朱子门人》等有关资料,整理出宋元朱子学脉图,见下页图。

众多的朱子门人后学围绕朱子学而成一团体,我们择其传承要脉形成此图(北方一线虽治朱子学者众,然多非朱熹门人弟子,故未纳入图中)。大致图右为建阳和金华二线,中间为江西一线,图左为新安一线,但各线之间常有

① (清)黄宗羲原著,全祖望补修,陈金生、梁运华点校:《双峰学案》,《宋元学案》卷 83,中华书局 1986 年版,第 2812 页。
② 周茶仙、胡荣明:《试论宋元明初江西朱子学发展的若干特性》,《上饶师范学院学报》2012 年第 2 期。
③ 参见陈荣捷:《朱子门人》,华东师范大学出版社 2007 年版;谢辉:《简论朱子易学在元代发展的基本面貌》,《周易研究》2010 年第 6 期(其文中绘有元代朱子易学传承图);段继红:《宋元朱熹门人及后学籍贯地理分布与朱子学传播区域》,《朱子学刊》2008 年第 1 辑。

朱熹学脉传承图（部分）：

- 朱熹
  - 胡舜卿 — 朱洪范 — 程复心
  - 程洵 — 胡斗元 — 胡炳文 — 徐骥 / 金震祖
  - 滕珙
  - 滕璘 — 滕和叔 — 程龙 — 程显道
  - 李季札 — 滕武子 — 黄智孙 — 陈栎 — 朱升 / 倪士毅 / 吴彬
  - 陈文蔚
  - 董铢 — 程正则 — 程时登
  - 程端蒙 — 董梦程
    - 胡方平 — 胡一桂 — 董真卿
    - 许月卿 — 程荣秀 — 汪炎昶
    - 江恺 / 程直方
  - 李燔
  - 柴中行
  - 黄榦
    - 饶鲁
      - 饶应中 — 熊凯 — 熊良辅
      - 陈大猷 — 龚焕
      - 程若庸 — 吴澄 — 虞集
      - 胡震 — 程逢午 — 鲍恂
    - 何基 — 王柏 — 金履祥 — 许谦
  - 陈淳
  - 蔡渊 — 蔡格
  - 蔡沈 — 蔡几
  - 蔡模

（旁系：汪华 — 吴仲迁；汪应新 — 汪克宽；程钜夫）

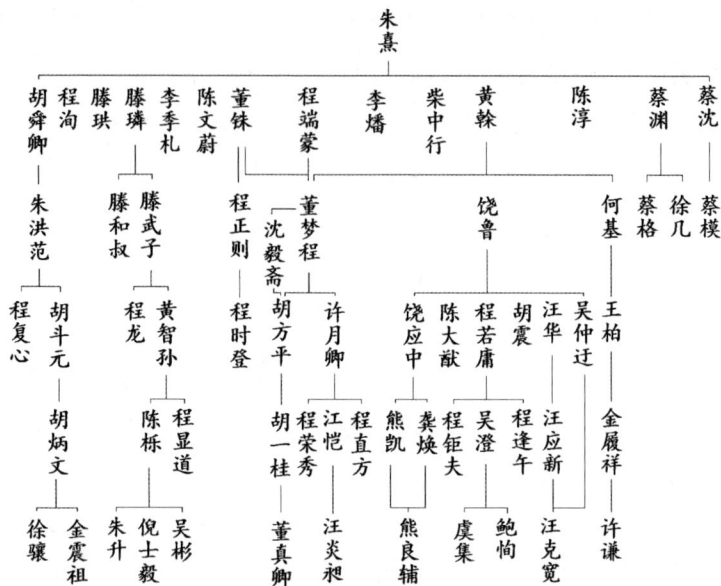

交集,如江西介轩学脉有流入新安一线,饶鲁双峰学派亦有江西、新安门人互传。从时间上看,朱熹二传弟子大部分生活于南宋末,胡方平、程若庸、胡一桂、吴澄、董真卿等三、四、五传弟子生活于宋元之际和元代,由此看出朱子学历时遍布的情况。建阳一线于南宋时较为活跃,入元之后逐渐式微。元代朱子学除传播影响较大的北方一线、金华一线外,江西朱子学不仅仅吴澄之学突出,实际上由介轩、饶鲁之线等形成的环鄱阳湖朱子学亦是重要的朱子学脉。新安一线也是不可忽视的,只是于宋元之际和元代而言,此二线朱子学当时的影响不及北方、金华二线,因而在元代可能并不显眼。但从整个朱子学传承的历时性看不是仅限于元时期,从道脉性和地域性相结合的角度来观元代朱子学,则元代的江西、新安朱子学在整个朱子学传承中占据不可或缺的地位,是朱子学脉的重要组成部分。

婺源是新安的一部分,又与江西饶州相通,作为江西朱子学与新安朱子学的交织地,其朱子学的道脉性和地域性结合的特色更为明显,深刻影响着婺源朱子学的学术立场、态度、倾向、思想观念等。①

---

① 关于婺源朱子学地域文化的形成及其影响等内容,详见后面第一章第二节之"地域文化"。

二

　　元代①存活的时间不长，元易也未得到长足发展。学界不少学者以为元易无出于宋易范围。实际上，元代易学如同元代作为前后朝代更替的中间环节一样，其发展对于宋易有传承、推进之处，对明易有启示之功。元易有不少的易学著作传承于世。文渊阁《四库全书》收录题名元人易学著作有：许衡《读易私言》一卷，胡一桂《易附录纂注》十五卷、《周易启蒙翼传》四卷，吴澄《易纂言》十二卷、《易纂言外翼》八卷，保巴《易源奥义》一卷、《周易原旨》八卷，赵采《周易程朱传义折衷》三十三卷，胡震《周易衍义》十六卷，黄泽《易学滥觞》一卷，王申子《大易缉说》十卷（附田泽《续刊大易缉说始末》一卷），胡炳文《周易本义通释》十二卷，熊良辅《周易本义集成》十二卷，张理《大易象数钩深图》三卷，李简《学易记》九卷，龙仁夫《周易集传》八卷，萧汉中《读易考原》一卷，解蒙《易精蕴大义》十二卷，曾贯《易学变通》六卷，董真卿《周易会通》十四卷（卷首二卷、附录二卷），钱义方《周易图说》，陈应润《周易爻变易缊》八卷，梁寅《周易参义》十二卷，赵汸《周易文诠》四卷。《续修四库全书》收录黄超然《周易通义》八卷（附《发例》二卷、《识蒙》一卷、《或问》三卷），鲍恂《太易钩玄》三卷，涂溍生《周易经疑》三卷，董中行《周易》四卷，董养性《周易订疑》十五卷（卷首一卷）。另外，《四库全书》编撰者将许多宋末元初易学者题名为宋人，收录情况为：胡方平《易学启蒙通释》二卷，朱元升《三易备遗》十卷，俞琰《周易集说》四十卷、《读易举要》四卷，丁易东《易象义》十六卷（卷首《易统论》一卷），雷思齐《易图通变》五卷、《易筮通变》三卷，熊禾《易经训解》四卷、《勿轩易学启蒙图传通义》七卷等。《道藏》收录俞琰注《周易参同契发挥》九卷、《周易参同契释疑》三卷、《易外别传》一卷，张理《易数图说》

---

① 　关于元代之起始年，学界意见不一。有以南宋亡年（1279）为元之始，有以成吉思汗建国之年（1206）为元之始，有以忽必烈建"大元"国号之年（1271）为元之始，亦有以元世祖忽必烈即位之年（1260）为元之始。元顺帝出亡之年（1368）为元终。本书以公元1260年为元之始年，并采取弹性规定，对于宋末元初易学人物，若其易学著作在元代完成或流传的，亦在本书讨论范围内。

(内外篇)六卷等。《四库全书》《道藏》所收,当然不能尽括元代易学著作,如张清子《周易本义附录集注》未见收录,其他许多易著已佚不传,但其易学亦有一定影响力的,如元初名儒郝经《周易外传》《太极演》、刘因《易系辞说》、许月卿易学等,亦未见载册。

元代易学,极大部分与朱子易学有着不同程度的关联,推进了朱子易学的研究和发展。谢辉先生曾考察朱子易学在元代发展有师徒相传、朋友讲习和读书自得等具体传授形式。胡炳文学易于其父胡斗元,胡斗元易学受之于朱熹从孙朱洪范。熊良辅学易于熊凯、龚焕,后二人为饶鲁弟子饶应中的门人,易学皆根于朱熹。胡一桂受易于其父胡方平,胡方平学易于董梦程和沈毅斋,董梦程师从黄榦。董真卿师从胡一桂。胡震学易于饶鲁。吴澄、熊禾为朱熹后学。俞琰之学关乎朱熹,其于《周易集说·序》中说:"琰幼承父师面命首读朱子《本义》,次读《程传》。"①李简家迁东平,方得见晦庵全书,其《学易记》卷首"学易记图说"列朱熹《易学启蒙》《周易本义》之本图或衍图。赵汸受学于黄楚望,复以书谒临川虞集,求草庐吴澄道学渊源。② 黄楚望为吴澄同调。张理为杜本(清碧)门人,而杜为吴澄道园讲友,可见张理之学亦与朱子易学不无关系。梁韦弦先生总结宋代易学于元代发展的状况:兼以程朱为宗的,如赵采《周易程朱传义折衷》、董真卿《周易会通》,"兼义理象数而言之或务持二家之平";以朱为宗的,如胡一桂《易本义附录寨疏》及《易学启蒙翼传》;多家折衷而羽翼朱熹易学的,如胡炳文的《周易本义通释》和熊良辅的《周易本义集成》等;"纯以义理说易"的,如曾贯的《易学变通》或"主于略数言理"的,如赵汸的《周易文诠》;易图的专门著作,如张理《大易象数拘深图》、钱义方《周易图说》等;道教易学,如俞琰的易学著作。梁先生以为,元代易学体现出对宋代易学的继承,但元人研究《周易》的方法和内容基本不出宋人的范围。元儒说易多以程朱为宗,而实际上更为尊朱。③

朱熹著《易学启蒙》和《周易本义》,而倡明易学是卜筮易、象数易、义理易

---

① (宋)俞琰:《周易集说·序》,文渊阁《四库全书》第21册,第3页。
② 参见(清)黄宗羲原著,全祖望补修,陈金生、梁运华点校:《草庐学案》,《宋元学案》卷92,中华书局1986年版,第3083—3084页。
③ 参见梁韦弦:《宋易在元代的发展》,《周易研究》1992年第3期。

的统一体,其易学大放光彩,其易著广为流传。围绕诠释朱熹易学,婺源和新安其他地方都涌现出许多易学人物。上述所列,胡方平、胡一桂、胡炳文、鲍恂皆为婺源人,赵汸为新安休宁人等,皆与朱子易学相关。其实,婺源等新安之地除了这些有易著流传于世者外,尚有不少易学名家。我们总的概述如下:

朱熹在世时,婺源等新安之地有易学传世。休宁程大昌有《易原》八卷与《易老通言》等,对《河图》《洛书》、重卦之说陈述己见,参《河图》《洛书》《大衍》之异同,然不及于朱子。婺源胡舜卿,精于《易》,有《〈易传〉史纂》,重义理易学。① 此阶段含婺源在内的新安易学,多以己意,兼采诸家,与后面重朱子易学、以朱子易学为宗的易学有所不同。

宋元之际,胡方平沉潜二十来年,以易学名世。婺源许月卿易学亦颇负盛名,程前村谓其:“先生以《易》学登科,为世名士。”②胡次焱“以《易》教授,从者常百许人”③。程龙著有《三分易图》。休宁程若庸有《太极图说》《洪范图说》。此多为朱熹三传弟子。

元前中期,婺源王埜翁著有《见易篇》《周易分注》。胡一桂、胡炳文皆为易学名士,有易著传世。程直方,号前村,通诸经,尤深于《易》,著有《程氏启蒙翼传》《四圣一心》《观易堂随笔》。休宁陈栎精于《易》,其易学著作有《百一易略》《读易编》。休宁程荣秀曾从许月卿处受《周易》。此阶段多为朱熹四传弟子,易学旨趣多宗朱子易学,明旨辨异。

元末明初,婺源胡一桂易学为江西鄱阳董真卿所承继,董有《周易会通》十四卷。徐骥,胡炳文弟子,“婺源城北人,学《易》于云峰,受邵子《皇极经世》、声音之学于前村,前村学《易》于传学士初庵,至伯骥深造邵子先天心学之妙,多所发明,注《义易图意》《皇极经世发微》”④。婺源汪克宽著有《易程朱传义音考》,休宁朱升著有《周易旁注》,赵汸著有《周易文诠》《序卦图说》。徽州歙县郑玉著有《周易大传附注》《程朱易契》。此阶段多为朱熹五传弟子

---

① 参见(明)程瞳辑撰,王国良、张健点校:《新安学系录》卷8,黄山书社2006年版,第168页。

② (明)程瞳辑撰,王国良、张健点校:《新安学系录》卷9,黄山书社2006年版,第191页。

③ (明)程敏政:《新安文献志》,黄山书社2004年版,第28页。

④ (明)程瞳辑撰,王国良、张健点校:《新安学系录》卷16,黄山书社2006年版,第303—304页。

及同时代易学者,易学旨趣表现为破门户之见,求真知,和会朱陆。

从新安各地来看,宋末至元中期,新安易学人物多出于婺源,然而元末明初婺源却逊于休宁。不过,从整个元代来看,婺源的易学还是很突出的,为世多尊。

其中,元代婺源易学的亮处又在于胡氏易学,以胡方平、胡一桂、胡炳文最具代表。我们下面对何以选此三人易学为研究对象作个说明。

婺源有两个不同胡姓始祖:一个是清华常侍胡,一个是考水明经胡。清华常侍始祖胡学,为安定郡胡瞳之子,因僖宗朝讨巢有功,官至银青光禄大夫、散骑常侍。考水始祖胡昌翼,原为唐昭宗李氏后裔,唐末为避朱温叛乱,逃于婺源,寄姓于考水之胡,遂从胡姓。昌翼为铭记生父之德、养父之恩,易"李"为"胡",后世称"李改胡",但改姓未改郡,根子仍属李姓陇西郡。同光三年(925)昌翼以明经科第二名及第,隐居不仕,毕生致力于经学研究和倡办教育,故又称"明经胡氏"。婺源胡氏,大多出于此二脉。

宋元时期,从现在资料来看,婺源胡氏曾出七大贤哲人物。七贤哲,即环谷(胡伸)、玉斋(胡方平)、孝善(胡斗元)、梅岩(胡次焱)、双湖(胡一桂)、云峰(胡炳文)、石丘(胡石丘)。婺源胡氏从事学术与易学相关联者,《新安名族志》婺源胡氏名人列有胡方平、胡一桂、胡斗元、胡炳文、胡孟成。[1]《元史》载有胡一桂、胡炳文。[2]《宋元学案》载有胡方平、胡一桂、胡斗元、胡炳文。《新安文献志》载有胡玉斋方平、胡梅岩次焱、胡双湖　桂、胡云峰炳文、胡石丘孟成。[3]《新安学系录》载有胡玉斋(方平)、胡孝善(斗元)、胡双湖(一桂)、胡云峰(炳文)、胡石丘(孟成)。周晓光在《新安理学》中列有新安理学的主要代表人物,其中宋末元初的婺源胡氏有胡斗元、胡一桂、胡炳文。[4]

胡伸为明经胡氏第八世孙,《新安名族志》称胡伸"登绍圣四年进士"[5]。绍圣四年,即公元1097年,此时为北宋,可知胡伸为北宋之人。因而,胡伸不

---

① 参见(明)戴廷明、程尚宽:《新安名族志》,黄山书社2004年版,第303—308页。
② 参见(明)宋濂等撰:《元史》卷189,中华书局1976年版,第4322页。
③ 参见(明)程政敏辑撰,何庆善、于石点校:《新安文献志·先贤事略上》,黄山书社2004年版,第26、28、29、36、39页。
④ 参见周晓光:《新安理学》,安徽人民出版社2004年版,第7—8页。
⑤ (明)戴廷明、程尚宽:《新安名族志》,黄山书社2004年版,第303页。

在此文探讨对象之内。

胡斗元（1224—1295），字声远，弟子私谥孝善先生，明经胡氏十二世孙，师从朱熹从孙朱洪范，受书说和《易》学，于《易》颇有精旨。有子男三：炳文、焕文、烂文，炳文为其长子。①

胡炳文（1250—1333），字仲虎，号云峰，为胡斗元之子。早年著有《易启蒙通义》《六爻反对论》及《二体相易论》，②惜皆已佚，具体内容已无法考证。今存可见者，有其《周易本义通释》十二卷和《易义》一卷。

胡石丘，生卒年不详。为明经胡氏七贤之一，《新安名族志》称其为明经胡氏十五世。③《新安文献志》载："胡石丘孟成，师族祖云峰，自号石丘生。遇乱不屈死。"④《新安学系录》中也有类似记载："名默，字孟成，号石丘生，婺源考川人。《郡志》谓孟成师族祖云峰，尽得其传，作石丘书院以居学者。刚毅典雅，有馆阁气味。遇贼，不屈死。"⑤从记载中可知，胡石丘尽得云峰之学，颇有点影响，成为明经胡氏七贤之一，但各书都未提及胡石丘的学术倾向，也未提及其以易学著称和易著。

胡斗元虽与易关联，但无易著，其学传于炳文。胡石丘虽为七贤之一，但未提及易学，也无易著，其学得之于炳文。胡炳文上承胡斗元，下授胡石丘，有易著留存于世，而三人中也属胡炳文易学成就最大，影响最为广远。因此，以胡炳文为三人代表作为本文研究对象是可行的。

胡次焱（1229—1306），字济鼎，号梅岩，明经胡氏第十三世孙。⑥《新安文献志》卷首《先贤事迹上》称："胡梅岩次焱，字济鼎，明经裔孙。咸淳四年进

---

① 参见（明）程曈辑撰，王国良、张健点校：《新安学系录》卷10，黄山书社2006年版，第199—200页。
② （元）胡炳文：《云峰集》卷1，文渊阁《四库全书》第1199册，第739页。
③ 参见（明）戴廷明、程尚宽：《新安名族志》，黄山书社2004年版，第303页。
④ （明）程政敏辑撰，何庆善、于石点校：《新安文献志·先贤事略上》，黄山书社2004年版，第39页。
⑤ （明）程曈辑撰，王国良、张健点校：《新安学系录》卷16，黄山书社2006年版，第303页。
⑥ 胡次焱在《明经桥记》末称："记之者，十三世孙次焱上巳日书。"［（元）胡次焱：《梅岩文集》卷4，文渊阁《四库全书》第1188册，第555页。］

士。历官贵池县尉。宋亡微服还山,以《易》教授从者,常百许人。"①但文献中未提及其学术的具体内容。《四库全书》收录有《梅岩文集》,其中赋诗杂文八卷,九卷以下为附录,主要是赠答往来之作。后学潜滋在《梅岩文集》序中记载:"其学明阴阳之奥,推象数之微,发前贤未备之论,开后学难通之旨,可谓正矣。惜也,当兵戈抢攘之际,俭液避难之不遑。"②由此推知,胡梅岩也涉及易学,但因争乱之际,著述遗失而不得考。

胡方平,字师鲁,号玉斋,徽州婺源(今属江西)人,生卒年未详。胡次焱称其为老友,又称胡方平之子一桂亦为好友,则胡梅岩年龄介于方平父子之间,可知,胡方平亦为宋末元初人。《新安学系录》记其"尝因文公《〈易〉本义》及《启蒙注通释》一书,又《外易》四卷,考象求卦,明数推占。又有《易余闲记》"③。《四库全书》录有其《易学启蒙通释》二卷。

胡一桂(1247—?),字庭芳,徽州婺源人。父方平。一桂生而颖悟,好读书,尤精于《易》。所著书有《周易本义附录纂疏》《本义启蒙翼传》《朱子诗传附录纂疏》《十七史纂》,并行于世。④

从上面对各人物的易学关联的引用和分析可知,胡方平、胡一桂、胡炳文有着易学经历,也有易著留存于今,我们由此初步以胡方平、胡一桂、胡炳文作为婺源胡氏易学的研究对象。

我们发现,此三人为同一宗族,皆为明经胡氏后裔。《新安文献志》明确说:"胡云峰炳文,字仲虎,明经裔孙。"⑤《新安名族志》中称胡炳文为十三世孙,⑥《梅岩文集》的《明经桥记》末记有:疬之者十四世孙安国⑦。而胡炳文在《代族子淀上草庐吴先生求记明经书院书》中称胡安国(胡淀,字安国)为族

---

① (明)程政敏辑撰,何庆善、于石点校:《新安文献志·先贤事略上》,黄山书社 2004 年版,第28 页。

② (元)胡次焱:《梅岩文集》,文渊阁《四库全书》第 1188 册,第 532 页。

③ (明)程瞳辑撰,王国良、张健点校:《新安学系录》卷 10,黄山书社 2006 年版,第 197 页。

④ 参见(明)宋濂等撰:《元史》卷 189,中华书局 1976 年版,第 4322 页。

⑤ (明)程政敏辑撰,何庆善、于石点校:《新安文献志·先贤事略上》,黄山书社 2004 年版,第36 页。

⑥ 参见(明)戴廷明、程尚宽:《新安名族志》,黄山书社 2004 年版,第 303 页。

⑦ 参见(元)胡次焱:《梅岩文集》卷 4,文渊阁《四库全书》第 1188 册,第 555 页。

子①,可证,胡炳文确为明经胡氏十三世孙。

《新安名族志》称胡方平、胡一桂出清华常侍公后,非明经胡氏后。② 这是不成立的。尽管《元史》等所作传记未明方平父子为明经胡氏后,但有大量史料可证明,方平父子也是出于明经胡氏后。其裔孙廷佐于康熙癸未年五月即公元 1703 年所作《重刻儒祖双湖公文集序》中称胡一桂为"十三世祖"③。明经二十五世孙胡士贤在《双湖先生行实》中称梅岩、双湖、云峰三先生为"族中诸英俊"④,当是双湖与云峰为同族之人。此一证。胡梅岩在《启蒙通释序》中,称玉斋(胡方平)为"宗老",称自己为"宗生",之所以用宗字,当是指同一个宗族者才如此用。⑤ 此二证。胡一桂在《上谢叠山先生求作翼传序书》中明确阐述了自己的家世:"盖自鼻祖明经公(昌翼)以唐昭宗嫡子遇朱温之难,而寄姓于胡。"⑥胡一桂称昌翼为鼻祖,可知其为明经胡氏后代。又见其《和鼻祖感兴二韵》载:"别却长安住僻村,皇储已作乱离人。三公受托谟猷广,一脉能全福泽新。便殿知机先奋翼,彤庭脱颖未伤鳞。当时不悟存孤计,必学无谋二世泰。"⑦此诗讲的就是鼻祖昌翼之事。此三证。从后人的称述、同时代同郡梅岩的称呼及胡一桂的自我描述中都可得知,胡一桂父子确实出于明经胡氏,胡一桂为十三世,其父胡方平为十二世。

他们不仅是同一宗族的,而且有着相同或相似的思想渊源和宗旨。前文已述,他们都是朱子后学,都以朱子易学为宗,致力于捍卫朱子学、阐明朱子学、发展朱子学。

---

① 参见(元)胡炳文:《云峰集》卷 1,文渊阁《四库全书》第 1199 册,第 737 页。

② 参见(明)戴廷明、程尚宽:《新安名族志》,黄山书社 2004 年版,第 302 页。

③ (清)胡廷佐:《重刻儒祖双湖公文集序》,《双湖先生文集》,续修《四库全书》第 1322 册,上海古籍出版社 1995 年版,第 551 页。

④ (明)胡士贤:《双湖先生行实》,《双湖先生文集》,续修《四库全书》第 1322 册,上海古籍出版社 1995 年版,第 544 页。

⑤ 参见(元)胡次焱:《启蒙通释序》,《梅岩文集》卷 3,文渊阁《四库全书》第 1188 册,第 551 页。

⑥ (元)胡一桂:《上谢叠山先生求作翼传序书》,《双湖先生文集》卷 3,续修《四库全书》第 1322 册,上海古籍出版社 1995 年版,第 569 页。

⑦ (元)胡一桂:《双湖先生文集》卷 4,续修《四库全书》第 1322 册,上海古籍出版社 1995 年版,第 571 页。

明代的程瞳在《新安学系录》中绘有一张《新安学系图》,也是新安学者的师承关系表,我们上面所绘宋元朱子学脉图,亦可以一目了然地看到,胡方平为朱子三传弟子,胡一桂为朱子四传弟子,胡炳文亦为朱子后学。①

他们得之于朱子之学,也以朱子之学为宗。《四库全书总目》说"方平及其子一桂皆笃守朱子之说"②。胡方平著有《易学启蒙通释》,《宋元学案》称:发明朱子之意。③ 胡一桂著有《易本义附录纂疏》《周易启蒙翼传》,也是以羽翼朱子易学为旨,为弘扬朱子易学而作。胡炳文侧重发挥朱子的义理学说,著有《周易本义通释》,他在序中称:"予此书融诸家之格言,释《本义》之要旨。"④现代学者潘雨廷也说:"云峰盖家学,以发挥朱说为鹄的。"⑤

我们以元代婺源胡氏易学作为研究对象,还有一个更为重要的方面是,此三人易学成就突出,享有盛大声誉,具有较高的学术地位。

一从当时影响来看,《新安学系录》《新安文献志》《宋元学案》都记胡方平"研精《易》旨,沉潜反复二十余年"。程政敏称其"以《易》名家"⑥,可见胡方平在易学上的工夫及其影响、地位。对于胡一桂,《元史》《新安文献志》《宋元学案》都称"尤精于《易》……远近师之",可知胡一桂也是易学名家。至于胡炳文,《元史》称:"胡炳文,字仲虎,亦以《易》名家。"⑦胡炳文的易学在当时也颇有声誉。

二从后世影响及后人对他们的评价来看,元明易学多受胡氏易学影响,后世论评甚高。元人著作中,董真卿受易于胡一桂,鲍恂易学渊源于胡炳文,赵汸、朱枫等易学亦多论及胡氏易学。胡一桂、胡炳文的易学影响深远,明代的官方《易》学著作《周易传义大全》取材于"二胡"。朱彝尊在评论《周易传义

---

① 参见(明)程瞳辑撰,王国良、张健点校:《新安学系录·图》,黄山书社 2006 年版。

② (清)永瑢等撰:《易学启蒙通释》提要,《四库全书总目》卷 3,中华书局 1965 年版,第 20 页。

③ 参见(清)黄宗羲原著,全祖望补修,陈金生、梁运华点校:《介轩学案》,《宋元学案》卷 89,中华书局 1986 年版,第 2973 页。

④ (清)黄宗羲原著,全祖望补修,陈金生、梁运华点校:《介轩学案》,《宋元学案》卷 89,中华书局 1986 年版,第 2987 页。

⑤ 潘雨廷:《读易提要》卷 6,上海古籍出版社 2003 年版,第 273 页。

⑥ (明)程政敏辑撰,何庆善、于石点校:《新安文献志·先贤事略上》,黄山书社 2004 年版,第 26 页。

⑦ (明)宋濂等撰:《元史》卷 189,中华书局 1976 年版,第 4322 页。

大全》时说："胡广诸人止就前儒之成编，一加抄录，而去其名。……《易》则天台、鄱阳二董氏，双湖、云峰二胡氏。"①康熙壬午年(1702)张绥作《双湖胡先生文集序》，称："而心绍紫阳无忝厥绪者，则断推胡氏云峰、双湖两先生。"②在朱子后学中，张绥首推胡一桂、胡炳文二人。《双湖胡先生文集后序》中提到明经胡氏后人中，"历有七贤，俱称硕学，著书立言，为时推重。七贤之中，梅岩、双湖、云峰三先生，发明颇多，更以易学并显"③。裔孙胡天望于康熙癸未年(1703)，在《重刻双湖公文集引》中称："余族系出于唐，盛于宋，其间科甲联登，代不乏人，而阐明理学者，首推云峰公，以理学兼史学，则莫若双湖公。"④

三从现在学者研究来看，当代学者对元代易学的研究，几乎都将这几人的易学作为重点考察对象。

如此可见，他们在婺源胡氏宗族中，乃至在整个元代易学中都有着不可忽视的地位。他们作为元代婺源胡氏易学家的代表，是具有典型性的，是当之无愧的。基于上述几个方面的考虑，本书以胡方平、胡一桂、胡炳文三人易学作为研究对象。不过，值得指出的是，本书虽以婺源胡氏易学为名，当然不是说此三人为代表的胡氏易学自成一易学派，而是把其作为新安之学的一部分，挖掘其道脉与地域文化特色。

目前来看，20世纪学界对于元代易学问津者少，21世纪以来特别是近几年逐渐有学者关注元代易学。不过，尽管易学史家们和其他学者提到过元代易学，但大多论之较简，对婺源胡氏易学的整体研究就更少。从目前资料来看，提到和阐述元代易学涉及婺源胡氏易学的通论易学著作有：潘雨廷先生的《读易提要》，文中对胡方平、胡一桂、胡炳文著作做了简述。在胡方平《易学启蒙通释》提要中，潘先生对方平易学源流作了考察，对《易学启蒙通释》主要

---

① (清)朱彝尊：《经义考》卷49，文渊阁《四库全书》第677册，第541页。

② (清)张绥：《双湖先生文集序》，《双湖先生文集》，续修《四库全书》第1322册，上海古籍出版社1995年版，第546页。

③ (明)余懋孳：《双湖先生文集后序》，《双湖先生文集》，续修《四库全书》第1322册，上海古籍出版社1995年版，第539页。

④ (清)胡天望：《重刻双湖公文集引》，《双湖先生文集》，续修《四库全书》第1322册，上海古籍出版社1995年版，第552页。

内容作了概述，并认为此书"于《启蒙》原文之疏释，极详细精密，然义理皆未出《启蒙》之范围，不愧朱子之功臣也。引朱子之语以互明者甚多"①；于胡一桂《周易本义附录纂疏》提要中，对一桂易学渊源、成书原因、结构内容、易学特点作了简述；于胡一桂《周易启蒙翼传》提要中，简述成书时间，略述此书内容，指出此书为言易理及易学源流；于胡炳文《周易本义通释附云峰文集易义》提要中，对炳文易学渊源、成书时间及《周易本义通释》的新义之处略有叙述。总体来说，潘先生之"提要"，较为简洁，其重点不在于对胡氏易学思想的发掘。徐芹庭的《易经源流：中国易经学史》，寥寥数语提及胡炳文及其《周易本义通释》："胡炳文字仲虎，号云峰。与胡一桂同乡，皆笃志朱子之学者。撰《周易本义通释》十二卷。《四库提要》以为胡一桂之子者非也。考《元史》但称与一桂同郡耳。其书把朱子《本义》，取诸家易解之合于朱子者而折衷是正。其书以朱子之学实合程邵二子之学，欲明羲文周孔之《易》，非朱子不能明。"②语后附有《周易本义通释序》。徐先生对胡方平易学未有涉及，只以"方平之学，未闻传后"一语带过。对胡一桂易学，只用两页的篇幅简述了胡一桂的生平、著作内容，述其传承为朱熹—黄榦—董梦程—沈贵瑶—胡方平—胡一桂。其中，一页为所附胡一桂《启蒙翼传自序》。③ 廖名春、康学伟、梁韦弦合著的《周易研究史》，在第五章第三节"宋易在元代的发展"中略引一桂《周易本义附录纂疏启蒙翼传序》，说明胡一桂易学以朱为宗④；对于胡炳文《周易本义通释》，以其与"熊良辅的《周易本义集成》"等，或主张折衷汉易与五弼之学，或主张易道兼用程氏、朱氏，或主张如《周易本义》合程邵而一之，但实际上都是羽翼朱熹易学，并且都对朱熹易学的象数内容有所发挥"⑤一语带过，未进行深入探讨。王永宽的《河图洛书探秘》，简述了胡一桂的生平和著作，引《四库全书总目》提要叙述了胡一桂《易附录纂疏》之旨，略从《易学启蒙序》中考察了胡氏《周易启蒙翼传》创作原由，并简要述说了胡一桂关于《河

① 潘雨廷：《读易提要》卷5，上海古籍出版社2003年版，第248页。
② 徐芹庭：《易经源流：中国易经学史》下册，中国书店2008年版，第684—685页。
③ 参见徐芹庭：《易经源流：中国易经学史》下册，中国书店2008年版，第680—682页。
④ 参见廖名春、康学伟、梁韦弦：《周易研究史》，湖南出版社1991年版，第314页。
⑤ 廖名春、康学伟、梁韦弦：《周易研究史》，湖南出版社1991年版，第316页。

图》《洛书》数字与方位的对应关系及胡氏对刘牧"以九为图、十为书"观点的批驳。[①] 林忠军先生的《象数易学发展史》,在谈及元代易学时对胡一桂象数易学做了一定的分析,叙述了胡一桂在易学观上和象数易学上所作的贡献。其他的相关著作,如史甄陶的《家学、经学和朱子学——以元代徽州学者胡一桂、胡炳文和陈栎为中心》,主要探讨元代前期朱子学在徽州如何继承和发展的问题,带有区域学术史研究的味道。周茶仙、胡荣明的《宋元明江西朱子后学群体研究》梳理了江西朱子学发展的地域家族性、地域性思想传统和宋元明江西理学流派交融嬗变等内容,其中分析了胡氏之学与江西朱子学的关系。

专门论著和相关论文方面,山东大学李秋丽 2006 年博士论文《胡一桂易学思想研究》探讨了胡一桂在易学及易学史观方面的主要理论贡献,进而从胡一桂"易有理而后有数,有数而后有卦,有卦而后有象"以及"辞变统于象占,象又统于占"四个方面探讨和揭示胡一桂的易学思想体系,该论文较全面地反映了胡一桂的易学思想。北京师范大学王冉冉 2012 年博士论文《元代易学研究》,考察了元代易学史。高新满的硕士论文《胡炳文易学思想研究》,赖文婷的硕士论文《朱熹〈周易本义〉之元代研究述略》,李秋丽的《胡一桂易学观研究》《胡一桂"四圣易象说"探研》《论胡一桂占筮识度下的易象观》,钟彩钧的《胡方平、一桂父子对朱子〈易〉学的诠释》,郭振香的《论胡炳文对朱熹〈周易本义〉的推明与发挥》,梁韦弦的《宋易在元代的发展》,谢辉的《简论朱子易学在元代发展的基本面貌》,康全诚的《元明〈易〉学研究概况》,陈荣捷的《元代之朱子学》,常桂兰、刘成群的《元代新安理学的〈易〉学思想》,赵华富的《元代新安理学家弘扬朱子学的学术活动》,张平平的《略论元代新安理学家胡炳文》等,涉及婺源胡氏易学,对婺源胡氏易学作了某些方面的考察,推动了相关研究。

总的来说,目前学界对婺源胡氏易学的研究,不仅数量有限,而且研究的广度和深度都不够,大多停留于对易学特点作概要性探讨,也未深入地将婺源胡氏易学放在朱子后学群体和地域文化的视域中,来揭示婺源朱子易学发展的内容、特点、作用和地位。

---

① 参见王永宽:《河图洛书探秘》,河南人民出版社 2006 年版,第 132—134 页。

本书试图将元代婺源胡氏易学置于朱子学脉(朱子门人后学)发展的宏观大视野下,于朱子学道脉性与地域性相融合的鲜明视界下观照其易学立场、态度、方法和思想观点等,以此来揭示婺源胡氏易学的地域文化特色、历史作用和地位。本书着重把握:一是以婺源胡氏易学的渊源为切入点,通过对他们著作的文本解读,比较准确地把握各自的易学主旨。认为作为朱子易学后学,婺源胡氏较为准确地把握和发展了朱熹的易学。胡方平易学重在阐明朱子象数易学,以义理解象,破除人们对象数的曲解,明确朱子象数易学的主旨。胡一桂易学则重在以筮占上推理义,辨清异端,丰富和完善朱子古易之学。胡炳文易学重在朱子义理易学,阐述易学上的性命之学,强调天地自然之易在人生中的体现。二是在对三人易学的探讨中,注重挖掘他们较之前人的创新之处。三是以婺源胡氏易学为一个整体来研究,揭示婺源胡氏易学的特色,突出了地方易学。婺源胡氏易学,以朱子学为宗,以弘扬朱子易学为旨,捍卫朱子学、阐明朱子学,维护朱子易学的纯洁性,立场鲜明,态度坚决,继承但不墨守,发挥但不离宗旨。

本书首先坚持以个案与整体相结合的研究方法进行研究。个案的分析是整体研究的必要的前提,若没有个案研究,就很难比较全面地把握他们各自的易学旨趣和易学特色,难以对他们进行整体的评价,准确认识元代婺源胡氏易学在整个元代易学乃至在整个中国易学史上的地位和作用。因而,本书首先对胡方平、胡一桂、胡炳文易学进行个案研究,进而对他们的易学进行整体上的比较,考察他们易学的共同点,分析胡氏易学讨论的主要问题所在,揭示胡氏易学的整体特色,最后对他们的易学地位和影响作出评价。其次,采用纵横比较的分析方法。比较法能有效地突出事物之间的相同点、不同点。一条是横向比较。既考察胡氏易学内部的共同点和差异性,揭示他们的整体易学主旨,又分析胡氏易学与同时代其他易学家易学之间的异同。如此,才能够更好地显现婺源胡氏易学的特色。一条是纵向比较。无论在个案研究,还是在整体研究时,都重视与前人特别是朱熹的易学的对照比较,即分析胡氏易学对前人易学继承了什么,发挥了什么,从而在此基础上,重点考察他们有所创见的地方。

研究难免有不足,本书亦是如此。但作者希冀本书的研究能有助于增进人们对元代婺源胡氏易学的了解,把握婺源胡氏易学的作用和地位,从而能有助于人们对朱子易学的发展脉络及元代易学的发展状况和特点,乃至对整个中国易学的发展有更清晰、更准确的认识。

第一章　元代婺源胡氏易学的
思想渊源和学术背景

　　学术有其连续性，一种思想的诞生和发展，并不会无中生有，而是有一定的渊源，并且是基于一定的时代背景下的产物。元代婺源胡氏易学，承接了朱子易学和家学传统，同时又深刻地受到整个易学流变发展趋势与当时婺源易学发展形势以及当地地域文化——新安理学的影响。因而考察他们的思想渊源和学术背景，对于探讨元代婺源胡氏是如何在易学界树起维护、阐明、发挥朱子易学的旗帜，他们的易学在整个易学史上有着怎样的地位和价值，都具有重要的意义。

第一节　元代婺源胡氏易学的思想渊源

　　元代婺源胡氏易学以朱子易学为宗，阐明朱子易学，之所以有这样的主旨，与他们的易学渊源①有着莫大关系。胡氏易学既有来自朱子易学的渊源，也有家学的渊源。为此，我们着重从这两方面加以考察。

一、朱子易学

　　婺源胡氏之学，并非独自创造，是有学脉来源的。程政敏在《新安文献志》中记录了胡方平的籍贯、师承：

　　　　胡玉斋方平，婺源梅田人。从学董介轩、沈毅斋。②

----

① 此章对于胡氏易学的渊源，主要从学脉传承的角度分析。关于易学思想内容方面的渊源探讨，见后面有关章节。
② （明）程政敏辑撰，何庆善、于石点校：《新安文献志·先贤事略上》，黄山书社 2004 年版，第26 页。

《宋元学案》有类似的记载：

> 胡方平，号玉斋，婺源人。早受《易》于董介轩，继师沈贵珤。①

胡方平为婺源人，为学勤奋，尤专易学。早年学易于董介轩。董介轩即董梦程，《宋元学案》载："董梦程，字万里，号介轩，鄱阳人，槃涧先生铢之从子也。初学于槃涧与程正思，其后学于勉斋。开禧进士、朝散郎、钦州判。所著《诗》《书》二经、《大尔雅》通释。……谢山云：'按诸书皆云介轩学于勉斋，兼得槃涧之传。'"②梦程初学于槃涧与程端蒙。程端蒙，字正思，歙人，迁德兴新建，师朱子，所著有《小学字训》，学者称蒙斋先生。③ 董铢，字叔重，学者称槃涧先生，德兴人，学于朱子，登嘉定进士，授迪功郎、婺州金华尉，黄勉斋志其墓，从子梦程传其学。④ 梦程其后学于勉斋，勉斋即黄榦，为朱熹的得意弟子兼女婿。由此可见，董梦程出于朱子一脉，为朱子二传门人。方平学于梦程，自然也出于朱子一脉。胡方平其后又学于沈毅斋。《宋元学案》载沈毅斋："沈贵珤，字诚叔，德兴人也。介轩高弟。有《正蒙疑解》《四书》及诸经说。学者称为毅斋先生。"⑤因此，胡方平既学之于梦程，也学之于沈毅斋，所以《宋元学案》把胡方平列于介轩门人下，又在后面列于毅斋（沈贵珤）门人下。

可见，二书里胡方平的师承关系应该是：

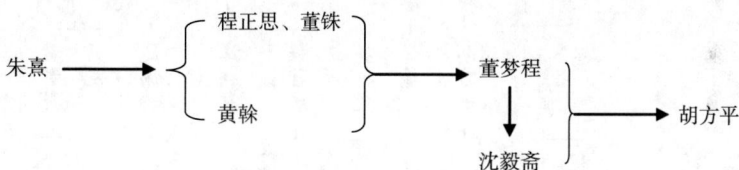

---

① （清）黄宗羲原著，全祖望补修，陈金生、梁运华点校：《介轩学案》，《宋元学案》卷89，中华书局1986年版，第2973页。

② （清）黄宗羲原著，全祖望补修，陈金生、梁运华点校：《介轩学案》，《宋元学案》卷89，中华书局1986年版，第2971页。

③ 参见（明）程敏政辑撰，何庆善、于石点校：《新安文献志·先贤事略上》，黄山书社2004年版，第18页。

④ 参见（清）黄宗羲原著，全祖望补修，陈金生、梁运华点校：《沧州诸儒学案上》，《宋元学案》卷69，中华书局1986年版，第2280页。

⑤ （清）黄宗羲原著，全祖望补修，陈金生、梁运华点校：《介轩学案》，《宋元学案》卷89，中华书局1986年版，第2973页。

明代程瞳在《新安学系录》中载有《新安学系图》(见下图),①也是新安学者的师承关系图。

程子
尹和靖　杨龟山　谢上蔡
吕仁甫　吕居仁　罗仲素　徐诚叟　胡文定
李䌸　林少颖　汪应辰　朱韦斋　李延平　江介　汪应辰　胡五峰
滕恺　吕东莱　程鼎　程子　张南轩
滕沭　朱塾　滕珙　吴儆　王焱　吴儆
汪华　祝穆　叶味道　孙吉甫　程端蒙　董铢　汪楚材　李季子　黄幹　程永奇　祝直清　汪会之　吴儆　滕珙　滕璘　程洵
胡舜卿　祝沭　胡升　魏了翁　董梦程　沈贵瑶　李季子　饶鲁　程珙　何基　吴屋　滕和叔　滕武子
朱小翁　许月卿　胡方平　汪瑜　吴仲迁　汪华　江润身　吴锡畴　程龙　黄智孙
程复心　程荣秀　程直方　吴霞举　胡一桂　汪宗臣　程若庸　程逢午　吴浩　程显道　陈柝
胡斗元　黄泽　江恺　汪炎昶　程钜夫　吴澄　倪士毅　朱升　吴彬
胡炳文　汪仲鲁　赵汸　吴希颜　吴克宽

①　参见(明)程瞳辑撰,王国良、张健点校:《新安学系录·图》,黄山书社2006年版。

从上图我们可以清晰地看到,胡方平为朱子三传弟子。图示的路线为:

朱熹 ⟶ 董铢 ⟶ 董梦程 ⟶ 胡方平

程瞳《新安学系录》中记载:"方平早受《易》于介轩董梦程,继师毅斋沈贵宝,沈实介轩上游,而介轩乃盘涧从子,得其家传者。盘涧受《易》于朱子之门最久。"①这个说法,与其《新安学系图》是相符的,也与《新安文献志》《宋元学案》的说法是一样的。

《明一统志》中说:

> 胡方平,徽州婺源人。学精于易,初饶州德兴沈贵宝受易于董梦程,梦程受朱文公之易于黄榦,而方平尝从贵宝、梦程学得文公源委之正。

即朱熹→黄榦→董梦程→沈贵宝②→胡方平的传承脉络。

《钦定续文献通考》中记载:方平,字师鲁,号玉斋,婺源人。其学出于董梦程,梦程受朱子之易于黄榦。③ 此说与《明一统志》同。

综合各文献说法,对于胡方平之易学出于朱子一脉应该无疑。

胡一桂,其父为胡方平。一桂生而颖悟,好读书,尤精于易。《元史》说:"初,饶州德兴沈贵宝,受易于董梦程,梦程受朱熹之易于黄榦,而一桂之父方平及从贵宝、梦程学,尝著《易学启蒙通释》。一桂之学,出于方平,得朱熹氏源委之正。"④由此可知,胡一桂乃朱熹四传弟子。

胡炳文其学出于其父胡斗元,《新安学系录》称胡斗元,字声远,弟子私谥孝善先生,明经胡氏十二世,师从朱熹从孙朱洪范,受《书说》和《易》学。⑤《宋元学案》持相同的说法:"胡斗元,字声远,婺源人也。受《易》学于朱子从

---

① （明）程瞳辑撰,王国良、张健点校:《新安学系录》卷10,黄山书社2006年版,第197页。原图中部分文字有误:"璇"应为"琰","吴仲迁"应为"吴仲迁","吴克宽"应为"汪克宽","沈贵瑶"即"沈毅斋"。另外,胡舜卿"尝登朱子门",可谓朱子门人。朱子门人未记载有"汪华",此谓胡舜卿师出汪华,恐误。

② 沈贵宝,又作沈贵珤,皆同一人。

③ 参见（清）嵇璜、曹仁虎等撰:《钦定续文献通考》卷142,文渊阁《四库全书》第630册,第22页。

④ （明）宋濂等撰:《元史》卷189,中华书局1976年版,第4322页。

⑤ 参见（明）程瞳辑撰,王国良、张健点校:《新安学系录》卷10,黄山书社2006年版,第199页。

孙洪范,学者称为孝善先生。"①胡斗元的易学来自于朱洪范,朱洪范的易学又来自于胡师夔。《宋元学案》称:"朱洪范,号小翁,朱子从孙。胡孝善之父易简居士师夔,实授《易》于先生。"②胡师夔为胡斗元之父,为胡炳文之祖父。对于胡师夔,《新安学系录》里说:"胡舜卿名师夔,婺源考川人,号易简居士,行实无传。但先正谓其尝登朱子之门,《郡志》称其通五经,尤精于《易》,撰《〈易传〉史纂》。然其学一传为朱子之从孙小翁,再传为公子斗元及程复心,三传为公之孙炳文。"③胡舜卿是否受学于朱熹,于《朱子语类》《宋元学案》《朱子门人》中未见。但程瞳称"引先正之言,其(胡舜卿)尝登朱子之门",我们不妨将其视为朱熹门人弟子。由此就有一个传承学脉,即朱熹→胡师夔→朱洪范→胡斗元→胡炳文。

二、家学渊源

胡方平、胡一桂父子的易学与家学也有很大的关联。方平父子居婺源梅田,出于明经胡氏后,世以明经为旨,有着浑厚的易学学术家世。据《新安学系录》所载,该宗族胡氏为大唐李氏后代,五季之乱时避难婺源,就考水胡氏以居,遂从胡姓,其祖为胡昌翼,昌翼于五代后唐同光三年(925)中明经科进士第,故人称"明经翁",其族称"明经胡氏"。胡一桂在《上谢叠山先生求作翼传序书》中说:"盖自鼻祖明经公(昌翼)以唐昭宗嫡子,遇朱温之难,而寄姓于胡。……至八世,两伯祖(铉、铨)接武元丰之第,而高伯祖(昂)政和间由辟雍第太常,与朱韦斋先生有同邑同年之好,尝过斋头,获睹先明经诸注疏,谓当五季波靡,独能剖抉圣真。汉儒以来,一人重为叹赏。高祖(溢)绍兴初分路省元,复收世科诗书之传,道德之脉四百余年于此矣。"④这有两点很值得注意,一是其族自明经翁后,又出过许多能人,家族一直不乏易学在内的经学研究

---

① (清)黄宗羲原著,全祖望补修,陈金生、梁运华点校:《介轩学案》,《宋元学案》卷89,中华书局1986年版,第2976页。

② (清)黄宗羲原著,全祖望补修,陈金生、梁运华点校:《介轩学案》,《宋元学案》卷89,中华书局1986年版,第2972页。

③ (明)程瞳辑撰,王国良、张健点校:《新安学系录》卷8,黄山书社2006年版,第168页。

④ (元)胡一桂:《上谢叠山先生求作翼传序书》,《双湖先生文集》卷3,续修《四库全书》第1322册,上海古籍出版社1995年版,第569页。

者。二是胡一桂自称"道德之脉四百余年",可知胡一桂对自家经学的自豪和重视,透露其有继承先人明经之志,发扬明经事业之决心。如此,一桂父子受家传经学的影响也是理所当然的事。

胡一桂还提到自己"五六岁而读父书"①。此"父书"到底是指父亲胡方平所作之书,还是指方平所读的以往的家传经书呢? 我们认为,二者都有可能,但后者的可能性更大。胡一桂曾在《周易启蒙翼传》中提到"愚家藏《周易》传注,自程朱外,仅十余家"②,由此一桂口中的"父书"更可能是指方平所读的书籍,当然也包括家藏的这些经书之类。那么,方平既以这些经书授一桂,说明这些经书当是方平极为赞赏和重视的书籍。这就说明方平与一桂父子二人都受家学的影响,这种影响不仅是存在的,而且是极为深刻的。还有一点值得注意的是,这句话也揭示了一桂从小就受父亲方平治学的影响。

胡方平一生力作《易学启蒙通释》,阐明朱子象数易学,对胡一桂易学不无影响。胡一桂说:"伏读家君《启蒙通释》,吾易门庭既已获入。"③可知胡一桂易学是在其父易学的基础上形成的。胡方平旨在阐明朱子象数易学中的义理思想,维护和弘扬朱子易学。这一点也甚是影响了胡一桂。胡梅岩在《跋胡玉斋〈启蒙通释〉》中说:"此书玉斋所著也。岁己丑,双湖携入闽,锓梓留滞踰一年,辛卯秋再往,明年壬辰夏季回。留滞过一年,冒寒暑疲,跋涉必成父志,乃已允谓孝矣。"④所谓"跋涉必成父志",表面上是指一桂不顾艰辛为完成《易学启蒙通释》的出版发行工作,实质乃是指一桂为继承和实现方平弘扬朱子易学的愿望。所以,一桂在其父易学的基础上,又作《易本义附录纂注》和《周易启蒙翼传》,推进对朱子易学的维护和弘扬工作。胡一桂在《周易启蒙翼传原序》中说:"先君子惧愚不敏,既为《启蒙通释》以诲之,愚不量浅陋,复为《本义附录纂疏》以承先志,今重加增纂之余又成《翼传》四篇。"⑤由此可

---

① (元)胡一桂:《上谢叠山先生求作翼传序书》,《双湖先生文集》卷3,续修《四库全书》第1322册,上海古籍出版社1995年版,第569页。
② (元)胡一桂:《周易启蒙翼传》中篇,文渊阁《四库全书》第22册,第285页。
③ (元)胡一桂:《上谢叠山先生求作翼传序书》,《双湖先生文集》卷3,续修《四库全书》第1322册,上海古籍出版社1995年版,第570页。
④ (元)胡次焱:《梅岩文集》卷7,文渊阁《四库全书》第1188册,第571页。
⑤ (元)胡一桂:《周易启蒙翼传》原序,文渊阁《四库全书》第22册,第200页。

见,胡氏家学对一桂易学的影响是不容忽视的。《元史》说:"一桂之学,出于方平。"①此语客观、中肯,但是不能将"出于"理解为完全等同。

胡炳文为婺源考水明经胡氏之后十三世子孙,同样出身于世儒之家,具有良好的学术传统。明经胡氏十世子孙,亦即胡炳文的曾祖父胡允济,徙居婺源的郭东集贤里,讲学于乡里。胡炳文祖父胡师夔②,应是胡氏之十一世,通《五经》,精于易,有《〈易传〉史纂》。可见,胡炳文家世本有含易学在内的经学传世,以明经、教授为显著特点,胡炳文长在这样的家族中,自然会受到家世经学的熏染。胡炳文叹曰:"自我明经翁以来,十四世矣。经学之晦也,不能不朝夕以为忧。"③纵观炳文一生,弘扬易学在内的经学也确实为炳文毕生之努力。

家世易学对胡炳文影响很大。潘雨廷先生说胡炳文之学出于家学。④ 这家学,最直接最重要的莫过于其父了。《新安学系录》有载:"斗元,传《易》学于前进士朱洪范,日玩一爻,七日通玩一卦,周而复始,授徒五十年。尝谓'乾'专言善,性也;'坤'兼言善不善,性情也。'乾'之善世,吾无及已,'坤'之积善,吾庶几勉之。自号勉斋,卒,门人俞洪等私谥曰'孝善先生'。"⑤胡斗元每七日玩通一卦,循环学习,直到终老,可见胡斗元对《周易》是很用心、很勤奋的,花的时间也很长,而且以《易》来教育学子,这可推测出他对易学应有精研之处。斗元的这种治学作风和方法及对易学的爱好,也无疑会影响到胡炳文。《新安学系录》称胡炳文"幼嗜学,年十二,夜读不辍"⑥。炳文的这种勤奋显然受到家学传统的影响。斗元的治易倾向,也深刻影响着炳文的易学倾向。虽因缺乏资料,无法窥视胡斗元易学的全貌,但从他这句易学言论来看,仍可看出其易学倾向之端倪。他从性情的角度来分析《乾》《坤》两卦善与

---

① (明)宋濂等撰:《元史》卷189,中华书局1976年版,第4322页。

② 胡允济为胡炳文曾祖父,祖父为胡师夔。见于"自是又三世……讳允济,于公为王父。四世有通五经……号易简居士,讳师夔,于公为父。"[(明)程瞳辑撰,王国良、张健点校:《新安学系录》卷10,黄山书社2006年版,第199页]其中"公"指胡炳文之父胡斗元。"王父"意为祖父。

③ (元)胡炳文:《云峰集》卷1,文渊阁《四库全书》第1199册,第738页。

④ 参见潘雨廷:《读易提要》卷6,上海出版社2003年版,第273页。

⑤ (明)程瞳辑撰,王国良、张健点校:《新安学系录》卷12,黄山书社2006年版,第230—231页。

⑥ (明)程瞳辑撰,王国良、张健点校:《新安学系录》卷12,黄山书社2006年版,第231页。

不善,倾向于发挥易学中的性理底蕴,并以此来修身养性,强调以易学进行自我修养与完善,凸显了易学性理的一面。这一点,恰是胡炳文的易学倾向和主旨。我们通过考察胡炳文的《周易本义通释》会发现,炳文很注重以性理来注解经传,发挥经传的性理大义。胡炳文的这种易学倾向,与其父重性理的一面是不无关联的。

通过上述考证,我们知道元代婺源胡氏易学与家学的联系是极为紧密的。值得说明的是,家学渊源与朱子易学的影响不是截然分开的,二者往往交织在一起。通过他们的学脉可以得知,不仅上几代的先祖与朱子学的交往甚密,而且,最近的父辈更是集朱子学与家学融为一体,朱子学逐渐取代以往的胡氏经学而成为思想渊源的主体。这就为元代婺源胡氏易学何以以朱子易学为宗,维护、弘扬朱子易学的易学主旨,从学术渊源的角度提供了一个合理的解释。

第二节　元代婺源胡氏易学的学术背景

考察完元代婺源胡氏易学的学术渊源后,我们接下来从易学流变及婺源地域文化来看其学术背景。

一、易学流变

对于《易经》文本中的卦爻象和相应之卦爻辞之诠解不同,易学史上产生了多种派别,《四库全书总目》归为"两派六宗"之说。其中有云:

> 汉儒所言象数,去古未远也。一变而为京焦,入于禨祥。再变而为陈邵,务穷造化。易遂不切于民用。王弼尽黜象数,说以老庄。一变而胡瑗程子,始阐明儒理。再变而李光杨万里,又参证史事。易遂日启其论端。[1]

这就是所谓的"两派六宗"说。前半部分述象数派,后段言义理派。两大易学派别,即象数派和义理派。象数派着重从数(阴阳奇偶之数、九六之数、大衍之数、天地之数等)或象(卦爻象、八卦之物象等)来解说《周易》之《经》《传》

---

① (清)永瑢等撰:《四库全书总目》卷1,中华书局1965年版,第1页。

文义,或用来推测宇宙事物的关系与变化。其渊源于汉易,宋代又衍生出图书之学。义理派着重从卦名、卦体和卦德来解释《周易》,注重阐发《周易》的经义名理和哲理内涵。其渊源于《易传》,而起于魏晋王弼。二派在概念范畴、思想宗旨、思维模式、治学理路、学术风格等方面存有较大差异。纵观整个易学史,易学家们由于立场和思维方式的不同,往往重义理而轻象数,或重象数而轻义理,使得两派虽不乏统一、融合,但更多的是之间的相互攻讦、争辩不休。

汉人解《易》,多数离不开象、数。西汉孟喜以卦气讲象数;其后焦延寿、京房等讲阴阳灾异,使象数学流于機祥吉凶之术。东汉易学又参之以卦变、互体解易,以至发展到东汉末年,汉代象数易学泛滥至极,由盛而转衰。

魏王弼认识到汉代象数的种种弊端,提倡得意忘象,一扫汉易象数而以义理解《易》,义理易学应运而起。然而王弼尚玄学,其义理含有老庄思想,以道家玄理来解读《周易》,被后世易学者所诟病。

唐代时期,孔颖达解《易》,采取“注宜从经,疏不破注”的著书体例,对王弼、韩伯易注做了进一步的说解,继承了王弼义理派易学的学术理路,但同时也对王弼易学做了一定的修正,吸收、继承、改造了汉易中的某些象数思想,主张“不可一例求之,不可一类取之”的诠释原则,唯变所适。在其《周易正义》中,象数与义理有融合之势。

易学发展至宋,图书象数之学兴起。陈抟得道教之图,衍为太极、河洛、先天后天之说。陈抟传其学于后世,至刘牧推崇《河图》《洛书》,以讲河洛之学闻名;李之才讲卦变说;邵雍著《皇极经世书》,倡明先天学。此时的图书象数学,与汉代专主注解经传文本的形式有所不一样,它不太关注经传文本一卦一爻的注解,而是通过图书象数来探究《周易》,研究图书中的易道,对《周易》文本中的人事道德伦理未给予相应的探讨。也因此,程颐批评这种图书象数之学落于末流。

义理派易学发展至北宋,也出现了新的情况,即破除王弼易学以道解易,更注重以儒理解易。胡瑗作《周易口义》、孙复作《易说》、石介作《徂徕易解》、李觏作《易论》,阐发义理;张载作《正蒙》,注重《易》的伦理道德的发挥;二程设教授《易》,有《易传》之作,推阐义理,成为宋易义理派的代表。基本上,他们几个人都是肯定《易》的哲学思想的,对象数虽亦间或采用,但也是出于义理的需要。尤其是程颐,虽也不完全排斥象数,但他把象数作为"末"和"流",而批评象数派"义起于数""理源于数",因而重理而轻视数。程颐曾云:"某与尧夫同巷里居三十余年,世间事无所不问,惟未尝一字及数。"①

易学发展到南宋,象数、义理两派的缺陷非常突出,"其专于文义者,既支离散漫而无所根著;其涉于象数者,又皆牵强附会,而或以为出于圣人心思智虑之所为也"②,因而,如何处理好象数、义理之间的关系,越发显得紧迫和重要。

朱熹针对程颐过分讲义理而轻视象数,以及象数派穿凿附会入于末流,而忽视义理的两种偏向及当时的易学形势,重新审视《易》,以极为宏阔之视界追溯《易》之发展的"原点",审视并厘清《易》之发展历史与阶段,对《易》做了一个正本清源考察的工作,阐明"《易》本卜筮之书",其辞必根于象数的观点。他说:

> 《易》本为卜筮而作。古人淳质,初无文义,故画卦爻以"开物成物"。……此《易》之大意如此。③

> 据某看得来,圣人作《易》,专为卜筮。后来儒者讳道是卜筮之书,全不要惹他卜筮之意,所以费力。④

> 今人须以卜筮之书看之,方得;不然,不可看《易》。⑤

在卜筮说的影响下,朱熹以为《周易》的经传是更历三圣或四圣的阐发而形成的,先圣对《周易》的阐述有各自的特点。他说,《易》之为书,更历三圣而制作不同。若庖牺氏之象,文王之辞,皆依卜筮以为教,而其法则异。至于孔子之赞,则又以义理为教而不专于卜筮。⑥ 他把《易》分为三类:伏羲《易》、文王周

---

① (清)黄宗羲原著,全祖望补修,陈金生、梁运华点校:《百源学案下》,《宋元学案》卷10,中华书局1986年版,第465页。

② (宋)朱熹:《易学启蒙》卷1,《朱子全书》第1册,上海古籍出版社、安徽教育出版社2002年版,第209页。

③ (宋)黎靖德编:《朱子语类》卷66,中华书局1986年版,第1620页。

④ (宋)黎靖德编:《朱子语类》卷67,中华书局1986年版,第1652页。

⑤ (宋)黎靖德编:《朱子语类》卷66,中华书局1986年版,第1622页。

⑥ 参见(宋)朱熹:《朱熹集》卷81,四川教育出版社1996年版,第4189页。

公《易》和孔子《易》。即伏羲画卦作《易》，文王作《卦辞》，周公作《爻辞》，都以卜筮为教。但到了孔子时，孔子作《十翼》，方开始说义理。因此朱熹认为，《周易》的发展经历了以卜筮为教和以义理为教两大阶段，前者以《易经》的产生发展为主，后者以孔子赞《易》，以义理阐释《易经》为主。进而，朱熹以为，看《易》时应将经和传分别来看，不能将孔子《易》当成文王《易》，也不能将文王《易》当成伏羲《易》去理解。他说：

> 今人读《易》，当分为三等：伏羲自是伏羲之《易》，文王自是文王之《易》，孔子自是孔子之《易》。①

> 伏羲《易》，自作伏羲《易》看，是时未有一辞也；文王《易》，自作文王《易》；周公《易》，自作周公《易》；孔子《易》，自作孔子《易》看。必欲牵合作一意看，不得。②

朱熹认为人们在读《易》时要区别经与传之间的不同性质，明白《易》本卜筮之书的道理，反对经传不分、以传解经和仅把《周易》作义理解的做法。朱熹虽指出经传的不可相混，但并未把二者完全对立起来，他主张的《易》本卜筮之说和《易》的义理之学，二者之间并不矛盾。他说："《易》所以难读者，盖《易》本是卜筮之书，今却要就卜筮中推出讲学之道，故成两截工夫。"③朱熹的思路是，既把解《易》之本义与推说其义理分为两节功夫，不以后者取代、废弃前者，又把二者有机地结合起来，在《易》之本义的基础上去推说、阐发义理。因而，《易》具有占卜和说理两种不同的功能和作用。

朱熹从"《易》本卜筮之书"的命题出发，对象数派和义理派进行批评。他说：

> 大抵《易》之书本为卜筮而作，故其词必根于象数，而非圣人己意之所为。其所劝戒，亦以施诸筮得此卦此爻之人，而非反以戒夫卦爻者。近世言《易》者殊不知此，所以其说虽有义理而无情理。④

---

① （宋）黎靖德编：《朱子语类》卷66，中华书局1986年版，第1629页。
② （宋）黎靖德编：《朱子语类》卷66，中华书局1986年版，第1622页。
③ （宋）黎靖德编：《朱子语类》卷66，中华书局1986年版，第1626页。
④ （宋）朱熹：《答赵提举》，《晦庵先生朱文公文集》卷38，《朱子全书》第21册，上海古籍出版社、安徽教育出版社2002年版，第1683页。

所喻读《易》，甚善。此书本为卜筮而作，其言皆依象数以断吉凶。今其法已不传，诸儒之言象数者例皆穿凿，言义理者又太汗漫，故其书为难读。此《本义》《启蒙》所以作也。①

不管是象数派还是义理派，其问题皆在于偏离了《易》的本旨，所以有不足。朱熹基于"《易》本卜筮之书"，对程、邵易学也做了分析，认为程、邵之得在义理和象数，然失在于两者皆不言"占"，而不言"占"则使《易》"竟无用处"②。原因在于失却了《易》之本源。

为完成《易》本卜筮之书的命题，朱熹分两步走：首先，著《周易本义》，从一卦一爻上探明原始的占卜本义，确立设卦观象玩占知变而明其理的占学原则，从而把"《易》是卜筮之书"的精神贯穿在了《易》书之始终；其次，著《易学启蒙》，从总体上探明揲蓍变占之法，确立图书象数学的方法论。

由此，朱熹在《易》本卜筮的基础上，将义理、卜筮、象数相结合，把宋易之义理派与象数派包括图书学统一起来，建构了象数、理、占一体的易学哲学体系。这是对前人易学思想及资料总结、继承、扬弃和发展的结果，是对宋以前易学的一个集大成。这既是朱熹个人努力的结果，实际上，也是易学发展趋势的必然结果。

对于朱熹易学的历史地位和作用，胡一桂和胡炳文都提到过，二人都给予高度评价。胡一桂认为："朱子勃兴，探前圣之精微，破俗学之谬妄，《本义》《启蒙》有作而后吾易始大明于世。愚尝谓孔圣以来，子朱子有功于易，断断乎其不可及已。"③其语中"俗学""谬妄"指刘牧之图书说、林栗对邵子的指斥及麻衣易之类。胡一桂赞赏朱子象数理学一体的易学，有破俗制谬、复明易道之功。胡炳文在《周易本义通释序》中说："《易》之取象壹是，巧且密焉，非天矣。惟邵子于先天而明其画，程子于后天而演其辞，朱子《本义》又合邵、程而一之，是于羲、文、周、孔之《易》会其天者也。学必有统，道必有传。溯其传，

---

① （宋）朱熹：《答刘君房》，《晦庵先生朱文公文集》卷60，《朱子全书》第23册，上海古籍出版社、安徽教育出版社2002年版，第2886页。

② （宋）黎靖德编：《朱子语类》卷67，中华书局1986年版，第1657页。

③ （元）胡一桂：《周易本义启蒙通释序》，《双湖先生文集》卷1，续修《四库全书》第1322册，上海古籍出版社1995年版，第556页。

羲、文、周、孔之《易》非朱子不能明；要其统，凡诸家讲《易》，非《本义》不能一。"①胡炳文把朱子《易》与羲、文、周、孔之《易》相提并论，放在同一个层次，可见炳文也是高度赞赏朱子易学。

南宋之后至元，随着朱子学说在民间的传播、普及，朱子易学也得到广泛传播。很长一段时间，后人如蔡元定、蔡渊、蔡沉、税与权等，都在忙于探讨朱子易学在象、数、理、占等方面的观点和思想，并加以继承、阐述和弘扬。如何理解、阐述、弘扬朱子易学已成为这段时间易学的主流趋势。婺源胡氏易学在这样的易学氛围中，当然也不能不受影响，从胡一桂、胡炳文对朱子易学的评价中可见一斑。

然而，虽然在这样的易学主流趋势中，易学者们都沉于朱子易学，但却无法保证每一个人对朱子易学的理解都符合朱子易学的本旨。由于个人的易学理论水平、思维方式、易学治理思路和风格、治易倾向等不同，对朱子易学的理解也就多样化了，其中难免存在鱼龙混杂，偏离、曲解朱子易学本旨的现象。胡梅岩在《启蒙通释序》中说："世之为图书说者何纷纷乎？彼惟于十数中求，所谓八卦者而见其叏不相干。于是创说以强通之。幸有一节偶合，矜以自喜，而于他节不合者，辄变例易辞，牵挽傅会，抑勒之俯就其说，虽穿凿支离不恤也。"②胡一桂也提到这种形势，他说："诚以去朱子才百余年，而承学浸失其真。如《图》《书》已厘正矣，复承刘牧之谬者有之；《本义》已复古矣，复循王弼之乱者有之；卜筮之教炳如丹青矣，复祖尚玄旨者又有之。若是者，讵容于得已也哉！"③对于偏离、曲解朱子易学本旨的这种易学形势，胡一桂捶首痛心。可见，元初时期，产生了一个如何正确理解朱子易学、维护朱子易学的纯正性问题。

因而，元代易学面临着治朱子易学的主流趋势和当下偏离、曲解朱子易学的严峻形势。在这样一个大时代易学背景下，婺源胡氏易学如何确定自己的立场，作出何种努力，已是摆在眼前的事了。

---

① （清）黄宗羲原著，全祖望补修，陈金生、梁运华点校：《介轩学案》，《宋元学案》卷89，中华书局1986年版，第2987页。

② （元）胡次焱：《启蒙通释序》，《梅岩文集》卷3，文渊阁《四库全书》第1188册，第550页。

③ （元）胡一桂：《周易启蒙翼传·原序》，文渊阁《四库全书》第22册，第200页。

二、地域文化

元代婺源胡氏易学的发展,也与其地域文化——新安理学关系密切,打上了新安理学的印记。新安理学是朱子理学流派的重要分支之一,以徽州籍理学家为主干组员,以朱熹为开山宗师,以维护、继承、发扬、光大朱子学为基本宗旨,历经宋、元、明、清四代,绵延传承近 700 年。

包括婺源在内的新安地区之所以会形成具有鲜明地方特色的理学流派,这是有一定原因的。对此,李霞曾予以分析,她认为唐末五代之后中原儒家文化的南移为新安理学的形成培育了大批儒生,提供了文化条件;南宋后期朱熹理学逐渐成为官方哲学,为新安理学的形成提供了思想背景;朱熹理学传到新安后形成新安理学,新安人士怀着对这位同乡大儒的崇敬之情,对朱熹学说极为推崇,奠定了新安理学形成的心理基础;朱熹本人在新安故里聚徒讲学,是新安理学形成的直接原因。①

李霞从文化条件、思想背景、心理基础等方面考察新安理学的形成原因。笔者更倾向于从道脉性与地域性相统一的角度来探讨婺源的地域文化情况。

前面《绪言》中已述元代朱子学的发展和分布状况,其中江西朱子学与新安朱子学虽当时影响不及北方、金华二线,但从整个宋元朱子学的传承脉络来看,不可忽视。江西朱子学与新安朱子学都体现出明显的道脉性与地域性结合的特色,而婺源是二者交织地,其地域性、道脉性熔为一炉的特色更为鲜明。这是得益于多方面的综合效果。其一,婺源的地理位置对朱子后学的影响是重要的地缘因素。婺源,元时期属江浙行省辖区,今属江西。东临衢州、金华,北依徽州,西临饶州,南临信州。婺源属徽州六县之一,与徽州的关系不可分离。另外,婺源与江西饶州的乐平等县山峦相连,阡陌交通,与江西地理难以割裂。这种地理上的交通,也便利和带来学术的交流。婺源是徽州文化圈与饶州文化圈的交集地,为新安朱子学与江西朱子学二线的共同重镇,此为其二。婺源与徽州文化连成一体,婺源与徽州其他县的学术交往在宋元不绝。朱熹在自署中常自称"新安朱熹""紫阳朱熹"。新安是徽州古称,为朱熹祖籍

---

① 参见李霞:《论新安理学的形成、演变及其阶段性特征》,《中国哲学史》2003 年第 1 期。

地;紫阳为朱熹之父朱松曾读书之处,朱熹大概为纪念其父,同时也表明自己对祖籍身份的认同而称此名。在朱熹眼里,婺源与新安其他县一体,是新安的一部分。朱熹回乡讲学,从学者亦多源自新安诸县,而不专属婺源,亦可见婺源属新安一体。如从前文所列宋元朱子学脉图、新安学系图中来看,滕珙、滕璘、李季扎、程洵、胡舜卿、滕和叔、滕武子、程龙、许月卿、胡方平、胡一桂、胡炳文、程显道、程直方、江恺、汪炎昶、徐骧等属新安婺源;图中黄智孙、程若庸、陈栎、程荣秀、倪士毅、吴彬、赵汸、朱升以及其他如汪楚材、汪莘、程永奇、程珙等属新安休宁;汪华、汪克宽等属新安祁门。师承之地多有交集,如休宁黄智孙、程荣秀授业婺源人士,而婺源人程显道师承休宁黄智孙。婺源人士与新安其他人物的学术往来也见证其新安理学的一体性。如胡一桂、胡炳文与休宁的陈栎号称新安三杰。胡一桂、胡炳文与陈栎亦多有往来,互通书信,指点文章。胡一桂请陈栎指正《诗集传附录纂疏》和《易辩》,胡炳文亦与陈栎探讨《四书》之旨,各抒胸臆。胡炳文通过胡一桂,请陈栎指正《四书通》。可见三人之间往来密切。所以,无论是从朱熹还是朱子后学的表现来看,婺源属徽州文化圈,应该是无所怀疑的。

然而婺源又不仅限于徽州文化圈,其实与江西鄱阳湖文化圈亦关系密切。一方面,我们从前面宋元朱子学脉图中可看出,婺源作为新安一部分,其道脉传承有的来源于江西饶州特别是德兴。董梦程、沈贵珤皆是饶州德兴人。婺源胡方平师从德兴沈贵珤,婺源许月卿师从德兴董梦程,休宁程若庸师事饶州的余干饶鲁与德兴沈贵珤。而江西理学人物也有师从婺源的人士。如鄱阳董真卿师从婺源胡一桂,向胡习《易》,亦跟从胡出闽。全祖望说:"勉斋之传,尚有自鄱阳流入新安者,董介轩一派也。鄱阳之学,始于程蒙斋、董槃涧、王拙斋,而多卒于董氏。然自许山屋外,渐流为训诂之学矣。"①在全氏看来,新安一脉,实根于德兴介轩。除了师脉传承外,学术上的交流也可看出婺源与鄱阳湖文化圈密切联系。谢枋得(叠山),江西弋阳人,胡一桂称其"今海内以先生

---

① (清)黄宗羲原著,全祖望补修,陈金生、梁运华点校:《介轩学案》,《宋元学案》卷89,中华书局1986年版,第2970页。

为道德之宗工人物之权衡"①，并请其为《周易启蒙翼传》作序，二人有交集。胡一桂与饶州德兴王希旦往来交流易学，谓其"最嗜谈《易》，多见所未尝，因得件列于此"②。胡炳文也称赞王希旦"《书》《易》居魁亚，其人可知矣"③。

　　此外，由于婺源是朱熹的祖籍地以及朱熹多次回家乡省墓、授徒讲学，这对于婺源学术氛围的形成产生直接影响。据《朱子年谱》载，朱熹一生曾两次回到祖籍地婺源扫墓，第一次在绍兴二十年（1150），朱熹回婺源祭扫祖坟，拜会当地学者、切磋学问。第二次在淳熙三年（1176），朱熹再回婺源省墓，并将诸多理学经籍赠送县学，时年朱熹47岁，学问文章已臻鼎盛，言谈举止无不从容通达，深受新安人士的尊崇。朱熹在新安盘桓近三个月，讲论不辍。问学求道者络绎不绝，许多人在朱熹返闽后，还追随求学，至于以书信来往形式求教。由此，及门亲炙及私塾后学建立书院，讲学授徒，著书立说，守护弘扬"朱子学"本旨，治经讲论无不归本朱熹，使得朱子理学深入人心，以至于"六合之广，四海之外，家诵其书，人攻其学。而吾邦儒风之丕振，俊彦之辈出，号称东南邹鲁，迟迩宗焉"④。朱熹对祖籍地的认同，及亲自回乡省墓、授徒讲学，这对婺源人来说不仅多了一些对朱子学亲历的认知、接受过程，而且从情感上来说，比其他地方对朱熹之学更有天生的认同情感，因而对朱熹之学的学习、传承更具自豪感和自觉性，在行为上更为坚决。胡炳文曾说："我辈居文公乡，熟文公书，自是本分中事。今能使舟车所至、人力所通者，皆家传而人习，斯道一大幸也。"⑤

　　多种因素共同作用，元代婺源朱子学呈现道脉性与地域性结合的鲜明特色，这深刻影响着婺源学者的学术立场、态度、倾向和思想观点。元代婺源在内的新安之学，强调尊朱宗朱，也就不难理解。元代婺源易学受这种道脉性与地域性的新安朱子学影响也就是自然之事了。

------

① （元）胡一桂：《双湖先生文集》卷3，续修《四库全书》第1322册，上海古籍出版社1995年版，第568页。
② （元）胡一桂：《周易启蒙翼传》中篇，文渊阁《四库全书》第22册，第285页。
③ （元）胡炳文：《云峰集》卷1，文渊阁《四库全书》第1199册，第746页。
④ （元）汪克宽：《万川家塾记》，《环谷集》卷5，文渊阁《四库全书》第1220册，第699页。
⑤ （元）胡炳文：《云峰集》卷1，文渊阁《四库全书》第1199册，第742页。

值得注意的是，婺源在新安六县中，有两个方面是相当突出的。一是婺源作为朱熹的祖籍地，又是朱熹两次讲学的地点，婺源朱学的影响是六县中排在前列的。首先从名儒人数来看，婺源尊朱之儒士更为多见。《紫阳书院志》记载："文公归里，乡先正受学者甚众。今论定高第弟子十二人。"①此高第弟子程洵、滕璘、滕珙、李季札、汪清卿、程先、程永奇、吴昶、祝穆、汪莘、谢琏、许文蔚12人中，婺源地方的占了三分之一。清代赵吉士《寄园寄所寄》中对新安理学自南宋至清几百年的学术历史中，列举了15位代表人物②，其中也有三分之一为婺源籍。其次，从创办书院、教授乡里来看，元代创建书院多达22所，其中婺源8所，为徽州之首。③ 这从一个侧面说明了婺源是新安理学的一个重镇之地，其尊朱、崇朱的程度不亚于新安其他地方。二是新安朱子学在发展的过程中，朱子易学逐渐成为婺源的主打品牌，婺源以易学鼎盛而闻名徽州府，出现了众多有建树的易学者和有影响力的易学著作。此段时期，婺源除了胡方平、胡斗元、胡次焱、胡一桂、胡炳文外，还有许月卿、程前村等。许月卿是以气节闻名的新安理学家，字太空，号山屋，少时从董梦程受《易》学，24岁时以《易》学魁江东。程直方，曾师从许月卿，也以治《易》为特色，为当时的易学名家。④ 这两点，反映了婺源的地域文化是深厚的，其特色较之其他地方，更为明显、突出。

元代婺源胡氏易学正是在这样的条件和氛围中发展起来的。然而，包括婺源在内的新安理学的尊朱、崇朱的学术倾向并不是一成不变的。

随着元代朱子学逐步走向官学化成为显学，一方面，有些陋儒将它视为获取功名的敲门砖，他们死抱一字一义的说教潜心研习，而真正学有心得者，却寥寥无几；另一方面，朱学的传人，基于各自的学识、经历等，"异论"纷起："天

① （清）施璜编，吴瞻泰补：《紫阳书院志》卷8，黄山书社2010年版，第191页。
② 参见（清）赵吉士：《寄园寄所寄》卷11，续修《四库全书》第1197册，上海古籍出版社1995年版，第119—126页。
③ 参见弘治《徽州府志》卷5，《天一阁藏明代方志选刊》第21册上，上海古籍出版社1964年版。
④ 参见（明）程瞳辑撰，王国良、张健点校：《程前村传》，《新安学系录》卷11，黄山书社2006年版，第222—223页。

下学士群起著书,一得一失,各立门户,争奇取异,附会缴绕,使朱子之说翳然以昏"①。胡一桂也悲叹,朱子学浸失其真。因此,阐明朱子学和维护朱子学的纯洁性成为许多新安理学家中的一个工作重心。这与南宋以朱子学为宗、弘扬朱子学的行为是不同的。南宋重心在传播朱子学,而不是阐明与发挥朱子学。元代面对的是朱子学走向显学,新安学者表面上是以朱子为宗,尊朱、崇朱,但实质上,这种尊朱、崇朱的学术倾向却在悄悄发生变化,在理解、阐明朱子学的过程中,出现了因死执教材或异论纷起,业已偏离了朱子学的本来面目的形势,所以,为应对这种情况,新安理学家们一方面致力于阐明朱子学本旨;另一方面又积极辨异学,维护朱子学。

总之,元代婺源的地域文化呈现出这样的一种形势:一方面重视朱子学;另一方面又发生着学术倾向的变化。这种形势,对身处于婺源这样地域文化环境的胡方平、胡一桂、胡炳文来说,显然是很难逃避和不予面对的。

综上所述,元代婺源胡氏传承朱子学脉,融合家学明经传统。他们在面临着整个易学的历史发展形势和婺源地域文化的悄然变化下,阐明、捍卫朱子学,维护朱子学的纯洁性已成为他们学术中的重中之重。所以,在这样的思想渊源和学术背景影响下,胡方平、胡一桂、胡炳文继承和阐明、发挥朱子易学的象数、义理及《易》本卜筮之说:胡方平著《易学启蒙通释》,重在阐明朱子象数易学;胡一桂著《易本义附录纂疏》和《周易启蒙翼传》,重在辨别异学,阐明朱子卜筮易之旨,复就古易之本来面貌,完善古易之学内容;胡炳文著《周易本义通释》,重在发挥朱子义理之学。

---

① (元)陈栎:《定宇集》卷17,文渊阁《四库全书》第1205册,第441—442页。

第二章　胡方平：象数之学的阐明者

胡方平是元代婺源胡氏易学中的头号人物，这不仅因为他出生早，还因为他在此三人中首先拉响了维护、阐明朱熹易学的口号，而且，他的易学也深刻影响了胡一桂的易学观和思想。因此，首先了解胡方平易学，对于了解胡氏易学的整体状况都有着重大的益处。胡方平毕其一生致力于对朱熹《易学启蒙》的注解，阐明象数，发挥其中理义，又进而对蓍占展开全面地论述，如此，使易体立，使易用不废。

第一节　胡方平其人及其著

一、其人

胡方平，字师鲁，号玉斋，徽州婺源（今属江西）人，生卒年未详。胡次焱（1229—1306，为宋末元初人，字济鼎，号梅岩，"明经胡"第十三世孙）称其为老友，称胡方平之子一桂亦为好友，则胡梅岩年龄夹于方平父子之间，可知，胡方平为宋末元初人。

明代程曈所著《新安学系录》称胡方平：

> 胡方平，婺源人，曾伯祖昂，政和间由辟雍第，尝与朱韦斋有同邑同年之好。曾祖溢，绍兴初复继世科，因伯氏交于韦斋，获闻《河》《洛》之论，而朱子则世好也。方平早受《易》于介轩董梦程，继师毅斋沈贵寶，沈实介轩上游，而介轩乃盘涧从子，得其家传者。盘涧受《易》于朱子之门最久。①

---

① （明）程曈辑撰，王国良、张健点校：《新安学系录》卷10，黄山书社2006年版，第197页。

程瞳概述了胡方平家世,并揭示胡氏家世与朱子家世的渊源关系。我们第一章也谈到,胡方平为朱熹三传弟子。

胡方平对学术有着巨大的激情,热衷于学术,对于易学的研究,尤为勤奋,反复以二十余年的工夫学易,其中对朱子易学的研究甚是着力,深得朱子《易学启蒙》之旨。《新安文献志》《新安学系录》《宋元学案》都记其"研精《易》旨,沉潜反复二十余年",程政敏称其"以《易》名家"①,可想而知,胡方平在易学上的工夫及其影响、地位。

胡方平以几十年心血致力于易学,凭着其易学功底和易学思想,写下易著多部。《新安学系录》《新安文献志》记其尝因文公《〈易〉本义》及《启蒙注通释》一书,又《外易》四卷,考象求卦,明数推占。又有《易余闲记》。②《钦定续文献通考》载有胡方平《易学启蒙通释》二卷。③清朱彝尊撰《经义考》卷四十"易三十九"中记:胡氏(方平)《易学启蒙通释》二卷(存)、《外易(一作翼)》四卷(未见)、《易余闲记》一卷(未见)。④今所能见者唯其《易学启蒙通释》一书,载于清所编文渊阁《四库全书》第20册,其他佚。

从其师承和学术著作内容来看,胡方平的学术主要是阐发朱子易学,尤其是朱子象数易学。《宋元学案》认为胡方平著作之意图在于发明朱子之意,阐释朱子《易学启蒙》而发《本义》之旨。《四库全书总目》在《易学启蒙通释》提要中说"方平及其子一桂皆笃守朱子之说"⑤。《四库全书》编撰者在《周易启蒙翼传》提要中说:"方平主于明本旨。"⑥所谓"明本旨",指明了朱子易学之旨。

---

① (明)程政敏辑撰,何庆善、于石点校:《新安文献志·先贤事略上》,黄山书社 2004 年版,第26 页。
② 参见(明)程瞳辑撰,王国良、张健点校:《新安学系录》卷 10,黄山书社 2006 年版,第 197 页。又见于(明)程政敏辑撰,何庆善、于石点校:《新安文献志》卷 70,黄山书社 2004 年版,第1724 页。
③ 参见(清)嵇璜、曹仁虎等撰:《钦定续文献通考》卷 142,文渊阁《四库全书》第 630 册,第22 页。
④ 参见(清)朱彝尊:《经义考》卷 40,文渊阁《四库全书》第 677 册,第 430 页。
⑤ (清)永瑢等撰:《易学启蒙通释》提要,《四库全书总目》卷 3,经部,易类 3,中华书局 1965 年版,第 20 页。
⑥ (清)永瑢等撰:《周易启蒙翼传》提要,《四库全书总目》卷 4,经部,易类 4,中华书局 1965 年版,第 22 页。

据《江南通志》载:胡方平殁后,葬于婺源县太白长墩。①

总之,从现存资料来看,关于胡方平的介绍极少,有关言论也简而不详,但从这些记载来看,我们大略可以获得以下信息:

1. 胡方平的易学源于朱子学,有一个拜师学艺的过程。

2. 胡方平热衷学术,尤其是易学,下过几十年的工夫。

3. 胡方平一生易学著作不少。

4. 胡方平易学著作,其目的在于阐明朱子易学,发易之体用之奥义。

二、其著

胡方平的易学见于其著《易学启蒙通释》。

《易学启蒙通释》成书的时间大致应在宋末元初,因其子胡一桂曾携此书至武夷山拜访朱子后学熊禾,时间在元代至元己丑年(1289),则胡方平著成此书应在此年之前。

关于此书版本卷数,清《藏园订补郘亭知见传本书目》称:"《易学启蒙通释》二卷 宋胡方平撰。○通志堂本,缺自序一首,仅有后序。[补]○《易学启蒙》二卷,图一卷,宋胡方平通释。○元至元二十九年熊禾刊本,十行二十一字,《通释》双行低二格十九字,细黑口,左右双栏。○元刊本,十行二十字,注双行同,黑口,左右双栏。"②结合胡一桂所述付梓之事,可知此书原有元刊本。现存较早的是《通志堂经解》本,流传较广的是《四库全书》本。《通志堂经解》录有纳兰成德(1655—1685)所作之《周易启蒙通释序》称:"《周易启蒙通释》二卷,宋婺源梅里胡方平著……此本为元建阳刘泾所梓。有泾及熊禾去非序。"③可见,此通志堂本是以元刊本为底本。但观今通志堂本,此书并没有刘泾、熊禾之序,也没有前面《藏园订补郘亭知见传本书目》所称通志堂本之"后序"。为什么今通志堂本均无"后序"和刘、熊之序,具体情况究竟为何?据现有资料来看,不得而知。纳兰成德只说有刘、熊之序,而未言胡方平后序,

---

① 参见(清)赵弘恩等撰:《江南通志》卷41,文渊阁《四库全书》第508册,第325页。

② (清)莫友芝撰,傅增湘订补,傅熹年整理:《藏园订补郘亭知见传本书目》卷1,中华书局2009年版,第22页。笔者对标点有改动。

③ (清)纳兰性德辑:《通志堂经解》第2册,江苏广陵古籍刻印社1993年版,第1页。

但《经义考》中录有方平"后序"一篇,由此揣测,莫友芝所说的"后序"有两种可能:一种是指纳兰成德说的刘泾、熊禾之序;一种是与《经义考》中的方平"后序"一致。

此书是否原有《自序》,也是一个值得探讨的问题。据董真卿《周易会通》载,此书有方平至元己丑《自序》。至元己丑年即公元1289年,此年为胡方平之子一桂携书入武夷山之年。董真卿为胡一桂之弟子,为方平再传弟子,与一桂关系极为密切,虽有出误的可能性,但其言的可信度也颇高。《四库全书》编撰者考熊禾跋,熊禾称己丑春读书武夷山时,胡一桂来访,出示其父书一编,即《易学启蒙通释》;又考刘泾跋亦称一日熊禾访云谷遗迹,适新安胡君庭芳来访,出《易学启蒙通释》一编。据此,四库馆臣认为:"己丑乃禾与泾刊书作跋之年,非方平自序之年,真卿误也。"①《四库全书》的说法是不可取的,明显有误的。考熊禾、刘泾作跋之年为壬辰年(1292),而非己丑年(1289)。② 己丑年为胡一桂访武夷山之年,又为方平作序之年,胡一桂于其父作序之后携书至武夷山是完全可能的。至于《经义考》中把《易学启蒙》原序误为方平之序,《四库全书》所批为是。董真卿称方平此书原有《自序》,然观今本,已佚之。

此外,通志堂本书首有纳兰成德所作之《周易启蒙通释序》及《易学启蒙通释序》。然而《易学启蒙通释序》篇末落款为"云台真逸手记"③,"云台真逸"为朱熹自号,而且,此《易学启蒙通释序》内容与朱子《易学启蒙序》一样,由此可见,通志堂本误把朱子《易学启蒙序》作为《易学启蒙通释序》。

文渊阁《四库全书》第20册收录有《易学启蒙通释》二卷,书首为胡方平自己所立《易学启蒙通释图》十图。其后分上下两卷,按朱熹《易学启蒙》结构,分为四篇,上卷为本图书、原卦画两篇,下卷为明蓍策、考变占两篇。书末附有刘泾和熊禾两篇跋。

《四库全书》本称其二卷。《钦定四库全书简明目录》称:《易学启蒙通

---

① (清)永瑢等撰:《易学启蒙通释》提要,《四库全书总目》卷3,中华书局1965年版,第20页。
② 参见(元)胡方平:《易学启蒙通释》卷下,文渊阁《四库全书》第20册,第738、739页。
③ (清)纳兰性德辑:《通志堂经解》第2册,江苏广陵古籍刻印社1993年版,第1页。

释》二卷。①

《千顷堂书目》录有胡方平《易学启蒙通释》二卷,但在其下附加"一作四卷"②,则推测《易学启蒙通释》可能有多个版本,一是二卷本,一是四卷本。清朱彝尊所撰之《经义考》卷四十"易三十九"中记:胡氏(方平)《易学启蒙通释》二卷(存)。③《钦定续文献通考》称胡方平《易学启蒙通释》二卷。④

关于此书的结构、内容。本文以《四库全书》本为参考对象来探讨胡方平易学,因而这里我们先对《四库全书》本此书的结构、内容做一叙述。此书在篇章结构方面,书首为《易学启蒙通释图》十幅,分别为《伏羲则河图以作易图》《大禹则洛书以作范图》《先天八卦合洛书数图》《后天八卦合河图数图》《伏羲六十四卦节气》《伏羲六十四卦方图》《邵子天地四象图》《挂扐过揲总图》《近世揲蓍后二变不挂图九图》,还有一图未名,因其与邵子《天地四象图》相对,且称其为《朱子天地四象图》。一共十图,为胡方平自己所立,颇示胡方平个人的易学思想和见解。图之易学内容囊括象、数、理、占几大方面,图之解说及意蕴穿插于后几篇(本图书、原卦画、明蓍策、考变占)文中。中间共上下两卷,按朱熹《易学启蒙》结构,分为四篇。上卷为本图书、原卦画两篇,下卷为明蓍策、考变占两篇。上下两卷为对《易学启蒙》的正面发挥,其中多引朱子和诸家之解。书末附有刘泾和熊禾两篇跋。

在行文结构的安排上,胡方平先是自己对《易学启蒙》一书原文分段作一详尽申述,紧接着引诸家来解释、证明、发挥未尽之意。所引最多的为朱熹书信及答门人语,其次为邵康节、蔡氏父子、刘爚、黄榦及其他朱熹门人或再传门人;另外,也有引证、偶举及注疏唐人刘禹锡、僧一行的说法。

此书在于阐发朱熹《易学启蒙》之旨,据朱子及诸家所说反复诠释,专阐象数,以明易之体用。明代程瞳的《新安学系录》记载:

---

① 参见(清)永瑢、纪昀等撰:《钦定四库全书简明目录》卷1经部,易类,文渊阁《四库全书》第6册,第12页。
② (清)黄虞稷:《千顷堂书目》卷1,上海古籍出版社2001年版,第14页。
③ 参见(清)朱彝尊:《经义考》卷40,文渊阁《四库全书》第677册,第430页。
④ 参见(清)嵇璜、曹仁虎等撰:《钦定续文献通考》卷142,文渊阁《四库全书》第630册,第22页。

　　方平研精《易》旨,沉潜反覆二十余年,尝因文公《〈易〉本义》及《启蒙注通释》一书,又《外易》四卷,考象求卦,明数推占。又有《易余闲记》。其言曰:《本义》阐象数理义之原,示开物成务之教。朱子言《易》,开卷之初,先有一重象数,而后《易》可读;《启蒙》四篇,其殆明象数,以为读《本义》而设者与! 象非卦不立,数非著不行,象出于图书,而形于卦画,则上足以演太极之理而《易》非沦于无体,数衍于著策而达于变占,则下足以济生人之事,而《易》非荒于无用,其间又多发造化尊阳抑阴之意,《易》之要领,孰大于是。明乎此,则《本义》①一书,如指诸掌也。②

　　程政敏的《新安文献志》卷七十第1724页也有这么一段文字,与《新安学系录》一字不差。另,《新安文献志》卷二十载有胡方平所写的《书易启蒙后》:

　　《易本义》一书,阐象数理义之原,示开物成务之教,可谓深切著明矣。《启蒙》又何为而作也? 朱子尝言《易》最难读,以开卷之初,先有一重象数必明,象数而后,《易》可读。《启蒙》四篇,其殆专明象数,以为读《本义》者设,与象非卦不立,数非著不行,象出于图书而形于卦画,则上足以该太极之理,而《易》非沦于无体。数衍于著策而达于变占,则下足以济生人之事,而《易》非荒于无用,且其间又多发造化尊阳贱阴之意。《易》之纲领,孰有大于是者哉。明乎此,则《本义》一书如指诸掌矣,然《启蒙》固为读《本义》设,而读《启蒙》者,又未可以易而视之也。③

此段较之《新安学系录》,除断句和文字略有增减外,还于文后加了一句"然《启蒙》固为读《本义》设,而读《启蒙》者,又未可以易而视之也"。重点突出了《易学启蒙》的重要性,力图避免偏《周易本义》而不顾《易学启蒙》现象的出现。此二书较之《宋元学案》,从《易学启蒙通释》思想要点来看,则多了《易学启蒙通释》多发造化尊阳贱阴之意。此三书对胡方平自言的记录虽略有不同,但无疑可以看出,胡方平是为了让人明了《周易本义》之前,由《易学启蒙》

---

① 笔者案,此处"本义"二字原文未加书名号,今加。
② (明)程瞳辑撰,王国良、张健点校:《新安学系录》卷10,黄山书社2006年版,第197—198页。
③ (明)程政敏辑撰,王国良、张健点校:《新安文献志》卷23,黄山书社2004年版,第513—514页。

象数入手,发明《易学启蒙》之旨,阐发易体易用,揭示理、象、数、占之间的关系。这也就是胡方平著《易学启蒙通释》的目的和内容。

第二节　胡方平的易学特点

胡方平的易学资料虽不多,只有一部《易学启蒙通释》留存至今,但这部注解朱子《易学启蒙》的著作却透视了胡方平的易学特点。我们归纳一下,其中有胡方平思想内容上的特点,也有其治易方法方面的特点。了解其易学特点,对于进一步了解其易学致思路向及易学思想有着不可忽视的作用。

一、立于朱子易学

胡方平易学著作有一个明显的特点,也是胡方平治易的出发点,即立于朱子易学,以朱子易学为宗。胡方平之所以有如此立场,其学脉的渊源是重要因素。前面我们提到过,胡方平虽有家学,但实际传承的是朱子之学,尤其是朱熹易学,穷究了几十年功力。除了学脉原因外,胡方平的易学立场亦和当时朱子易学盛传的学术背景有关。《易学启蒙》里所说:"近世学者类喜谈《易》,其专于爻义者,而不察乎此。其专于文义者,既支离散漫而无所根著;其涉于象数者,又皆牵强附会,而或以为出于圣人心思智虑之所为也。"①此是朱熹所论时下学者沉于空谈易理、泥于象数之易学研究的状况。这种情形在宋末元初依然存在着。这就让胡方平有复就正学的使命感,从而决定对朱子象数易进行注解,阐明象数,拨开云雾。

那么,我们从哪里可以看出胡方平是立于朱子易学,以朱子易学为宗呢?

首先,从整个胡方平对《易学启蒙》的注疏来看,大多是认同朱子之说,或顺朱子之意而阐述,或在朱子之意的基础上发挥己见,对朱熹易解少有微言,体现其对朱子易学的执着与信奉。一方面表现在对朱熹《易学启蒙》依文注疏。如在八卦如何变成十六卦方面,他对于朱熹所说的两仪之上加八卦和八

① (宋)朱熹:《易学启蒙》卷 1,《朱子全书》第 1 册,上海古籍出版社、安徽教育出版社 2002 年版,第 209 页。

卦之上加两仪以成十六卦画的说法做了具体的阐明。两仪之上各加八卦者，以八阳八阴为两仪，是以第一画为两仪。两仪之上各有八卦，阳仪八卦、阴仪八卦，二八一十有六，是为上三画皆八卦。八卦之上各加两仪者，《乾》《兑》《离》《震》《巽》《坎》《艮》《坤》，各二卦，每二卦之上各有一奇一偶为两仪，是自第三画为八卦，八卦之上各有两仪，亦自人分为七六，第四画皆两仪。① 在十六画卦变三十二画卦时也做了具体说明。这个变化过程有两种:一种是四象之上加八卦，另一种是八卦之上加四象。胡方平认为，前者，第一画十六阳、十六阴，为两仪。第二画，各八阳八阴为四象。四象之上各有八卦上三画皆八卦。后者，下三画皆《乾》《兑》《离》《震》《巽》《坎》《艮》《坤》，各四卦，上各有一奇一偶为四象，此为第五画。② 如此之例基本是胡方平对朱子易学的直接阐述和注疏，没有质疑朱熹之易解，更没有否定之词。

　　另一方面，在一些有争议的问题上，胡方平自觉地或不自觉地站在朱子一边，为朱熹易说做辩护。如在"则河图画八卦"的问题上，朱熹在《易学启蒙》中直接引用孔安国、刘歆、关子明语，无疑认同伏羲则《河图》以画八卦之说。但八卦产生是否真是圣人则《河图》而画之，前人早有疑问，如欧阳修在《易童子问》中对《系辞》非孔子所作的问题上举八卦产生之例来说明。《系辞》说河出图，洛出书，圣人则之，是伏羲根据《河图》出作八卦，但又说"包羲氏之王天下也，仰则观象于天，俯则观法于地，观鸟兽之文与地之宜，近取诸身，远取诸物，于是始作八卦"，则八卦由人观象所为，与《河图》无关。③ 欧阳修这里是为指出《系辞》所说的前后矛盾，由此证明《系辞》非圣人之作。欧阳修的疑问值得进一步探讨，但无疑强调了一个问题，即八卦到底是如何创造的?

　　在欧阳修与朱熹的观点上，胡方平赞成朱熹的观点。他引朱子语说:"《系辞》虽不言伏羲受河图以作《易》，然所谓仰观俯察，远求近取，安知河图非其中一事耶?"④很明显，这是针对欧阳修对圣人则《河图》画八卦之说的质

---

① 参见(元)胡方平:《易学启蒙通释》卷上，文渊阁《四库全书》第 20 册，第 678 页。

② 参见(元)胡方平:《易学启蒙通释》卷上，文渊阁《四库全书》第 20 册，第 678 页。

③ 参见(宋)欧阳修:《易童子问》，《文忠集》卷 78，文渊阁《四库全书》第 1102 册，第 612—613 页。

④ (元)胡方平:《易学启蒙通释》卷上，文渊阁《四库全书》第 20 册，第 663 页。

疑。胡方平对欧阳修说的质疑,并没有深入的文献依据,而是直接引用朱子言辞进行了驳斥。不过,我们看胡方平此句亦不无道理:《河图》是观俯对象之一是完全可能的。进而他又指出:"大抵圣人制作所由,初非一端,然其法象之规模,必有最亲切处,如(缺)之世。天地之间,阴阳之气,虽各有象,然初未尝有数也。至于河图之出,然后五十有五之数,奇偶生成灿然可见。此其所以深发圣人之独智,又非泛然气象之所可得而拟也。"[1]从情理来推测,圣人作《易》是多端形成的,按其意应是在有象有数之后。而圣人观天法地之象,只是一端,只有象未有数,待《河图》一出,生成数出现,是以作《易》。这就是圣人"作《易》之由者,非一而不害其得"[2]。我们举此一例以说明,胡方平对此类问题,其实并没有深入地考究文献,而是直接不自觉或自觉地站在维护朱熹易学的立场来进行辩护。

其次,在对《易学启蒙》注释的过程中,为了解释、证明、发挥《易学启蒙》之旨,胡方平引用了大量诸家之说,这种引用几乎贯穿于他注解《易学启蒙》的始终。但我们发现,所引用的,最多的是朱子书信及答门人语,诸家中除了朱子、邵雍和一两处张行成外,还有董铢、黄榦、刘爚、陈植、蔡渊、蔡沉、蔡模、徐几和翁泳,其中,董铢、黄榦、刘爚、陈植、蔡渊、蔡沉六人为朱熹门人弟子,蔡模为蔡渊之子,徐几和翁泳为蔡渊弟子,这九人尽出朱子之学。所以《四库全书》馆臣在《易学启蒙通释》"提要"中说:"故所衍说,尚不至如他家之竟离其宗,是亦读《启蒙》者所当考矣。"[3]因此,从他大引朱熹及门人言论也可以看出,胡方平是以朱熹易学为宗的。

最后,通贯朱子之易理。胡方平不仅继承和发挥了朱熹图书等象数思想,而且在注解过程中,也贯穿着朱子之理。"理"或"太极",是朱熹易学中的最高范畴。朱子倡导"理一分殊"和阴阳交易变易,并利用程子"体用一源""显微无间"的思想,建构了太极或理与阴阳和万物之不即不离的理论模式。这些思想,被胡方平所继承和发挥,用以诠释《易学启蒙》。比如,朱熹在太极与

---

① (元)胡方平:《易学启蒙通释》卷上,文渊阁《四库全书》第 20 册,第 663 页。
② (元)胡方平:《易学启蒙通释》卷上,文渊阁《四库全书》第 20 册,第 663 页。
③ (清)永瑢等撰:《易学启蒙通释》提要,《四库全书总目》卷 3,经部,易类 3,中华书局 1965 年版,第 20 页。

阴阳的关系上,认为太极与阴阳是不杂不离的关系。不杂,指太极自是太极,太极是先于阴阳而存在的形而上者,阴阳是形而下者。不离,即阴阳形成之后,太极存在于阴阳之间,非独立于阴阳之外。在卦画的形成上,太极与阴阳两仪、四象、八卦之间是太极的自我展开,不假安排。易有太极,是生两仪,两仪生四象,四象生八卦,八卦为十六卦,十六卦而为三十二卦,乃至六十四卦,在注解太极到六十四卦的这一演化过程时,胡方平承继了朱子关于太极与阴阳、太极与卦画之间的关系论。"画前之易一太极耳。横图所该仪象卦以至六十四者,皆自此而生也。象数未形者,言图书未出卦画未立。而其理已具者,言所以为是两仪四象八卦之理已浑然备具,所谓不杂乎阴阳之太极也。形器已具者,言图书既出卦画既立。而其理无联者,言虽有是仪卦象之画而其所以然之理又初无声臭之可求,所谓不离乎阴阳之太极也。"[①]此是承朱子太极与阴阳不杂不离关系说。在四象生八卦的阐述上,胡方平在解释了四象之上各生一奇一偶以成八卦后,说:"此皆就四象八卦已成者推其相交之妙。若论其初画时,一齐俱定,本非有俟于交而生也。"[②]这些可以看出,胡方平对朱熹太极与阴阳的关系直接明了道破,可见胡方平对朱熹易学是相当熟悉,了然于心的。

二、广引言论,会通诸说

前面我们提到过,胡方平注解《易学启蒙》时行文有这样一个特点,一般先自己申述一番,然后引诸家言论,加以解释、证明、发挥。其引诸家言论的部分,在他注释文本中,所占的比例之大,甚至越过了他自己的申述部分。所引诸家言论,多为朱熹问答语录、邵雍《皇极经世书》语,其次为朱熹门人及再传弟子等人,也偶有张行成等人易学言论。这些人的易学思想主旨大体可分为朱氏易学脉和邵氏易学脉。这二者易学之间,在象数和义理上都有着不同的思想旨趣,胡方平在解《易》时注意了对他们易学的会通。另外,朱氏易学脉与邵氏易学脉各内部之间,虽属同一学脉,但各人思想也不尽相同,胡方平在

---

① （元）胡方平:《易学启蒙通释》卷上,文渊阁《四库全书》第20册,第674—675页。
② （元）胡方平:《易学启蒙通释》卷上,文渊阁《四库全书》第20册,第677页。

解《易》时也同样注意引用、会通。我们举一例可知。如盘涧先生董铢为朱熹弟子,属朱子易学脉,但董、朱二人在关于四象生八卦的问题上,对于四象之间如何相交与不交而生八卦则有不同的见解。在四象生八卦上,朱熹以为,太阴太阳交而生《艮》《兑》,少阴少阳交而生《震》《巽》,坎离不交,各得本画。盘涧先生认为,自两仪生四象,则太阳太阴不动而少阴少阳则交。自四象生八卦,则《乾》《坤》《震》《巽》不动而《兑》《离》《坎》《艮》则交。不动者生本爻象,动者生相对爻象。朱熹只以《坎》《离》不交,而董铢则以《乾》《坤》《震》《巽》不动不交,二者意思明显不同,但二者似乎都有道理,对四象如何生八卦都可解释得通。对此,胡方平说:"此(董铢观点)与朱子前说不同,参互求之其义益备要之。"①可见,胡方平易学,不排除不同的声音,而在于对这些思想加以整合,博采众家之意,集诸家之说,试图从不同角度对《易学启蒙》作出较合理的解释。当然,必须指出的是,这种"会通"是在尊朱的基础上采诸家之说来诠释《易学启蒙》。"会通"不是否定朱子易学观点来另采他家之说。

三、对照比较,疏释异同

为了更好地说明事理,阐释观点,胡方平常用对照比较的疏释方法。这种方法,能有效地突出异同,把握重点。在胡方平的使用中,这主要表现在两个方面:一个方面是前贤言论之间的对照比较;另一个方面是不同知识点之间的对照比较。

(一)前贤言论之间的对照比较

朱熹的《易学启蒙》,本是对卦画、图书、蓍策说的会通整理,胡方平在疏释这些内容时,广泛引用众家言论,因而,利用对照比较的方法来辨别各家言论,突出各家思想要点,会通各家之说,就显得重要和必要。

胡方平引用最多的是朱熹和邵雍的言论和思想,邵雍与朱熹的异同是《易学启蒙通释》讨论的重点,胡方平多次在多个方面对二人思想观点进行比较。

在注解"易逆数"时,胡方平把邵雍之说与朱熹之说进行了对照比较。他

---

① (元)胡方平:《易学启蒙通释》卷上,文渊阁《四库全书》第20册,第677页。

说:"邵子据经文解释,则先圆图而后及于横图。朱子释邵子之说,则先自横图而论者。"①这样一比较,就把邵雍与朱熹各自的致思路向一览无余,有利于更好地理解他们二人对"易逆数"的观点。

关于天地四象上,胡方平讨论了二人对阴阳刚柔的不同定义,给予评价:

> 邵子以太阳为阳,少阴为阴,少阳为刚,太阴为柔,此四象也。朱子释之乃曰阳为太阳,阴为太阴,刚为少阳,柔为少阴。其言阳与刚同,而言阴与柔异,何也?邵子以太阳为乾,太阴为兑,少阳为离,少阴为震,四卦天四象。少刚为巽,少柔为坎,太刚为艮,太柔为坤,四卦地四象。天地各四象,此八卦也。朱子释之乃曰乾兑艮坤生于二太,故为天四象。离震巽坎生于二少,故为地四象。其言乾兑巽坎同而言离震艮坤异,何也?盖四象八卦之位,邵子以阴阳刚柔四字分之,朱子乃以阴阳二字名之,其论四象既殊,则论八卦亦异。邵子以乾兑离震为天四象者,以此四卦自阳②仪中来;以巽坎艮坤为地四象者,以此四卦自阴仪中来。朱子则以乾兑艮坤生于太阳太阴,故属其象于天;离震巽坎生于少阴少阳,故属其象于地。二者各有不同也。但详玩邵子本意,谓阴阳相交者,指阳仪中之阴阳。刚柔相交者,指阴仪中之刚柔。是以老交少、少交老,而生天地四象。其机混然而无间。朱子易阳为太阳,阴为太阴,刚为少阳,柔为少阴,二太相交而生天四象,二少相交而生地四象。其分粲然而有别。朱子之说虽非邵子本意,然因是可以知图之分阴分阳者,以交易而成,象之或老或少,初不易其分也。朱子尝言文王后天八卦,震东兑西,为长少相合于正方。巽东南艮东北为长少相合于偏方。以长少之合为非其偶,必若伏羲先天八卦,震以长男而合阴长之巽,为雷风不相悖,艮以少男而合阴少之兑为山泽通气,以长合长,少合少,为得其偶。又言无伏羲底做文王底不成,其归却在伏羲上。今邵子说四象之交,即文王之说也。朱子说四象之变,即伏羲之说也。观朱子说,实广邵子未尽之意,而观邵子说者,亦庶乎有折衷矣。③

附图(左图为朱子天地四象图,右图为邵子天地四象图):

---

① (元)胡方平:《易学启蒙通释》卷上,文渊阁《四库全书》第20册,第683页。
② 笔者案,原文为"阴"字,今按文意改为"阳"字。
③ (元)胡方平:《易学启蒙通释》卷上,文渊阁《四库全书》第20册,第685—686页。

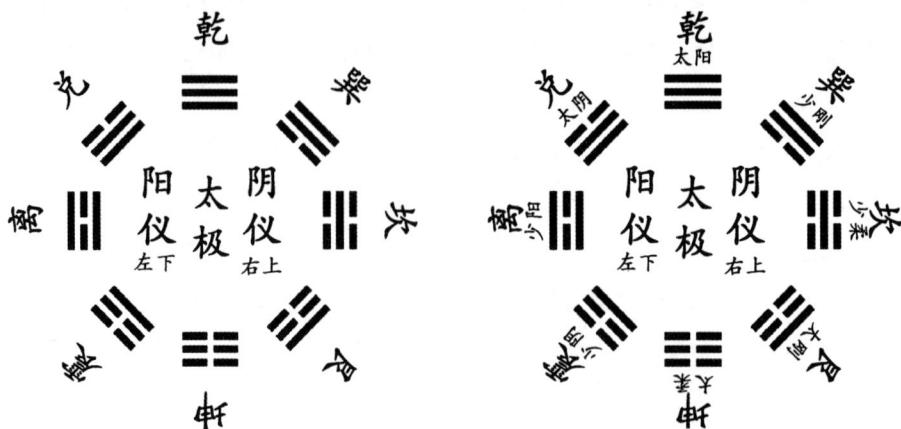

此一大段,胡方平做了三个方面的阐述:其一,指出邵雍与朱熹天地四象各为所指。邵子以太阳为乾,太阴为兑,少阳为离,少阴为震,此四卦为天四象;以少刚为巽,少柔为坎,太刚为艮,太柔为坤,此四卦为地四象。朱子以乾、兑、艮、坤生于二太,为天四象;以离、震、巽、坎生于二少,为地四象。其二,比较了邵雍、朱熹天地四象的异同,并分析了异同产生的原因,指出了二人的差别在于邵雍以老交少、少交老,而朱熹以老交老、少交少。其三,在比较的基础上,适当作出评价。胡氏认为邵子之天地四象,其机浑然无间;而朱子四象之变,体现伏羲之说,为邵子说的补充和完善,发邵子所未尽之意。胡方评对邵雍、朱熹二人都加以肯定,但言语之间,实更赞赏朱子之说。

(二)不同知识点之间的对照比较

胡方平在疏释《易学启蒙》时往往不单纯就一个要点而讲要点,而是很注重知识点之间的对照比较。我们略举几例如下:

> 先天卦乾以君言,则所主者在乾;后天卦震以帝言,则所主者又在震。何哉? 此正夫子发明羲、文尊阳之意也。盖乾为震之父,震为乾之子。以统临谓之君,则统天者莫如乾,而先天卦位宗一乾也,此乾方用事,则震居东北而缓其用也。以主宰谓之帝,主器者莫若长子,后天卦位宗一乾也,此乾不用,则震居正东而司其用也。先天所重者在正南,后天所重者在正东。[1]

---

[1]　(元)胡方平:《易学启蒙通释》卷上,文渊阁《四库全书》第20册,第692页。

胡方平以先天伏羲八卦跟后天文王八卦比较，一是突出了二者不同，指出先天重《乾》，后天重《震》；二是说明了后天文王八卦何以《震》为主宰的原因，在于《乾》退居二线，《震》为长子，代父司权。

又如他在释《伏羲六十四卦方圆图》时说：

> 圆图象天，一顺一逆，流行中有对待，如震八卦对巽八卦之类。方图象地，有逆无顺，定位中有对待，四角相对，如乾八卦对坤八卦之类。此则方圆图之辩也。圆图象天者，天圆而动，包乎地外。方图象地者，地方而静，围乎天中。圆图者，天道之阴阳；方图者，地道之柔刚。震离兑乾为天之阳地之刚，巽坎艮坤为天之阴地之柔。地道承天而行，以地之柔刚应天之阴阳，同一理也。特在天者，一逆一顺，卦气所以运在地者，惟主乎逆卦画所以成耳。①

这样把方图、圆图放在一起讨论，清晰地突出了方、圆图各自的性质、特点以及方圆图之间的关系，无疑有助于人们对知识要点的理解和把握。

四、善于总结，不乏新见

胡方平注重对前人易学思想进行概括和承续前人总结之辞。"一分为两"说即是典型。从太极到六十四卦的画卦的过程，邵雍在《皇极经世书·观物外篇》中说："太极既分，两仪立焉。阳下交于阴，阴上交于阳，四象生矣。阳交于阴，阴交于阳，而生天之四象；刚交于柔，柔交于刚，而生地之四象，于是八卦成矣。八卦相错，然后万物生焉。是故一分为二，二分为四，四分为八，八分为十六，十六分为三十二，三十二分为六十四。"②程子把它戏称为"加一倍法"，即看成简单的由一而二，二而四，四而八，八而十六，十六而三十二，三十二而六十四全。朱熹在《易学启蒙》里却把这个过程说成："浑然太极，而两仪、六十四卦之理已灿然于其中。自太极而分两仪，则太极固太极也，两仪固两仪也。自两仪而分四象，则两仪又为太极，而四象又为两仪矣。自是而推之，由四而八，由八而十六，由十六而三十二，由三十二而六十四，以至于百千

---

① （元）胡方平：《易学启蒙通释》卷上，文渊阁《四库全书》第 20 册，第 691 页。

② （宋）邵雍：《观物外篇》，《皇极经世书》卷 13，文渊阁《四库全书》第 803 册，第 1064 页。

万亿之无穷。"①朱熹以为,"一"为极,"两"为仪,"一"并不只指生仪之太极,"两"也并非只指太极所生之两仪,两仪分为四象则两仪为"一",而四象又为"两"。四象分为八卦,则四象为"一"而八卦为"两"。胡方平引说:"自是推之,以至于不穷,皆此一之分为两尔。"②此语是朱熹对画卦过程的总结。朱熹是在邵雍的六十四卦生成过程中,加入了太极的自然展开说和"理一分殊"理论,显然,朱熹关于六十四卦的演化意蕴并非如程子简单的"加一倍法",胡方平因而袭之为"一分为两"说。概括归纳总结的做法,在胡方平的《易学启蒙通释》本图书、原卦画和明蓍策篇中常见到,如他列举和总结众家筮占过程中二变挂与不挂的观点。限于篇幅,此兹不举例。

在引用、分析、总结他人易学观点和思想的同时,胡方平也不时以"愚尝反复思之""愚尝考"等语开头,发表自己的见解。这里,我们也举一例——《六十四卦圆图卦气盈缩》,以窥一斑。

《六十四卦节气图(卦气图)》(见下页):

此图载于《易学启蒙通释》卷首,是胡方平根据邵子之《伏羲六十四卦圆图》配以邵氏卦气说制作而成的。

此图为以卦配气图。具体为:《复》为冬至子之半,顺《屯》《益》为小寒,丑之初。《震》《噬嗑》《随》为大寒,丑之半。《无妄》《明夷》为立春,寅之初。《贲》《既济》《家人》为雨水,寅之中。《丰》《离》《革》为惊蛰,卯之初。《同人》《临》为春分,卯之半。《损》《节》《中孚》为清明,辰之初。《归妹》《睽》《兑》为谷雨,辰之半。《履》《泰》为立夏,巳之初。《大畜》《需》《小畜》为小满,巳之半。《大壮》《大有》《夬》为芒种,午之初。至《乾》之末交夏至,午之半。此三十二卦皆进而得。《震》《离》《兑》《乾》已生之卦。《姤》为夏至,午之半。《大过》《鼎》《恒》为小暑,未之初。《巽》《井》《蛊》为大暑,未之半。《升》《讼》为立秋,申之初。《困》《未济》《解》为处暑,申之半。《涣》《坎》《蒙》为白露,酉之初。《师》《遁》为秋分,酉之半。《咸》《旅》《小过》为寒露,戌之初。《蹇》《渐》《艮》为霜降,戌之半。《谦》《否》为立冬,亥之初。《萃》

---

① (宋)朱熹:《易学启蒙》卷2,《朱子全书》第1册,上海古籍出版社、安徽教育出版社2002年版,第217—218页。

② (元)胡方平:《易学启蒙通释》卷下,文渊阁《四库全书》第20册,第674页。

《晋》《豫》为小雪,亥之半。《观》《比》《剥》为大雪,子之初。至《坤》之末交冬至,子之半。此三十二卦皆进而得。《巽》《坎》《艮》《坤》,未生之卦。

二分二至四立,总为八节,每节各计两卦,如《坤》《复》为冬至,《无妄》《明夷》为立春,《同人》《临》为春分之类。十六气,每气各计三卦,如《颐》《屯》《益》为小寒,《观》《比》《剥》为大雪。八节计十六卦,十六气计四十八卦,合为六十四卦。

关于此图,胡方平有两个贡献:一是,虽说六十四卦圆卦及卦气说是邵子等前人之说,但把二者放在一起的图式,之前未见有人曾如此绘制,可以说是胡方平的创见。图的形式,使得邵子六十四卦气直接明了。二是,胡方平对此六十四卦卦气盈缩问题作了与前人不同的解释。此卦气图卦气的分布与汉卦气均匀分布不同。自《复》卦一阳生于十一月,之间越《震》四宫、《离》三宫共一十六卦之后，得《临》卦十二月。又经过《兑》二宫八卦，然后得《泰》卦正月。又《临》四卦得《大壮》二月，又隔《大有》一卦得《夬》卦三月。《夬》接《乾》，《乾》接《姤》。自《姤》卦一阴生于五月，越过《巽》五宫、《坎》六宫共一十六卦之后，得《遁》卦六月，接着又经过《艮》七宫八卦然后得《否》卦七月。又隔四卦得《观》八月，又隔《比》一卦得《剥》九月，《剥》接《坤》十月，《坤》与《复》接，如此周而复始。如此周转，体现了节气的自然流行，但从卦气在图上的分布来看，是不均匀的。阴阳初生，冬历十六卦而后一月，又历八卦再得一月，至阴阳将极之处，只历四卦为一月，遂一并三卦相接。开始时如此稀疏，其末时又如此之密，为什么会这样？这就是卦气盈缩问题。再看此图，此图于《复》卦之下书有"冬至子中"，于《姤》卦下书有"夏至午中"，于《临》卦之下书有"春分卯中"，而按十二辟卦看，《临》卦本为十二月之卦，春分本为《泰》卦之下。于《遁》卦之下书有秋分酉中，而《遁》卦本为六月之卦，秋分合在《否》卦之下。如此，道理何在？

总的看来，十二月卦气分布不均。针对这个问题，前人如朱熹认为："伏羲《易》自是伏羲说话，文王《易》自是文王说话，固不可以交互求合。所看先天卦气赢缩极仔细，某亦尝如此理会来，尚未得其说。阴阳初生，其气固缓，然不应如此之疏，其后又却如此之密。大抵图布置皆出乎自然，不应无说，当更共思之。"[1]

朱熹很明确地指出，《伏羲六十四卦卦气图》与汉立足于文王八卦的《卦气图》是明显不同的，因而某个节气与某个卦相对应也会有所不同，二者不能合起来看。可见，朱熹之说，只是针对第二个问题的答案，但对第一个问题卦气分布何以如此疏密不均实际上并没回答，只说"不应无说"。实际上，朱熹对这个问题其实也没弄明白。

胡方平对此"不应无说"做了推测，以解释盈缩现象：

愚尝反复思之，窃谓先即内八卦以应十二月之卦，独坎、离各八卦无预于月分者，坎第三画阴在阳上，离第三画阳在阴上，非阴阳之以次而生者，故不可当月分。若夫震、巽阴阳之初生者也，一阳一阴在下，故名八

---

[1]　（宋）黎靖德编：《朱子语类》卷65，中华书局1986年版，第1619页。

卦,当十一月与五月。艮、兑阴阳之侵长者也,二阳二阴在下,故各八卦,当十二月与六月。乾、坤阴阳之极盛者也。三阳三阴之全,故乾八卦当正月至四月,坤八卦当七月至十月。阴阳之初生者宜缓矣,又以坎、离间之,故不期疏而愈疏。其浸长者宜稍速矣,又踰于坎、离之间,故视震、巽为稍密。至于三阳之乾,阳气方出地上,温厚之气浸浸用事,故四阳盛之月皆聚于乾。三阴之坤,阴气方入,秋初严凝之气浸浸用事,故四阴盛之月皆聚于坤,虽欲其疏亦不可得也。此或可以见卦气盈缩之由矣。①

胡方平以为,盈缩现象的出现,是有两个原因所致。一为阴消阳长缓急不同。阴阳初生为缓,阴阳浸长为速,《震》《巽》为初生,《乾》坤为浸长。二为《坎》《离》的间隔作用使然。此二卦,不像十二辟卦那样,阴阳消长以次而生,所以没有进入辟卦行列。《震》宫之地雷《复》卦为十一月卦,十二月卦则位于《兑》宫的地泽《临》卦,离八个卦间于《震》《兑》之间,就拉大了《震》《兑》间距离而缩小了《兑》《乾》之间距离,这对于左半图六个月的分布来说,就显得开头稀疏而末尾密集。《巽》宫之《姤》卦为五月卦,六月卦在《艮》宫之《遁》卦,《坎》八个卦夹于《巽》《艮》之间,这就相对地拉大了五月卦与六月卦之间的距离,挤压和缩短了六月卦至十月卦之间的距离。因而,由于这两种因素的存在,就出现疏而更疏、密而更密的盈缩现象。胡方平此说,发前人之所未发,可谓颇有新见。

五、形成己图,借图说理

胡方平对《易学启蒙》的注解,并不简单地仅从文字上加以阐述,也配以图画,借图说理。《易学启蒙通释图》书首有图十幅,分别为《伏羲则河图以作易图》《大禹则洛书以作范图》《先天八卦合洛书数图》《后天八卦合河图数图》《伏羲六十四卦节气》《伏羲六十四卦方图》《邵子天地四象图》《挂扐过揲总图》《近世揲蓍后二变不挂图》合计九图。此外,还有一图未名,因其与邵子天地四象图相对,我们暂且称其为《朱子天地四象图》。这十图中,《六十四卦方图》为邵雍所述,载于《汉上易传》,其他为胡方平自己所作。易图的渊源,

---

① （元）胡方平:《易学启蒙通释》卷上,文渊阁《四库全书》第20册,第684页。

大概出于两方面：一方面，前人有关的易图渊源，如宋代出现的黑白点的《河图》《洛书》，朱熹的《伏羲八卦次序图（横图）》《伏羲八卦方位图》《伏羲六十四卦次序图》《伏羲六十四卦方位图》《文王八卦次序图》《文王八卦方位图》及《过揲图》等，在胡方平的十图中略见影子；另一方面，是前人关于各个易图之间联系的言论及其中思想内容。如《河图》与八卦产生的关系，先后天八卦与《河图》的关系，《伏羲六十四卦圆图》与卦气的关系等，充满着错综复杂的意味。胡方平对前人易图和易图思想加以整合，对易图改造、增订从而形成自己富有新意的易图。如《伏羲则河图以作易图》，前人的《河图》，只有黑白点，且生数在内，成数在外排列。胡方平则把生数布于四隅，成数布于四正，且在各数下配上八卦之字，不仅如此，还在此图下配以《伏羲八卦生成序图》，以此二图合为《伏羲则河图以作易图》。胡方平之所以如此改造，无疑是为了说明《河图》与八卦产生的关联，将前人关于《河图》与八卦产生的关系思想以图的形式表达出来，简洁明了。再如其《六十四卦节气图》，是对《伏羲六十四卦圆图》的改造。邵雍传出《六十四卦圆图》，并把《伏羲六十四卦圆图》与《伏羲六十四卦方图》放在一起，《方图》在内，《圆图》在外，以示天圆地方。胡方平则依朱熹，将《方图》抽出，又配上卦气，从而形成《伏羲六十四卦节气图》。此图是基于《伏羲六十四卦》能逆知四时，代表四时之节气而作，融合了前人六十四卦与四时节气的关系思想。

胡方平不仅创造了这些图，而且还在每图的下方或左方配以一定的文字解说，如此图文并茂，使人容易理解和把握。从这十图的思想内容看，涉及图书、卦画、蓍策、变占等各方面，基本上含括了其《易学启蒙通释》的大体思想，而他把这十图放在书首，也在某种程度上暗示着他对十图的重视，或予以代表他的易学思想意蕴，所以不可不察。

六、突出象数中的理义思想

《易学启蒙》是朱熹为了使人明了《周易》本义之旨，而与蔡元定合作的象数作品，分为本图书、原卦画、明蓍策、考变占四篇，其间对宋代所出现的《河图》《洛书》及邵氏易中的伏羲八卦、《六十卦方圆图》做了象、数的解释。胡方平对《易学启蒙》注解，避免与朱、蔡的偏重象数注解的思虑重点，而突出自己

的义理注解特色。这突出表现在:

第一,胡方平对河图等象数渊源考究不足,不太关切河图等象数出现的历史过程。前面我们提到过关于圣人则河图画八卦的问题,胡方平自觉或不自觉地站在朱子一边,未予以强有力的证据反驳欧阳修等疑经者。诸如此类有待考究的问题还有,先秦说的河图是否就是汉所谓的"龙马负图、神龟贡书"?而汉的龙马负图、神龟贡书又是否指的就是宋代易学所说的黑白点的河图、洛书?先秦和汉易学家所言河图时未及五行数,所称五行数的地方未言河图书,河图与五行数本不相及,但在宋易图书中却相提并论,河图与五行数到底有没有关系?洛书又是怎么与九畴及太乙九宫数结合在一起的?这些问题,是后来易学家在河图洛书上扯来扯去又未扯清的问题。学界大体分为两种观点,一种是持肯定态度,如朱熹;一种是持怀疑或否定态度,如欧阳修及清毛奇龄、胡渭等。清代毛奇龄在《河图洛书原舛编》中说:"夫《图》《书》非他,神圣之事也。岂有神圣之事而一人授之,一二人受之;授者无凭,受之者无据,而或四或五,或方或圆,或羲或禹,或卦或《范》,彼此可以争,先后可以易,一室两家,茫无定准?其为不足道亦可见矣。"①毛奇龄的这种质疑,不仅道出了清人一代疑图者的心声,同样可能也说出宋元疑经者心中的想法。但胡方平在这些问题上,是没有深入考究的,而是直接站在朱子立场一边。朱熹引孔安国语,认为河图是龙马出河,伏羲氏则之以画八卦;洛书禹治水时神龟负文出,背上有一至九数,禹则陈之以成九畴;又引关子明对河图洛书之数排列的说法。胡方平对朱熹之语并不作深入的考证,他不否定先儒所说的《河图》《洛书》就是黑白点《河图》《洛书》,也不去说明先儒之言语中《河图》《洛书》与宋儒之黑白点的《河图》《洛书》的关系,而是直接就立足于宋儒朱熹等人之黑白点《河图》《洛书》,展开作了阐述,说明了八卦图书意蕴。总之,胡方平并不是很关注河图、洛书的源流问题及为澄清此问题应做的考证工夫。与此考证工夫相较,他更关注的是,黑白点的《河图》《洛书》所蕴含的大义。

第二,不落于图书象数的表面解释,而是探究图书意蕴所以然的原因。朱

---

① (清)毛奇龄撰,郑万耕点校:《河图洛书原舛编》,《毛奇龄易著四种》,中华书局 2010 年版,第 73 页。

熹与蔡元定作《易学启蒙》,对河图提倡颇力,但朱、蔡"对河图、洛书的解释,并非站在数理的思考上说话,而是执著于图形上的奇偶点立言,牵强而落入人智弄巧,使人感到不自然"①。比之前人,若说朱、蔡关注图形上的奇偶点,侧重对图形的结构形式上的解说,那么,胡方平更关注对图书结构之所以如此的原因,侧重其中义理的发挥;朱蔡说清了图书的象数问题,而未说清其中之理,胡方平则进一步阐述了象数之所以如此的道理,弥补了这一不足,使图书象数之理更加显明。比如他深入发掘圣人何以可能则《河图》以画八卦,即八卦的产生与《河图》之间的内在联系和道理。《先后天八卦图》与《河图》《洛书》之间的关系,朱熹已指出先天八卦可配《河图》,先天八卦也可配《洛书》,后天八卦可配《洛书》,后天八卦也可配《河图》,而胡方平则进一步重点阐发之所以如此配对的原因和义理。至于《六十四卦方圆图》,胡方平不停留于对其结构与功能的描述,而是考察其结构与功能之所以会如此的内在原因。在考察各个图结构、功能所以然的基础上,胡方平还考察了这些图的联系的内在根据,得出"理之所必同"②的观点。因而,当刘泾作跋时不由地称"其论象说理,尤为明备"③。而熊禾作跋时则感慨:"《易学启蒙通释》,其穷象数也精深,其析义理也明白,且其间有言先后天方位暗与图书数合者,不符而同,然后知天下之公理非但一人之私论也。"④从某种意义上说,《易学启蒙》是一部象数著作,则《易学启蒙通释》更像是一部阐述象数的义理著作。

由此,如果我们弄清了第二点上胡方平侧重于图书中的义理思想的阐发,对第一点他何以不关注图书的源流考证问题也就是不难理解的事了。胡方平以为,《河图》也好,《洛书》也好,《先后天八卦》还是《伏羲六十四卦方圆图》也好,其实都是出于理之所必同,都与理合,各图不期合而暗通,殊途同归。胡方平不想在这种源流等问题上做过多的考证,而是更关注当下图书的现实意义与价值,着重阐发图中大义,阐发象数中之理义而达于变占,如此使易体用兼备,非沦于无体,非荒于无用,这就是原因所在,也是他易学的一个重大特征。

① 高怀民:《宋元明易学史》,广西师范大学出版社 2007 年版,第 159 页。
② (元)胡方平:《易学启蒙通释》卷上,文渊阁《四库全书》第 20 册,第 696 页。
③ (元)胡方平:《易学启蒙通释》跋,文渊阁《四库全书》第 20 册,第 737 页。
④ (元)胡方平:《易学启蒙通释》跋,文渊阁《四库全书》第 20 册,第 739 页。

第三节　象数之学,体用兼备

宋末元初,义理派、象数图书派等相交夹杂,学人多妄以己言,大谈象数义理,穿凿附会。在这样的一个学术背景中,胡方平跳出,注解朱子《易学启蒙》,明白象数,倡明义理,阐发易体易用,揭示理、象、数、占之间关系,从而驳近世之谬。

一、理由象出,象由图书示

前面提到了胡方平治易的一个重要特点,在于形成己图,借图说理,突出象数中的义理思想。他不就象数而仅谈象数,而是挖掘其中理义,正如其自己所说"象出于图书,而形于卦画,则上足以演太极之理而《易》非沦于无体"①,即理由象出,象由图书示。那么,胡方平是如何分析象由图书示,又是如何分析其中之理的? 我们重点从他在《河洛》《伏羲八卦图》《伏羲六十四卦方图》《伏羲六十四卦圆图卦气图》以及《文王八卦图》和《先后天八卦》配《河洛图》等图的论述和见解,来考察、探讨胡方平易学思想。这些图,有的是胡方平自创,有的是前人的易图,但总的来看,这些易图基本上覆盖了胡方平对《易学启蒙》前两篇象数注解的内容。所以,考察这些图,对于考察胡方平的象数易学思想,是有代表性的。

（一）《河图》《洛书》

《河图》《洛书》是《易学启蒙》中重要的两个图,其图都是黑白点,没有文字。《河图》为:一与六共宗而居乎北,二与七为朋而居乎南,三与八同道而居乎东,四与九为友而居乎西,五与十相守而居乎中。一二三四在内,六七八九在外。《洛书》为:中五,戴九履一,左三右七,二四为户,六八为足。《易学启蒙》特以一篇的章幅阐述以下内容:《河图》《洛书》其理无二,不必同时而作;图书与天地之数的关系;图书数与位不同的原因;图书之五数之象的原因;中央之五也是数的原因;图书数之多寡不同;图书的生出和运行次序;图书的七

---

① （明）程瞳辑撰,王国良、张健点校:《新安学系录》卷10,黄山书社2006年版,第198页。

大禹则洛书以作范图

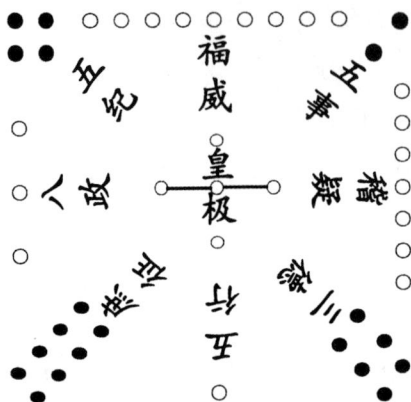

伏羲则河图以作易图

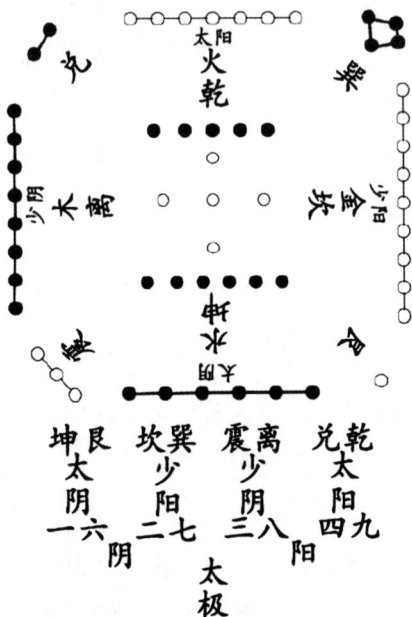

八九六之数不同的原因;圣人则图画卦、则书作范及《洛书》可为易、《河图》也可为范之说等十大方面,全面阐述了《河图》《洛书》的产生原因、产生过程、结构内容及其功用。但《易学启蒙》对《河图》的阐述,重在对图书结构形式的描述,对其中理义阐述过于简单而显得晦涩,如在说明《河图》的生出次序为"始下次上,次左次右以复于中,而又始于下",对于何以"始下次上"内在的原因,则未着笔。胡方平作《易学启蒙通释》,是在引用、融合各家或依自己的见解论述《易学启蒙》内容的基础上,对《河图》作深入的解读,试图详细阐明《易学启蒙》之旨。

胡方平的图书又是什么样的呢? 在其著作中,没有独立的《河图》《洛书》之图。但我们可以推知,胡方平的《洛书》,应是"大禹则洛书以作范图"中去掉九畴剩下的部分,从象上来看,洛书与《易学启蒙》中的《洛书》是一样的,中五,戴九履一,左三右七,二四为肩,六八为足。胡方平的《河图》,生成数的排列应亦与《易学启蒙》同,但似是配上了五行,下水上火,左木右金,与《易学启蒙》只有黑白点而没文字的《河图》恐有差异，可能是《易学启蒙》中的《河图》配上五行形成的图：其一，胡方平既作"伏羲则河图以作易图"，说明此图是《河图》和易两部分组成，因而除去易之八卦部分，剩下的图则是河图了，否则什么叫"则《河图》以作易"说？须注意的是，剩下的《河图》部分，为生成数及五行的图式，但其生成数的排列与一般《河图》是不一样的：生数在四隅。我们考察他在注解"伏羲则河图以作易"时说："析二七之合，则七居南为乾，而二补东南隅之空以为兑。析三八之合，则八居东为离，而三补东北隅之空以为震。析四九之合，则九居西为坎，而四补西南隅之空以为巽。析一六之合，则六居北为坤，而一补西北隅之空以为艮。"①这是拆《河图》生成数同方以为八卦的过程，可见其生成数还是内外同方的，只是在画八卦时析开，而成"伏羲则河图以作易图"中上半部分的图式。其二，在其注释的过程中，他对《河图》的生出之序和运行之序，都直接以五行来表述②，而不是像《易学启蒙》中以上下左右来表述，由此认为胡方平的《河图》是有五行之字的图也是有道理的。不过，胡方平绘制的《后天八卦合河图数图》，此图除去后天八卦，剩下的图又与《易学启蒙》的《河图》一模一样，没有五行。如此，胡方平的《河图》到底是什么模样，也无法确定了。但不管是哪种《河图》，对我们研究胡方平的《河图》易学思想，不会产生根本性的改变和影响。考虑到胡方平对《易学启蒙》的注解，涉及《河图》《洛书》的各个方面，我们打算从图书的中五谈起，再到中五与生成数、奇偶数的关系，再到生成数、奇偶数的生出和运行次序，最后探讨生成数、奇偶数各自之间的关系，采取这样一个路线，考察胡方平如何全面解析《河图》《洛书》结构和内在联系，如何阐明图书中蕴含的丰富义理，从而做到理出象出，象由图书示。

　　对于图书以五居中的问题，众说纷纭。刘牧以为，天五上、下架天地生数而为成数，所以居中。朱熹在《易学启蒙》中对中五在《河图》《洛书》中的地位和作用做了描述，认为中五代表五数之象，即《河图》的天一、地二、天三、地四及其中一点；《洛书》的四正之一、三、七、九点及其中一点。同时，中五也是

①　（元）胡方平：《易学启蒙通释》卷上，文渊阁《四库全书》第20册，第672页。
②　参见（元）胡方平：《易学启蒙通释》卷上，文渊阁《四库全书》第20册，第666页。

数字之五,《河图》之一、二、三、四生数居五象本方之外,而六、七、八、九、十,因五而得,附于生数之外;《洛书》之一、三、七、九居其五象之外,二、四、六、八因五而附以奇数之侧。① 朱熹以六、七、八、九因五而得,此说与刘牧同;但朱熹对此还有另解,他以为五为三、二之合,理实是"参天两地而倚数"之义。"凡数之始,一阴一阳而已矣。阳之象圆,圆者径一而围三;阴为之象,方者径一而围四。围三者以一为一,故参其一阳而为三;围四者以二为一,故参其一阴而为二。"②因阳之数奇而属乎天,其象为圆。圆者则取其动。凡物圆的东西,其直径为一,而横围则三,则其数以一为一,而用其全,拟之于象,实围三而三,各一奇皆在所用,即为"参天"。阴之数偶而属乎地,其象为方。方者则取其静。凡物方者,其直径则一,而横围则四。若阴则其数以二为一,而其用半,拟之于象,实围四而四,合二偶半在所用,即为"两地"。这是朱子用邵雍方圆之数理论来解析合三、二以为五的理由。但是,"参天两地"取法何以阳用全阴用半,朱子未明言。胡方平则在朱子之说基础上再进一步作了别样的解释。他以为,五因"三、二之合则为五",之所以如此,是因为"阳大阴小,阳饶阴乏,故阳得用全,而阴惟用半,其尊阳之义实放于此矣"③。由于阳数用全,阴数用半而得三两之合,之所以阳用全,阴用半,这是易本尊阳使然,由此对五居中的解释便落于阳尊阴卑之上。

对于《河图》生成数、《洛书》奇偶数的排列结构,朱熹解释说:"《河图》以五生数统五成数,而同处其方,盖揭其全以示人,而道其常,数之体也。《洛书》以五奇数统四偶数,而各居其所,盖主于阳以统阴,而肇其变,数之用也。"④朱熹以常变、体用来解。胡方平以为:

> 然以中五计之,图之一二三四者,生数之阳也,各居其中五本来方位之外;六七八九十者,成数之阴也,又各因五而得数以附于五生数之外。

---

① 参见(宋)朱熹:《易学启蒙》卷1,《朱子全书》第1册,上海古籍出版社、安徽教育出版社2002年版,第213—214页。
② (宋)朱熹:《易学启蒙》卷1,《朱子全书》第1册,上海古籍出版社、安徽教育出版社2002年版,第213页。
③ (元)胡方平:《易学启蒙通释》卷上,文渊阁《四库全书》第20册,第668页。
④ (宋)朱熹:《易学启蒙》卷1,《朱子全书》第1册,上海古籍出版社、安徽教育出版社2002年版,第213页。

中者为主,则外者为客矣。书之一三七九者,四奇数之阳也,各居其中五
本来方位之外;而二四六八者,四偶数之阴也,又各从其类以附于四奇数
之侧。正者为君,则侧者为臣矣。造化贵阳而贱阴,假图书以显其理,出
于自然之妙,非可容一毫智力抑扬于其间也。①

《河图》以四生数即阳数为主,五成数即阴数附于其外为客;《洛书》以四奇数
阳数居四正,四偶数阴数附于四奇数之侧,这是主客正侧君臣之分,是天地万
物贵阳贱阴在图书数上的表现,出于自然,不假人为。宋人林栗亦曾用阳尊阴
卑思想来释图书,认为:"洛书有阴阳配合之形,河图有阳尊阴卑之象,配合则
坎北而离南,尊卑则阳主而阴辅,此大易之所由造端也。"②胡方平之解,较之
于林栗之言"洛书有阴阳配合之形,河图有阳尊阴卑之象",显然不仅仅局限
于《河图》之阳尊阴卑,而且覆盖了《洛书》,内容解析则又更为清澈透底。

　　由中五到生成数、奇偶数的形成及排列,不仅是贵阳思想的表现,同时也
是阴阳对待、阴阳相错思想之使然。胡方平引蔡模之语来说明这个过程的内
在义理。他说:

　　　　觉轩蔡氏曰:一二三四为四象之位,六七八九为四象之数,河图位与
　　数常相错。然五数居中,一得五而为六,二得五而为七,三得五而为八,四
　　得五而为九,各居其方,虽相错而未尝不相对也。洛书位与数尝相对,然
　　五数居中,一得五而为后右之六,二得五而为右之七,三得五而为后左之
　　八,四得五而为前之九,纵横交综,虽相对而未尝不相错也。③

相错,即阴阳性质的对待;相对,即阴阳数方位的相对。《河图》一二三四为生
数,为阳数;六七八九为成数,为阴数。生成数以一六、二七、三八、四九各相错
而成。又六是由一与中五合而得,七由二与中五合而得,八由三与中五合而
得,九由四与中五合而得,各处其方,因此相错之中有相对。《洛书》九数方位
本相对,但六一、七二、八三、九四又因五而使各自一奇一偶阴阳相错。

　　关于图书的生出次序和运行次序。《河图》的生出之序,《易学启蒙》认为

---

①　(元)胡方平:《易学启蒙通释》卷上,文渊阁《四库全书》第20册,第669页。
②　(宋)林栗:《周易经传集解》卷36,文渊阁《四库全书》第12册,第496页。
③　(元)胡方平:《易学启蒙通释》卷上,文渊阁《四库全书》第20册,第670页。

是始下,次上,次左,次右,以复于中,而又始于下。① 下,指一六之水,上指二七之火,左指三八之木,右指四九之金,中指五十之土。如此看来,河图的生出之序为水、火、木、金、土,暗合一年四季木、火、土、金、水相生之次第。前人程大昌对此有说明。程大昌在《易原》中说:"相生者,顺天而自左旋右,则四时迭进之序也。相克者,逆天而自右转左,则五德交济之原也。何为顺? 木火土金水次此而为春夏秋冬者,是其左行而右旋者,正与天合也。何谓逆? 处土于中而水北木东固其位矣,金南火西乃与生位相反,则皆自右而向左,其行正与天反也。"②朱熹亦是以《河图》五行之意来描绘《河图》生出之序。但为什么是这样一个次序呢? 其中缘由,胡方平认为有二:一是阴阳错综而行,阴阳互根而生。他说:"河图生出生成之序与洛书奇偶次序皆错杂取义。"③他又引刘云庄语说:"水阴也,生于天一。火阳也,生于地二。是其方生之始,阴阳互根,故其运行,水居于位极阴之方,而阳已生于子。火居于位极阳之方,而阴生于午。"④胡方平此以《河图》下上之水火为例进行解释。天一生水之后为地二生火。虽水阴生于天一,火阳生于地二,二者居下上各方,然而,天一地二阴阳互根,二者方生之时错综而生其端,有水即有火。《河图》之左木右金亦复如是。二是《河图》五行生之序,是先轻清而后重浊。胡方平引朱熹语说:"大抵天地生物,先其轻清以及重浊。"⑤天一生水,地二生火,水火二物在五行中最轻清;金木复生于水火,土又重于金木,这就是为什么先水火而后木金的原因。从造化本原及人物初生之事即可证明五行之间的这种自然次第而生之序。《易学启蒙通释》说:

> 造化本原及人物之初生验之便是可合。天一生水,水便有形,人生精血凑合成体,亦若造化之有水也。地二生火,火便有气,人有此体便能为声。声者,气之所为,亦若造化之有火也。水阴而火阳,貌亦属阴而言亦属阳也。水火虽有形质,然乃造化之初,故水但能润,火但能炎,其形质终

---

① 参见(宋)朱熹:《易学启蒙》卷1,《朱子全书》第1册,上海古籍出版社、安徽教育出版社2002年版,第214页。

② (宋)程大昌:《易原》卷1,文渊阁《四库全书》第12册,第509页。

③ (元)胡方平:《易学启蒙通释》卷上,文渊阁《四库全书》第20册,第670页。

④ (元)胡方平:《易学启蒙通释》卷上,文渊阁《四库全书》第20册,第667页。

⑤ (元)胡方平:《易学启蒙通释》卷上,文渊阁《四库全书》第20册,第666页。

是轻清。至若天三生木,地四生金,则形质已全具矣。亦如人身耳目既具则人之形成矣。木阳金阴,亦犹视阳而听阴也。①

造化,即自然界万事万物之生成过程。此段引文表示,人物由精血初成至人体形质全具的整个过程的各个阶段,与五行之生皆一一相对应,证明了五行次第相生的顺序不可乱。此是胡方平引用众家之语说明了《河图》五行的次第之生。对于《洛书》生出之序,胡方平只认为《洛书》奇偶次序亦是如同《河图》一样,错杂取义。我们从其著述文本来看,未见胡方平多做解释。

对于图书的运行次序,《易学启蒙》提到,《河图》始东,次南,次中,次西,次北,左旋一周,而又始于东;《洛书》则水克火,火克金,金克木,木克土,右旋一周,而土复克水。② 在此朱子对图书的运行之序作了简单描述,但未说明其中理由。胡方平于此图书运行之序说:

> 河图则左旋相生,洛书则右转相克。一六为水,二七为火,三八为木,四九为金,五十为土,河图则水生木,木生火,火生土,土生金,左旋一周而金复生水也。洛书则水克火,火克金,金克木,木克土,右转一周而土复克水也。思斋翁氏曰:河图运行之序,自北而东,左旋相生固也,然对待之位则北方一六水克南方二七火,西方四九金克东方三八木,而相克者已寓于相生之中。洛书运行之序,自北而西,右转相克固也,然对待之位则东南方四九金生西北方一六水,东北方三八木生西南方二七火,其相生者已寓于相克之中。盖造化之运,生而不克则生者无从而裁制,克而不生则克者亦有时而间继。此图书生成之妙,未尝不各自全备也。③

胡方平没有从正面回答图书的运行次序何以如此,而是从侧面说明《河图》《洛书》的这种运行次序蕴含相生相克的道理。《河图》是相生中有相克,《洛书》是相克中有相生,图书中的这种相生相克不是无中生有,体现的是天地造化之运行规律。天地中没有截然相生之事,也无截然相克之事,天地万物总是在这种相生相克中得以持续运转。图书的相生相克,暗合天地造化之规律,这

---

① （元）胡方平:《易学启蒙通释》卷上,文渊阁《四库全书》第20册,第666页。
② 参见（宋）朱熹:《易学启蒙》卷1,《朱子全书》第1册,上海古籍出版社、安徽教育出版社2002年版,第214页。
③ （元）胡方平:《易学启蒙通释》卷上,文渊阁《四库全书》第20册,第670页。

是图书生成之妙处。可见,胡方平对于图书的生出次序和运行次序,都喜欢从实体自然中找根据,以反证理论的正确性和合理性。

关于图书生成数、奇偶数之间的关系。《易学启蒙》认为,《河图》以五生数统五成数,道其常,数之体;《洛书》以五奇数统四偶数,而肇其变,数之用。①这也是《河图》《洛书》之位与数不同的原因。对于朱熹的这一说法,胡方平首先肯定了朱熹所说的生成数、奇偶数统与被统的关系,并指出,《河图》以生成分阴阳,以五生数之阳来统五成数之阴,体现的是生成相合交泰之义。此相合是以十数之间的对待而实现的,《河图》因十者对待而立其体,所以为常。《洛书》是以奇偶分阴阳,以五奇数之阳统四偶数之阴,展示的是奇偶尊卑之位。《洛书》数九,通过九数的流行,实现《洛书》之用,所以为变。这里的常,指数的对待所形成的结构的稳定、不变状态。变,指数的流行所造成的功用的变化、流通。其次,胡方平从动静观的角度,认为《河图》之生成数、《洛书》之奇偶数之间的合是有其必要性的。胡方平引蔡渊之语,认为《河图》数偶,偶者静,"静者必动而后生"②,《河图》之一合六、二合七、三合八、四合九、五合十,生数与成数之合,此"合"体现了"动",即静以"合"为动。《洛书》数奇,奇者动,"动者必静而后成"③,动以"合"为静,《洛书》之位皆一合九、二合八、三合七、四合六。再次,胡方平指出《河图》《洛书》非专于常或变。《河图》生成数之合奠定其常,但《河图》非只有常,有体而无用;《洛书》以五奇数统四偶数奠定其变,但《洛书》也非只有变,有用而无体。胡方平以为,《河图》生成数各五五相合而处四方,由此形成下太阴、上太阳、左少阴、右少阳对待之体,此为体之常。但四象分为八卦之用时,阴之老少不动,而处于西、南的老阳、少阳则迁迁,这是常之变。《洛书》以流行为变,但《洛书》之一三七九四奇数居四正之方,配四阳之卦,为阴之主宰,而四偶数居四隅配四阴之卦,为阳之辅,这又是变中之不变之体,又为常了。这就发挥了易学中的常变思想。他又引蔡九峰之语,从图书五行对待流行的角度再次说明《河图》《洛书》有体有用:

---

① 参见(宋)朱熹:《易学启蒙》卷1,《朱子全书》第1册,上海古籍出版社、安徽教育出版社2002年版,第213页。

② (元)胡方平:《易学启蒙通释》卷上,文渊阁《四库全书》第20册,第667页。

③ (元)胡方平:《易学启蒙通释》卷上,文渊阁《四库全书》第20册,第667页。

河图非无奇也,而用则存乎偶。洛书非无偶也,而用则存乎奇。偶者,阴阳之对待乎。奇者,五行之迭运乎。对待者不能孤,迭运者不可穷。天地之形,四时之行,人物之生,万化之凝,其妙矣乎![1]

《河图》中四象五行相克处对待之势,即"偶";但也有"奇",即《河图》五行的相生,由此衍生成圆图卦气之用,所以说《河图》"用存乎偶""对待者不能孤"。《洛书》右旋五行相克,即"奇";但也有"偶",指《洛书》因中五而形成的一九、二八、三七、四六相互间的对待,所以说洛书"用存乎奇""迭运者不可穷"。

如此总体来看,胡方平对图书的解说,从贵阳贱阴、阴阳对待、动静、常变、体用等方面对图书的形成、结构形式等问题做了解释,对图书之间的蕴理进行了挖掘。尽管其中胡方平自己的创见思想并不多见,但他所引用的众人关于《易学启蒙》图书思想的言论,直接用于解读易图,无疑这些众人言论及其中思想也是胡方平所认同和所运用的。较之《易学启蒙》,胡方平的解释似乎更为深刻一些。

(二)《伏羲八卦方位图》《伏羲六十四卦方图》《伏羲六十四卦圆图卦气图》

《伏羲八卦方位图》:

---

[1] (元)胡方平:《易学启蒙通释》卷上,文渊阁《四库全书》第20册,第667—668页。

《伏羲六十四卦方图》：

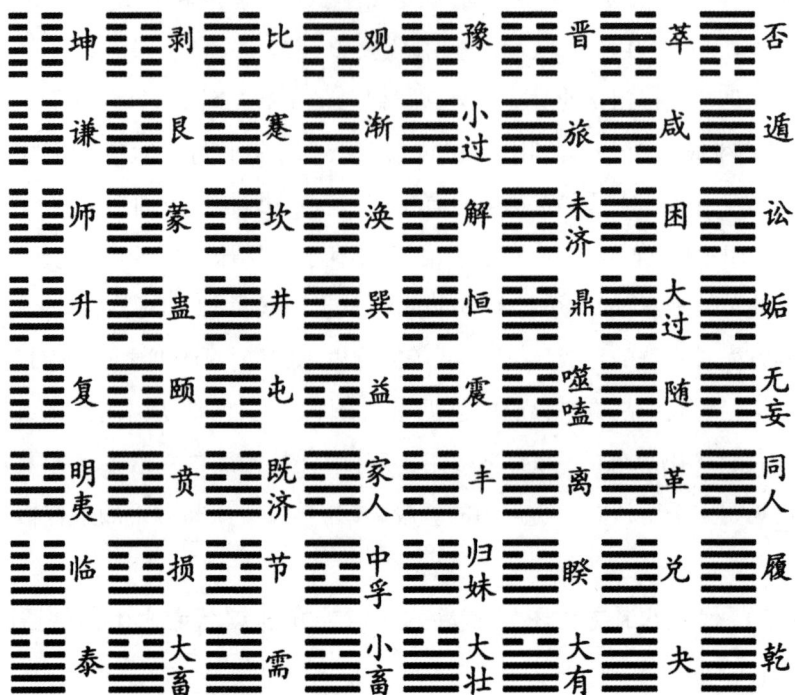

坤	剥	比	观	豫	晋	萃	否
谦	艮	蹇	渐	小过	旅	咸	遁
师	蒙	坎	涣	解	未济	困	讼
升	蛊	井	巽	恒	鼎	大过	姤
复	颐	屯	益	震	噬嗑	随	无妄
明夷	贲	既济	家人	丰	离	革	同人
临	损	节	中孚	归妹	睽	兑	履
泰	大畜	需	小畜	大壮	大有	夬	乾

《伏羲六十四卦圆图卦气图》（见下页）：

邵雍对先天八卦和六十四卦的形成过程，《皇极经世书·观物外篇》表示为："太极既分，两仪立焉。阳下交于阴，阴上交于阳，四象生矣。阳交于阴，阴交于阳，而生天之四象；刚交于柔，柔交于刚，而生地之四象，于是八卦成矣。八卦相错，然后万物生焉。是故一分为二，二分为四，四分为八，八分为十六，十六分为三十二，三十二分为六十四。"[①]此过程被程颢戏为"加一倍法"。

邵子《经世演易图》，以一动一静之间为太极，以动静分两仪，动而阳，静而阴，一奇为阳仪居图左方，一偶为阴仪居图右方，此为"太极生两仪"。左为阳，自下而上交于阴而生阴阳二象。右为阴，自上而下交于阳而生刚柔二象，即"两仪生四象"。阳阴刚柔分四象，以太阳、太阴、少阳、少阴分《乾》《兑》《离》《震》为天四象，以少刚、少柔、太刚、太柔分《巽》《坎》《艮》《坤》为地四

① （宋）邵雍：《观物外篇》，《皇极经世书》卷13，文渊阁《四库全书》第803册，第1064页。

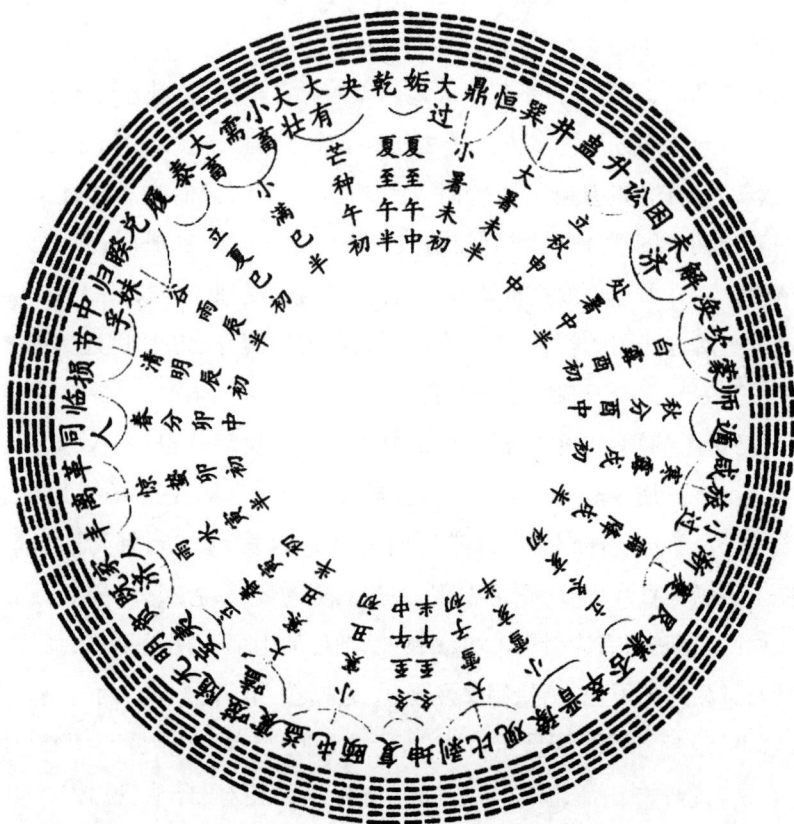

象。具体为：阴交于阳而生《乾》一为太阳，《兑》二为太阴。阳交于阴而生
《离》三为少阳，《震》四为少阴。此四卦者皆自阳仪中来，故为天之四象。柔
交于刚而生《巽》五为少刚，《坎》六为少柔。刚交于柔而生《艮》七为太刚，
《坤》八为太柔。此四卦者皆自阴仪中来，故为地之四象。此为"四象生八
卦"。"八卦相错"，指一卦之上各加八卦，以相间错，则成六十四卦。

　　朱熹则以卦画的一二三至六的卦画过程来描述八卦、六十四卦的形成。
他以太极既分后划一画（第一爻），即为阳阴两仪，然后在两仪上再各生一阴
一阳（第二画），即第二爻，则成四象。在四象上各增一奇一偶画（第三爻），则
成三画之八卦。然后第三爻之相交则生第四爻的一奇一偶，则成四画的十六
卦，在十六卦基础上再画一奇一偶则成五画的三十二卦，在三十二卦上再添一
奇一偶，则成六画之六十四卦。朱熹还提出由八卦到六十四卦时，也可由八卦

相乘而得，即由三画以上再加一倍之三画。朱熹认为，这两种方式，都能得到六十四卦，殊途同归。

以上看来，朱子与邵雍不仅对天地四象的界定不一，对卦画形成过程的解释亦有所不同。胡方平更多依朱子之思路来解卦画。《伏羲六十四卦圆图》是在《伏羲八卦图》的基础上衍生而成的，伏羲六十四卦的内八卦就是《伏羲八卦图》，这两个图意蕴颇为相似，前人在解释伏羲六十四卦时，亦常以内八卦来解说。胡方平也采取这种路线。因而我们在分析此二图时，一并观看。

胡方平对这些图的解释，大体是从图的象与用两方面着手阐述其中之理，从而使图蕴表现无余，使易体、用兼备。

象，乃指图的模样，主要指图的结构形式。《伏羲八卦图》，《乾》居上，《坤》居下，《离》居左，《坎》居右，《兑》居左上，《震》居左下，《巽》居右上，《艮》居右下。《乾》《坤》《坎》《离》居四正，《兑》《艮》《震》《巽》居四隅。如果此图上下画一直线中分，则可发现，左边《震》《离》《兑》《乾》，从下而上阳爻渐多而阴爻渐少；右边《巽》《坎》《艮》《坤》，从上而下阴爻渐多，而阳爻渐少。从八卦相对的方位来看，则又发现，上之《乾》与下之《坤》，两卦刚好阴阳相对，合乎《说卦》所谓"天地定位"。左上之《兑》与右下之《艮》，两卦也阴阳相对，合乎《说卦》"山泽通气"。左《离》与右《坎》相对，合乎《说卦》"水火不相射"。左下之《震》与右上之《巽》，阴阳相对，即《说卦》"雷风相薄"。《伏羲六十四卦圆图》，为六十四卦所布的一圆圈，左边三十二卦，内卦为《乾》《兑》《离》《震》，外卦以《乾》《兑》《离》《震》《巽》《坎》《艮》《坤》的次序自上而下布于内卦四卦上，即形成复至《乾》卦的半个圆。此一边，整体来看，从下至上从《复》至《乾》，也是阳爻渐多，阴爻渐少。《伏羲六十四卦圆图》右边也是三十二卦，内卦自上而下为《巽》《坎》《艮》《坤》，外卦以《乾》《兑》《离》《震》《巽》《坎》《艮》《坤》的次序自上而下布于四内卦之上，形成自《姤》至《坤》的半个圆。此边，从上至下从《姤》至《坤》，为阴爻渐多，而阳爻渐少。两个半圆合在一起即成《伏羲六十四卦圆图》，图左的三十二卦与图右的三十二卦也是阴阳相对的。而《伏羲六十四卦圆图卦气图》，则在《伏羲六十四卦圆图》的基础上，把一年四时二十四个节气，以《复》卦为冬至起点，顺旋均匀分布于六十四卦中，又配以十二地支，则形成冬至子中，居《坤》卦、《复》卦之间；夏至午中,居《乾》卦、《姤》卦之间;春分卯中,居《同人》卦、《临》卦之间;秋分酉中,居《师》卦、《遁》卦之间。《伏羲六十四卦方图》,横列下卦自下而上分别为《乾》《兑》《离》《震》《巽》《坎》《艮》《坤》,横列上卦自右而左分别以《乾》《兑》《离》《震》《巽》《坎》《艮》《坤》的次序一一布于下卦之上,由此形成《方图》。《方图》是《乾》居右下西北方,《坤》居左上东南方,而形成对卦。《泰》居左下东北方,《否》居右上西南方,形成对卦。自《乾》至《坤》的斜线,自下而上,分别为《乾》《兑》《离》《震》《巽》《坎》《艮》《坤》八个卦。自《泰》至《否》的斜线,自下而上分别为《泰》《损》《既济》《益》《恒》《未济》《咸》《否》八个卦,由此而形成邵雍所说的"天地定位,否泰反类,山泽通气,咸损见义,雷风相薄,恒益起意,水火相射,既济未济"。

用,即这些图的功用,是从功能的角度上来界定的。这与宋儒本体论中所强调的用有所不同。宋儒本体论中之用,既可指功用,也可指外在事物的表现,是与"理"本体相对的一个范畴,泛指一切现象。我们这里是从功能意义上的"用"来考察胡方平的易学思想。这些图有什么功用呢? 大体可以归纳为两个方面:一个是逆知四时,推究事物发展趋势。无论是《伏羲八卦图》还是《伏羲六十四卦圆图》及卦气图,皆可代表四时运行之序,由此引申到历史发展的演化之序。胡方平引朱熹语予以说明此"用":"一日有一日之运,一月有一月之运,一岁有一岁之运,大而天地之始终,小而人物之生死,远而古今之世变,皆不外乎此。"[1]另一个是强调人生中处世之"心法"。因图皆自中起,天地万物之理尽在其中,人之处世,也应遵循事物变化之道,无不过与不及。

这些图何以有如此的象和用? 胡方平一一考察和阐述了其中缘由和思想。我们归纳如下:

1. 阴阳对待思想

朱熹曾把易理解为阴阳交易变易。阴阳交易是指阴阳间的对待交合,不仅指卦画之间的对待,也指实体中的阴阳对待。阴阳变易指阴阳之流行,强调阴阳之间的彼此消长。胡方平继承了这些思想,并对易图做了解释,发觉这些易图时时充满着阴阳对待思想。

---

[1]　(元)胡方平:《易学启蒙通释》卷上,文渊阁《四库全书》第20册,第689页。

《伏羲六十四卦圆图》,其图左右两边阴阳爻总数正相等。自《复》至《乾》,居图之左阳方,阳多而阴少,有一百二十二阳爻,有八十阴爻。自《姤》至《坤》,居图之右阴方,阴多而阳少,有一百二十二阴爻,有八十阳爻。观此图,左边内卦之《乾》,自《乾》至《泰》八卦,阴阳爻共四十八画,计三十六画阳,十二画阴,是阳占四分之三,内一分为阴所克。右边内卦之《坤》,自《否》至《坤》八卦,阴阳爻共四十八画,计三十六画阴,十二画阳,是阴占四分之三,内一分为所克之阳。所以《乾》得三十六阳,十二阴;而《坤》得三十六阴,十二阳者。《兑》八卦,自《履》至《临》《离》八卦,自《同人》至《明夷》各计二十八阳,各计二十阴。《震》八卦,自《无妄》至《复》,计二十阳,二十八阴。《艮》八卦,自《遁》至《谦》,《坎》八卦,自《讼》至《师》,各计二十八阴,各计二十阳。《巽》八卦,自《姤》至《升》,计二十阴,二十八阳。《兑》《离》《震》得七十六阳,四十八阴;《巽》《坎》《艮》得四十八阳,七十六阴。此图不仅左右边阴阳爻的卦画总数相等,而且,左右边的阴阳爻是相对的。东边一画阴,便对西边一画阳。东一边本皆是阳,西一边本皆是阴。东边阴画都来自西边,西边阳画都来自东边。如《姤》在西,是东边五画阳过来;《复》在东,是西边五画阴过来,如此形成两边阴阳个个相对。所以胡方平引朱子语说:"易是互相搏易之义,观先天图便可见。"①这里的"搏易",是指阴阳间的交易、对待。

《方图》也是对待之体。《伏羲六十四卦方图》所示为天地定位、否泰反类、山泽通气、咸损见义、雷风相薄、恒益起意、水火相射、既济未济,四象相交成十六事,八卦相荡为六十四卦。《方图》中的西北角《乾》与东北角《坤》,是天地定位。东南角《泰》与西南角《否》,是否泰反类。次《乾》是《兑》,次《坤》是《艮》,艮兑对待,是山泽通气。次《否》之《咸》,次《泰》之《损》,为咸损阴阳相对,为咸损见义。次《兑》是《离》,次《艮》是《坎》,是水火相射。其他卦也是如此。

不仅《圆图》《方图》各自充满着阴阳对待,《方图》与《圆图》之间,也是阴阳对待的。圆布者,《乾》尽午中,《坤》尽子中,《离》尽卯中,《坎》尽酉中。阳生于子中,极于午中。阴生于午中,极于子中。其阳在南,其阴在北。方布者,

---

① (元)胡方平:《易学启蒙通释》卷上,文渊阁《四库全书》第20册,第690页。

《乾》始于西北,《坤》尽于东南,其阳在北,其阴在南。方圆图的阴阳所在刚好相对,《圆图》南之阳与《方图》北之阴对,《圆图》北之阴与《方图》南之阳对,体现了二者阴阳对待之数。又从方圆图的整体来看,圆于外者为阳,方于中者为阴。圆者动而为天,方者静而为地,二者也是相对。

必须指出的是,胡方平对这些易图的阴阳对待问题,不是单纯的描述,而是探讨易图呈现如此结构态势的内在道理。他在《易学启蒙通释》中说:"此阴阳之名以类而聚也,亦莫不有自然之法象焉。"①在他看来,各图中的阴阳对待,并不是说圣人制易图时故意这样做,哗众取宠,而是法自然之象的结果,不假人为安排的结果。

2. 阴阳相含、阴阳互根思想

邵雍曾于《先天圆图》左右边的阴阳现象解释中提道:"无极之前,阴含阳也。有象之后,阳分阴也。阴为阳之母,阳为阴之父,故母孕长男而为复,父生长女而为姤。是以阳起于复,而阴起于姤也。"②邵雍所谓的"无极之前"并不是指哲学意义上的无极与太极的关系,朱熹认为,此言只是针对《先天圆图》之循环之意而阐述的。《先天圆图》,自《姤》至《坤》是阴含阳,自《复》至《乾》是阳分阴,《坤》《复》之间乃无极。自《坤》反《姤》,乃无极之前。③ 邵雍提出了名词,朱熹对名词进行了图画上的描述。胡方平则进一步明确了朱子所指和其中意蕴,他说:"朱子言就图上说循环之意者,盖以右一边属阴,而阴中有阳,故自一阴之姤至六阴之坤,皆是以阴而含阳,阴主阖,其翕聚者所以含蓄此阳也。左一边属阳,而阳中有阴,故自一阳之复至六阳之乾,皆是以阳而分阴。阳主辟,其发散者所以分布此阴也。坤复之间乃为无极,盖以一动一静之间,一无声无臭之理而已。自坤而反观,则推之于前,以至于姤,故为无极之前。自复而顺数,则引之于后,以至于乾,故为有象之后。四卦之循环,盖未见其终穷也。"④《先天圆图》,左边为阳右边为阴,是基于最内一画为阳或阴,以及从整体上是阳多于阴还是阴多于阳来划分的。左边最内一画为阳仪,而左半圈

① (元)胡方平:《易学启蒙通释》卷上,文渊阁《四库全书》第20册,第691页。
② (宋)邵雍:《观物外篇》,《皇极经世书》卷13,文渊阁《四库全书》第803册,第1065页。
③ 参见(元)胡方平:《易学启蒙通释》卷上,文渊阁《四库全书》第20册,第687页。
④ (元)胡方平:《易学启蒙通释》卷上,文渊阁《四库全书》第20册,第687页。

整个阴阳爻数中阳多于阴,故称左为阳。右边最内一画为阴仪,右半圈整个阴阳爻数中阴多于阳,故称右为阴。左边虽以阳为主,但也有阴,阴被阳所分;右边虽以阴为主,但也有阳,阳在阴中含蓄渐长,这是阴阳相含的道理。正是这种阴阳相含,使得右边阴不截然为阴,左边阳不截然为阳,从而使得阴阳对待在阴阳相含中实现。至于《坤》《复》之间称为无极,之前称为无极之前,是因为自《巽》消至《坤》翕,体现的是静之妙。四象之后,自《震》至《乾》,体现的是动之妙。《坤》《复》为阴阳动静分别之处,故称之为无极。无极之前,当为静之中,所以从图上说,自《坤》至于《姤》,即为无极之前。

《坤》《复》《乾》《姤》之间又体现了阴阳互根的道理。胡方平解释说:

> 阴为阳之母,谓坤为复之母,故生复也。阳为阴之父,谓乾为姤之父,故生姤也。图分阴阳,复姤为阴阳之起处,故曰乾坤为大父母,复姤为小父母也。①

《坤》为静极,静极而动生一阳之复,即复根于《坤》,《坤》为复之母。《乾》为动极,动极复静而生一阴之《姤》,即《姤》根于《乾》,《乾》为《姤》之父。右半圈,《姤》卦之后,《大过》《鼎》以至《坤》,在《姤》五阳之上,阴消阳而渐长,故《姤》又为他卦之父。左半圈,《复》卦之后,《颐》《屯》以至于《乾》,在《复》卦五阴基础上,阳消阴而渐长,故《复》又为他们之母。按其理推下去,实际上,不仅《坤》与《复》、《乾》与《姤》之间体现了这种阴阳互根,在《圆图》六十四卦任何相邻两卦之间也都体现了这种阴阳互根,以顺时针看,后一卦为前一卦之父母。

如果说上面的解释更侧重于《坤》《复》《乾》《姤》以至于相邻两卦间关系的话,那么,下面的解说则是胡方平立于《先天圆图》的整体视域中引朱熹语,表明了阴阳相含、阴阳互根的思想:

> 观先天图便可见。东边一画阴,便对西边一画阳。盖东一边本皆是阳,西一边本皆是阴,东边阴画都自西边来,西边阳画都自东边来。姤在西,是东边五画阳过。复在东,是西边五画阴过。互相搏易而成易之变。虽多般,然此是第一变。又曰:左边百九十二爻,本皆阳,右边百九十二

---

① (元)胡方平:《易学启蒙通释》卷上,文渊阁《四库全书》第20册,第687页。

爻,本皆阴。阳中有阴,阴中有阳,便是阳往交易阴,阴来交易阳。两边各各相对,其实非此往彼来,只其象如此。①

东西两边,本各一半阴一半阳,而现在东西两边却呈现阴中有阳、阳中有阴、阴阳相对的局面,原因在于,左右两边阴阳之间的交易。左边之阴来自右边,右边之阳来自左边,此是阴阳间的"此往彼来",是指左右两边阴阳之间的互根、相含。但这种先天圆图两边的阴阳往来,并不是说先天圆图两边的阴阳爻排列来自左阳爻、右阴爻之间的简单的对调,也不是说现有的先天圆图两边的阴、阳爻此往彼来,而是强调"其象"背后有阴阳互含、阴阳互根的思想根源,故称"只其象如此"。

3. 阴阳变易思想

观《先天圆图》,可以发现,《先天圆图》的这种结构模式,不仅是因为左右两边的阴阳对待使然,也是因为左右两边的阴阳变易使然。左右两边的阴阳爻数呈现增减趋势,其中暗藏着阴阳消长之机和阴阳顺逆之道。

阴阳消长之道。《伏羲八卦图》和《伏羲六十四卦圆图》,从图上看,左右阴阳爻数不同,而出现阴阳消长之象。胡方平释"乾以分之,坤以翕之,震以长之,巽以消之。长则分,分则消,消则翕也。乾坤定位也,震巽一交也,兑离坎艮再交也。故震阳少而阴尚多也,巽阴少而阳尚多也,兑离阳浸多也,坎艮阴浸多也"时说:

> 震者,长之始,雷以动之也,历离兑而乾,则长之极而为阴阳之分限矣,乾以君之也。巽者,消之始,风以散之也,历坎艮而坤,则消之极而为纯阴之翕聚矣,坤以藏之也。此所以长则分,分则消,消则翕,翕则复为长,而循环无端也……乾坤以阴阳之纯定上下之位,震一交,兑离再交,由一阳之交以至二阳之交也。巽一交,坎艮再交,由一阴之交以至二阴之交也。故初爻为震,则阳尚少,再交为离兑,则阳浸多矣。初交为巽,则阴尚少,再交为坎艮,则阴浸多矣。②

从图的卦画上看,左右图都体现出阴消阳息之象。"长"指左半圈,自《震》至

---

① （元）胡方平:《易学启蒙通释》卷上,文渊阁《四库全书》第 20 册,第 690 页。
② （元）胡方平:《易学启蒙通释》卷上,文渊阁《四库全书》第 20 册,第 686 页。

《乾》《震》一阳二阴,《离》《兑》二阳一阴,至《乾》三阳,呈现阳逐渐增多,阴逐渐减少的趋势,即阳长而阴息。达到《乾》时,即是《乾》之分。《乾》后接《巽》,到右半圈,《巽》二阳一阴,《坎》《艮》一阳二阴,阴消而阳息,即为"消"。阴浸长到《坤》,则为《坤》之翕。所以,阴阳之间,一进一退,长、分、消、翕,又复为长,如此循环无端。这是从卦画的角度来说明《先天八卦图》存在阴阳消长现象。必须指出的是,这种阴阳消长,不仅于卦画易图上是如此体现,其实也是实体自然中存在的普遍规律。胡方平在释"乾坤定上下之位,坎离立左右之门,天地之所阖辟,日月之所出入"时说:

> 此一节先论震巽艮兑四维之卦,而后及于乾坤坎离四正之位。震始交阴而阳生,以震接坤言也。至兑二阳,则为阳之长。巽始消阳而阴生,以巽接乾言也。至艮二阴,则为阴之长……乾坤定上下之位,天地之所阖辟也。坎离立左右之门,日月之所出入也。岁而春夏秋冬,月而晦朔弦望,日而昼夜行度,莫不胥此焉出。岂拘拘爻画阴阳之间哉?[1]

八卦的阴阳消长,不可拘泥于卦画,其实自然实体中也遵循着阴阳消长之道。一年来看,有春夏秋冬;一月来看,有晦朔弦望;一日来看,有昼夜行度,都处于不停息的阴阳消长中。其中《乾》《坤》《坎》《离》位于四正,又有着重要地位,发挥着关键的作用。

阴阳顺逆之道。胡方平在解释"阳在阴中阳逆行,阴在阳中阴逆行。阳在阳中、阴在阴中则皆顺行"时,对《先天圆图》的顺逆之势,引朱子之语,分别从内八卦和外八卦的角度,进行了详细地论述。以内八卦三画阴阳言,《圆图》左属阳,为《乾》《兑》《离》《震》四卦;右属阴,为《巽》《坎》《艮》《坤》四卦。右半圈中,《坤》无阳,《艮》《坎》一阳,《巽》二阳,为阳在阴中逆行。左半圈中,《乾》无阴,《兑》《离》一阴,《震》二阴,为阴在阳中逆行。《震》一阳,《离》《兑》二阳,《乾》三阳,为阳在阳中顺行。《巽》一阴,《坎》《艮》二阴,《坤》三阴,为阴在阴中顺行。若以外八卦推之,阴阳逆顺行亦一样。右方外卦四节,首《乾》终《坤》,四《坤》无阳,自四《艮》各一阳逆行而至于《乾》之三阳,其阳皆自下而上,亦阳在阴中阳逆行。左方外卦四节,同样首《乾》终

---

[1]　(元)胡方平:《易学启蒙通释》卷上,文渊阁《四库全书》第20册,第687页。

《坤》,四《乾》无阴,自四《兑》各一阴逆行而至于《坤》之三阴,其阴皆自上而下,亦阴在阳中阴逆行。左方外卦,四《坤》无阳,自四《艮》各一阳,顺行而至于《乾》之三阳,其阳皆自下而上,亦阳在阳中阳顺行。右方外卦,四《乾》无阴,自四《兑》各一阴,顺行而至于《坤》之三阴,皆自上而下,亦阴在阴中阴顺行。一言以蔽之,以逆顺之说推之,若阴阳各居本方,则阳自下而上,阴自上而下,皆为顺。若阴阳互居其方,则阳自上而下,阴自下而上,皆为逆。

胡方平还引蔡渊弟子翁泳之语阐述顺逆之道。大意如下:《先天圆图》,左阳右阴。左三十二卦,阳始于《复》之初九,历十六变而二阳《临》,又八变而三阳《泰》,又三变而四阳《大壮》,又一变而五阳《夬》,而《乾》以君之,阳之进也。始缓而终速,即阳在阳中顺行。阳主升,自下而升亦为顺。《复》至《无妄》二十阳,《明夷》至《同人》二十八阳,《临》至《履》亦二十八阳,《乾》至《泰》三十六阳。二十者,阳之微;二十八,阳之著;三十六,阳之盛。阳在北则微,在东则著,在南则盛,亦为顺。从翁泳此说,可以看出翁泳是从多方面多角度进行阐明的:一是按图直观阳爻变化;二是对《先天圆图》左半圈的阳爻数进行统计,从统计学的角度得出阳在阳中为顺;三是列出阳的属性在不同方位上的不同表现,这又是从地理学的角度说明阳在阳中为顺。

按图直观《先天圆图》也好,还是从统计学、地理学的角度出发也好,都可以发现,《先天圆图》六十四卦的排列体现出阴阳顺逆,而且这种阴阳顺逆,是天地自然自有的规律,《易学启蒙通释》说:"顺逆,自然之势,固自有真至之理也。"[①]易图的这种排列,并非圣人作易图时随意乱排而成的。

4. 贵阳贱阴思想

胡方平以为,易图阴阳爻及卦象的展现,虽表面上阴阳对立、阴阳平衡,但其中实是以阳为主。因为有阳尤其是至阳之《乾》的君宰,才使阴阳对立与流行得以可能。他在释"乾以分之,坤以翕之,震以长之,巽以消之。长则分,分则消,消则翕也"时说:

乾,至阳也,居上而临下故曰君,以震离兑之阳得乾而有所君宰。坤,至阴也,居下而括终,故曰藏。以巽坎艮之阴,得坤则有所归宿。然谓乾

---

① (元)胡方平:《易学启蒙通释》卷上,文渊阁《四库全书》第20册,第688页。

以分之,则动而阳者,乾也。静而阴者,亦乾也。乾实分阴阳而无不君宰也。朱子尝言天地之间本一气之流行而有动静耳。以其流行之统体而言,则但为之乾而无所不包,以动静分之,然后有阴阳刚柔之别,正此意也。夫如是,则诸卦皆乾之所君宰,圣人特以君言之造化贵阳之大义,圣人扶阳之至意昭昭矣。①

原话"乾以分之……"一句来自邵雍之说,邵雍原意在于阐述伏羲八卦之间的阴阳消长,故其后面接着说"乾坤定位也,震巽一交也,兑离坎艮再交也。故震阳少而阴尚多也,巽阴少而阳尚多也,兑离阳浸多也,坎艮阴浸多也"②。胡方平的侧重点与邵雍迥然不同,他更为关注内在的动因和机理,以为至阳之《乾》是阴阳动静的根因,《乾》产生动静,动而为阳,静而为阴,从而有阴阳刚柔之别,实现一气之流行和阴阳之间的消长。《乾》不仅仅是八卦之一,也是八卦之主宰。

不仅八卦如此,《先天圆图》六十四卦之间的消长,也是因阳而起。他在释"复至乾,凡百一十有二阳。姤至坤,凡八十阳。姤至坤,凡百一十有二阴。复至乾,凡八十阴"说:

> 图之阴阳在两边正相等。自复至乾,居图之左,阳方也,故阳多而阴少。自姤至坤,居图之右,阴方也,故阴多而阳少。左边一画阳,便对右边一画阴;左边一画阴,便对右边一画阳。对待以立体而阴阳各居其半也。由此观之,天地间阴阳各居其半,本无截然为阳,截然为阴之理。但造化贵阳贱阴,圣人扶阳抑阴,故于消长之际,淑慝之分,又不能不致其区别尔。岂容以概论哉?③

《先天圆图》,左边三十二卦自《复》至《乾》卦,共一百九十二爻,其中阳爻一百一十二,阴爻八十;右边三十二卦自《姤》至《坤》,共一百九十二爻,其中阴爻一百一十二,阳爻八十。左右边阴阳爻总数相等,而且,左边的阳爻数与右边的阴爻数相等,左边的阴爻数与右边的阳爻数相等,如此《先天圆图》左右两边呈现阴阳对待之势,此即为其所说"对待以立体而阴阳各居其半"。这种

---

① (元)胡方平:《易学启蒙通释》卷上,文渊阁《四库全书》第20册,第686页。
② (宋)邵雍:《观物外篇》,《皇极经世书》卷13,文渊阁《四库全书》第803册,第1064页。
③ (元)胡方平:《易学启蒙通释》卷上,文渊阁《四库全书》第20册,第689页。

阴阳对待,并不是说截然一半为阳,一半为阴,而是在阴阳消长之际实现的。易贵阳贱阴,这种阴阳消长是由动之阳所主,这就使得阳在阴阳之间的这种对待发挥着重要的角色,换句话说,是因为阳使得阴阳之消长发生,从而在阴阳消长过程中实现的阴阳对待成为可能。因而,不能以平等的态度来看待阴与阳之间的地位。

关于《易》"用止于三百六十而有三百六十六"①的问题,邵雍提道:"乾四十八而四分之,一分为阴所克也。坤四十八而四分之,一为所克之阳也。故乾得三十六,而坤得十二也。"②康节主要以此来说明数之嬴及《乾》全用而《坤》全不用的原因:《乾》阳主进,《坤》阴主虚;阳主进,故《乾》全用;阴主虚,故《坤》全不用。胡方平解释说:

> 乾四十八者,内卦为乾,自乾至泰八卦,阴阳爻共四十八画也。四分之者,以四十八分为四分,每分计十二画也。乾至泰,计三十六画阳,十二画阴,是阳占四分之三,内一分为阴所克也。坤四十八者,内卦为坤,自否至坤八卦,阴阳爻共四十八画也。四分之者,以四十八分为四分,每分计十二画也。否至坤计三十六画阴,十二画阳,是阴占四分之三,内一分为所克之阳也。故乾得三十六阳,而坤得十二阳者,盖乾固以阳为主,而坤亦以阳为主也。可见天道贵阳贱阴,圣人扶阳抑阴之义,邵子得之耳。程子论复之阳长而曰阴亦然,圣人不言者,正与此合。③

《伏羲六十四卦圆图》中,《乾》卦宫与《坤》卦宫阴阳爻总数相等,但《乾》阳三十六,《乾》阴十二,《坤》阳十二,《坤》阴三十六。这只是个数字的表示。而且,邵雍也只是在于说明因《乾》《坤》阴阳所主不同而导致《乾》主进而全用,《坤》阴虚而全不用,未必就是贵阳贱阴。胡方平则直接从天道贵阳贱阴出发,认为卦以阳为主,《乾》本阳,固以阳为主,而《坤》本阴但亦以阳为主,所以,《乾》得三十六阳而《坤》得十二阳是贵阳贱阴的表现。胡方平从内心深处就早已认定易是贵阳贱阴的,从而认为《乾》《坤》阳爻数出现不同也是理所当

① 《易》六十四卦共三百八十四爻,除《乾》《坤》《坎》《离》二十四爻,取 360 为易用,合周天之度数。但一周年日近 366 天,故需加《乾》全之六爻或取《坎》《离》用半之六爻,则得 366。
② (宋)邵雍:《观物外篇》,《皇极经世书》卷 13,文渊阁《四库全书》第 803 册,第 1058 页。
③ (元)胡方平:《易学启蒙通释》卷上,文渊阁《四库全书》第 20 册,第 688 页。

然、天经地义的事。

先天八卦、六十四卦爻之间的阴阳流行、阴阳对待，本是天地间万物之自然法象，反映的只是阴阳之间的一种事实上的关系，本无贵贱之分，未及价值层面。而胡方平言之"圣人扶阳抑阴之义"，颇含有以价值意蕴来解释阴阳流行、阴阳对待之所以然的原因就在于阳贵阴贱，这未免有些牵强附会。但其致力探究易图中的阴阳之间的对待与流行的内在根据，试图作出一个在他看来合乎人世变化的合理的解释，这种精神不无可取之处。他直接以人事之人伦按于天道之运转，又如学者钟彩钧所说："可看出伦理观念的进一步强化"①。

5. 易之逆推思想

《伏羲八卦图》和《伏羲六十四卦圆图》，都可配上卦气，从而逆推未来之物事，不仅可推知四时之节气，而且，一日之运，一年之运，一个人物之生死，乃至整个社会的历史发展，都可套以《先天图》而逆推。如邵雍的元运会世，是利用《先天圆图》来推知社会历史发展进程。这就是邵雍所说："易之数由逆而成矣……若逆知四时之谓也。"②那么，什么是逆知？又如何逆推呢？

逆知问题，源于《说卦传》中的"天地定位，山泽通气，雷风相薄，水火不相射，八卦相错，数往者顺，知来者逆"。邵雍认为，《说卦传》此段是对《伏羲八卦方位图》和《伏羲六十四卦圆图》的直接解释，并从《伏羲八卦方位图》和《伏羲六十四卦圆图》来解释什么是"易之数由逆而成"。邵子说："乾南坤北，离东坎西，震东北，兑东南，巽西南，艮西北。自震至乾为顺，自巽至坤为逆。"此图《乾》居上，《坤》居下，《离》居左，《坎》居右，《兑》居左上隅，《震》居左下隅，《巽》居右上隅，《艮》居右下隅。刚好形成四个相对之卦，上《乾》之天，对下《坤》之地，即"天地定位"。左《离》对右《坎》，即"水火不相射"。左上隅之《兑》《泽》对右下隅之《艮》《山》，即"山泽通气"。右上隅之《巽》风对左下隅之《震》雷，即"雷风相薄"。邵子以为，"八卦相错"指明其相错而成六十四卦。依邵雍之意，太极生阴阳两仪，阳仪生而为太阴、太阳、少阴、少阳天四象，阴仪生而为太柔、太刚、少柔、少刚地四象。八卦之中，《乾》《兑》《离》《震》为

---

① 钟彩钧：《胡方平、胡一桂父子对朱子〈易〉学的诠释》，《元代经学国际研讨会论文集》2000年，第211页。

② （宋）邵雍：《观物外篇》，《皇极经世书》卷13，文渊阁《四库全书》第803册，第1065页。

天四象所生之卦，《巽》《坎》《艮》《坤》为地四象所生之卦。天之交成日月星辰，地之交成水火土石，于是万物生成。天四卦与地四卦呈交错变应关系。邵氏的易之逆知，许是基于太极生化及八卦的这种关系来论的。所谓"数往者顺"，即于《先天圆图》左边从《震》向《离》《兑》《乾》数，此为交之初至交之极，阳气渐长，旋为左，为顺，为已生之卦。"已生"是太极阴阳初生初长至交而成万物之"象则顺观""物必顺成"的层面上来谈的。"未生"指生之未来，需推类而得者。左边自《震》至《乾》为天时之变，天时变则有地物应，故右边之卦，自《巽》始，历《坎》《艮》至《坤》，阴渐息，阴气渐长，地物顺成，亦是左旋。所以，数往者顺，天自《震》至《乾》，地自《巽》自《坤》，于旋看，皆是左旋，于卦看，皆是顺观顺成，为已生之卦。"知来者逆"，即从已生推未生。如于《先天圆图》右边自坤历《艮》《坎》《巽》，为右旋阴渐少阳渐多，自《乾》历《兑》《离》《震》，为右旋阳渐少阴渐多，《乾》《坤》变应相接，右旋以揭《乾》《坤》所生之阴阳消长和交易生变之由，以示天道之机，再由天道顺推知其类之未生。逆知逆推，尽管邵雍并未对此明言，但依其易学思想应是指从已生推其内在天道，再由天道推其类未生之物之意。

　　然而在朱熹看来，邵子的意思是"乾南坤北，离东坎西，震东北，兑东南，巽西南，艮西北。自震至乾为顺，自巽至坤为逆"①，故朱氏以《横图》（《伏羲八卦次序图》）来观《圆图》。以《横图》来看易的生成次序为，《乾》一而后有《兑》二，兑二而后有《离》三，《离》三而后有《震》四，《震》四而后有《巽》五，《坎》六《艮》七《坤》八亦以次而生。《圆图》之左方，自《震》之初为冬，至《离》《兑》之中为春分，以至于《乾》之末而交夏至，以《震》在《横图》生成次序中可知，《震》卦已生，则《乾》《兑》《离》卦亦当已生，所以自《震》至《乾》，皆进而得其已生之卦。朱熹说："犹自今日而追数昨日也，故曰'数往者顺'。"②图的右方，自《巽》之初为夏至，《坎》《艮》之中为秋分，以至于《坤》之末而交冬至，于《横图》中《震》卦为立足点来看，《巽》《坎》《艮》《坤》皆于《震》卦后

---

① （宋）朱熹：《周易本义·易图》，《朱子全书》第 1 册，上海古籍出版社、安徽教育出版社 2002
　　年版，第 20 页。

② （宋）朱熹：《易学启蒙》卷 2，《朱子全书》第 1 册，上海古籍出版社、安徽教育出版社 2002 年
　　版，第 238 页。

而生,因此,自《巽》至《坤》,皆进而得其未生之卦。朱熹说:"犹自今日而逆计来日也,故曰'知来者逆'。"①数往知来之说,以阴阳之节候次第观之,皆自微而至著;以人之推测言之,亦因微而识著。

由此可见,朱熹所谓的"已生""未生",是立足于《横图》八卦生成次序而言,是以《震》之初为冬至为一年之始点而算的。朱子对"数往者顺"段也明确表示过:"这一段,是从卦气上看来,也是从卦画生处看来。"②邵雍之说,是根据经文进行直接解释,从《圆图》解而论往顺来逆问题。但邵雍对"已生""未生"如何来的问题,则说得不明不确,对于逆知问题,给了人们一个晦涩的答案。而朱熹先从《横图》入手,再释《圆图》,并对邵雍"易之数由逆而成,若逆知四时之谓"之说从四时节气的顺序作了说明,解释了何为"已生""未生",何为逆推的问题。合观邵雍、朱熹的解说,二人皆是着眼于"顺逆"和"逆知"几字图表上的描述,对于何以能够如此逆知的内在原因,二人都讲得不明不白。

胡方平发展了邵子和朱熹此说,尤其是继承了朱熹从《横图》来看《圆图》的思维路向。他对《横图》与《圆图》的关系作了详细解释。所谓《圆图》者,其实即《横图》规而圆之,即把《横图》从中间对半分开,则《震》《离》《兑》《乾》位于《圆图》之左,《巽》《坎》《艮》《坤》位于《圆图》之右。胡方平在此基础上进而说明逆推是怎样一个过程和原理:

> 邵子曰易之数由逆而成,若逆知四时之谓也。此论横图之序,自乾至坤,皆未生之卦也。所谓未生者,自卦之未画者推之。盖太阳未交以前,乾未生也,自奇上生一奇则为乾,而兑犹未生也,然其生之势不容已,不必太阳上生一偶方知其为兑已,可即乾而逆推兑于未生之前知其必为兑矣。少阴未交已前,离犹未生也,自其上生一奇则为离,而震犹未生也,然其生之势亦不容已,不必少阴上生一偶方知其为震已,可即离而逆推震于未生之前知其必为震矣。自巽五至坤八,其所推者亦然。如是春而推夏,知春之后必为夏。自夏而推秋,知夏之后必为秋。自秋而推冬,知秋之后必为

---

① (宋)朱熹:《易学启蒙》卷2,《朱子全书》第1册,上海古籍出版社、安徽教育出版社2002年版,第238页。

② (宋)黎靖德编:《朱子语类》卷77,中华书局1986年版,第1972页。

冬。所谓若逆知四时之谓者也。①

胡方平讲的未生与已生,与朱熹无异。但如何推之未生,朱熹未明,胡方平则阐明透彻。从四象到八卦的过程,是在四象二画的基础上各画一奇一偶,即各生一阴一阳。四象若生阴阳中其中一个,则另一个也必生,因阴阳是相对待而成,不可能出现四象生了一阴而不生一阳或生了一阳而不生一阴的情况,所以,当阴阳其中一个已生,则另一个生之势也呈现,不必等到另一个生下来才知其必生。四象未交之前,无已生之八卦,从而谈不上由已生推未生的事。但若四象相交,如太阳上生一阳,则《乾》卦已生。太阳生了一阳,也必然要生一阴。由此,从已生之《乾》卦推知太阳再生之卦为《兑》卦,是所谓"可即乾而逆推兑于未生之前知其必为兑矣"。其他卦亦是如此,四时之推也是如此。即从四时之一个季节,而推知其他季节,如果是春而推夏,知春之后必为夏;自夏而推秋,知夏之后必为秋;自秋而推冬,知秋之后必为冬。此即邵雍所言"逆知之四时之谓也"。可以看出,胡方平说的这种逆推,实是基于阴阳之对待平衡、太极两仪四象八卦一生俱生的逻辑思路来讲卦生之势,由卦生之势进而推知未生之卦。这种解说颇符合先天学所论圣人作《易》皆出于画前之易自然而为的思想理论。了解这一点,对于何以可能以伏羲八卦、六十四卦逆知四时、推知社会历史发展进程或许有一个比较合理的解释。胡方平虽简短数语,但把由已生而可推未生的内在原因讲得通俗明了,切中肯綮,避免了邵雍和朱熹的晦涩与不足。但我们也须清楚,这只是胡方平的理解,未必符合邵子本意。邵氏易涉及《圆图》,而未及《横图》。以《横图》解卦,出于朱熹。胡氏这是宗朱、承朱之意。

6. 万事万化生于心

前面提到过,这些易图的功用除了逆知四时、推知社会历史发展过程外,还有其人生之道,强调人生作为的行事准则的功用。之所以有此功用,除了前面的五种思想外,很重要的一点是,这些易图尤其是《先天图》,图皆自中起,为心法之图。胡方平在释邵雍语"先天学,心法也,故图皆自中起,万事万化生于心"时说:"图从中起者,心法也。心为太极,

---

① （元)胡方平:《易学启蒙通释》卷上,文渊阁《四库全书》第20册,第683页。

而万化万事生于心。"[1]这里的心,是指万事万物之所以然的根据,是最高的哲学范畴呢,还是指强调人对天地万物、万化万事的把握、沟通,起着桥梁作用的思虑之心呢? 胡方平说:

> 图皆从中起,且以为天地万物之理尽在其中,则其学之得于心,心之根于理者,又岂徒象数云乎哉?[2]

《先天图》包含着万事万物之理,小至人物之生死,大至天地之始终,远至古今之世变,皆不外乎此《先天图》中。学习《先天图》,就是理解和把握其中之理,心不是最终极的范畴,"心之根于理"。也就是说,万化万事生于心,其实就是依理而行,"心法"就是指依理而行之法,因而,心指思虑之心。人能理解这一层面,就不要仅停留于象数之中,而应透过象数靠心去把握其中之理。这最后一句,道出了胡方平注解《易学启蒙》的心声。

(三)《文王八卦图》

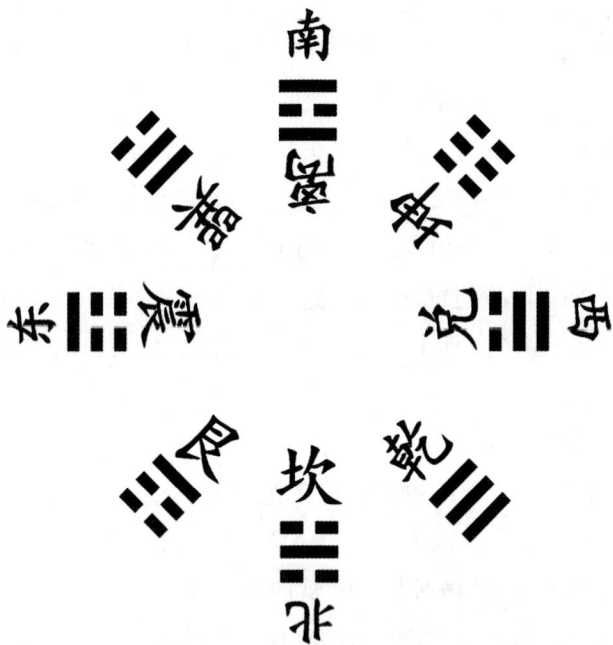

---

[1] (元)胡方平:《易学启蒙通释》卷上,文渊阁《四库全书》第20册,第689页。
[2] (元)胡方平:《易学启蒙通释》卷上,文渊阁《四库全书》第20册,第690页。

上页图为《文王八卦图》,又称《后天八卦图》。《震》居东,《兑》居西,《离》居南,《坎》居北,此四卦居四正。《巽》居东南,《乾》居西北,《艮》居东北,《坤》居西南,此四卦居四隅。邵雍认为《说卦》中"帝出乎震,齐乎巽,相见乎离,致役乎坤,说言乎兑,战乎乾,劳乎坎,成言乎艮"一段是对《文王八卦图》的解说。

邵雍、朱熹等人常将此图与《伏羲八卦图》对比来阐明。这其中涉及《先天八卦图》与《后天八卦图》相互关联的一些问题,比如后天八卦方位与先天八卦方位相异的原因所在、先后天八卦的主旨意蕴如何、先后天八卦的体用关系怎样等。

先天八卦是《乾》南《坤》北、《离》东《坎》西、《震》东北《巽》西南、《兑》东南《艮》西北,而后天八卦则是《离》南《坎》北、《震》东《兑》西、《艮》东北《坤》西南、《巽》东南《乾》西北的方位排列。对于后天八卦方位,邵雍曾解释说:"易者,一阴一阳之谓也。震兑始交者也,故当朝夕之位。坎离交之极也,故当子午位。巽艮虽不交,而阴阳犹杂也,故当用中之偏位。乾坤纯阴阳也,故当不用之位也。"[1]八卦由阴阳构成,阴本在下,阳本在上,阳下阴上为阴阳相交。阳交于阴之下爻为阳始交之象,即一阳下交于二阴,其卦象为《震》,恰如夜中朝起昼始;阴交于阳上爻为阴始交之象,即一阴上交于二阳,其卦象为《兑》,如昼中夕起夜始。东朝西夕,故《震》当东方朝位,《兑》当西方夕位。《坎》为一阳处二阴之中,又因阳处上爻无交之象,故为阴极生阳处子位。《离》为一阴处二阳之中,又因阴处下爻无交之象,因而阳极生阴处午位。邵氏以一卦之阴阳爻是否交易,合之自然法象,以决八卦之位,从而《震》《兑》《坎》《离》四卦方位取舍有定。此说亦不无道理。但其对何以《巽》《艮》《乾》《坤》为阴阳不交或"用中之偏"而各安其位,则语焉不详。朱熹说:"乾退乎西北,坤退乎西南也。坎、离得之变者,东自上而西,西自下而东也。故乾、坤既退,则离得乾位而坎得坤位也。震用事者,发生于东方。巽代母者,长养于东南也。"[2]朱子又说:"震东、兑西者,阳主进,故以长为先而位乎左;阴主退,故

---

① (宋)邵雍:《观物外篇》,《皇极经世书》卷13,文渊阁《四库全书》第803册,第1066页。

② (宋)朱熹:《易学启蒙·原卦画》,《朱子全书》第1册,上海古籍出版社、安徽教育出版社2002年版,第242—243页。

以少为贵而位乎右也。坎北者,进之中也。离南者,退之中也。男北而女南者,互藏其宅也。四者皆当四方之正位,而为用事之卦。"①可见,较之邵雍,朱熹试图将先天八卦与后天八卦联系起来进行思考,以先天八卦在后天阴阳之进退来看文王八卦之方位,与邵氏立足一卦之阴阳谈文王八卦有所不同。但尽管如此,对于四隅之卦位何以如此,朱子之说依然未有融通之处。

对于《文王八卦图》八卦方位如此的排列,胡方平注解"易者,一阴一阳之谓也。震兑始交者也,故当朝夕之位。坎离交之极者也,故当子午之位。巽艮不交,而阴阳犹杂也,故当用中之偏。乾坤纯阳纯阴也,故当不用之位也"时认为:

> 一阴一阳,居正则相对而有交易之义,居偏则不对而于交之义无取。后天八卦,正而对者震、兑、坎、离,偏而不对者乾、坤、艮、巽,故在东、南、西、北者相对则取其交,而在东北、东南、西北、西南者则不取其交也。自其交者论之,震东、兑西为交之始,当卯酉之中,朝夕之位也。离南、坎北为交之极,当子午之位,天地之中也。②

在胡方平看来,第一步,交与不交,与八卦所居之四正、四隅之位有关。四正相对有交,四隅不对则不取其交。故其交与不交,是根据文王八卦之间的关系来取舍的。胡方平以四正卦对待论交易,而不似邵氏以一卦之阴阳论交易,似有新见。第二步,居四正相对而交的四卦具体的后天排位,则采邵子一卦之阴阳来论始交、交之极之意,来定《震》《兑》《坎》《离》的排位。《震》《兑》为阴阳始交,《离》《坎》为阴阳交之极,对照卯酉子午天时分布之位,故《震》东《兑》西,《离》南《坎》北。第三步,居四隅不对不交的四卦的具体排位,则依朱子后天用事一说。胡方平说:"乾、坤以父母之老而复用,巽、艮以男女之长少而未用。坤西南,犹半用者,谓其当长养权成之交,母道当亲也。乾西北,全不用者,谓其当严凝主静之候,父道之尊也。艮东北、巽东南者,以进退之先后定之。男未必传,少而未习其事。女将有行,长而可以任其事也。故巽稍用而艮

---

① (宋)朱熹:《易学启蒙·原卦画》,《朱子全书》第 1 册,上海古籍出版社、安徽教育出版社 2002 年版,第 243 页。

② (元)胡方平:《易学启蒙通释》卷上,文渊阁《四库全书》第 20 册,第 693 页。

全未用也。"①此种言论是对朱熹《易学启蒙》中内容的诠释。《易学启蒙》提道:"乾西北、坤西南者,父母既老而退居不用之地也。然母亲而父尊,故坤犹半用,而乾全不用也。艮东北、巽东南者,少男进之后,而长女退之先,故亦皆不用也。然男未就传,女将有行,故巽稍向用,而艮全未用也。"②胡方平与朱子一样,对四隅之卦的定位,强以人伦世事以说之。仔细看来,其"半用""未用""全不用"权当说辞,不足为据,与四正之卦以阴阳交易之理序和自然流露为据截然不一。因为我们依然要问:为何"用中之偏""不用之位"的四隅卦,尽安《乾》于西北、《坤》于西南、《艮》于东北、《巽》于东南? 可见,胡与朱皆不得文王八卦之四隅卦定位之解。如此看来,胡方平解四正卦方位时,专于文王八卦相对交易而言,而不糅于先天八卦,不似朱子强以先天八卦理序中安出个后天八卦来,多少合邵子意。但胡方平解四隅卦时不得其旨而取朱子之说,强以为通,亦可见其无奈之状。纵观易学史,自《后天八卦图》出以来,众说纷纭,后儒多有诠释,但终不见有融通之言。我们以为,先天八卦是阴阳气行之对待之体,后天八卦为阴阳交合之流行之用,体常用变,先天八卦和后天八卦形成的内在逻辑不完全一样,二者非一脉相承、先天变后天之井然有序。张克宾先生评价朱熹:"之所以对后天卦位、卦义困惑不解,说到底还在于他试图从后天卦位中绁绎出一套如同先天卦位般自然平当的规律来。"③此语一针见血。

后天八卦与先天八卦的主导卦不一。伏羲八卦所主者在《乾》而后天八卦所主者在《震》。其因何在? 邵雍以《乾》退于西北,长子用事来解释。朱熹则以为,《震》之用事,发生于东方。观二人之说,都讲得不通透。胡方平则从易尊阳卑阴的思想加以区别。从《乾》与《震》的生成关系来看,《乾》为《震》之父,《震》为《乾》之子。以统领言,《乾》在先天八卦中为君,先天卦以《乾》为宗,因而在先天八卦中,《乾》方用事,《震》居东北,以缓其用。至于《震》为帝的原因,胡方平说:"以主宰谓之帝,主器者莫若长子。后天卦位宗一乾也,

---

① （元）胡方平:《易学启蒙通释》卷上,文渊阁《四库全书》第 20 册,第 694 页。
② （宋）朱熹:《易学启蒙·原卦画》,《朱子全书》第 1 册,上海古籍出版社、安徽教育出版社 2002 年版,第 243 页。
③ 张克宾:《朱熹易学思想研究》,人民出版社 2015 年版,第 201 页。

此乾不用,则震居正东而司其用也。先天所重者在正南,后天所重者在正东。"①大致说最能代父司权者莫如《震》,但后天八卦重在正东,《乾》得退居二线,因此主宰之权位落于震。胡方平接着说:"如此则文王改易伏羲卦图,均一尊阳之心可见矣。"②《乾》为老阳,《震》为长子,以《乾》《震》为主,实是因易贵阳贱阴思想内在决定的。易是不是贵阳贱阴,这有待商榷,但胡方平以贵阳思想来解释《乾》《震》为主的原因,虽此言未能尽善,但无疑提供了一种新的解释,较之邵雍和朱熹,具体多了。

胡方平对于邵雍说《震》《兑》横而六卦纵为易之用的观点表示认同,但他对《乾》极阳《坤》极阴以不用的观点不敢苟同。他以为,《乾》《坤》不用,并不是说《乾》《坤》真的没用,其实"六子之用,由乾坤之用"③。他引刘云庄语从阴阳互根的角度予以说明,《兑》《离》《巽》阴卦宜多阴而反多阳,《震》《坎》《艮》阳卦宜多阳而反多阴,原因在于,《震》《坎》《艮》三男是《坤》求之于《乾》,各得《乾》一阳而成,本皆《坤》体,所以多阴。《巽》《离》《兑》三女,是求《乾》于《坤》,各得《坤》一阴而成,本皆《乾》体,所以多阳。六子多阳多阴,各得《乾》《坤》之一体。《乾》《坤》极阳极阴,是为《乾》《坤》之全体。《乾》《坤》虽不用,但六子之用,即是《乾》《坤》之用。因而说,文王八卦皆为易之用,而不单独六子为易之用。这个观点,是对邵雍观点的修正,体现了胡方平在易学上是有自己独自的思维的。

进而,他进一步论述了伏羲八卦与文王八卦的关系,认为先后天八卦可相有而不可相无,是易之体用不可或缺的两个部分。易之体,是以阴阳交合而形成。《先天八卦图》中,以《乾》《坤》定南北,于象为纵,其他六卦列于其间,于象为横,从而形成天地定位、山泽通气、雷风相薄、水火不相射的对待而成的统一体。胡方平认为,这是"对待以立其本"④。本,指伏羲八卦之结构,是易之功用发挥的基础和源体。易之用,是以四时进退之序为体现。《后天八卦图》中,以《震》《兑》位东西为横,为春秋之分;其他六卦纵于其间,以代表冬夏,从

---

① (元)胡方平:《易学启蒙通释》卷上,文渊阁《四库全书》第20册,第692页。
② (元)胡方平:《易学启蒙通释》卷上,文渊阁《四库全书》第20册,第692页。
③ (元)胡方平:《易学启蒙通释》卷上,文渊阁《四库全书》第20册,第693页。
④ (元)胡方平:《易学启蒙通释》卷上,文渊阁《四库全书》第20册,第693页。

而迭为流行,发挥八卦作用。先天八卦以立易之本,后天八卦以致易之用,本立而用行,有其本才有其用,有其用才能体现其本,因而先后天八卦是密切联系不可相无的。同时,胡方平也指出,先天八卦与后天八卦的地位和重要性还是有区别的。他说:"要之,先天以其偶合而八卦之体立,则后天虽不以其偶合而六子之用自行此。变化既成,万物固归之文王卦次。而所以变化既成万物者,实归伏羲卦次也。不然,圣人论伏羲卦次之后,何为必申之以然后能变化既成万物欤?"[1]以胡方平此语看来,伏羲八卦是易之体,是更为重要的。

胡方平对后天八卦的注释不是很多,而且这些解释远没有他在伏羲八卦、《六十四方圆图》上的解释讲得透彻和详细,但他在这些注释中,也有着自己的见解。归结起来,跟他在释图书、《先天图》中所运用的思想大抵一致,都是贵阳、阴阳交易及阴阳互根等思想。

（四）殊图同归,理之所必同

在考察完胡方平对各易图各自义理之后,我们再来看胡方平是如何解释各种易图之间的关系的。

关于《河图》与《洛书》。刘歆有《河图》与《洛书》相为经纬之说,《易学启蒙》则认为二者"其理则不容于有二"[2],但他们对《河图》与《洛书》如何"相为经纬"未明说。胡方平则引陈潜室之说,从正变的角度来说明《河图》与《洛书》的经纬关系。陈潜室以为,经纬之说不是以上下为经,左右为纬。"大抵经言其正,纬言其变,而二图互为正变。主河图而言,则河图为正,洛书为变。主洛书而言,则洛书为正,而河图又为变。要之天地间不过一阴一阳,以两其五行而太极常居其中。二图纵横虽变动,要只是参互成见,此所以为之相为经纬也。"[3]天地间的一阴一阳相互对待及五行相克,构成易图相对稳定的结构,就是正。而一阴一阳之间的流行及五行的相生所引起不同的易图功用,即为变。《河图》中有阴阳之间的对待和五行的流行,《洛书》中也有五行的流行和因五产生的对待。所以,正变对《河图》《洛书》之间来说是相对而言,应相互

---

① （元）胡方平:《易学启蒙通释》卷上,文渊阁《四库全书》第 20 册,第 695 页。
② （宋）朱熹:《易学启蒙》卷 1,《朱子全书》第 1 册,上海古籍出版社、安徽教育出版社 2002 年版,第 211 页。
③ （元）胡方平:《易学启蒙通释》卷上,文渊阁《四库全书》第 20 册,第 663 页。

参见。胡方平又在另一个地方,同样引陈潜室之言,直接对照《河图》与《洛书》之间的数与位上存在的异同,以说明《河图》与《洛书》之间的相通性。在陈潜室那里,《河图》以生数统成数,《洛书》以奇数统偶数,看起来不相似,然而,一必配六,二必配七,三必配八,四必配九,五必居中而配十,即阴阳数之间的匹偶,这是图与书都相同的。《河图》之生成同方,《洛书》之奇偶异位,看起来也不相似,然"同方者有内外之分,是河图犹洛书也。异位者犹化育之义,是洛书亦犹河图也"①。从生成数、奇偶数的位来看,《河图》一六同居北,二七同居南,三八同居东,四九同居西,但同方而有内外之分,即生数在内,成数在外。《洛书》四阳居正,四阴居隅,有正侧异位之分,但四阴因中五各附于四正之侧,即化育之义。化育即奇数得五而由阴,偶数得五而化阳,如一居北,一于五得六,六居西北,居一之侧,即为化育。由此数与位看来,二者虽异但类似,因中五得到相通。

关于《伏羲八卦图》与《河图》。前人包括朱熹等都认为伏羲则《河图》作八卦,也就是说,《伏羲八卦图》与《河图》是一种源流关系,他们只是简单地描述则《河图》画卦的过程——"析四方之合以为乾、坤、离、坎,补四隅之空以为兑、震、巽、艮者,八卦也"②。显然,这样的描述很是单调平白而不具体,对于到底如何画卦,依然未说清楚。而且更重要的是,为什么要这么画的内在原因,他们没有提及。胡方平不仅肯定前人关于伏羲则《河图》以作易说,还特意作了《伏羲则河图以作易图》(见下页),对于如何画卦为图的形式表述得一清二楚。

他把伏羲八卦直接配在《河图》上,析二七之合,以七居南为《乾》,而二补东南隅之空以为《兑》。析三八之合,以八居东为《离》,三补东北隅之空为《震》。析四九之合,以九居西为《坎》,四补西南隅之空以为《巽》。析一六之合,以六居北为《坤》,而一补西北隅之空以为《艮》。为什么可以而且必须如此配? 胡方平又做了一番独特的解释:

圣人之则河图也,亦因横图卦画之成以发圆图卦气之运耳。本河图

① (元)胡方平:《易学启蒙通释》卷上,文渊阁《四库全书》第20册,第668页。
② (宋)朱熹:《易学启蒙》卷1,《朱子全书》第1册,上海古籍出版社、安徽教育出版社2002年版,第215页。

伏羲则河图以作易图

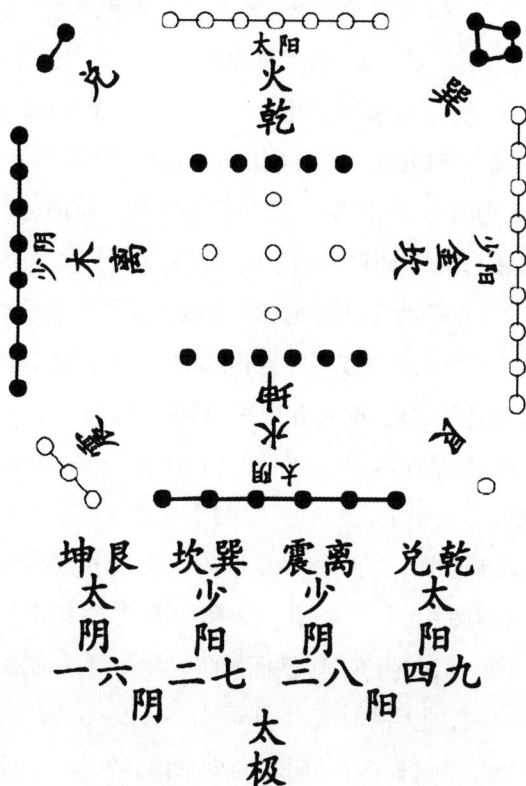

坤艮　坎巽　震离　兑乾
太　　少　　少　　太
阴　　阳　　阴　　阳
一六　二七　三八　四九
　　阴　　　　　　阳
　　　　　太
　　　　　极

以为先天横图,则卦画之成者,老阳居一分之为乾兑,少阴居二分之为离震,少阳居三分之为巽坎,老阴居四分之为艮坤。本河图以为先天圆图,则卦气之运者,老阴居北,少阴居东,所以分而为艮坤离震者,此四卦固无以异于横图也。少阳居南,宜为巽坎,而乃为乾兑;老阳居西,宜为乾兑,而乃为巽坎,此四卦实有异于横图矣。其故何哉? 盖河图二象之居于东北,老阴之老少也。阴主静而守其常,故水木各一,其象不能他有所兼,一六居北为水,其于卦也为艮坤,不得为离震矣。三(笔者案,原文为"二",据文意改为"三"字)八居东为木,其于卦也为离震,不得为艮坤矣。阴所以小也,所以居穷冬,相错而为冬与春之卦也。河图二象之居于西南者,阳之老少也。阳主动而通其变,故金火互通其象实能两有所兼,乾居南方火位,《说卦》曰乾为金。坎居西方金位,而《说卦》曰坎为赤。故四九居西为金,其于卦也本为乾兑,而亦得为巽坎矣。二(笔者案,原文为"三",据文意改为"二"字)七居南为火,其于卦也本为巽坎,而亦得为乾兑矣。阳所以为大也,所以居大夏,相错而为夏与秋之卦也。体河图以为先天圆图,其卦气之运,分阴分阳有如此者,圣人所以作《易》者宁不可见也哉![1]

胡方平把《先天圆图》与《河图》配合《伏羲八卦横图》来看。"本河图以为先天横图"(见《伏羲则河图》以作易图之下半部分图),是因为《先天横图》之八卦《乾》《兑》由太阳所生,《艮》《坤》由太阴所生,《巽》《坎》由少阳所生,《离》《震》由少阴所生,分为四大块,而《河图》也是生成数相合分为太阳、太阴、少阳、少阴四大块,二者在结构之体上,是相通的。"本河图以为先天圆图",是《伏羲八卦圆图》为卦气之运,即其五行和四时卦气,自北至东至南而至西,复归于北,其运行顺序和原理本于《河图》。《河图》五行左旋相生,其运行则自北水至东木,至南火,至中土,至西金,复归于北水。其间《伏羲八卦圆图》的排法,是把《伏羲八卦横图》按照《河图》四象结构及五行相生之序竖起来,从而得到《圆图》。《河图》北水东木,此为太阴少阴之位,阴主静而守其常。"守其常",指《河图》的一六太阴安上《横图》的一六太阴,《河图》的三八少阴按上《横图》的三八少阴,即太阴对太阴,少阴对少阴,一六对一六,三八对三八,五行水对水、木对木。对《横图》的阴之老少来说,数、位、二象之五行都不变,即为常。因此《河图》的北水、东木只能排《横图》的《艮》《坤》太阴水、《离》《震》少阴木,即为《圆图》的北、东之《艮》《坤》《离》《震》四卦,当冬、春之卦。《河图》的南和西分别为火和金,为少阳、太阳之位,南方本应安上《横图》的二七火、少阳之《坎》《巽》,西方本应安上横图的四九金、太阳之《兑》《乾》,如此五行才相符。但因阳主动而通其变,变是针对《河图》或《圆图》八卦之用而言,主五行的运行,所以,《河图》的南火二七少阳之位,只能安上《横图》的四九太阳之《乾》《兑》,对《横图》的《乾》《兑》来说,四象之位不变,但数、五行发生变化;《河图》的西金四九老阳之位,只能安上《横图》的二七少阳之《坎》《巽》,对于《横图》的《坎》《巽》来说,四象之位不变,但数、五行发生变化。此

---

[1]　(元)胡方平:《易学启蒙通释》卷上,文渊阁《四库全书》第20册,第672页。

为四象之结构不变，但其数、五行已变，即体不变用变。如此《河图》南安上《横图》的乾兑，《河图》西安上《横图》的《坎》《巽》，即为《圆图》的南、西之《兑》《乾》、《坎》《巽》四卦，当夏、秋之卦。如此看来，伏羲八卦与《河图》之间的这种相符，是立于阴静阳动的基础上实现的。胡方平还发现，如此排成的伏羲八卦在《说卦》中能找到佐证，《说卦》认为《乾》为金，是本于《乾》为四九金；《说卦》认为《坎》为赤，是本于《坎》为二七火。因而胡方平认为，阴静阳动所带来的把《横图》则《河图》而成的伏羲八卦是顺理成章之事，看似巧合，实为必然。当然，仔细看来，胡方平其实对于则《河图》画八卦，真正解释的是则《河图》画四象之八卦，而非八卦之八卦。元王申子批评道："谓'补四隅之空以为兑震巽艮'，不知如何惟兑可以补东南，惟艮可以补西北，而他卦不可补？此愚所以不得而从之也。"①

关于《伏羲八卦图》与《洛书》。

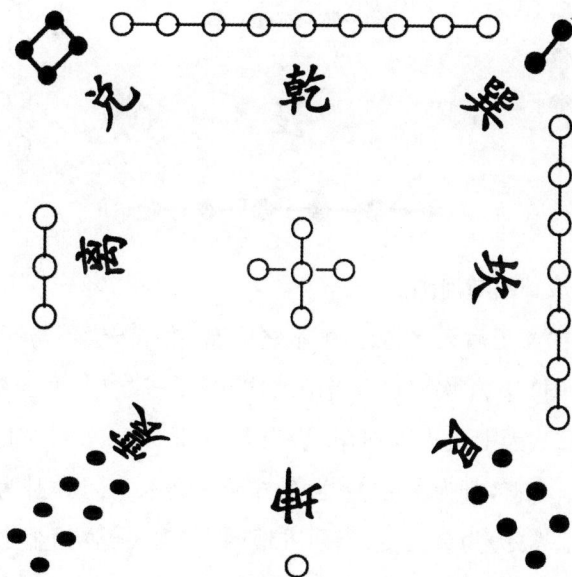

先天八卦合洛书数图

---

① （元）王申子：《大易缉说》卷 1，文渊阁《四库全书》第 24 册，第 24 页。

胡方平说："伏羲先天之易,固以河图为本,而其卦位未尝不与洛书合。"①
他认为,《伏羲八卦图》的《乾》南、《兑》东南相当于洛书老阳九、四之位。
《离》东、《震》东北相当于《洛书》少阳三、八之位。《巽》西南、《坎》西相当于
《洛书》少阴二、七之位。《艮》西北、《坤》北相当于洛书老阴一、六之位(《洛
书》的少阳、少阴之位与《河图》异)。

后天八卦合河图数图

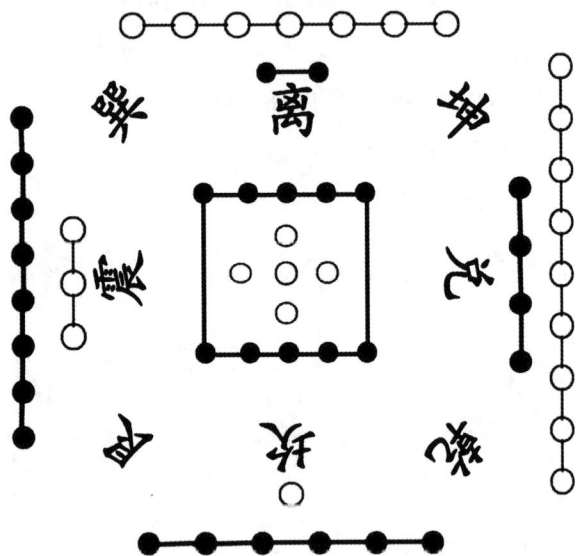

关于文王八卦图与河图。

胡方平说："文王后天之易,虽恒本之伏羲,然亦未尝不与河图合。"②他认
为,《文王八卦图》中,《坎》《离》当南北之正,子午之中,两卦各当水火之一
象。《离》当地二、天七之火而居南,坎当天一、地六之水而居北。其他六卦,
每卦也当一象。《震》卦为木之生,当东方天三之木。《巽》卦为木之成,当东
南方地八之木。《兑》为金之生,当西方地四之金。《乾》为金之成,当西北方
天九之金。《艮》为土之生,当东北方天五之土。《坤》为土之成,当西南方地

---

① (元)胡方平:《易学启蒙通释》卷上,文渊阁《四库全书》第 20 册,第 696 页。
② (元)胡方平:《易学启蒙通释》卷上,文渊阁《四库全书》第 20 册,第 696 页。

十之土。又把《坤》《艮》配中宫之五、十,因土寄旺于四季,无乎不在。其卦实与《河图》合。

关于图书之数与大衍之数,《易学启蒙》对图书之数与大衍之数之间的契合关系,已明确表述过。胡方平在注解时集中对《易学启蒙》中"洛书之五又自含五而得十""积五与十则得十五"作了说明。他认为"洛书之五又自含五而得十"之五,不光是数字之五,也是代表五数之象,即代表《洛书》之下一点含天一之象,上一点含地二之象,左一点含天三之象,右一点含地四之象,中一点含天五之象。《洛书》之中五加上中五所含五数之象而得十数,加上外边四十数,共为五十数,这与大衍之数相同。《洛书》之中五代表的五数之象,代表之下一点为一数,上一点地二之象为二数,左一点天三之象为三数,右一点地四之象为四数,共计十数。加上《洛书》本来中间之五数,及外边四十数,合计五十五数。这又与《河图》之数同。至于《河图》之数,胡方平在释"明蓍策"篇首时遵从《易学启蒙》意,认为《河图》之数之"五自然无所因,故虚之,则四围之数但为五十"①,亦与大衍之数同。

由此可见,各种易图不仅各自含有丰富的内涵,而且还是相通的,蓍策之大衍之数也与图书合。总之,都在理上得到统一。对于《河图》《洛书》《先后天图》等各种易图之间的关系,朱熹和蔡元定都表达了一种重理而不重源的观点。朱熹强调的是易图的"义理不悖而证验不差",认为皆出于自然之易,"是其时虽有先后,数虽有多寡,然其为理则一而已"②。蔡元定以为:"其实天地之理一而已矣,虽时有古今先后之不同,而其理则不容于有二也。故伏羲但据《河图》以作《易》,则不必预见《洛书》,而已逆与之合矣。大禹但据《洛书》以作《范》,则亦不必追考《河图》,而已暗与之符矣。其所以然者何哉?诚以此理之外无复他理故也。"③易图之真伪、出现之先后在朱、蔡看来并不关键,重要的是,这些易图都是出于自然之理。这也是胡方平注解《易学启蒙》

---

① (元)胡方平:《易学启蒙通释》卷下,文渊阁《四库全书》第 20 册,第 698 页。
② (宋)朱熹:《易学启蒙》卷 1,《朱子全书》第 1 册,上海古籍出版社、安徽教育出版社 2002 年版,第 215 页。
③ (宋)朱熹:《易学启蒙》卷 1,《朱子全书》第 1 册,上海古籍出版社、安徽教育出版社 2002 年版,第 211—212 页。

所致力要达到的一种易学思想观点——各种易图最后归结于理之必同。也就是说,胡方平对易图的注释,不是仅仅停留于对文本的解读注疏,而是要实现自己的易学思想目标,即通过挖掘象数中的义理,得出万事万物无非出于理,从而树立起理的最高地位。为什么说他不是仅仅停留于解读文本,而是想通过解读易图,达到殊图同归,理之所必同,树立理在易学中的最高地位? 这是有根据的。一是从他对《易学启蒙》的文本解读来看,胡方平没有停留于对《易学启蒙》文本的表面解读注疏,而是深入挖掘其中义理,特别注重易图之间的关联性的解读,指出各种易图在理上是相通的,从这个做法来看,他是有目的的、有意识的行为,不是随意而为的。二是他所绘制的易图,如《伏羲则河图以作易图》《先天八卦合洛书数图》《后天八卦合河图数图》等都直接表明了他的殊图同归、理之所必同之思想。三是从他对易图易学问题探讨的侧重点来看,他不去关注易图的真伪、先出后出等考据问题,而是直接就易图说易图,是他认识到各种易图思想无关考据问题,都是出于理,能在理上说得通,而且都有相当的易学价值。四是他在文中多处感叹殊图同归、理之所必同的言论和思想。尤其是在《原卦画》篇末对易图总结概括时,他说:

> 原其初,伏羲但据河图以作《易》,未必预见于书。文王但据先天八卦以为后天八卦,未必追考于图。而方位既成,自默相符,合于以见天地之间河洛自然之数,其与圣人心意之所为,自有不期合而合者,此理之所必同也。不可不察焉。[1]

这段话,明确表达了他认为各种易图不期合而合在于此理之所必同,而无关各种易图所作时间之不同的观点。而且他在篇末讲这么一句话,对于他的易学观点,也是相当有代表性的。

综而观之,胡方平先讲解易图之中各种义理,最后上升到包括易图在内的万事万物皆出于理,这是胡方平对图书等易图进行诠释的思路。也可看出,胡方平大多依朱子之意蕴并参以己意解说易图,其中阴阳对待、互根、交易、变易等思想皆与朱子意相契,然其尊阳等思想的阐发运用,亦有自己的特色。

---

① (元)胡方平:《易学启蒙通释》卷上,文渊阁《四库全书》第20册,第696页。

二、数衍于蓍策,而达于变占

《易》本卜筮之书。易书之用,主要体现于通过筮占而预测吉凶,使人趋吉避凶。这就不得不涉及筮占的一系列包括揲蓍之法、变占法则在内的重要过程和内容,也就是数如何衍于蓍策达于变占的问题,即如何从大衍之数通过揲蓍法而获得六爻之八卦,进而依变占原则取辞以决吉凶。我们浓缩一下,就是揲蓍法和变占问题。而揲蓍法问题又集中体现为两个大问题,也是易学家们一直争论不休的问题:一是如何揲蓍,分歧集中在四营十八变成爻中三变是否皆挂一;二是老少阴阳是依过揲之数定还是依余数定。变占问题,主要在于变占的用九用六问题、一至六变和不变情况下怎么取辞的问题。

(一)数衍于蓍策

1. 揲蓍法

元代以前有两种揲蓍法:一种是三变皆挂一法;一种是第一变挂一,后二变不挂法。之所以有分歧,这主要是由于对《系辞》关于筮法说"大衍之数五十,其用四十有九,分而为二以象两,挂一以象三,揲之以四象四时,归奇于扐以象闰,五岁再闰,故再扐而后挂"和"四营而成易,十有八变而成卦"的不同理解所造成的。我们先看这两种不同的揲蓍法及其产生的结果。

三变皆挂一的揲蓍法。第一次变易,对四十九策分二于左右手,象天地。从左手中抽一根,谓"挂一",象人。以右手数左手蓍草,四蓍一揲,数完将余数归于左手;然后以左手数右手蓍草,也是四蓍一揲,数完将余数连同前次余数,加上所挂之一,即为归扐策数。其结果,具体来说,分为四种情况(见下表):

	左余策数	右余策数	共归扐策数
挂一	一	三	五
挂一	二	二	五
挂一	三	一	五
挂一	四	四	九

所得结果,即不五则九,得五者三,得九者一。剩下的过揲之数为四十四或四十。

第二次变易,依第一变分二、挂一、左揲、右揲,得归扐策数。具体来说,也分四种情况(见下表):

	左余策数	右余策数	共归扐策数
挂一	一	二	四
挂一	二	一	四
挂一	三	四	八
挂一	四	三	八

所得结果,即不四则八,得四者二,得八者二。以一变剩余四十四策过揲之数算,二变后四十四除去四或八,则得四十或三十六策过揲之数。以一变乘余四十策算,则二变后变为三十六或三十二策。共计有三种剩余过揲之数结果:四十、三十六、三十二。

第三次变易,依前面步骤,得归扐策数。具体来说,也分四种情况(见下表):

	左余策数	右余策数	共归扐策数
挂一	一	二	四
挂一	二	一	四
挂一	三	四	八
挂一	四	三	八

所得结果,也为得四者二,得八者二。以二变后剩余过揲之数四十、三十六、三十二,除去四或八,最后剩策数三十六、三十二、二十八、二十四这四种结果。

综合三变,归扐之数和过揲之数就可能得出这几种结果(见下表):

第一变归扐之数	第二变归扐之数	第三变归扐之数	过揲之数
五	四	四	三十六
五	四	八	三十二
五	八	四	三十二
九	四	四	三十二
五	八	八	二十八
九	四	八	二十八
九	八	四	二十八
九	八	八	二十四

　　第一变挂一,后二变不挂的揲蓍法。这种揲蓍法,第一变与前一种揲蓍法一样,分、挂、揲,所得归扐之数(五或九)、过揲之数(四十四或四十)完全相同。第二变不挂一,所得归扐之数如下(见下表):

左余策数	右余策数	共归扐策数
一	三	四
二	二	四
三	一	四
四	四	八

　　所得归扐之数情况为得四者三,得八者一。以一变之四十四或四十过揲之数,除去四或八,剩过揲之数为四十、三十六、三十二。第三变也不挂一,所得归扐数情况与二变一样,得四者三,得八者一。所剩过揲之数为三十六、三十二、二十八、二十四。

　　可见,《系辞传》中"大衍之数五十,其用四十有九",虽各家有以一为太极,有以四十九握而未分时为太极,理解有所不同,但此句并不参与揲蓍的过程,因而不是讨论的焦点。我们从上面两种过揲法中可以看出,这两种过揲法所得的结果,从归扐数看,都是不四即八;从过揲之数看,都为三十六、三十二、

二十八、二十四。看起来相同,但其实是有所异的。其中的一个重要不同在于,二者得出的老少阴阳变数(概率)是不一样的。我们以表来表示二者变数(见下表):

阴阳老少	归扐余数	三变皆挂的变数	后两变不挂的变数
老阳	5、4、4	12/64	27/64
少阳	5、8、8	12/64	3/64
	9、4、8	4/64	3/64
	9、8、4	4/64	3/64
	少阳总计	20/64	9/64
老阴	9、8、8	4/64	1/64
少阴	5、4、8	12/64	9/64
	5、8、4	12/64	9/64
	9、4、4	4/64	9/64
	少阴总计	28/64	27/64

变数不一样,得出的八卦的概率当然也有很大区别,因此,挂与不挂的问题是一个相当重要的问题,且是必须明确的问题。

(1)前人对挂与不挂的认识

这个挂与不挂的问题,又关键在于对传文"归奇于扐以象闰,五岁再闰,故再扐而后挂"的理解。

唐代孔颖达对"归奇于扐以象闰,五岁再闰,故再扐而后挂"解释说:"归奇于扐以象闰者,奇谓四揲之余,归此残奇于所扐之策而成数,以法象天道归残聚余分而成闰也。五岁再闰者,凡前闰后闰相去大略三十二月,在五岁之中,故五岁再闰。再扐而后挂者,既分天地,天于左手,地于右手,乃四四揲天之数,最末之余归之合于扐挂之一处,是一揲也。又以四四揲地之数,最末之余又合前所归之扐而总挂之,是再扐而后挂也。"①孔颖达以左右手四四所揲

---

① (唐)孔颖达:《周易正义》卷 12,续修《四库全书》第 1 册,上海古籍出版社 1995 年版,第 260 页。

后之余数的总数,合归于挂一之处,即为"再扐而后挂",可见,"再扐而后挂"实际上仍是第一变过程的最后一个行为,是四营之一营。孔颖达未言第二变、第三变,此二变似与第一变同,皆有挂一。唐刘禹锡在《辩易九六论》中提到毕中和之揲法,有言:"夫端策者,一变而遇少,与归奇而为五;再变而遇少,与归奇而为四;三变如之:是老阳之数。分揲于指间者,十有三策焉,其余三十有六,四四而运,得九是已。"①毕中和把挂一合于余数处为归奇,奇就是指挂一。由此见他是三揲皆挂,合四营之意。而刘禹锡自己的揲法则为,第一指余一益三,余二益二,余三益一,余四益四;第二指余一益二,余二益一,余三益四,余四益三;第三指与第二指同。王铁先生在《宋代易学》中对刘禹锡此法进行了详述,认为刘禹锡所谓的第一指、第二指、第三指,是指刘禹锡将三变的余数分别自下而上夹于指间。具体揲法则如第一变左手余一,则从右手之著中取出三著合于此所余之一而成四;左手余二,则从右手著中取一以补而四;左手余四,则取右手四著合成八。第二变、第三变也是如此。② 刘禹锡只揲左手,看左手余数,则从右手著中补成四或八,从过程来看,是对两手揲著法的一种简化,但结果与双手揲出现的归扐之数和过揲之数是一样的。我们对照前面所述的两种著法可知,刘禹锡也是主张三变皆挂一的。北宋刘牧在《易数钩隐图》中谈及著数揲法。他说:"'五岁再闰故再扐而后挂'者,为将右手著复四四数之,余者亦合于挂一处,故曰'后挂'也。如此一揲之,不五则九。二、三揲之,不四则八。尽其三揲,一爻成矣。十有八变,一卦成矣。"③刘牧把"后挂"理解为揲右手著后的余数归于挂一之处,可知,这种说法跟孔颖达同,后挂也是第一变过程的最后一个行为,如此完成第一变的整个过程。依其语境,未言二三变不挂,则其第二第三变也是如第一变,三变皆挂一。李觏在《删定易图论》中说:"圣人揲著,虚一分二,挂一揲四,归奇再扐,确然有法象,非苟作也。故五十而用四十九,分于两手,挂其一,则存者四十八,以四揲之,十二揲之数也。左手满四,右手亦满四矣。乃扐其八,而谓之多。左手余一,则右手余三,左手余三,则右手余一,左手余二,右手亦余二矣。乃扐其四,而谓之

---

① (唐)刘禹锡:《刘禹锡集》卷7,中华书局1990年版,第86页。
② 参见王铁:《宋代易学》,上海古籍出版社2005年版,第239页。
③ (宋)刘牧:《易数钩隐图》,文渊阁《四库全书》第8册,第166页。

少。三少则扐十二,并挂而十三,其存者三十六,为老阳,以四计之,则九揲也,故称九。"①从这个过程来看,得出归扐之数后,最后加上所挂之一,以算过揲之数和老少阴阳。所以他是第二变、第三变都不挂一的。宋代的张载在《横渠易说》中说:"奇,所挂之一也;扐,左右手四揲之余也。再扐后挂者,每成一爻而后挂也,谓第二第三揲不挂。"②张载把左右手余数之总和称为一扐,三扐成一爻。一爻成后才再挂一。可见张载是后二变不挂一的。南宋郭雍《蓍卦辨疑》认为,归奇于扐,是将所挂的一策归到左右两揲之余策;"挂一"是合到余策之中,此即象"闰"。张载认为,"五岁再闰"是指历法上的五年两头闰。此归挂一之"奇"于左右两扐(余数)之处,是象征"闰之中再岁"。郭雍承张载之说,认为"五岁再闰"之意,"非以再扐象再闰也。盖闰之后有再岁,故归奇之后亦有再扐也。再扐而后复挂,挂而复归,则五岁再闰之意矣。凡一奇再扐,三变而成一爻,十有八变则有卦成矣"③。程迥《周易古占法》中主张三变皆挂,他从概率的角度来批评后二变不挂导致十有八变之间多不得老阴,于意不通。④

朱熹也主张三变皆挂一,他在《易学启蒙》中明确描述了过揲过程,其中认为:"一变之后,除前余数,复合其见存之策,或四十,或四十四,分、挂、揲、归如前法,是谓再变。"⑤不过,他对传文的解释,与他人有点不一样。他认为:"再扐者,一变之中,左右再揲而再扐也。一变之中,一挂、再揲、再扐而当五岁。盖一挂、再揲当其不闰之年,而再扐当其再闰之岁也。而后挂者,一变既成,又合见存之蓍,分二挂一,以起后变之端也。"⑥前人大多把"再扐而后挂"理解为第一变中最后一个过程,属第一变范围。朱熹则以"后挂"为收集一变后见存之策于一起,为第二变做准备。据此观点,他在《蓍卦考误》中批

---

① (宋)李觏:《删定易图序论》,《李觏集》卷4,中华书局1981年版,第59页。
② (宋)张载:《横渠易说·系辞上》,《张载集》,中华书局1978年版,第196页。
③ (宋)郭雍:《郭氏传家易说》卷7,文渊阁《四库全书》第13册,第229页。
④ 此段内容参见王铁:《宋代易学》第五章第七节,上海古籍出版社2005年版,第236—242页。
⑤ (宋)朱熹:《易学启蒙》卷3,《朱子全书》第1册,上海古籍出版社、安徽教育出版社2002年版,第247页。
⑥ (宋)朱熹:《蓍卦考误》,《晦庵先生朱文公文集》卷66,《朱子全书》第23册,上海古籍出版社、安徽教育出版社2002年版,第3226页。

评郭雍之法"扐反象不闰之岁而不象闰""其闰必六岁而后再至，亦不得为五岁而再闰"，①不符传文"归奇于扐以象闰，五岁再闰，故再扐而后挂"。朱熹又立足"奇象圆而围三用其全，偶象方而围四用其半"的思想，认证三变皆挂所得挂扐之数和过揲之数及老少阴阳变数各自存在的合理性："奇故其余五、九，偶故其余四、八。余五、九者，五三而九一，亦围三而径一之义也。余四、八者，四八皆二，亦围四用半之义也。三变之后，老者皆阳饶而阴乏，少者阳少而阴多，亦皆有自然之法象。"②三变之中前一变属阳，故其余五、九皆奇数。后二变属阴，故其余四、八皆偶数。属阳者为阳三而阴一，皆围三径一之术；属阴者为阴二而阳二，皆以围四用半之术。三变之后，可得老阳十二、老阴四、少阴二十八、少阳二十，数有多寡，却正符合阳饶阴乏的自然法象，而后两变不挂则不可能有这种自然法象。朱熹又探讨了老少阴阳挂扐之数和过揲之数及老少阴阳变数之间的关系，认为均符合这一思想。而对于近世之法，"三变之余，皆为围三径一之义，而无复奇偶之分。三变之后，为老阳少阴者皆二十七，为少阳者九，为老阴者一，又皆参差不齐，而无复自然之法象"③。朱熹此论，是立足于其"奇象圆围四而用其全，偶象方围四而用其半"的说法。为什么朱熹会如此强调这个观点呢？大概他认为"奇象圆而围三用其全，偶象方而围四用其半"本身是一种自然法象，是一种自然法则。他根据天阳地阴、天圆地方之说，以奇数象圆，偶数象方。依南北朝时期祖冲之的计算，圆的周长是其直径的 3.1415926—3.1415927 倍，朱熹取其近似，故说"圆者径一而围三"，圆本一，圆的一周长为直径三倍数，所以奇象圆用其三全数。对于偶数象方，他以为，正方形的周长是边长的四倍，故说"方而围四"。偶数的基本单元是"二"，这个二是不可分割的，这个"二"实际上就是"一"个单元，所以偶数"径一而围四而用其半"。朱熹这种观点与邵雍的体四用三颇为相似，但又有不同，不同在于，邵雍方圆都用三数，朱熹方则用半，即二数。

---

① （宋）朱熹：《蓍卦考误》，《晦庵先生朱文公文集》卷66，《朱子全书》第23册，上海古籍出版社、安徽教育出版社2002年版，第3239页。

② （宋）朱熹：《易学启蒙》卷3，《朱子全书》第1册，上海古籍出版社、安徽教育出版社2002年版，第252页。

③ （宋）朱熹：《易学启蒙》卷3，《朱子全书》第1册，上海古籍出版社、安徽教育出版社2002年版，第252页。

蔡元定在《易学启蒙》中也强烈论证三变皆挂的合理性。他论证老少阴阳变数、挂扐之数的损益符合阴阳消长之自然法象,由此阐明三变皆挂。他说:

> 五十之蓍,虚一,分二,挂一,揲四,为奇者三,为偶者二,是天三地二自然之数。而三揲之变,老阳老阴之数本皆八,合之得十六。阴阳以老为动,而阴性本静,故以四归于老阳,此老阴之数所以四,老阳之数所以十二也。少阳少阴之数本皆二十四,合之四十八。阴阳以少为静,而阳性本动,故以四归于少阴,此少阳之数所以二十,而少阴之数所以二十八也。易用老而不用少,故六十四变所用者十六变,十六变又以四约之,阳用其三,阴用其一。盖一奇一偶对待者,阴阳之体;阳三阴一,一饶一乏者,阴阳之用。故四时春夏秋生物,而冬不生物;天地东西南可见,而北不可见。人之瞻视,亦前与左右可见,而背不可见也。不然,则以四十九蓍虚一,分二,挂一,揲四,则为奇者二,为偶者二,而老阳得八,老阴得八,少阳得二十四,少阴得二十四,不亦善乎?圣人之智岂不及此?而其取此而不取彼者,诚以阴阳之体数常均,用数则阳三而阴一也。①

蔡元定说的天地自然的体数四而用三,实来源于邵雍体数用数的说法。但实际上,蔡元定此说却是以用老不用少,阳动阴静,阳用其三,阴用其一,通过阴阳变数的损益来说明三变所得的老少阴阳变数正是体现了老少阴阳的消长变化,符合天地自然之规律。但值得注意的是,蔡元定的阳用其三,阴用其一,实与朱熹的"圆用全而方用半"同,与邵雍的体四用三差别甚大,因此有逻辑错位之嫌。同样的思路,蔡元定也说明老少阴阳挂扐之数因阴阳损益而产生老少阴阳变数不一,也符合阳饶阴乏、阴阳消长的自然法象。

(2)胡方平的三变皆挂一说

胡方平也认识到了三变皆挂一和后二变不挂一这两种揲蓍法的异同。他指出,二法所得结果虽挂扐策数和最后过揲之数表面相同,但得出挂扐之数的左右手具体余数是不同的。他说:"且后二变不挂,其数虽亦不四则八,而所

---

① (宋)朱熹:《易学启蒙》卷3,《朱子全书》第1册,上海古籍出版社、安徽教育出版社2002年版,第252页。

以为四八者,实有不同。盖挂则所谓四者,左手余一,则右手余二;左手余二,则右手余一。不挂则左手余一,右手余三;左手余二,右手余二;左手余三,右手余一。此四之所以不同也。挂则所谓八者,左手余四,右手余三;左手余三,右手余四。不挂则左手余四,右手亦余四。此八之所以不同也。三变之后,阴阳变数皆参差不齐,无复自然之法象矣。”①挂与不挂的著法,导致左右手余策不一样,由此所得老少阴阳的概率是不一样的。在著法程序上,他认为后二变不挂一法“非特为六扐而后挂,三营而成易,于再扐四营之义不协”②,所以,胡方平认为,此法“所差虽小,而深有害于成卦变爻之法”③。

朱熹以奇圆围三而用其全、偶方围四而用其半来论证挂扐之数、过揲之数及老少阴阳变数的合理性和相通性,符合自然之法象;蔡元定则以阳三阴一、阴阳损益来论证老少阴阳挂扐之数和变数的消长符合阳饶阴乏的自然法则。胡方平也主张三变皆挂,不仅在著法程序上承朱子之说,批评后二变不挂不符合四营十八变成爻成卦之程序,而且在数衍于著策所得的挂扐之数、过揲之数、老少阴阳变数上,也努力论证朱蔡二人说法的合理性和可靠性,以此说明三变皆挂法的必然性,批驳后二变不挂法的错误。胡方平所作努力主要表现在:

第一,三变皆挂法之挂扐之数,是参天两地的表现。胡方平很重视参天两地说。他继承朱子观点,以为易图及大衍之数都来自《河图》《洛书》。而各八卦图、大衍之数与《河图》《洛书》数之合,关键在于《河图》《洛书》是以五居中。而为什么以五居中?胡方平以参天两地说来解释五居中,认为五为参两之合,即参天两地,且这种参天两地又符合易之尊阳之义,又是数始于阴阳之所倚。总之,参天两地,是一切数之最为关键处,与易之尊阳思想等不吻而合,是一种自然之法象。那么,什么是参天两地呢?他说:“阳之数奇而属乎天,其象为圆,圆者取其动也。凡物之圆者,其直径则一而横围则三,若阳则其数以一为一,而用其全,拟之于象,实围三而三,各一奇皆在所用,故曰参天。阴之数偶而属乎地,其象为方,方者取其静也。凡物之方者,其直径则一而横围

---

① （元）胡方平:《易学启蒙通释》卷下,文渊阁《四库全书》第20册,第705页。
② （元）胡方平:《易学启蒙通释》卷下,文渊阁《四库全书》第20册,第705页。
③ （元）胡方平:《易学启蒙通释》卷下,文渊阁《四库全书》第20册,第705页。

则四,若阴则其数以二为一,而其用半,拟之方象,实围四而四,合二偶半在所用,故曰两地。"①参数为奇,为阳,象圆,所以参数皆用;两地为偶,为阴,象方,阴以二为一,所以用半。其实,朱熹用"参天两地"描述过"奇象圆围四而用其全,偶象方围四而用其半"说(见前文),胡方平秉承和推广朱熹之说。

胡方平以参天两地考之揲蓍之法,认为挂扐之数与过揲之数皆符合参天两地。他说:

> 及揲之三变也,因挂扐以见过揲,则参两尤有可言者。以参天言老阳,挂扐三奇十二,象圆用全,参其三奇为九也;过揲四九三十六,亦参其十二也。以两地言老阴,挂扐三偶二十四,象方用半,两其二偶为六也;过揲四六二十四,则亦两其十二也。以参天两地言少阳,挂扐两偶一奇为二十,象方用半,两其二偶为四,象圆用全,参其一奇为三,合而为七;过揲四七二十八,则亦两其八参其四也。以参天两地言少阴,挂扐两奇一偶为十六,象圆用全,参其两奇为六,象方用半,两其一偶为二,合而为八也;过揲四八三十二,则亦参其八两其四也。二老阴阳之纯,分参天两地而得之;二少阴阳之杂,合参天两地而得之。此占法所以为妙也。②

老阳挂扐三奇即四、四、四,老阴三偶即八、八、八,少阳两偶一奇即四、八、八三个数的组合,少阴两奇一偶即四、四、八三个数的组合。老少阴阳过揲之数各除以参或两,都可得到相应的挂扐之数,此即所谓的"因挂扐以见过揲"。老阳三奇挂扐十二数,以四约之为三,所以为奇③,像圆;以三变分,每变四策,是奇,则四策按参天的方法,取一策以象圆,而以三策为围三,圆用其全,故一变之中有三数,三变中有九数。以九乘四,刚好得老阳过揲之数为三十六;而老阳过揲之数得全策数中除去挂一数之四十八策的四分之三,又是十二数的参天用全之数,而十二数,刚好为老阳挂扐数。总之,老阳的挂扐之数与过揲之数各自及二者之间,与参天两地说刚好相符。老阴三偶挂扐二十四,以四约之为六,所以为偶;以三变分,每变八策,是偶,则八策按两地用其半的方法,八策有两个四策,而每个四策中各取二策以象方,而各以二策象围,四而用半,即

---

① (元)胡方平:《易学启蒙通释》卷上,文渊阁《四库全书》第20册,第668页。
② (元)胡方平:《易学启蒙通释》卷下,文渊阁《四库全书》第20册,第703页。
③ 奇偶之分:含单个四为奇,双个四为偶。

106

二,偶数以二为一,所以一变中即有二数。三变中各有二,合为六数。以六乘四,刚好得老阴过揲之数二十四;而老阴过揲之数得全策数中除去挂一数之四十八策的四分之二,又是十二数的两地用半之数,而两其十二,刚好为老阴挂扐数。其他少阳少阴同此推。所以,参天两地又是整个易数的关键之数,是天地自然之法象,既然老少阴阳的挂扐和过揲之数,都是立于参天两地说,那么,三变皆挂当然也是合理的。通过胡方平的这种论说,我们可以看到,其实跟朱熹在论证老少阴阳的挂扐和过揲之数的方法和思路大致是一样的,只是换了个参天两地的说法而已。

第二,老少阴阳挂扐之数与老少阴阳变数之间的关系符合易阳尊阴卑的思想。胡方平又论及三变皆挂下挂扐之数与老少阴阳之变数的关系,从数字上看,老阳挂扐之数为十二,变数亦为十二。少阳二十而变数亦二十。至于老阴,则二十四而变数唯止于四。少阴十六而变数乃有二十八。为什么老阳、少阳的变数与挂扐之数与变数同,而老阴、少阴的变数与挂扐之数不同?胡方平分析其中之因,他先引述西山蔡先生之说。蔡元定论阴阳老少挂扐之数时说:"老阳少阳得奇策之本数。而老阴之策二十四,以少阳之奇二十损之,而得四。少阴之奇十六,以老阳之奇十二益之,而得二十八。故阳者君道首出庶物,阴者臣道无成而代有终也。"①蔡元定此语,重在说明老少阴阳挂扐之数因阴阳损益而产生老少阴阳变数不一,体现阳饶阴乏的特点。胡方平在此认识基础上作了别样的解释,他说:

> 其意盖谓老阳之挂扐本十二,自老阳变为少阴也。虽以其十二益之,而仍得其本数之十二,是老阳虽以其十二致益于少阴,而奇之本数不见其或少。少阳之挂扐本二十,自少阳由老阴而变也。虽得其十二之益,而仍不越乎本数之二十焉,是少阳虽受益于老阴之二十,而奇之本数亦不见其或多,此少阳所以得奇策之本数也。至于阴,则有不可与阳等者矣。老阴本二十四,以其二十为少阳所损,故其数之变,仅存其四,是为少阳所损而多者浸少也。少阴本十六,其余十二为老阳所益,故其数之变乃得二十有八,是为老阳所益而少者浸多也。此老阴、少阴所以于奇策之本数有损益

---

① (元)胡方平:《易学启蒙通释》卷下,文渊阁《四库全书》第20册,第703页。

也。是知阳者君道首出庶物,其于奇策之本数不见其或盈而或缩;阴者君道无成而代有终,其于奇策之本数未免因阳以为之损益矣。此阳得制阴,阴必从阳。惟其从阳也,故其数之多也,或谓阳所损其数之少也,或谓阳所益。惟其制阴也,故可以损阴之多而为少,可以益阴之少而为多,而其本数之一定者,初未尝有损益也。以是观之,阳尊阴卑之义盖可见矣。①

胡方平以为,老阳、少阳的变数与挂扐之数同,虽会对少阴、老阴损益,但本数却不变;而老阴、少阴的变数与挂扐之数不同,是因为其本数受到少阳、老阳的损益而发生变化。这个变与不变,原因就在于,易是阳尊阴卑的,所以阳为主动,为君道,是制人者,虽损益阴而本身却不受损益变化;而阴则为受动,为臣道,是被制者,只能从阳,所以会受阳的损益而发生变化。这个变与不变,是反映主动与被动、制与从、君与臣的关系。也就是说,在胡方平看来,因为阳尊阴卑,使得老少阴阳之间的这种变化成为可能而且合理,从而以为蔡氏的说法不无道理,也就间接论证了三变皆挂的合理性。当然,胡方平是从阳尊阴卑的角度来说明老少阴阳挂扐之数与变数之间的这种关系的合理性,但在逻辑上,却还是有缺陷的,因胡方平并不是直接对老少阴阳挂扐之数与变数之间的这种关系作内在的逻辑证明,而只是说明这种损益的合乎尊阳的道理。这在逻辑上,没有说明为什么这么损益的内在原因,并不能真正说明老少阴阳挂扐之数这么损益而成变数的正确性。

2. 关于依余数还是过揲之数来定老少阴阳的问题

前人在关于如何定老少阴阳的问题上,也有不少争论。一种是以挂扐之数(余数)来定老少阴阳。如孔颖达、一行、朱熹等,其中以朱熹的论述最为详细。朱熹认识到通过余数和过揲之数都可以获得六、七、八、九,因此提倡挂扐之数与过揲之数不可相无。他在《蓍卦考误》中云:"盖四十九者,蓍之全数也。以其全而揲之,则其前为挂扐,其后为过揲。以四乘挂扐之数,必得过揲之策;以四除过揲之策,必得挂扐之数。其自然之妙,如牝牡之相衔,如符契之相合,可以相胜而不可以相无。且其前后相因固有次第,而挂扐之数所以为

---

① (元)胡方平:《易学启蒙通释》卷下,文渊阁《四库全书》第 20 册,第 703—704 页。

七、八、九、六,又有非偶然者,皆不可以不察也。"①以四乘挂扐之数,可得过揲之策;以四除过揲之策,可得挂扐之数。两者前后相为因果,不可偏废。但朱熹又认为,二者还是有轻重:"挂扐之数乃七、八、九、六之原,而过揲之数乃七、八、九、六之委,其势又有轻重之不同。"②有过揲必先有挂扐,挂扐所以为七、八、九、六之原;有挂扐而后有过揲,过揲所以为七、八、九、六之委。③ 另一种是以过揲之数来定老少阴阳,即过揲三十六、三十二、二十八、二十四之策,除以四得九、八、七、六,持此观点者有郭忠孝、郭雍、程大昌、林栗等。朱熹《易学启蒙》竭力反对的就是郭雍的说法。郭雍在《郭氏传家易说》中对如何定老少阴阳作了系统的论述。他认为,世俗的"挂扐法"用"八九谓之多,四五谓之少"的三多三少之言定阴阳老少,"其数虽不差,而其名非矣。……揲蓍之法,本无二至,因或者误以'扐'为'奇',又好以三多三少论阴阳之数,故异说从而生焉"④。郭雍在《蓍卦辨疑》中指出,只有用四十九根蓍草,才能在正策数中得到三十六、三十二、二十八、二十四,此正策数又恰合"九、六、七、八"。但是如果仅以三多三少定阴阳老少,那么蓍草的总数只要是四的倍数加一就可以了,没有必要一定是四十九根蓍草。郭雍曰:"世俗皆以三多三少定卦象,如此则不必四十九数,凡三十三、三十七、四十一、四十五、五十三、五十七、六十一、六十五、六十九、七十三、七十七、八十一、八十五、八十九、九十三、九十七,皆可以得初揲非五即九,再揲、三揲不四即八之数,独不可以得三十六、三十二、二十八、二十四之策尔。"⑤

胡方平立于朱熹立场,以挂扐余数定老少阴阳,而不以过揲之数定。他引刘云庄语,认为挂扐之数有两仪三才四时闰余之象,有其实质性的意义,否则

---

① (宋)朱熹:《蓍卦考误》,《晦庵先生朱文公文集》卷 66,《朱子全书》第 23 册,上海古籍出版社、安徽教育出版社 2002 年版,第 3228 页。

② (宋)朱熹:《易学启蒙》卷 3,《朱子全书》第 1 册,上海古籍出版社、安徽教育出版社 2002 年版,第 253—254 页。

③ 朱熹在《易学启蒙》中,是以挂扐的总数得出七、八、九、六,以少为奇,以多为偶,以此定老少阴阳。但《蓍卦考误》中,直接从挂扐之数的奇偶推出七、八、九、六,以少为奇,以多为偶,定老少阴阳。胡方平所论余数定老少阴阳法,即从朱子《易学启蒙》之说。

④ (宋)郭雍:《郭氏传家易说》卷 7,文渊阁《四库全书》第 13 册,第 229—230 页。

⑤ (宋)朱熹:《蓍卦考误》,《晦庵先生朱文公文集》卷 66,《朱子全书》第 23 册,上海古籍出版社、安徽教育出版社 2002 年版,第 3228 页。

圣人将四十九蓍分二之后,去其一就足够了,不必挂之以象三才;揲左之后去其所余之奇,不必再扐之以象再闰。"蓍中之策,以挂扐定爻之老少,复以过揲纪爻之策数,则蓍之全数于卦爻皆有用矣。如必欲废置挂扐,尽用过揲是为不知本之论也,其误可胜言哉。"①挂扐之数与过揲之数兼用,而以挂扐之数为本,这种言论,与朱子在《易学启蒙》中的观点是一样的。

胡方平还从阳尊阴卑的角度来说明挂扐之数与"九、八、七、六"之间的关系。老少阴阳挂扐之数为:老阳挂扐十三,去初挂一为十二。老阴挂扐二十五,去初挂一为二十四。少阳挂扐二十一,去初挂一为二十。少阴挂扐十七,去初挂一为十六。那么挂扐之数如何达成"九、八、七、六"呢? 他说:"奇偶既分,用数始判,奇圆用全而径一围三,偶方用半而径一围四。"②即通过他的参天两地说来诠释。具体来说,以老阳挂扐三奇(四、四、四)十二全用,于三奇内去一策以象圆,而三一之中各复有三,积三三之数为九,如此是去三以成九。少阴挂扐两奇一偶(四、四、八)共十六,两奇全用,故四策各全用,一偶用半,故八策只用四,共用十二数。于两奇中,四去一数以象圆,而二一之中各复有三,共计为六;于一偶内去二数以象方,而一二之中复有二,共计为二。积二个三、一个二之策为八,是用数十二去四以成八。少阳挂扐两偶一奇(四、八、八)共二十,一奇用全故四策全用,两偶用半,故八策各用四,亦只用十二数。于一奇内去一数以象圆,而一之中复有三;于两偶内各去二数以象方,而二二之中复有二。积一个三、二个二之策为七,是十二数去五以成七。老阴挂扐三偶(八、八、八)二十四,用半亦只用十二数,又于三偶内各去二数以象方,而三二之中各复有二。积二三之策为六,是十二数去六以成六。通过如此去三、四、五、六之数,以成九、八、七、六之策。从这个过程,胡方平得出结论:"是知老少挂扐去初挂之后,多寡虽不同,而用全用半均不过十二之数,以其十二者去三则成九,去四则成八,去五则成七,去六则成六。十二乃老阳挂扐之数也,壹是皆以老阳之数为准,而去取以成九八七六焉。其尊阳之意又可见于此矣"③。胡方平以为,用以定老少阴阳的九、八、七、六四数,是十二数去三、四、

---

① (元)胡方平:《易学启蒙通释》卷下,文渊阁《四库全书》第 20 册,第 709 页。
② (元)胡方平:《易学启蒙通释》卷下,文渊阁《四库全书》第 20 册,第 709 页。
③ (元)胡方平:《易学启蒙通释》卷下,文渊阁《四库全书》第 20 册,第 710 页。

五、六后所得,无论是九、八还是七、六,都以十二数为基准,十二是老阳挂扐之数,这就体现了易尊阳的思想。也就是说,通过挂扐之数来定老少阴阳,是符合易学尊阳的思想的。胡方平从阳尊的角度来论述挂扐之数与老少阴阳的关系,颇有新颖之处。

胡方平在著法的问题上,大多对《易学启蒙》依朱蔡之意加以名词解释,阐述朱、蔡《易学启蒙》之旨,对《易学启蒙》此方面大部分内容阐述详尽,但在一些问题上讲解仍然不够透彻,陈栎就认为四何以为奇,八何以为偶①这是个关键问题,但胡方平没有解释清楚。在数如何衍于蓍的问题上,有一点是很明确的,即胡方平认为数是以阳尊阴卑为基础,以参天两地为变化规则而衍于蓍的。总的来看,确实胡方平自己的思想见解并不多,大多是立于朱子易学加以阐发,不过,他把阳尊阴卑的思想用于解释三变皆挂和用挂扐之数来定老少阴阳的合理性,应该说是胡方平对前人易学特别是朱熹易学有所发挥的地方。

(二)达于变占

《易》本卜筮之占,易的功用很大程度上通过卜筮来体现,那么,当然也就涉及卜筮原理与对筮占解读的方法和原则问题。其中变占方法和原则是重要的一大部分。前人对于变占总结出了六爻不变、一爻变至六爻全变的变占取辞原则,关于这方面的专著,元以前宋程迥所作的《周易古占法》一书及朱熹在此基础上所作的《易学启蒙》对变占原则有总结。胡方平著《易学启蒙通释》,当然避免不了谈谈变占原则。从总的角度来看,主要是对《易学启蒙》中变占部分顺从朱子之意进行解读,但也有少许推进。

胡方平对变占主要做了以下事情:

对变占用九、用六问题进行了说明。此问题向来受到重视并有争议。归纳其说,有以用九、用六只是阴阳变化之代名称,易道尚占而已,如欧阳修;有以用九、用六为《乾》《坤》一爻之用辞,如王安石;有以用九、用六为《乾》《坤》六爻全变之用辞,如朱熹。胡方平承朱子用九、用六为六爻全变者所占之辞,对用九、用六何以"群龙无首"和"永贞以大终"作了说明。在他看来,筮得六爻,皆用老阳之九,则变为坤,即变为坤则不可为首,刚而能柔,所以为吉;

---

① 参见(元)陈栎:《定宇集》卷 10,文渊阁《四库全书》第 1205 册,第 302 页。

《坤》卦全变则为用六,即变为《乾》,所以大终,因大为阳。

对于二爻变者以上爻为主,二爻不变者以下爻为主进行了解释。他引朱熹语言,认为凡变须就其变之极处看,所以以上爻为主;不变者是其常,只顺其先后所以以下爻为主,如同阴阳老少,老者变之极,少者只顺其初。这是胡方平承朱熹之论,以动静、先后观来作的解释。动以观变,先变者为初,后变者为极,凡变以变之极处看。静以守常,在下者为事之先,在上者为事之后,大概认为事情不动,其最早最原始的地方最能体现静中之常态,故以下为主。

此外,胡方平还认识到辞占的局限性,提倡象、辞合看。胡方平承刘云庄意,特别强调,筮占之辞有与事应者,也有不相应者。不相应者之所以会如此,原因在于,道固因辞显,辞也有局限的地方,不能尽言道。"文王周公之辞,虽以明卦,然辞之所该,终有限,故有时而不应。"①辞与事相应者,可以立见吉凶,而不相应者,那么应如何做呢?"必如《左传》及《国语》所载,占卦体卦象卦变,又推互体,始足以济辞之所不及而为吉凶之前知耳。"②可见胡方平对于卦占,是不排斥象数法的。胡方平认为,卦变、卦体、卦象等象法,古之早有,而且远比辞占法更为深刻。他引刘云庄语:"盖人于辞上会者浅,于象上会者深。伏羲教人卜筮,亦有卦而已。随其所遇求之卦体、卦象、卦变无不应矣。"③伏羲之时《易》未有文字,只有象,象比较全面表达了卦意,从象上入手,比辞上入手,反而更为深刻,而且伏羲教人卜筮,也只是从卦象卦体来断吉凶。所以,从象、辞之间优劣点的比较和伏羲教人看象及《左传》《国语》之重象的古占法上,胡方平找到了重辞尤重象的占筮根据,力图扭转前人单以占辞以断吉凶的看法。从这一点我们或许可以看出,为什么胡方平前面对易图和蓍策的解说如此详细,而对变占的注解却寥寥数笔的原因所在,可能出于他对辞占远没象占来得重视。

上面所提几处,在思想见解上,胡方平与前人言论并无二致,只是在有的方面侧重点不同而已。除此之外,胡方平在注解变占中,也有两个地方特别值得一提:一是变占中的卦变问题;二是贞悔问题。尤其在第二个方面,胡方平

① (元)胡方平:《易学启蒙通释》卷下,文渊阁《四库全书》第20册,第718页。
② (元)胡方平:《易学启蒙通释》卷下,文渊阁《四库全书》第20册,第718页。
③ (元)胡方平:《易学启蒙通释》卷下,文渊阁《四库全书》第20册,第717—718页。

对朱熹等前人的变占贞悔问题的诠解有不少新见。

胡方平对卦变图作了以下解释:

首先,胡方平对于变占依朱子《易学启蒙》卦变图①各变卦数进行了统计、说明。朱熹《易学启蒙》列有卦变三十二图,基于变占角度把六十四卦中各一反对卦由一爻变、二爻变以至六爻全变的法则而所作的图,胡方平均一一注解。他在一爻变下注:"一爻变者凡六卦,有图在后,如第一图,以乾为本卦,一爻变自姤至夬;以坤为本卦,一爻变自复至剥是也。余仿(笔者案,原文为"放"字,依文意改为"仿"字。下同)此"②。在二爻变下注:"二爻变者凡十五卦,如第一图,以乾为本卦,二爻变自遁至大壮;以坤为本卦,二爻变自临至观是也。后仿此。"③在三爻变下注:"三爻变者凡二十卦,如第一图,以乾为本卦,三爻变自否至泰;以坤为本卦,三爻变自泰至否是也。后仿此。"④在四爻变下注:"四爻变凡十五卦,如第一图,以乾为本卦,四爻变自观至临;以坤为本卦,四爻变自大壮至遁是也。后仿此。"⑤在五爻变下注:"五爻变凡六卦,如第一图,以乾为本卦,五爻变自剥至复;以坤为本卦,五爻变自夬至姤是也。后仿此。"⑥在六爻变下注:"六爻变只一卦,如第一图,以乾为本卦,六爻尽变则为坤;以坤为本卦,六爻尽变则为乾是也。后仿此。"⑦胡方平以《乾》《坤》为例来说明各变卦,明确各变卦数量,并对如何变举例说明。此种做法,后世学者亦以遵从,如清王宏撰所著《周易筮述》中,就继承了胡方平这一描述。

---

① 有的学者认为《易学启蒙》中的变卦图并非是卦变图:"《卦变图》《易学启蒙》中未有,而有看似相近的《变占图》,实则二图从意义到功用都不相同。"(张克宾:《朱熹易学思想研究》,人民出版社2015年版,第133页。)卦变与变卦确有不同。二者的内涵不一致:卦变指因爻的变动引起的卦的变动,揭示的是卦卦因爻变化带来的关系;变卦是占筮所得之卦因动爻变成它卦。本书以为,《易学启蒙》所示六十四变卦图,固是因占筮变占所需而作,但它揭示的不是简单地主卦成变卦的两卦之间的占筮问题,更多是六十四卦之所自来的卦卦关系。胡方平评价此图:"本不过则卦变凡例,而阴阳对待自然之妙如此,亦足以见易画纵横逆顺无适,非一阴一阳之道而不乱也。此皆条理精密,先儒所未发者。"(胡方平:《易学启蒙通释》卷下,文渊阁《四库全书》第20册,第736页)可见,胡方平认此图是卦变图。
② (元)胡方平:《易学启蒙通释》卷下,文渊阁《四库全书》第20册,第715页。
③ (元)胡方平:《易学启蒙通释》卷下,文渊阁《四库全书》第20册,第716页。
④ (元)胡方平:《易学启蒙通释》卷下,文渊阁《四库全书》第20册,第716页。
⑤ (元)胡方平:《易学启蒙通释》卷下,文渊阁《四库全书》第20册,第716页。
⑥ (元)胡方平:《易学启蒙通释》卷下,文渊阁《四库全书》第20册,第717页。
⑦ (元)胡方平:《易学启蒙通释》卷下,文渊阁《四库全书》第20册,第717页。

其次,对于朱熹《易学启蒙》卦变说,胡方平归结为《乾》《坤》卦变说和主乾说。卦变,指一卦内部或卦卦之间由于卦或爻的变化引起卦的变化,以表达卦卦之间的关系。卦变自狭义处说,主要指十二消息卦变,即通过爻的变化引起的卦的变化,以表达卦卦之间关系,反映卦所自来的问题,以形式看,采取某阴某阳卦来自某卦的形式。广义的卦变,指只要引起卦的变化能说明卦卦关系的,皆可视为卦变,如爻变、旁通等。《周易》卦变发源于《周易》经传,先秦《周易》尤其中《易传》的文字和符号之"变",为后世卦变之渊源。后世各种卦变说,皆可在《周易》中找到源泉。汉代卦变的兴起,标志着卦变说的正式登场。西汉焦赣一卦变成六十四卦,六十四卦变成四千零九十卦,给人以无限卦变遐想。然而,从严格意义上来说,焦赣出于占筮目的而排"之卦"变化,而非真正意义上的卦变关系。焦赣实为占筮仿《易经》而布《易林》。京房于焦赣基础上,以后天易学的视野,将卦卦关系装入八宫卦,以一统统领七卦,八宫统领六十四卦,阴阳消长穿梭其间,系统、规整有序,真正意义上的卦变形成了。东汉荀爽,承继《易传》中的《乾》《坤》、卦爻位思想和前人消息之义,形成乾坤升降卦变。虞翻又吸收荀氏部分卦变思想而力主十二消息卦变,形成几阴几阳卦自某卦来的十二消息卦变范式,卦变之说遂蔚为大观,但终因注经释辞与卦变易例的冲突之间安于注经需要而未构建完善的六十四卦卦变理论体系。魏晋至唐,蜀才、侯果的卦变,皆主要在虞氏卦变基础上深化十二消息卦变的体例,以追求形式之完备,固不无新意,但也因而纠结于形式上卦变体例之统一,基本抛弃了虞氏十二消息卦之间的阴阳消长之内涵,卦变意蕴反而不及虞氏高超。宋李之才从注经的樊篱中跳出,而着眼于六十四卦的卦变理论体系的建构,借鉴了汉易卦变的形式,作《卦变反对图》和《六十四卦相生图》,似启先天卦变说,但又有之卦卦变之意,惜其卦变图文字欠缺,言辞不详,卦变之意难确。南宋朱震以为《说卦传》乾坤生六子反映的是乾坤一变、二变、三变至究变的过程。而六画的乾坤之变,亦只是三画再逐向上爻变去以至究变。朱震将李之才的变法,当作将《说卦传》的变法挪至《乾》《坤》卦变六十四卦上,依一变二变至究变之法逐位变去。李之才卦变之先天之旨被朱震忽视,朱震引之导向之卦卦变。朱熹于《周易本义》中列几阴几阳出于某卦的卦变易例的卦变图,此是对虞翻卦变、李之才《六十四卦相生图》的修正;又于《易学启蒙》中基于变占法则列《三十二图卦变图》。《易学启蒙》变占图是从变占的角度,为给变占占得某卦之某卦一个形式上的变法内在过程的形象解释,朱熹对三十二卦作了极穷之变,每卦列一变占图,共列为《三十二变占图》。《易学启蒙》"变占图"下案语称:"以上三十二图,反复之则为六十四图,图以一卦为主,而各具六十四卦,凡四千九十六卦,与焦赣《易林》合。然其条理精密,则有先儒所未发者,览者详之。"①我们观李之才的《卦变图》,《乾》《坤》一爻生《复》《姤》,二爻生《临》《遁》,三爻生《泰》《否》,如此生消息卦。朱熹只不过是将李之才《卦变图》一爻变、两爻变、三爻同变生消息卦的变法拓展至任意一卦变其他六十三卦而已。变占图虽直接目的是为变占而设,但其中的条理却是与《周易本义》中的《卦变图》一致。《变占图》揭示的是一卦变至六十三卦,但其排列,其变卦之各大变环节之起卦还是按照一爻变、两爻变、三爻变至六爻变的方式排列,以体现《乾》《坤》生众卦的内在条理性。如《变占图》的坤卦系坤、复、临、泰等,与《周易本义》中的《卦变图》是相符合的,只是《周易本义》中的《卦变图》将《乾》《坤》《复》《姤》《临》《遁》《泰》《否》之类合看,而《易学启蒙》则分了《坤》生《复》临《泰》、《乾》生《姤》《遁》《否》两般图看。而消息卦生众卦时,各序列亦是即其每一组变占卦之后所得的数卦,同样是按爻位自下而上排列的,此与《周易本义》中《卦变图》是相同的。《变占图》则是将此卦变图推衍至《乾》至《恒》的三十二卦,反复则为《六十四卦图》,其中道理都是一致的。故《周易本义》《卦变图》与《易学启蒙》中的《变占图》所不同的是直接运用的目的不一样,《卦变图》揭示一卦变成六十四卦的内在象数条理,而《变占图》是将《卦变图》运用于变占的变法的符号展示。然而二图之内在的卦变进路,都通过某种精密"条理",穷究《乾》《坤》生众卦的过程,此是一致不二的。自焦氏一卦变而为六十四卦,众卦笼而不分;李之才、朱震则以乾坤相索和几复几变的十二消息卦变易例,分一卦变六十四卦于条理序列而成"之卦"卦变,但偶有易例不统一;朱熹又在李之才、朱震之卦卦变基础上再修正二人卦变动爻序之不统一,而成一平展的条理

---

① (宋)朱熹:《易学启蒙》卷4,《朱子全书》第1册,上海古籍出版社、安徽教育出版社2002年版,第311页。

序列清晰的六十四卦乃至四千零九十六卦的《卦变图》。故朱熹《周易本义》的卦变图与《易学启蒙》的变点图所示的卦变观点,似非而是。二图实脱胎于李之才、朱震的《卦变图》。朱熹在朱震卦变的形式上,基于变占的认知改造使之形成自己的《卦变图》,其虽有几阴几阳卦自某卦来的十二消息卦变的形式,然其卦变貌似十二消息卦变,而实为"之卦"卦变,与十二消息卦变绝非同类。

胡方平所论卦变正是朱熹《易学启蒙》所列。胡方平分析了由三十二图反复为六十四图的过程,认为三十二图如《乾》《坤》二卦变图例反复其变,每图各以第一卦为本卦顺变,自初而终,自上而下是由《乾》以至于《坤》。反之,则又以最后一卦为本卦为初始之卦,逆变转求,由终而初,自下而上,即从《坤》以至于《乾》。如此一顺一逆,每图遂以两卦为本卦而成两图。合三十二图反复则为六十四图。解释了三十二图如何反复成六十四图后,他说:"然三十二图先后次第皆本于乾坤卦变,只以第一图观之可见,如以乾为本卦,则次姤,次同人,以至于常,计三十二卦。今各为三十二图之第一卦而次第不紊矣。如以坤为本卦,则次复,次师,以至于益,计三十二卦。今各为三十二图之末一卦而次第亦不紊矣。此即三十二图之序也……合而论之,图之变固无穷,而莫不以乾坤卦变为主焉。然乾坤第一图,次第固皆为三十二图之例矣,又必先乾六爻之变者,盖乾坤虽阴阳之纯,而乾又坤之尊故也。故曰乾者君道首出庶物,坤者臣道无成而代有终。其分如此,其数如此,推而至于图之变亦如此,愚所以合四篇大旨,一言蔽之曰:阳尊于斯为尤信矣。"[1]"第一图",指《乾坤卦变图》。从《乾》变往《坤》的顺序来看,此顺序变出的六十四卦,前半节为三十二卦,各为本卦变出六十四卦,计二千零四十八卦;后半节为三十二卦,各变六十四卦,则成二千零四十八卦。合计四千零九十六卦。会发现,后半节三十二卦变出之卦刚好与前三十二卦所变重合,如此四千零九十六卦总合为三十二图。三十二图的本卦依次为第一图由乾变坤的前三十二卦,三十二图的末卦依次为第一图由坤变乾的前三十二卦,且三十二图每图的第一、二、三……三十二卦与倒数第一、二、三……三十二卦阴阳刚好相对,显示条理精密。如此,

---

[1] （元）胡方平:《易学启蒙通释》卷下,文渊阁《四库全书》第20册,第736—737页。

四千零九十六卦总为三十二图,三十二图总为第一图,第一图为《乾》《坤》所变,所以,由《乾》《坤》居一头一尾而构建起四千零九十六卦的巨大网络,此即胡方平所说"莫不以乾坤卦变为主"。然而,第一图《乾》《坤》卦变虽为其他六十二卦卦变之始,《乾》《坤》之间又必从《乾》开始,由《乾》变出。天地自然,莫不为《乾》尊《坤》卑,卦变也是以《乾》尊为主,归根到底是由《乾》尊所引起和主宰。于是,胡方平将朱熹的《易学启蒙》卦变说归结为乾坤卦变说和终究主乾说。

可见,胡方平解说时非就朱子三十二图各图单独看待,而是把四千零九十六卦并为一个整体,并借鉴焦氏一卦变六十四卦至四千零九十六卦的变法模式加以解说,分析由《乾》《坤》两卦变至六十四卦再变至四千零九十六卦的内在逻辑和奥义,这显然是整合《三十二图卦变图》,超出了朱熹"之卦"《卦变图》的视域。而且,胡方平没有掺杂几阴几阳出于某卦的卦变易例,而纯粹就六十四卦的内在关系作诠释,以乾尊为主导,将朱熹的六十四卦间的卦变图串在一起,由此构建了由《乾》至《乾》《坤》,再变至六十四卦,以至四千零九十六卦的卦变体系理论的完整模式。胡方平此解,既继承了前人的某些卦变说成分,又做了某些推进。其主乾坤说可能取自前人的乾坤为本说,而其于阳尊阴卑思想下将乾坤为主推向终究主乾说,这又是对前人卦变说的发挥而自成一家之言。

再次,胡方平认为此种卦变,体现了一阴一阳之道。从三十二图中最后一图来看,《益》《恒》两卦处于六十四卦之中间,如果从《益》卦逆推,次《噬嗑》,次《随》,以至于《坤》,计三十二卦,也即第一图后三十二卦由《益》而顺数至《坤》。如以《恒》为本卦,则次《井》,次《蛊》,以至于《乾》,计三十二卦,即第一图之前三十二卦。从这种排列可以看出,前三十二卦一画阳,必对后三十二卦一画阴。前三十二卦一画阴,必对后三十二卦一画阳。因此,胡方平说:"各各相对,又具两边搏易而成之义,而乾、坤、艮、兑、震、巽、坎、离虽无先后次序,然其对待则一定而不易也。本不过明卦变之凡例,而阴阳对待自然之妙如此,亦足以见易画纵横逆顺无适,非一阴一阳之道而不乱也。此皆条理精密,先儒所未发者。"①胡方平认为八卦次序虽无先后排列,但图前后无非都是

① （元)胡方平:《易学启蒙通释》卷下,文渊阁《四库全书》第20册,第736页。

二二相对的,体现了阴阳对待的自然之妙。

胡方平在朱子贞悔之意上对变占作了进一步的推进,明确变占决断中的轻重取择问题。

什么是贞悔? 胡方平引朱子说:"贞看来是正,悔是过意。凡悔字都是过了方悔。这悔字是过底意思。"①贞即正,指事情发展合乎中节、不过分、不越出中节。悔是过了中节,出现不好情况或不好的趋势,因此悔过。胡方平引康节例说明朱子贞悔之意,他说:"康节看物事便成四个渠,只怕处其盛耳。如看花方其蓓蕾,向盛也;半开,渐盛;正开,大盛则衰矣。人之势焰者,必衰;强壮者,必死。康节一见便能知之,触类以长。朱子谓如占得这一卦则就上面推看,如乾则推其为园为君为父之类,触其类于彼而长其见于此,则举天下之事或吉或凶,或自悔而趋吉,或自吝而向凶者,皆可以决诸此而无复疑矣。"②邵雍以事物兴衰来分贞悔,由兴盛转衰,即是由贞转悔。朱子触类以长,认为贞是事之始,悔是事之终。贞是事之主,悔是事之客。贞是事在我,悔是应人。由此可见,朱子的贞悔之意,是从事情发展的态势上来谈事情的正与过、贞与悔。那么,在卦变上,如何区别贞与悔呢? 朱熹说:"内卦为贞,外卦为悔。因说:'生物只有初时好,凡物皆然。康节爱说。'"③所谓生物只有初时好,凡物皆然,是指任何事物都有兴衰成败的发展历程,卦变也是如此。因一卦之变,以内外卦的中间交界点往往为所代表事情发展的转折点,所以朱熹以内卦为贞,外卦为悔来区别;若有变卦,则以本卦为贞,之卦为悔。如此看来,朱熹在卦变上,似乎有取中间之中为贞悔、正过区别之意。不过,我们结合前面朱熹所说,朱熹的贞悔、正过,是立足事情发展的态势上说的,只是在卦变上,因卦变的转折往往以卦变之中间来表现,因而略有取中间之中为意来区别贞与悔。胡方平则发挥了朱熹取卦之中间之"中"意来区别贞悔的方面,并作了推广。他释"变在第三十二卦以前者,占本卦爻之辞;变在第三十二卦以后者,占变卦爻之辞"时说:

> 三十二卦前后者,如乾自姤至恒,坤自复至益,为三十二卦之前,皆占

---

① (元)胡方平:《易学启蒙通释》卷下,文渊阁《四库全书》第 20 册,第 714 页。
② (元)胡方平:《易学启蒙通释》卷下,文渊阁《四库全书》第 20 册,第 714 页。
③ (宋)黎靖德:《朱子语类》卷 66,中华书局 1986 年版,第 1636 页。

本卦爻辞者,即所谓一爻二爻以至三爻之变,前十卦皆以本卦为占也。如乾自益至坤,坤自恒至乾,为三十二卦之后,皆占变卦爻辞者,即所谓三爻之变后十卦以至四五上爻变,皆以之卦为占也。然而必以三十二卦为限,以在前者主贞,在后者主悔,亦取其中也。变在三十二卦之前,则正适其中,故皆主贞卦以为占。变在三十二卦之后,则便过其中,故皆主悔卦以为占也。①

一个卦有内外之分,六十四卦卦变中则有前后之分。胡方平人为地把六十四卦卦变分为两截,取其中间之意,之前为贞,是"正适其中",之后为悔,是"便过其中"。由此可见,胡方平把朱熹的事情发展的态势上的"正"直接运用到成数字之中,把朱子所说的事情发展态势上的"过",理解成过中点之"过",这显然与朱子的本意是有区别的。这已超出了朱子之意,而已形成胡方平自己思想的运用,从这一点上看,胡方平也并非因循守旧。

在注解三爻变占原则时,胡方平也作了发挥。《易学启蒙》认为,三爻变则占本卦及之卦之象辞,即以本卦为贞,之卦为悔;前十卦为贞,后十卦为悔。既说本卦为贞,之卦为悔,又分前后十卦为贞悔,若之卦在前十卦中或本卦在后十卦中,则以何为贞以何为悔? 以哪个为主? 显然,这一句是有矛盾的。清王宏撰批评说:"既以本卦为贞,之卦为悔,似不必更分前十卦主贞,后十卦主悔也。"②胡方平也看到了这一问题,他说:

> 盖变至三爻,则所变爻与不变爻,六爻平分,故就两卦象辞占,而以本卦为贞,之卦为悔也。前十(笔者案,原文为"本"字,依文意改为"十"字)卦主贞,后十(笔者案,原文为"本"字,依文意改为"十"字)卦主悔者,且如乾三爻变,自否至恒为前十卦,自益至泰为后十卦;如坤三爻变,自泰至益为前十卦,自恒至否为后十卦。若所得变卦在前十卦内,虽占两卦象辞,却以本卦贞为主,是重在本卦象辞占也。若所得变卦在后十卦内,虽亦占两卦象辞,却以变卦悔为主,是重在变卦象辞占也。③

之所以兼看两卦象辞,是因为三爻变,所变之爻与不变之爻平分。接着,为了

---

① （元）胡方平:《易学启蒙通释》卷下,文渊阁《四库全书》第20册,第717页。
② （清）王宏撰:《周易筮述》卷3,文渊阁《四库全书》第41册,第54页。
③ （元）胡方平:《易学启蒙通释》卷下,文渊阁《四库全书》第20册,第716页。

解决本卦、之卦、前十卦、后十卦之间的矛盾,胡方平做了一个硬性规定,即兼看两卦象辞,以变卦在前后十卦中的位置而判断重点,在前十卦内,重点看本卦贞;在后十卦内,重点看之卦悔。可以看出,胡方平这种规定,是融合了本、之卦贞悔之说和前后卦贞悔之说,取其相同之处,而弃其矛盾之处。但此法亦有诸多不便。明人蔡清看到了此点,他述方平之法后说:"愚谓卦以贞为主,若下三爻俱变,则如乾卦六爻皆变而占纯坤矣,但此犹止一半变也。故兼上本卦之象欤。"①三爻变的情况不同六爻全变,若六爻全变,当以之卦为主。三爻变仍以本卦贞为主,兼看本卦象辞。言下之意,不必查变卦在前后十卦中的位置,去繁就简。我们以为,一重卦六爻,只有三爻变,卦性未见全改,之卦根于本卦,悔贞之间亦不无联系,故三爻变以本卦贞为主亦是可以理解。蔡氏之说,不无道理。

可见,胡方平在变占问题上,虽大多依前人意思注解《易学启蒙》,但也不是完全墨守,对一些《易学启蒙》未解决或存在的问题能够深入剖析并提出自己的见解,反映了胡方平继承前人但不墨守的易学立场和态度。但胡方平囿于朱子立场,多不敢得罪朱子之意,亦有其拘谨之处。这是我们把握胡方平易学特点,与以前易学相区别的一个很重要的地方。

总的来说,胡方平对《易学启蒙》的注疏、解释,极详细精密,其易学以朱子易学为宗,通过引诸家言论,会通诸家之说,采取以图说易,以义理解图和对照比较诠释的方法,对前人思想进行整合,对各种易图进行整合,全面继承了朱子的象数、义理易学和《易》本卜筮而作的易学观点,既有依前人思想而作的正面阐述,也有一些开创性的工作。胡方平易学具有两个突出的特点:一是以朱子易学为宗,继承中有发挥。这不仅因其学脉的原因和当时朱子易学盛传的学术背景有关,从其对《易学启蒙》的诠释方法和内容也可看出这一点。一方面表现在明本旨,即对朱熹《易学启蒙》进行正面阐述,胡方平引用了大量诸家之说,而其所引用最多的是朱子书信及答门人语,以明确朱熹在图书、卦画、著策、变占方面的观点。他在阐述中又通贯朱子之易理。"理"或"太极"是朱熹易学中的最高范畴,他倡导理一分殊和阴阳交易、变易,并利用程

① (明)蔡清:《易经蒙引》卷11,文渊阁《四库全书》第29册,第673页。

子"体用一源""显微无间"的思想,建构了太极或理与阴阳和万物之不即不离的理论模式。这些思想,都被胡方平易学所继承和发挥,用以诠释《易学启蒙》。从整个胡方平对《易学启蒙》的注疏来看,大多顺朱子之意而阐述,间发己意时亦未对朱熹易解有半点微言。另一方面又表现在对朱子易学思想进行了发挥,如其阳尊阴卑、阴阳交易变易思想,全面运用于象数易中,阐述了与前人不同的易学观点。二是突出象数中的理义思想。胡方平对《易学启蒙》注解,避免与朱、蔡偏重图书象数描述的方式,而体现出自己以义理解象数的特色。其突出表现在:首先,胡方平对《河图》等象数渊源考究不足,不太关切《河图》等象数出现的历史过程;其次,不落于图书蓍策象数的表面解释,而是探究其中意蕴所以然的原因。朱熹与蔡元定作《易学启蒙》,对《河图》提倡颇力,但朱、蔡"对河图、洛书的解释,并非站在数理的思考上说话,而是执著于图形上的奇偶点立言,牵强而落入人智弄巧,使人感到不自然"①。比之前人,若说朱、蔡关注图形上的奇偶点,侧重对图形的结构形式上的解说,那么,胡方平则更关注对图书结构之所以如此的原因,侧重其中理义的发挥;朱、蔡说清了图书、蓍策的象数问题,而未说清其中之理,胡方平则进一步阐述了象数之所以如此的道理,弥补了这一不足,使图书象数之理更加显明。从某种意义上说,《易学启蒙》是一部象数著作,则《易学启蒙通释》更像是一部阐述象数的义理著作。

正是如此,胡方平易学具有重要的作用和地位。首先,这对朱子易学起着正本清源的作用。宋末元初,义理派、象数图书派等相交夹杂,学人多妄以己言,大谈象数义理,穿凿附会。胡次焱在《启蒙通释序》中指出:"世之为图书说者,何纷纷乎?彼惟于十数中求所谓八卦者,而见其复不相干,于是创说以强通之。幸有一节偶合,矜以自喜,而于他节不合者,辄变例易辞,牵挽附会,抑勒之俯就其说,虽穿凿支离不恤也……宗老玉斋先生于众言殽乱中,尊信《启蒙》,为之训释、纂注,明白正大,具有渊源隐然,足以折近说之谬。"②近世

———

① 高怀民:《宋元明易学史》,广西师范大学出版社 2007 年版,第 159 页。
② (元)胡次焱:《启蒙通释序》,《梅岩文集》卷 3,文渊阁《四库全书》第 1188 册,第 550—551 页。

学人,于理不通,于数不明,于象有误,使得朱子易学"浸失其真"①。所以,胡方平注解《易学启蒙》,明白象数,倡明义理,揭示理、象、数、占之间关系,无疑有力地维护、捍卫了朱子易学的纯洁性。此书自一公布就受到易学家的重视和赞赏,刘泾在《跋》中说:"其论象说理允谓明备。"②熊禾于跋中说:"《易学启蒙通释》,其穷象数也精深,其析义理也明白。"③熊禾以易学授儿辈,认为真正学易者,此书是不可缺之书,并把此书辄为刻置书室。明杨士奇称:"朱子《易学启蒙》,惟胡方平本最善。"④所谓"最善",指对朱熹《易学启蒙》诠释的最为贴切、完备。此是对胡氏于《易学启蒙》的直接肯定。其次,丰富和完善了朱子易学内容,推动了中国易学的发展,是易学史上不可或缺的环节,在易学史上应占有重要地位。胡方平对朱子易学尤其是象数易学,阐述明确,深入透彻,其对先天图卦气、卦变的论述,实际上都推进了前人在此问题上的讨论。胡方平的易学特点和思想影响着元代易学以宗朱为主的倾向和氛围,胡一桂、胡炳文易学是元代易学中的佼佼者,二人易学莫不受胡方平易学影响,尤其是胡一桂,为胡方平之子,其易学出于胡方平。明《周易大全》以胡一桂、胡炳文等人的易学为底本编纂而成。明蔡清对胡方平所论阴阳、变占观点亦多有引用。清徐文靖所著《管城硕记》卷二《易二》关于占筮的问题上,引胡方平所言"毕中和揲法,其言三揲皆挂,正合四营之义"⑤。由此可见,胡方平易学虽不出前人易学樊篱,但亦有前承朱子、后启来者之力。

---

① (元)胡一桂:《周易启蒙翼传·原序》,文渊阁《四库全书》第 22 册,第 200 页。
② (元)胡方平:《易学启蒙通释·跋》,文渊阁《四库全书》第 20 册,第 737 页。
③ (元)胡方平:《易学启蒙通释·跋》,文渊阁《四库全书》第 20 册,第 739 页。
④ (明)杨士奇:《东里续集》卷 16,文渊阁《四库全书》第 1238 册,第 579 页。
⑤ (清)徐文靖:《管城硕记》卷 2,文渊阁《四库全书》第 861 册,第 28 页。

第三章　胡一桂：古易之学的完善者

古易之学，倡导《易》本卜筮之书，区别四圣之《易》，复就《周易》经传相分的本来面貌，主张《易传》理义应从筮占上推出。其源于朱熹易学，但朱熹的古易之学，尚处于开创阶段。胡一桂则进一步完善了古易之学的内容，建构起比较完整的古易之学体系，成为古易之学的完善者和推进者。

第一节　胡一桂其人及其著作

本节兹对胡一桂其人及其著作做一考察，分析其学术经历，探讨其易学著作缘由和目的，以有利于进一步展开对胡一桂易学思想的深入探讨。

一、其人

胡一桂，徽州婺源(今属江西)人，字廷芳，号双湖先生。因其父所居之斋前有一株茂盛的桂树，得子于其所，遂以一桂命名。胡一桂居所之前有二小湖，自号"双湖居士"，远近师之，学生称其号为"双湖先生"。生于宋淳祐丁未年，即公元 1247 年，卒于元仁宗延祐年间，具体年份不详。其传记有见于《元史·儒学传》《宋元学案》《新安文献志》《新安学系录》等。

关于胡一桂的家世和学术渊源，我们前文亦有所述。胡一桂居婺源梅田，为明经胡氏后代。其裔孙廷佐于康熙癸未年五月即公元 1703 年，所作《重刻儒祖双湖公文集序》中称胡一桂为"十三世祖"①。胡一桂自己在《上谢叠山先生求作翼传序书》中也谈及明经家世："高祖(溢)绍兴初分路省元，复收世

---

① （清)胡廷佐:《重刻儒祖双湖公文集序》,《双湖先生文集》,《续修四库全书》第 1322 册,上海古籍出版社 1995 年版,第 551 页。

科诗书之传,道德之脉四百余年于此矣。"①其父为胡方平,为当时易学名家。可见,胡一桂有着良好的经学世家背景,这对其年少的学习不无影响。对于其易学,《元史》说:"初,饶州德兴沈贵寶,受《易》于董梦程,梦程受朱熹之《易》于黄榦,而一桂之父方平及从贵寶、梦程学,尝著《易学启蒙通释》。一桂之学,出于方平,得朱熹氏源委之正。"②胡一桂之学,源于朱熹,《宋元学案》也有此种说法。

胡一桂天生聪颖,悟性极高,五六岁时就开始读父亲之书了,十二三岁能够写文章。平生好读书,尤其喜爱易学,对易学研究精深。宋景定五年甲子年,即公元1264年,胡一桂虚年十八,以易学领乡荐。此时的胡一桂,年少气锐,"不但视功名如唾取粗,亦为有志于当世者"③。随后参加礼部考试,有"应试期登"诗一首:"幸逢中选赴科场,多少英豪望显扬。管取青云生足下,金榜题名返故乡。"④胡一桂是多么的意气风发,信心满怀。不过,考试却不第。此次考试落榜,对胡一桂打击甚大,对其人生产生重要影响,他在《上谢叠山先生求作翼传序书》中自言地说:

> 夫何天池之翼未展,而洄溪之翅已垂。孟明之舟未焚,而郏鄏之鼎已易事。盖有大谬不然者我之为我,亦无复有志于斯世矣!自比年以来,天疾其躯,仲车其听,庸人孺子莫或肯半指屈中,夜以思,默然领会意者,造物仁家之深,故欲使为无闻之人专心致志于学,行之乎仁义之途,游之乎道德之源,无绝其源,无迷其途而已乎!⑤

科举未成,胡一桂信心受挫,情绪大为波动。在一番心灵挣扎过后,不觉大为感慨释然,决心关闭科举功名之路,转而潜心于学术,求学向道,于是在家乡讲

---

① (元)胡一桂:《上谢叠山先生求作翼传序书》,《双湖先生文集》卷3,《续修四库全书》第1322册,上海古籍出版社1995年版,第569页。

② (明)宋濂等撰:《元史》卷189,中华书局1976年版,第4322页。

③ (元)胡一桂:《上谢叠山先生求作翼传序书》,《双湖先生文集》卷3,《续修四库全书》第1322册,上海古籍出版社1995年版,第569页。

④ (元)胡一桂:《双湖先生文集》卷4,《续修四库全书》第1322册,上海古籍出版社1995年版,第571页。

⑤ (元)胡一桂:《上谢叠山先生求作翼传序书》,《双湖先生文集》卷3,《续修四库全书》第1322册,上海古籍出版社1995年版,第569页。

学。由于其学问颇高，影响广远，同郡赵汸、朱升等远近学者皆以其为师。

胡一桂承继父业，以朱子学为自己的学术主旨，尤其在易学上，深受其父《易学启蒙通释》的影响，对朱熹易学推崇备至。为广求朱子正学，完善自己的学说，胡一桂决定前往福建武夷山访朱子后学，求朱子绪论。朱子在武夷山生活了四十多年，其间著书立说，创办书院精舍，讲学授徒。因此，武夷山是朱熹求学与讲学之地，无疑成为传播朱子正学的重要基地，此地亦涌现出一批著名的朱子后学，故而，胡一桂几番入闽访学问道。

胡一桂第一次入闽，时间为元代至元己丑（1289）春，在武夷山待了三个月，其间结识了熊禾，与熊探讨朱子学。熊禾（1247—1312），字去非，号勿轩，又号退斋，建阳人，自称受业于刘敬堂，董真卿称熊氏之学得之于徐进斋及刘敬堂。熊禾在《送胡廷芳东归序》中，点明了胡一桂第一次在闽时间及有关事情：

> 余读书武夷山，有胡君廷芳自新安携一编书来访，究其业，盖学自朱氏，而尤粹于易。留山中三阅月，相与考订，推象数之源，极义理之归。书成，余已为系语其后矣。又复相与推究文公所论他经大旨，重惟《诗》《书》二经训义已具，独《三礼通释》犹未完书，而《春秋》则仅发其旨要，白鹿临漳所刊，尚有望于后之人。余知非其任而窃有志焉。《春秋》一经，盖竭精力者九年，而藁本烬于丙子之厄。俯仰十载，学植荒落……胡君曰诺，归将考牒一经焉。明年春当赍粮武夷山中以毕斯业。①

胡一桂第一次入闽，在武夷山待了三个月，主要与熊禾探讨了朱子易学问题，还切磋了其他《诗》《书》《礼》《春秋》大旨，相约共同纂述经旨。胡一桂还承诺第二年春再返武夷山。

胡一桂第一次入闽归来后，大概在准备纂述工作以及其父《易学启蒙通释》书籍的刻印出版问题，但进展缓慢。胡梅岩在《胡玉斋〈启蒙通释〉跋》中说："宗家耆英有以玉斋（名方平）自号者，于予为老友。其子双湖，于予为益友。此书玉斋所著也。岁己丑，双湖携入闽，锓梓留滞逾一年，

---

① （元）熊禾：《送胡廷芳东归序》，《双湖先生文集》卷5，《续修四库全书》第1322册，上海古籍出版社1995年版，第578—579页。

辛卯秋再往,明年壬辰夏季回。留滞过一年,冒寒暑疲,跋涉必成父志,乃已允谓孝矣。"①己丑年,为元至元二十六年,即公元 1289 年。辛卯年,为元至元二十七年,即公元 1291 年,此年胡一桂第二次入闽。壬辰年,为至元二十九年,公元 1292 年,此年胡一桂从闽归来。第二次入闽,相互探讨之事未详,但大致还是《五经》纂疏问题。回来后,胡一桂通过艰辛的努力,完成其父之书的出版,根据胡梅岩说"留滞过一年"即为癸巳年(1293)及刘泾和熊禾为《易学启蒙通释》所作之跋称"壬辰年",由此可推知其父之书出版时间在1293 年左右。之后,很长一段时间,胡一桂积极纂疏各经,但其间不乏疑问之处,因此想再入闽与熊禾探讨。这就有了第三次入闽的经历。李养吾在《送胡廷芳再入闽》中提道:

> 庭芳闽归既十有三载,袖《诗纂》重来,余道所闻以相参伍。或曰是于紫阳有异同,去非得毋不可于意否?……事不相谋而相发,或可充类,试与去非商之。②

"去非"指熊禾。这是胡一桂第三次入闽与熊禾探讨学术问题。此与第二次入闽归来间隔有 13 年。第二次从闽归来时间为至元二十九年壬辰年,即公元1292 年,那么,第三次入闽时间当为 1305 年。关于此次入闽事宜,熊禾说:

> 余与君相与讲切缕指盖十有七年矣。《易》《诗》《书》仅尔就绪。《春秋》更加重纂,则皇帝王霸之道亦粗备矣。惟《三礼》乃文公与门人三世未了之书,所关甚重,且《周官》六典原未亡,当复其旧。而《仪礼》十七篇且欲各附记礼传义,以为之兆,当犹有俟也。临分再与庭芳约分任此责,庭芳计以来岁冬春之交四入闽。此留当终吾生,以毕兹事。③

熊禾称与胡一桂交流有 17 年,则作此序时应为 1306 年。胡一桂第三次入闽,在闽待的时间大概为一年左右。此次入闽,二人对《易》《诗》《书》《春秋》纂疏进行了商讨,认为此工作基本完成。还有最后一道重要工作,是对《三礼》

---

① (元)胡次焱:《跋胡玉斋〈启蒙通释〉》,《梅岩文集》卷 7,文渊阁《四库全书》第 1188 册,第571 页。

② (元)李养吾:《送胡廷芳再入闽》,《双湖先生文集》卷 5,《续修四库全书》第 1322 册,上海古籍出版社 1995 年版,第 578 页。

③ (元)熊禾:《送胡廷芳后序》,《双湖先生文集》卷 5,《续修四库全书》第 1322 册,上海古籍出版社 1995 年版,第 579—580 页。

作纂疏，二人商量并分担此任务。还约好，胡一桂于第二年冬春之际再入闽。

胡一桂几次入闽与熊禾探讨、整理朱子之学，明确和承担注经任务，这不仅与胡一桂的求学向道之心、对朱子正学的追求和弘扬朱子学之旨密切相关，而且还与他跟熊禾之间的关系有着紧密联系。他与熊禾之间能够相互切磋，相与纂述，一是因为二人对当前的学术界有着相同的认识，有相同的学术忧虑情结和共同的学术使命。熊禾在《送胡廷芳后序》中说：

> 重念己丑与庭芳握手，慨叹秦汉以下，天下所以无善治者，儒者无正学也。儒者所以无正学者，《六经》无完书也。《六经》无完书，则学不可得而讲矣。儒者无正学，则道不可得而明矣。千五百年，牵补架漏，天地生民何望焉？考亭夫子集正学之大成，平生精力在《易》《四书》《诗》，仅完书开端而未及竟。虽付之门人九峰蔡氏，犹未大畅厥旨。《三礼》虽有通解，缺而未补者尚多。至门人勉斋黄氏、信斋杨氏，粗完《丧》《祭》二书，而授受损益精意竟无能续之者。《春秋》则不过发其大义而已。岂无所俟于来学乎？当吾世不完，则亦愧负师训多矣。①

天下不得善治在于儒者没正学，《六经》无完书，这正是熊禾、胡一桂的忧虑所在，虽朱子集正学之大成，但朱子及门人对《六经》注解未全完成，所以，承续正学，完善《六经》注解，就成了熊禾和胡一桂的共同使命。二是因二人都以朱子学术为宗，对朱子学有着深刻的认识和研究，都有着较高的学术影响和地位，志同道合，互相欣赏，相互切磋，讲学论道。熊禾与胡一桂交流后称："余交游多矣，论经说理，鲜有如君者，何幸得因切磋究之，相与纂述，以成一家言，岂非宇宙间一大快事乎？"②熊禾对一桂学问是赞赏有加的。而熊禾有着精深的学识，教授乡里，也是元代朱子学的代表，《闽中理学渊源考》记熊禾："志濂洛关闽之学，访朱子门人辅氏而从游。宋度宗咸淳十年（笔者案：公元1274年）进士，授宁武州司户参军。宋亡，不仕，束书入山，筑洪源书堂，从学者数

---

① （元）熊禾：《送胡廷芳后序》，《双湖先生文集》卷5，《续修四库全书》第1322册，上海古籍出版社1995年版，第579页。

② （元）熊禾：《送胡廷芳东归序》，《双湖先生文集》卷5，《续修四库全书》第1322册，上海古籍出版社1995年版，第578页。

百,一时多士,若胡庭芳、刘省轩、詹君履皆从之游。"①三是二人在长期的学术交流、探讨中结下了深厚的友谊。熊禾说:"余与廷芳斯文异姓兄弟也。"②

胡一桂第四次入闽,因材料有限而未知详情。但从前三次入闽来看,探讨朱子学,注解经书,无疑是胡一桂学术人生的重要组成部分。李秋丽说:"自此,胡一桂向学之情愈笃,宗朱之志弥坚。"③此语评价中肯。

胡一桂致力于发扬朱子之学,声名远播,在当时及以后学术界都享有盛誉。熊禾在《双湖先生赞》中说:"千载而下,道学推尊,先生也……有功夫子,莫若晦翁;有功晦翁,莫若先生。"④此认为诸后学中对朱熹之学功劳最大者当属一桂,这是对胡一桂的高度评价。胡氏裔孙廷佐认为:"公学渊源道显,大宋一时名贤叠出,无有出于公之右者。予尝览历朝名宦,表扬公之文墨,知公赋性恬淡,寄怀高旷,隐居不仕,潜修经史,入闽亲接朱文公门人勉斋黄先生之传嗣,是讲明正学,阐绎经史,著作《周易翼传》《十七史纂》等书,公之有功于圣学,岂浅鲜哉?"⑤后世学者如明蔡清、清李光地等亦多引胡一桂之说。由此可见,胡一桂在学术界有着不凡的影响力和地位。

二、其著

胡一桂一生致力于朱子正学的整理、弘扬,与熊禾一起完成朱子及门人未竟的《六经》注疏工作,写下了不少著作。

《元史》称其所著书有《周易本义附录纂疏》《本义启蒙翼传》《朱子诗传附录纂疏》《十七史纂》,并行于世。⑥

程政敏《新安文献志》中称:胡双湖一桂,字廷芳,玉斋方平之子。宋乡贡

---

① (清)李清馥:《闽中理学渊源考》卷37,文渊阁《四库全书》第460册,第468页。
② (元)熊禾:《送胡廷芳后序》,《双湖先生文集》卷5,《续修四库全书》第1322册,上海古籍出版社1995年版,第579页。
③ 李秋丽:《胡一桂易学思想研究》,山东大学2006年博士学位论文。
④ (元)熊禾:《双湖先生赞》,《双湖先生文集·像赞》,《续修四库全书》第1322册,上海古籍出版社1995年版,第542页。
⑤ (清)胡廷佐:《重刻儒祖双湖公文集序》,《双湖先生文集·序》,《续修四库全书》第1322册,上海古籍出版社1995年版,第551页。
⑥ 参见(明)宋濂等撰:《元史》卷189,中华书局1976年版,第4322页。

进士,入元不仕,为时硕儒。所著有《易本义附录纂疏》《本义启蒙翼传》《诗传附录纂疏》《十七史纂人伦事鉴》《历代编年》诸书。①

从前面胡一桂与熊禾的几次探讨和在纂疏经书中分担的任务来看,胡一桂本来要完成《易》《诗》《书》《礼仪》《春秋》各经纂疏,但不知何因,最后只完成《易》《诗》附录纂疏。《元史》《新安文献志》所载书中,《四库全书》收录了其《易附录纂注》(十五卷)和《周易启蒙翼传》(四卷)二书,及《十七史纂古今通要》(十七卷)。此外,后人收集、重刊了一些胡一桂所作之序、论、铭、书、诗及《史纂通要》等,合为一集,名为《双湖先生文集》,载于《续修四库全书》第1322册。

胡一桂的易学主要见于其《周易本义附录纂疏》和《周易启蒙翼传》,其他一些易学言论见于《双湖先生文集》中《周易本义启蒙通释序》《周易翼传序》两序及《周易五赞总论》《文王作爻辞辩》《易文言辩》三篇论中。

(一)《易附录纂注》

据胡一桂自称"愚不肖,又尝附录纂注《本义》,书梓行有汗"②,可知此书有元刊本。《藏园订补邵亭知见传本书目》称:"易本义附录纂(注)[疏]十五卷 元胡一桂撰。○通志堂本作'注',提要作'疏'。[补]○元刊本,十行二十字,注双行二十四字,附录、纂注各以白文标之,细黑口,四周双栏。江南图书馆存十卷。"③

《通志堂经解》本称《周易本义附录纂注》,只有十五卷,书中没序。④

《千顷堂书目》载:胡一桂,《周易本义通释附录纂疏》十四卷。⑤

《钦定续通志》载:《易本义附录纂注》十五卷,元胡一桂撰。⑥

---

① 笔者案,点校本原文为"……《易本义附录》《纂疏本义》《启蒙翼传》……",今改之。参见(明)程敏政辑撰,何庆善、于石点校:《新安文献志·先贤事略上》,黄山书社2004年版,第29页。

② (元)胡一桂:《周易启蒙翼传》中篇,文渊阁《四库全书》第22册,第285页。

③ (清)莫友芝撰,傅增湘订补,傅熹年整理:《藏园订补邵亭知见传本书目》卷1,中华书局2009年版,第23页。

④ 参见(清)纳兰性德辑:《通志堂经解》第3册,江苏广陵古籍刻印社1993年版,第438—488页。

⑤ 参见(清)黄虞稷:《千顷堂书目》卷1,上海古籍出版社2001年版,第15页。

⑥ 参见(清)嵇璜、曹仁虎等撰:《钦定续通志》卷156,文渊阁《四库全书》第394册,第455页。

《钦定续文献通考》载：胡一桂，《周易本义附录纂疏》十五卷。①

《经义考》载：胡氏(一桂)，《周易附录纂疏》十五卷，存。②

《钦定四库全书简明目录》称：《易本义附录纂注》十五卷，元胡一桂撰。③

从上述文献所记载看出，各载书名略有字词增减，《四库全书》本标为《易附录纂注》。本书以《四库全书》本为底本来探讨胡一桂易学。

该书由四部分组成，一是朱子十二卷本经传分离的《周易本义》原文，胡一桂《周易附录纂注》没改变原文篇章的排列、分布。二是胡一桂所集的"附录"部分。所谓"附录"，是注疏《周易本义》时，取朱文公《朱文公文集》《朱子语类》相关易学言论和思想观点附于《周易本义》原文之后。因朱熹为易，除了有专著《周易本义》《易学启蒙》外，还有大量易学言论见于《朱文公文集》《朱子语类》中。为了全面了解和准确注解朱子易学，胡一桂注疏时，搜集了大量朱子易学相关言论，资料详备，以便疏解佐证。三是胡一桂所集的"纂注"部分。所谓"纂注"，是指胡一桂"取诸儒易说之合于《本义》者纂之，谓之'纂疏'，其去取别裁，惟以朱子为断"④。四是胡一桂自己的见解。常在文中案以"愚谓"字样开头，以示区别。这四部分，依先《周易本义》原文，次"附录"，再次"纂疏"，最后"愚谓"秩序安排。当然，并不是对经传注疏时每条都有四个组成部分，有的一个，有的多个，但此秩序不乱。

此书依朱子《周易本义》十二卷本的排列，在此基础上后面加了三卷。具体为：卷一为对《周易》上经的注解；卷二为对《周易》下经的注解；卷三为对《彖上传》的注解；卷四为对《彖下传》的注解；卷五是对《象上传》的注解；卷六是对《象下传》的注解；卷七是对《系辞上传》的注解；卷八是对《系辞下传》的注解；卷九是对《文言传》的注解；卷十是对《说卦传》的注解；卷十一是对《序卦传》的注解；卷十二是对《杂卦传》的注解；卷十三是对《周易

---

① 参见(清)嵇璜、曹仁虎等撰：《钦定续文献通考》卷143，文渊阁《四库全书》第630册，第26页。

② 参见(清)朱彝尊：《经义考》卷43，文渊阁《四库全书》第677册，第471页。

③ 参见(清)永瑢、纪昀等撰：《钦定四库全书简明目录》卷1，文渊阁《四库全书》第6册，第12页。

④ (清)永瑢等撰：《易本义附录纂疏》提要，《四库全书总目》卷4，《经部·易类4》，中华书局1965年版，第22页。

本义》中《五赞》的注解；卷十四是对《周易本义》中《筮仪》的注解；卷十五是胡一桂依《周易本义》意所作之图及有关论、辨，有《卦象图》《爻象图》《卦序图》《卦互体图》共四图，并附有图说。此外有《十翼论》《文言辨》及《本义启蒙论》三篇。此卷为胡一桂自己所作，为胡一桂易学见解的重要体现部分。

关于此书所作缘由和目的，胡一桂在《上谢叠山先生求作翼传序书》中指明："平日所酷尚伏读家君《启蒙通释》，吾易门庭既已获入，独谓《本义》提纲振领而节目未详，于是又取《语录》而附之，纂集诸说，间赘己意。"①可见其直接原因在于因《周易本义》提纲振领，言语太简，因此作附纂，注解《周易本义》，使其详尽清晰。为什么他如此推崇朱子《本义》呢？他在《周易本义启蒙通释序》中说："今观《本义》之为书也，图书定位而天地自然之易明，先、后天卦分而羲、文之《易》辩，二篇十翼不相混杂，《易经》始为复古……天之经，地之义，人之纪，易之要领直包括无遗恨，此《本义》不可少于天下也。"②认为朱子《周易本义》明易道，复古易，破俗学之谬。所以，他在纂疏取裁上，坚持以朱子易学为准的原则，合则取，不合则裁，正如四库馆臣所说："其去取别裁，惟以朱子为断。"③由此看出，胡一桂作此书，实质是以朱子为宗，为弘扬朱子易学而作。

（二）《周易启蒙翼传》

《周易启蒙翼传》为胡一桂晚年作品，约成于元仁宗皇庆二年（1313），是胡氏继《易本义附录纂》之后的又一力作。

《藏园订补郘亭知见传本书目》称："易学启蒙翼传四卷　元胡一桂撰。○通志堂本。○元刊本，每页十六行，行十六字。（此则原稿本上莫绳孙增入）〔补〕周易本义启蒙翼传四卷　元胡一桂撰。○元刊本，十一行二十一字，黑口，四周双栏。○明刊本，十一行二十一字，白口，四周双栏，传低一格。外编末有

---

① （元）胡一桂：《上谢叠山先生求作翼传序书》，《双湖先生文集》卷3，《续修四库全书》第1322册，上海古籍出版社1995年版，第570页。

② （元）胡一桂：《周易本义启蒙通释序》，《双湖先生文集》卷1，《续修四库全书》第1322册，上海古籍出版社1995年版，第556页。

③ （清）永瑢等撰：《易本义附录纂疏》提要，《四库全书总目》卷4，《经部·易类4》，中华书局1965年版，第22页。

'男绍思校正'一行。李木斋先生藏。"①其书原有元刊本、明刊本。

《通志堂经解》本称此书为《周易发明启蒙翼传》，前有胡一桂癸丑年的自序，分上、中、下及外篇共四篇。②

《千顷堂书目》载:《周易启蒙翼传》四卷。③

《钦定续通志》载:《易学启蒙翼传》四卷，元胡一桂撰。④

《钦定续文献通考》载:《易启蒙翼传》四卷。⑤

《经义考》载:《易学启蒙翼传》四卷，存。⑥

《钦定四库全书简明目录》称:《易学启蒙翼传》四卷，元胡一桂。⑦

《四库全书》本称书名为《周易启蒙翼传》，与通志堂本所称《周易发明启蒙翼传》不同。本书以《四库全书》本为底本进行研究。

是书前有胡一桂《周易启蒙翼传原序》，共上、中、下及外四篇。关于四篇内容，胡一桂在序中作了提要简述。他说:

> 故日月图书之象数明，天地自然之易彰矣。卦爻、《十翼》之经传，分羲、文、周、孔之《易》辨矣。夏、商、周之《易》，虽殊而所主同于卜筮，古易之变复虽艰，而今终不可逾于古。传授传注，虽纷纷不一，而专主理义，曷若卜筮上推理义之为实。夫然后《举要》以发其义，而辞变象占尤所当讲。《明筮》以稽其法，而《左传》诸书皆所当备。《辨疑》以审其是，而河图洛书当务为急。凡此者固将以羽翼朱子之《易》，由朱子之《易》以参透夫羲、文、周、孔之《易》也。若夫《易纬》、焦京、玄虚，以至《经世皇极内篇》等作，自邵子专用先天卦，外余皆《易》之支流余裔。苟知其概，则其

---

① (清)莫友芝撰，傅增湘订补，傅熹年整理:《藏园订补郘亭知见传本书目》卷1，中华书局2009年版，第23页。

② 参见(清)纳兰性德辑:《通志堂经解》第2册，江苏广陵古籍刻印社1993年版，第488—555页。

③ 参见(清)黄虞稷:《千顷堂书目》卷1，上海古籍出版社2001年版，第15页。

④ 参见(清)嵇璜、曹仁虎等撰:《钦定续通志》卷156，文渊阁《四库全书》第394册，第455页。

⑤ 参见(清)嵇璜、曹仁虎等撰:《钦定续文献通考》卷143，文渊阁《四库全书》第630册，第26页。

⑥ 参见(清)朱彝尊:《经义考》卷43，文渊阁《四库全书》第677册，第471页。

⑦ 参见(清)永瑢、纪昀等撰:《钦定四库全书简明目录》卷1，文渊阁《四库全书》第6册，第13页。

列诸《外篇》固宜。而朱子之《易》卓然不可及者，又可见矣。①

上篇倡明图书象数，辨明自然之易及四圣之《易》；中篇为三代《易》，即《连山》《归藏》《周易》，阐述古易之变，论述古易之复，讲解易学传授和易学传注；下篇为《举要》《明筮》和《辨疑》；外篇为辨《易》之支流。前三篇，正如他自己所说，是为了"羽翼朱子之《易》"，从而把握四圣及自然之易。外篇辨明易学主流和支流，而突出"朱子之《易》卓然不可及"。实际上，就是以朱子易学为宗，弘扬朱子易学。这与其父作《易学启蒙通释》的思想旨趣是相同的。只是其父更多从正面阐明朱子易学本旨，而胡一桂则增添了从侧面辨异学。

关于此书所作之由。胡一桂在《序》中也提道：

> 朱子于《易》有《本义》有《启蒙》，其书则古经，其训解则主卜筮，所以发明四圣人作经之初旨。至于专论卦画、著策，则本图书以首之，考变占以终之，所以开启蒙昧，而为读《本义》之阶梯。大抵皆《易经》之传也。先君子惧愚不敏，既为《启蒙通释》以诲之，愚不量浅陋复为《本义附录纂疏》，以承先志。今重加增纂之余，又成《翼传》四篇者，诚以去朱子才百余年而承学浸失其真，如图书已厘正矣，复仍刘牧之谬者有之；《本义》已复古矣，复循王弼之乱者有之；卜筮之教炳如丹青矣，复祖尚玄旨者又有之。若是者，讵容于得已也哉。②

胡一桂在《周易本义启蒙通释序》中说刘牧、林栗、麻衣等人易置图书，指斥邵子，冒伪著述，使易道又几晦蚀。朱子之易破除这些异端，从而使古易复明，使易道大显。③ 而朱子过后百余年，后之学者复就刘牧、王弼之乱，沉于支流而使朱子易学"浸失其真"。正是这"浸失其真"，让一桂撰写了此书。冯时来在《周易翼传序》中对胡一桂作此书的缘由也表达了相同的见解：

> 《翼传》者，双湖胡先生专为发明《本义》《启蒙》而著也。曷谓"翼"？示维教也。教远而驰，绪散而纷。翼也者，竣其防而不使驰且纷焉，故天位尊于统，河汉汇于源，统不一则节序差于润余，源不定则脉络淆于支流。

---

① （元）胡一桂：《周易启蒙翼传·原序》，文渊阁《四库全书》第22册，第200—201页。

② （元）胡一桂：《周易启蒙翼传·原序》，文渊阁《四库全书》第22册，第200页。

③ 参见（元）胡一桂：《周易本义启蒙通释序》，《双湖先生文集》卷1，《续修四库全书》第1322册，上海古籍出版社1995年版，第556页。

然则《易》之宗不明，将大道亦荒于好迳。……先生起于紫阳之后，惧夫初旨之浸失其真也，于是极深研几，遂以其居安玩占之余，著为《翼传》，凡四篇。①

冯时来肯定胡一桂所著之书，是为辨别异学，羽翼朱子易学而作，称胡一桂害怕后学不究朱子正学反而流于异端，使朱子正学浸失其真，有强烈的忧患意识和复归朱子正学的使命感，因而作此书。这与胡一桂自己序中所讲的缘由是一致的。

第二节　胡一桂的易学方法

为了更好地了解胡一桂是怎样地阐明朱子易学，辨别异学，我们有必要对胡一桂的治易方法进行探讨。胡一桂搜集和整理了丰富的易学文献、史料；在对经传的注解中承继了前人以象解易的方法，但突出了其中经传易象相分的思想；运用比较分析的方法，深化对《周易》经传的进一步注疏和诠释。通过对其易学方法的考察，我们会发现，胡一桂的治易方法渗透着和凸显了其古易之学的易学观和易学思想。

一、丰富的易学文献、史料

从胡一桂的易著中我们可以看到，其易学一个重要的特点在于拥有丰富的易学文献、史料。这为其从易学史的角度加以考察和论证其易学观及易学思想，提供了丰富的佐证材料。这是胡一桂易学观和易学思想的一个重要基点。

胡一桂所占有的大量易学文献和有关史料，主要表现在三个方面：

（一）《易附录纂注》中所取丰富的朱子易学言论和其他诸儒易学论语

此书的"附录"部分，是取《朱文公文集》《朱子语录》之及于《易》者附之。胡一桂在《周易》经传每句注疏中基本上都有附录，他从《朱文公文集》《朱子语录》中摘录大量朱子易论，这些易论本身就是对朱子易学文献的一大搜集、

---

① （明）冯时来：《周易翼传序》，《双湖先生文集》卷5，《续修四库全书》第1322册，上海古籍出版社1995年版，第580页。

整理。此书的"纂注"部分,指诸儒易说之合于《周易本义》者纂之。胡一桂主要采取了程颐、蔡渊、徐几和刘寿翁的观点,广引诸家之说,合于《周易本义》。所引资料,数量巨大,成为其易学史料的重要组成部分。还须注意的是,胡一桂对纂疏诸家易论的引用,当然不可能仅是在乎所引的言论,而必须是在通读程氏《易传》和蔡氏、徐氏及刘寿翁易学论著的前提下取之合于《周易本义》者纂之,这也说明,纂疏也是在大量文献的基础上吸收和提炼形成的丰富易学资料。

(二)《周易启蒙翼传》中搜集大量的传注易学文献、史料

胡一桂一生搜集、统计、整理了许多传注易学文献、史料。他在《翼传》中篇中说:

> 愚家藏《周易》传注,自程、朱外,仅十余家。闻吾州桂岩戴君(梦荐)晋翁伯仲、城居滕君(羽)山臒家多书,踵门而请,获视数十余家……岁在戊申(笔者案:公元1308年),复谋之先同志鄱阳汪君(标)国表,得其手编诸家《易解》一钜集(其书名《经传通解》,以冯厚斋《易解》为柢本,又博求今古解增入,如愚说间亦蒙采取,合理义象占为一。若干卷,今藏于家。鄱阳银峰人,入太学登第,归附后曾宰乡邑,后隐居著述,旧与先世为懿戚云)。又自搜访二十余家,重加纂辑,毗于附录,用溃于成。①

> 愚合唐宋《艺文志》、唐《五行志》、晁氏(公武)德昭《郡斋读书志》、郑氏(樵)渔仲《通志》所载《易经》注解,及愚收拾所得在诸志外者,互相参订,件列于左,通计三百余家。②

可见胡一桂对文献史料的搜集,一是四处搜寻,付出了艰辛的努力;二是成果显著,所搜文献史料达"三百余家"。从其述中可知,这"三百余家"来源有三:即家藏、朋来之处及各种《志》等史书所载。胡一桂还对"三百余家"文献进行了整理,按照文献史料的时间先后顺序进行排列,分为周汉、魏吴、晋、宋齐梁陈元魏、唐(五代附)、宋六个阶段,载于《周易启蒙翼传》。周汉有子夏、孟喜、费直、马融、郑康成、许慎、荀爽、刘表、宋衷9家。魏吴有王肃、王弼、董遇、钟

---

① (元)胡一桂:《周易启蒙翼传》中篇,文渊阁《四库全书》第22册,第285页。
② (元)胡一桂:《周易启蒙翼传》中篇,文渊阁《四库全书》第22册,第256页。

会、荀辉、姚信、陆绩、虞翻 8 家。晋有阮嗣宗、干宝、杨乂、李颙等 13 家。宋齐梁陈元魏有宋明帝、张该、周颙、梁武帝等 13 家。唐及五代时期,有孔颖达、陆德明、李鼎祚等 38 家。宋有陈抟、王昭素、麻衣道、范谔昌、刘牧等 115 家。此外,宋不记何朝者有皇甫泌《周易述闻》、汤涣《周易讲义》等 29 家。《艺文志》不载姓氏者(有书名无姓氏)有《周易解微》等 9 家。《郑氏通志》不载何代者,有《姚规易注》等 22 家。杂见旁证(不载朝代与书名,《冯厚斋易解》载在杂见旁证下)有房玄龄、龙昌期、卢穆、刘歆、向秀等 31 家。如此合计 287 家。实未有胡一桂所称的"三百余家",可能一桂自己也未真正统计,只是说了个约数。但近三百家,确实也是一个不小的书目数量。

这几百家易学文献中,其中有著作内容仍留存于世的,也有仅存书目卷数的,所以胡一桂主要以存目的形式,标明书名和卷数,有的也兼杂作者、原序,也有的附有胡一桂自己对书的文献提要、评价。其中在易学史上有着重大影响和重要地位的易学文献,或者对象数、义理思想有着重大贡献的易学文献,胡一桂一般都给予了一定的文献提要或评价。如唐朝之前,有《卜子夏易解》十卷、费直《周易注》四卷、王弼注《周易》上下经六卷、李鼎祚《周易集解》十卷、东乡助《周易物象释疑》一卷、陆希声《易传》十卷等;宋之后,主要为陈抟、麻衣道、胡瑗、王安石、伊川、邵康节、刘牧、朱震、郭雍、郑央、胡铨、张行成等人的易学文献解说详细些。而对于朱熹的易学文献,可能因大家较为熟悉,未在此对朱书加以详解。

胡一桂对几百家易学文献史料进行了总体评价。他说:

> 大抵义理文辞胜,发挥卦爻象数变占者寥寥间见,魏晋以下谈玄无庸论矣。犹幸先代周、程、张、邵诸大贤勃兴,其于象数理义之学直接千载不传之秘,而集厥大成于我朱夫子,作为《本义》《启蒙》二书,以继往圣,开来学。①

胡一桂认为自汉至宋以前易学无足取,汉易大多是落在字词句上的考训,发挥经传字词之意。魏晋以下的玄学化易学,以道解《易》,也非在卦爻象占之列。直到宋易,周、程、张以发挥《周易》大义为主,邵雍揭先天学,阐明伏羲之

---

① (元)胡一桂:《周易启蒙翼传》中篇,文渊阁《四库全书》第 22 册,第 285 页。

《易》,因而四人之《易》直接与千载不传之秘"卦爻象占"之旨相接。朱熹之《易》又集大成,"继往圣,开来学"。"圣"指羲、文、周、孔四圣。"继往圣",就是承接四圣之《易》。"开来学",指朱熹易学是后世学习之重要典范和教材,对后世易学有着巨大影响和作用;也暗示了胡一桂自己所承继的是朱熹之学,是遵从朱熹易学观和易学思想的。可见,胡一桂最看重和尊崇朱子易学。

从数量上来看,胡一桂所搜集的易学文献确实是巨大的。他的这种做法和成果,客观上会带来很大的价值,正如李秋丽在其博士论文中所指出的那样,"一方面为后世易学家研究易学提供了方便,通过看这些提要可以掌握宋以前易学著作大致内容,以便研究时取舍。另一方面为后世编写易学著作提要提供了典范"①。

然而我们通过考察会发现,胡一桂最初的直接的目的,可能是出于对易学的热爱和前人著作的爱惜,为保存先人成果而所为。胡一桂提到,东汉《儒林传》提及光武迁洛阳,其经牒秘书载之二千余册,但因董卓之乱,而于乱世中遗弃其半,后长安之乱,又遭"一时焚荡,莫不泯尽"。他说:"家有其书,人讲其学,尚何至有一时泯尽之忧哉?计不出此,徒知为秘府之藏而不知藏于普天之下,使老师宿儒容有闻名,未见之书,尽付诸烈焰,可胜惜哉!"②胡一桂感叹战乱和世人不知传书于天下,而导致先人之书有尽泯之忧,于是百般搜寻,才有此些文献。

除这原因外,我们发现,还有更深层的原因。通过考察易学文献,胡一桂实是想挖掘其中的卦爻象占思想来羽翼朱熹以卜筮为基础的象、数、理、占统一的易学,增补论证的材料。他说:

> 然由今观之,安得尽阅前书,取其有补于卦爻象占者,以翼圣经,以存讲习之为得哉!萤磷增辉于太阳,亦区区之志焉。③

"圣经",指四圣之《易》。"卦爻象占",指四圣之《易》的卦爻象占思想,也是指朱熹易学中的卦爻象占思想。这一点,我们从前面所引一段胡一桂对几百家易学文献史料所进行的总体评价中就可以证明。前面所述,"卦爻象占"不

---

① 李秋丽:《胡一桂易学思想研究》,山东大学 2006 年博士学位论文。
② (元)胡一桂:《周易启蒙翼传》中篇,文渊阁《四库全书》第 22 册,第 284—285 页。
③ (元)胡一桂:《周易启蒙翼传》中篇,文渊阁《四库全书》第 22 册,第 285 页。

是指汉易中的象数之学,而是指集大成的朱子易学中的卦爻象占,也就是朱熹易学中的以《易》本卜筮为思想基础上的占、象数和义理。胡一桂取几百家易学文献,其意图由此可见。

胡一桂取几百家易学文献的目的是为羽翼朱子易学,凸显朱子易学在易学史上的地位,我们不仅可以从其直接言论中可知,而且,还可以从一桂对几百家易学文献的提要、评价中看出。胡一桂对在易学史上有着重大影响和重要地位的易学文献,或者对象数、义理思想有着重大贡献的易学文献,给予了一定的文献提要或评价。胡一桂的这种做法,并不是随意的,而是有意识的、有目的的。他对易学文献所作的提要、评价,往往是为批评他们不懂《易》本卜筮之书、混淆经传的需要而为的,尤其是一桂对宋以前的易学文献的评价,表现尤为明显。如他对王弼《易注》的述评上,批评王弼混淆《周易》经传,以乱后世学者,"自是世儒知有弼易,不知有古经矣"①,这从另一个侧面论证了朱熹易学还《易》本卜筮本貌,倡导经传相分的重要性。从某种程度上可以说,胡一桂对近"三百家"的易学文献是否作出提要和评价,是围绕其《易》本卜筮之书和经传相分的易学观即古易之学而决断和进行的。与胡一桂易学旨趣相异的易学文献,他都简要列举。而与之相关的易学文献,胡一桂大多有一番提要或述评。

(三)传注之外的易学文献

胡一桂在《周易启蒙翼传》中专门罗列了一"外篇",为所搜集的《周易》传注之外的一些象数或筮占的易学著作,其中有《纬书》(包括《易纬》九卷、《乾凿度》上下二卷、《易通卦验》上下二卷)、焦赣《焦氏易林》、京房《京氏易传》、扬雄《太玄经》、魏伯阳《周易参同契》、郭璞《洞林》、关子明《洞极真经》、卫元嵩《元包》、司马光《潜虚》、邵雍《皇极经世书》、蔡九峰《皇极内篇》等。

胡一桂对各书作了一定的考察和介绍,有赞扬之辞,但更多的是批评。在占有大量文献资料的基础上,胡一桂对"外篇"所列诸书作了层次的区分和总体评价。他说:

> 《焦氏易林》《京氏易传》《郭氏洞林》犹皆是《易》卜筮事,然占法序

---

① (元)胡一桂:《周易启蒙翼传》中篇,文渊阁《四库全书》第22册,第241页。

卦已非先圣之旧。卫氏《元包》用京卦序而卦辞皆自为魏氏《参同》，发明二用六虚，极为的当，但借坎离为修养之术。至于扬雄《太玄》、马公《潜虚》、关氏《洞极》，则《易》之支流余裔，可谓外之又外者矣。若夫邵子《皇极经世书》直上接伏羲先天《易》，专用其卦不用其蓍，立为推步算法，大而天地之运化，微而万物之生殖，远而上下古今之世变，皆妙探于卦爻中，前知无穷，却知无极，巍乎高哉！何扬《玄》、马《虚》、关《洞》之所可仰望者乎？特其作用不同于文王周孔，列诸外篇。①

如此，胡一桂对"外篇"诸易学文献实分成四个层次，邵子《皇极经世书》是一个层次；其次是《焦氏易林》《京氏易传》《郭氏洞林》；再次是卫氏《元包》和魏氏《周易参同契》；最后是扬雄《太玄》、马公《潜虚》、关氏《洞极》。划分的标准在于，与《易》本卜筮之书的本旨的距离。邵子之《易》讲伏羲先天《易》依卦推步算法，倡明《易》本卜筮之旨，故对其颇有赞赏之意。《焦氏易林》《京氏易传》《郭氏洞林》虽因都用于《易》卜筮，故其本旨不乱，但其用法已异于古法，逐渐沦于技易之流。至于后两层，已偏离了《易》卜筮之本旨，为占筮之《易》之外的事了。

如此看来，胡一桂引用和整理了大量的易学文献、史料，这为他进而展开他的古易之学内容范围和结构体系的建构奠定了基础。这也使得胡一桂对易学的把握是建立在了解易学史的基础上进行的，带有史学的成分，并不完全是承续朱子路数。他的易学观和易学思想，虽承继朱子易学思想，但所走的路径却有所拓延。

二、经传易象相分的以象解易法

以象解《易》，是胡一桂易学方法的重要一环。之所以如此重视象，是一桂认识到象的重要性，通过以象解《易》，能更好地了解占，进而了解《易》本卜筮之旨。在胡一桂看来，以象解《易》，是占筮的需要，是复就古易的需要。朱子之后，卜筮、象数、义理已成为易学界不可回避的话题，胡一桂承继朱子易学，同样强调卜筮基础上象、理、占的统一。卜占是基础，是《易》之本旨，但

---

① （元）胡一桂：《周易启蒙翼传》外篇，文渊阁《四库全书》第22册，第344页。

《易》之本旨离不开象,占往往在象中,象成为解读占的一种工具。他说:"若夫超于言辞之表,而参以卦爻之象,斯亦占法之所不可省云。"①象并非专为制器而设,同样也用于卜筮。这是胡一桂为什么很重视以象解《易》的一个重要原因。

汉象数易中,以象解《易》的方法甚多,有互卦、五行、纳甲、卦变、飞伏之类等。胡一桂大量运用了汉象数易中的互卦解易法。如他释《小畜》"小畜亨,密云不雨,自我西郊"时说:"自二至四互兑,故称西郊。"②释《谦》初六"谦谦君子,用涉大川吉"时说:"愚谓前有互体之坎,故以大川言。"③《谦》卦二、三、四爻组成一个《坎》卦。释《解》六三"负且乘致寇至贞吝"时说:"愚谓坎为舆为盗,六三坎体,自三至五又有互体之坎,故有负乘致寇之象。"④

胡一桂还承袭了汉易中的取诸《说卦》卦象之法以解《易》。如他释《益》上九"莫益之,或击之,立心勿恒,凶"时说:"愚谓《恒》九三亦巽体,亦有不恒其德之戒。《说卦》谓巽为不果,为进退,为躁卦,其'立心勿恒'之意欤。"⑤释《旅》九四"旅于处,得其资斧,我心不快"时说:"愚谓离为戈兵,故有斧象。"⑥"离为戈兵"出自《说卦》中《离》卦的物象,胡一桂以此来解释斧象。又如释《涣》初六"用拯马壮吉"时说:"愚谓马坎象。《明夷》三至四亦有坎体,故其象同。"⑦"马坎象"亦出于《说卦》。《说卦》云:"坎……其于马也,为美脊,为亟心,为下首,为薄蹄,为曳。"释《象·需》"云上于天,需,君子以饮食宴乐"时说:"愚谓饮食,坎象;宴乐,乐天也,乾象。"⑧《说卦》中说:"乾为天。"此是胡一桂以《说卦》"乾为天"来解释"宴乐"之辞。

由此可见,胡一桂在解《易》时亦颇多采取汉象数易。但是,我们注意到,这与朱熹是有所不同的。朱熹对于汉易象数中广泛运用的互体、纳甲、五行、

---

① (元)胡一桂:《周易启蒙翼传》下篇,文渊阁《四库全书》第22册,第318页。
② (元)胡一桂:《易附录纂注》卷1,文渊阁《四库全书》第22册,第23页。
③ (元)胡一桂:《易附录纂注》卷1,文渊阁《四库全书》第22册,第30页。
④ (元)胡一桂:《易附录纂注》卷2,文渊阁《四库全书》第22册,第58页。
⑤ (元)胡一桂:《易附录纂注》卷2,文渊阁《四库全书》第22册,第60页。
⑥ (元)胡一桂:《易附录纂注》卷2,文渊阁《四库全书》第22册,第74页。
⑦ (元)胡一桂:《易附录纂注》卷2,文渊阁《四库全书》第22册,第76页。
⑧ (元)胡一桂:《易附录纂注》卷5,文渊阁《四库全书》第22册,第104页。

卦变及飞伏之类和取诸《说卦》卦象等方法,比较接受的是汉象数易中的卦变,而对于互体和取诸《说卦》卦象的做法是有微言的。朱熹认为:"《易》中先儒旧法,皆不可废,但互体五行、纳甲飞伏之类未及致思耳。"①从此语中看出,朱熹不太赞同汉儒象数易法。那么,朱熹自己所运用的以象解易法是什么样子的呢? 朱熹在《易象说》中说:"《易》之取象固必有所自来,而其为说必已具于大卜之官,顾今不可复考,则姑阙之,而直据辞中之象以求象中之意,使足以为训诫而决吉凶,如王氏、程子与吾《本义》之云者,其亦可矣,固不必深求其象之所自来,然亦不可直谓假设而遽欲忘之也。"②既不取诸汉儒象数易法,也不主张如王弼的扫象之法,而是直接根据卦爻辞中所说之象来求解,这是朱熹所运用的以象解易法。显然,胡一桂与朱熹相比,他吸收和运用了汉象数易中的互体、取诸《说卦》卦象之法,在取象上更为开放些、彻底些。

但也要看到,胡一桂的以象解易法与汉象数易法也有所不同。汉象数易法虽也同样广泛运用互体及取诸《说卦》卦象,但却有穿凿附会之嫌,正如朱熹所批评的那样:

> 乾之为马,坤之为牛,《说卦》有明文矣;马之为健,牛之为顺,在物有常理矣。至于案文责卦,若屯之有马而无乾,离之有牛而无坤,乾之六龙则或疑于震,坤之牝马则当反为乾,是皆有不可晓者。是以汉儒求之《说卦》而不得,则遂相与创为互体、变卦、五行、纳甲、飞伏之法,参互以求,而幸其偶合。其说虽详,然其不可通者终不可通,其可通者又皆傅会穿凿而非有自然之势,唯其一二之适然而无待于巧说者为若可信然。上无所关于义理之本原,下无所资于人事之训戒,则又何必苦心极力以求于此,而欲必得之哉?③

汉象数易者认为卦爻辞与卦爻象有着必然联系,每一辞都有象的来因,并以《说卦》卦象为取象根据。但《说卦》卦象与卦爻辞所说之象有出入之处,如

---

① (宋)朱熹:《书·答王伯丰》,《晦庵先生朱文公文集》卷 54,《朱子全书》第 23 册,上海古籍出版社、安徽教育出版社 2002 年版,第 2570 页。

② (宋)朱熹:《杂著·易象说》,《晦庵先生朱文公文集》卷 67,《朱子全书》第 23 册,上海古籍出版社、安徽教育出版社 2002 年版,第 3255—3256 页。

③ (宋)朱熹:《杂著·易象说》,《晦庵先生朱文公文集》卷 67,《朱子全书》第 23 册,上海古籍出版社、安徽教育出版社 2002 年版,第 3255 页。

《说卦》以《乾》为马、《坤》为牛象,而《屯》卦没《乾》却称有马,《离》卦没《坤》却称有牛,因而《说卦》取象是有限度的。于是汉象数易者遂创互体等各种求象法,强以为说,而多数流于穿凿附会,于理不可通。而即使有偶合之处者,也是无关于义理之本原、人事之训诫,因而受到批评。

胡一桂也认识到了朱熹所陈汉象数易者的弊病。胡氏还进一步指出他们问题的实质在于他们取象多取诸《说卦》,实是牵合经传,混淆了经传易象,因而产生取象上的穿凿附会问题。胡一桂说:

> 愚谓文王于坤取牝马象,于离取牝牛象,固自不同也。后之言象者,但见《说卦》乾为马、坤为牛,于是坤之马反欲求之乾,离之牛反欲求之坤,未免膠泥而有不通者。岂知夫子于《说卦》取象又自有所见,本不必尽同于先圣。岂可以夫子之象为文王、周公之象哉!①

> 卦者,象之原也。《彖》者,言象之始也。《爻》者,言象之衍也。《说卦》者,总《彖》《爻》取象之例也。然夫子梦周公而心文王,参包羲于未画,其于《说卦》明象不特括《彖》《爻》之例,又自有出于《彖》《爻》之外者,不可不察也。姑即数卦论之,坤为马,离为牛,文王之《彖》也。乾称龙马(称龙见《乾》六爻,称马见《大畜》爻),震、坎称乘马(见《屯》卦),周公之《爻》也。自文王取象观之,乾何尝称马,坤何尝称牛,震何尝称龙?周公虽于《大畜》之乾称马,而于《乾》本卦但称龙,《坤》亦未尝称牛,《震》亦未尝称龙也。夫子则直曰乾为马,坤为牛,震为龙,是岂故欲异于文王周公哉?又自有见于卦爻之象而取之也。或者不察,但见乾马、坤牛载于《说卦》,举凡卦爻之言马必求之乾,言牛必求之坤,如王辅嗣所谓定马于乾。案[说(笔者案,此"说"字原文缺,据文意补为"说"字)卦]有马无乾,则伪说滋漫者自汉儒以来不能不堕此弊矣。②

胡一桂认为四圣之《易》是在不同时期不同阶段下产生的,其取象也是不同的。《说卦》取象是孔夫子之易象,卦爻辞象是文王周公之易象,几圣之易象各有所本,不必尽同,因而解易时应注意区分,经传易象不应相混。而汉儒则

---

① (元)胡一桂:《易附录纂注》卷1,文渊阁《四库全书》第22册,第46页。
② (元)胡一桂:《易附录纂注》卷15,文渊阁《四库全书》第22册,第186—187页。

正是取诸《说卦》之象以解文王周公易象,因而"不能不堕于此弊",这就是问题缘由。所以,胡一桂主张:

> 读《易》者,毋执周公之象以求之文王,又毋执夫子之象以求之文王周公。同者自同,异者自异,要皆各明夫伏羲之卦可也。必欲牵强附会,尽强而同之,是乱数圣人之象也。乱数圣人之象而象终不可悟,其亦弗思之甚也![①]

对于经传易象相同的,求之经传皆可。经传易象不相同的,则应区分对待,而不能牵强而同之,即采取经传易象相分的以象解易法。

经传相分,这是朱熹所倡古易之学的一个重要观点,胡一桂在以象解易上也采取经传相分,实是对朱子经传相分思想的继承。他把经传相分的思想运用于象数易学,又是对朱熹经传相分古易思想的发挥。由此可见,胡一桂的经传相分的以象解易法,实是融合了朱熹经传相分的思想和汉象数互体、《说卦》象说,拓展了朱熹象数学,弥补了汉象数易学的不足,实现了二者的结合,是富有创见的尝试,有助象数易学的发展。

三、比较分析的解易法

胡一桂在解《易》时也广泛运用比较分析的方法。之所以如此,我们推测可能有以下几个原因:其一,可能受其父易学方法的影响,胡方平在其易学中,广泛运用对照比较的方法来解易。一桂从小受教于其父易学,对《易学启蒙通释》的易学方法耳濡目染,受其影响。其二,可能受朱熹运用卦体解易的影响。朱熹解易,侧重卦体,即考虑某爻在整个卦中的地位和作用,以此来解易。胡一桂则在此基础上,不仅分析某爻所处的地位,而且在整个卦的六个爻之间展开比较。其三,可能因区别不同易学观和思想的需要。一个问题、一种思想,往往是通过比较层层剖析而日益清晰的。

概括来看,胡一桂的比较分析的解易法,主要体现在两个方面:一个是对不同易著或易学人物的思想观点进行比较、分析,考其同,辨其异;一个是在注解经传的卦爻之间进行比较分析。

---

① (元)胡一桂:《易附录纂注》卷15,文渊阁《四库全书》第22册,第189页。

（一）不同易著或易学人物的思想观点之间的比较分析

这种比较分析,首先就在于宏观范围内的朱熹易学与他人易学观和思想的比较分析。如在图书说方面,胡一桂以刘牧易图说与朱子易图说相比较,突出朱子易图的合理性及刘氏易图的荒谬性;在占筮方面,一桂以《焦氏易林》《京氏易传》《郭氏洞林》及扬雄《太玄》、司马光《潜虚》、关子明《洞极》等与朱子易学变占思想相比较,进而指出他人之占筮、易学或虽本卜筮,用法却非古法,或离却卜筮本旨,都非为《易》之本旨,而只有朱子易学,才是本卜筮,循古法。

其次,还在于对具体的经传卦爻的解释上,胡一桂注意比较朱熹与其他人思想观点的异同。如他在释《比》卦上六"比之无首凶"时,对朱熹与徐几的观点进行了比较。他先引《周易本义》观点,再举徐几观点,最后自己加以分析。对于此爻辞,《周易本义》说:

> 阴柔居上,无以比下,凶之道也,故为无首之象,而其占则凶也。①

《周易本义》以为上六阴爻处阴位,又位于卦体之极上位,因而不能与五爻相比,即"无以比下"。朱子以为上六为一卦之首,因其不能比五爻,所以为"无首之象",可知此"首"为卦体的上下前后之方位言。朱子解《既济》和《未济》卦时亦以上为首、下为尾,亦可证其"首"为卦体方位言。所以《周易本义》对此爻的解释,说明了两个问题:一是"首"指什么;二是无首致凶的原因。

胡一桂在《易附录纂注》中引徐氏语:

> 首,先也。无首,不先也。众皆比五,上独后之,比不先也,故有无首凶之象。《象》既言"后夫凶",此又言"无首",则凡比所当比而怀私顾恋不能早从而至于凶者必矣。②

《比》卦以五爻为主爻,其他五个爻与五爻相比。卦体从下而上,一二三四先与五爻相比,而上六处于最后面,即"比不先"。徐氏以"比不先"为"无首凶",以与五爻相比之先后顺序意解"首"字,此种解释显然与《周易本义》"首"意是有所不同的。胡一桂对二人的说法进行比较,也看到了这一点,所

---

① （宋）朱熹:《周易本义·上经第一》,《朱子全书》第1册,上海古籍出版社、安徽教育出版社2002年版,第39页。
② （元）胡一桂:《易附录纂注》卷1,文渊阁《四库全书》第22册,第23页。

以他说"徐说与《本义》微异"①。他接着分析徐氏说"比不先"的原因，这也与朱子意微异，不过这种微异中却显示了徐几对朱子的超越。他说：

> 然以六爻观之，自九五一爻称"显比"，外余五爻皆称"比之"之辞，初比之"无咎"，二四比之"贞"，皆以其比五也。独三比之"匪人"而伤，上比之"无首"而凶，是三上自相为比而不比五也。如是则上六"无首凶"正与《象》辞"后夫凶"应，亦足以发《本义》未发之旨。②

朱子与徐几都以为上六不能与五爻相比，所以以为凶。而对于何以不能比的原因解释，《周易本义》只从上六的爻位性质来看，以上六为阴为上位而不能比，导致无首，为凶。徐氏则认为"凡比所当比而怀私顾恋不能早从而至于凶者必矣"。胡一桂分析了徐氏的这种说法，以为上六、六三本应与五爻相比，但因上六、六三二者为爻位相应，此即为徐氏的"凡比所当比而怀私顾恋不能早从"。何以上六怀私顾恋就一定会致凶？通过对卦体六爻间的比较，在胡一桂看来，这从六三身上可得到印证，徐氏的这一说法是可行的。从卦体六爻上看，其他几爻都与五爻相比而无凶，但六三、上六都有伤、凶之辞，是因为此二爻都是因怀私顾恋不与九五相比，从六三的身上可证上六的结果。因而上六"比不先"而导致凶的结果，不仅仅是因为一个方位处上的原因，更在于因怀私顾恋所导致。如此，"比不先"之"无首"又正好与《象》辞"后夫"（后至之意③）二字对应。所以，胡一桂认为，徐氏发《周易本义》未发之旨。

（二）注解经传中卦爻之间的比较分析

胡一桂善于通过卦体六爻之间的比较来分析某卦或某爻辞之所以如此的原因。如他释《同人》卦上九"同人于郊，无悔"时说："愚尝疑此爻之旨而以诸爻例观之，初、二、五、上皆称同人，独三、四不言同而曰'伏戎不兴、乘墉弗克攻，此则无与之同者也'。二之同宗而吝，五之师克而同，一不免于吝，一不免于用师，则于至公自然之道。尚有可议者，若初之同人于门，上之同人于郊，郊对门而言，卦之首末可见。曰无咎，则同人之初已无疵之可咎；曰无悔，则同人

---

① （元）胡一桂：《易附录纂注》卷1，文渊阁《四库全书》第22册，第23页。
② （元）胡一桂：《易附录纂注》卷1，文渊阁《四库全书》第22册，第23页。
③ 关于"后夫凶"，一桂引徐氏曰：后夫凶，如万国朝禹而防风后至。［见（元）胡一桂：《易附录纂疏》卷3，文渊阁《四库全书》第22册，第87页］

之终又无过之可悔,此皆同人之善者也。今《本义》以为无可与同,以其无应而言耳,然上虽无应之可同,而爻辞实有同人之义,况初九一爻亦无应,此例可推,姑记其说于此。"①胡一桂首先注明卦体六爻中初、二、五、上称"同人",三、四不称"同人";其次,对同是称"同人"的二、五爻进行分析,指出二爻、五爻虽称"同人"却意义有所不一样;再次,对初与上爻之"同人"分析,说明上六何以称郊与无悔。最后对《周易本义》的说法提出异议,指出上六虽无应,然爻辞实有"同人"之义,体现了一桂敢疑、不墨守的一面。胡一桂通过对卦体的比较分析,不仅使人对《同人》上六一爻有了较清晰的认识,还对整个《同人》卦都有比较清晰和全面的认识。又如他释《履》卦九四"履虎尾,愬愬终吉"时说:"愚谓卦爻之辞,取履虎尾象凡三,卦辞不咥人亨,九四愬愬终吉,独六三咥人凶者,盖卦辞统论一卦之体,爻则逐爻取义,以卦言,则兑以和说而履乾刚之后,非决行不顾者,故不咥人亨。以爻言,三正当兑口,以柔爻而蹈刚位,和说之体不具,所以咥人凶。四位虽不正,然以刚履柔,刚不至于强暴,所以能戒惧而终吉。故不同也。"②一桂归纳此卦"履虎尾"象有三个地方,但吉凶却有所不同。一桂进而比较了此三个地方,分析了他们为吉为凶的原因。这种比较,对于我们理解和把握《履》卦卦爻象、辞都有很大的帮助。

胡一桂注解经传时还善于进行卦与卦之间的比较、分析。如他释《比》卦"比,吉。原筮,元永贞,无咎。不宁方来,后夫凶"时说:"愚谓六十四卦,惟《蒙》《比》以筮言,《蒙》贵'初'而《比》贵'原'者,盖发蒙之道当视其初筮之专诚,显比之道当致其原筮而谨审。又二为《蒙》主而当下卦,故曰'初'。五为《比》主而当上卦,故曰'原'。所以不同也。"③一桂释《比》卦,不只是就《比》卦而说《比》卦,而是将《蒙》卦与《比》卦放在一起,进行比较分析。一桂指出,二卦都直接涉及筮占方面,但《蒙》贵"初"而《比》贵"原",并进一步分析不同的原因。又若他释《归妹》卦六五"帝乙归妹,以祉元吉"时说:《泰》六五与《归妹》六五爻同有'帝乙归妹'之辞。或曰《泰》三、四爻互易则为《归妹》,《泰》之五即《归妹》之五也,故其辞同。如《无妄》《大畜》说'牛',《损》

---

① (元)胡一桂:《易附录纂注》卷1,文渊阁《四库全书》第22册,第28—29页。
② (元)胡一桂:《易附录纂注》卷1,文渊阁《四库全书》第22册,第25页。
③ (元)胡一桂:《易附录纂注》卷1,文渊阁《四库全书》第22册,第22页。

《益》说'龟',《夬》《姤》说'臀无肤',《既济》《未济》说'鬼方',此皆是反对卦
爻取义。《无妄》之三即《大畜》之四,《损》之五即《益》之二,《夬》之四即
《姤》之三,《既济》之三即《未济》之四,是或一例也,亦通,故并记之。"①这例
与上例有所不同,上例取二卦辞义相似,此例取卦卦间反对关系,但不管何种
原因,一桂把卦卦放在一起比较分析,不仅使人对该卦有较深入的体会和认
识,也使人了解对有关卦的认识,从而有利于人们对卦爻的分类和归纳,有助
于人们理解卦与卦之间的联系和区别,进而对六十四卦爻辞有一个整体的印
象和深刻的认识。

　　胡一桂在对包括《周易本义》在内的朱子易学的注疏中,其比较分析的解
易法的广泛运用,呈现出这样一个图景:首先对一个卦进行卦体的整体比较分
析,了解一卦爻的意义;其次通过卦卦之间关系的展开和评述,进而了解整个
朱子易学的本意所在;最后通过朱子易学与其他易学之间的比较分析,凸显朱
子易学的本旨和正学所在。当然,这种次序并非是胡一桂有意为之,但他的这
种比较分析的做法,客观上形成了这样一种图景。

　　而且,我们进一步还会发现,胡一桂比较分析解易法的运用,重点突出了
朱子易学中的卜筮之学。无论是对卦体还是对卦卦之间的比较,都无疑是对
朱子《周易本义》本旨的阐明,使《周易本义》的《易》本卜筮之书的观点更为
鲜明、透彻。他对朱子易学与他人易学思想的对比,既有易图说方面的比较,
也有筮占方面的比较。在易图说方面的比较,是为了说明朱子立于卜筮基础
上的象数,排斥刘牧易图说的荒谬之处;而其筮占方面的比较,更是直接为说
明朱子卜筮基础上推理义的易学观和易学思想,既不像《焦氏易林》《京氏易
传》《郭氏洞林》一样偏离古法,落于技易之流,也不如扬雄《太玄》、司马光
《潜虚》于易理不通,脱离《易》卜筮之本旨。

第三节　古易之学,从卜筮推理义

　　上一节中主要探讨了胡一桂的治易方法,从中我们已略可看到胡一桂的

① （元)胡一桂:《易附录纂注》卷1,文渊阁《四库全书》第22册,第26页。

古易之学的思想影子,此节我们将对胡一桂的古易之学体系及内容进行全面论述。

考之"古易"二字,其正式出现至少在宋代,宋之前称之为《古文易经》。《汉书·艺文志》说《易》有十三家,二百九十四篇。其中载:"汉兴,田何传之。讫于宣、元,有施、孟、梁丘、京氏列于学官,民间有费、高二家之说。刘向以《中古文易经》校施、孟、梁丘经,或脱去'无咎''悔亡',唯费氏经与古文同。"①文中则是称"古文易经",并不见"古易"一词直用,可见"古易"二字至少当时并不多用。

宋代出现了程迥《古易考》、吕祖谦《古易》等著作,是以"古易"二字直接命名,"古易"二字在宋代已普遍运用。此"古易"实指分经异传的《古文易经》。元人胡一桂明确说:"所谓古易者,孔子翼易不遽自附于先圣之后。伏羲画卦,文王卦辞,周公爻辞,自合为上下经二篇,孔子所作《十翼》,则自分为十篇,是为古易。"②

值得一提的是,宋元所说的古易与汉代的古文易是有不同的。汉《古文易经》是基于用战国篆文写成的古文经,相对于汉流行的隶书写成的《周易》而言。宋元所谓古易,实是基于经传文本的区分立场上的一种分经异传的《周易》说法。

据学者考察,分经异传始于汉人之变乱古经。费直以《彖》《象》《系辞》解经,郑玄合《彖》《象》于经,王弼又把《彖》《象》分缀于卦爻之下,由此出现如宋人吴仁所指:"《汉艺文志》《易经》十二篇,古经也。才一见于此,魏、晋以后,便自失之。隋氏藏书最备,亡虑八万九千卷有奇,唐开元丽正殿所藏,亦八万五千余卷,皆不著录。"③自是世儒知有弼《易》,而不知有所谓古经。

汉人变乱古经,埋没古易原貌,但出人意料的是,古易这个问题并没有成为当时争议的焦点话题。其中个因,徐儒宗以为:"今、古文之间的文字差异不大,所以,在汉代没有像其他诸经那样引起两者之间的派别之争。"④文字相

---

① (汉)班固:《艺文志》,《汉书》卷30,中华书局1962年版,第1704页。
② (元)胡一桂:《周易启蒙翼传》中篇,文渊阁《四库全书》第22册,第245页。
③ (宋)吕祖谦:《古周易》上经,文渊阁《四库全书》第15册,第800页。
④ 徐儒宗:《周易经传分合考》,《大易集成》,文化艺术出版社1991年版,第158页。

近,这可能是一种原因,应该是受当时学术氛围的影响。当时人们把《易经》和《易传》都称之为《易》,并无自觉的区分,如《淮南子》的《缪称训》云:"动而有益,则损随之。故《易》曰:剥之不可遂尽也。故受之以复。"①所引为《易传》中《序卦》之辞:"剥者剥也,物不可以终尽,剥穷上反下,故受之以复。"《周易》经传虽在文本上相分,在实际运用中,由于人们以为《易传》是对《易经》的诠释,是《易经》的直贯系统,经传是源流的关系,故以传解经、杂传于经是自然而然的事。

易学发展至宋,这种《易经》和《易传》被笼统称为《易》的做法遭到批评。宋代疑经和尊古之风相并盛行,宋人反思分经合传的弊端,痛斥郑、王的分经合传做法。税与权愤然地说:"汉魏迄今几千余年,列于学官,专置博士,无一人能辨其非者。惑世诬民,抑何甚哉!"②宋代开始掀起一股复古的高潮。王洙率先传《古易》十二篇,把《象传》大小分编;其后吕大防作《周易古经》,晁以道作《古周易》,程迥作《古易考》,吕祖谦作《古周易》,朱震、李焘、吴仁杰、税与权等人纷纷写书立著,宣誓复就分经异传的古易,把经传文本区分开,古易一时蔚为大观。

对古易的整理、研究和探讨,我们不妨称之为古易之学。综观宋元时期古易之学,其内涵和外延有个变化的过程,我们大抵分为三个阶段:一是《周易》文本上的区分,经传相分的《周易》文本即是古易;二是古易思想主旨的明确;三是古易之学的内容体系和范围的界定。

宋代较早倡导古易的学者及其著作,如晁以道作《古周易》、吕祖谦作《古易》等,对古易所做的工作基本上还停留于对《周易》文本的考辨、经传的区分,复归古文《周易》经传相分的本来面貌。纵然他们有对古易的思想内容做进一步的认识,但这种认识也基本落于易学象数、义理之辩上。

古易之学发展到南宋朱熹手里,发生了截然不同的变化。较之前人,朱熹对经传关系的认识,至少有以下内容和特色:一是从经传思想性质的角度来恢复古易,非前人疑经和尊古思潮下的简单地从文本上复就古易。南宋朱熹既

---

① 何宁:《淮南子集释》卷10,中华书局1998年版,第725页。
② (元)胡一桂:《周易启蒙翼传》中篇,文渊阁《四库全书》第22册,第257—258页。

以吕祖谦古易本为底本,亦从文本上对经传进行区分,但他对经传所作的划分,实是为区分三圣或四圣之《易》。元董真卿说:"夫朱子之所以宗晁、吕者,不过欲使学者分别四圣之《易》以求之古耳。"①二是考察了古易的《易》本卜筮的思想内容。尽管"《易》本卜筮"之说非朱熹首创,但朱子之所倡,在宋易史上有着界定古易经部性质的里程碑的意义。三是朱熹在《易》本卜筮说的根底上,以为《周易》的经传是更历三圣或四圣,主张区别对待伏羲《易》、文王周公《易》、孔子《易》的四圣之《易》,进而提出《易》分为卜筮为主和义理为教的两个阶段。四是与前人严厉批驳分经合传之不同,朱熹在看到分经异传的同时,也强调经传之间的不可分割。或者说,朱熹倡导的是文本上的相分,而实行义理上的相合。他认为四圣一心,主张从筮占上推理义。可见,朱子是基于经传思想性质、内容体系的角度来探讨经传的问题,从而初步建立了古易之学的整体框架。这与前人的古易之学内容,显然有不一样之处,没有只停留于对《易》文本上的区分,而是建立起以《易》本卜筮为基础之上的融卜筮、象数、义理于一体的古易之学。这可能也是四库馆臣在总结易学流派的过程中没有把朱熹归类于象数或义理任意一派的原因。现代学者对朱熹易学的归类也说法不一,但都无法否定的一点是,朱熹古易思想内容在朱子易学乃至中国易学史上的地位和历史价值。当然,朱熹的古易之学,也有其不足,表现在:内容粗糙,不够充实和详尽,如四圣《易》各自的具体内容不够明确;体系并不完备等,尚处于开创阶段。胡一桂看到了这一点,撰写《易本义附录纂注》和《周易启蒙翼传》,丰富和完善朱熹《易》本卜筮基础上的古易之学。

一、《易》本卜筮之书

《易经》到底是什么性质的书?近现代学者亦众说纷纭,有的认为是卜筮书,如李镜池、刘大钧等;有的认为是哲学书,如李景春、黄寿祺等;有的认为是历史书,如章太炎、胡朴安等;有的认为是科学书,如冯友兰等;有的认为是百科全书;有的认为兼于卜筮与哲学之间……种种观点,各据一端,各据其理。

然而,在南宋以前,关于《易经》性质的争论并不是很突出。但易学者在

①　(元)董真卿:《周易会通·原序》,文渊阁《四库全书》第26册,第71页。

对《易经》的解读和运用上，一直存在着两条不同的路线。一是认为《易》为义理著作，阐发其中德义，用于修身养性、安邦治国；一是以为《易》有占筮的性质，发挥其占筮功能。前者由于《易传》而起，侧重从哲学的角度来阐发《易经》奥义，经魏晋王弼义理学的倡导而至北宋胡瑗、程颐、张载义理学的盛行。后者由汉焦延寿、京房易学的发展，经《易纬》《洞林》卜筮占验而趋于技易之流。至南宋，朱熹返本清源，认为《易》本卜筮之书，批评义理学派偏离《易》本卜筮的本旨，著《周易本义》及《易学启蒙》，主张在卜筮基础之上的象数、义理的统一。之后，关于《易经》性质的问题凸显起来，成为后世易学者治易首先不可回避的话题。

宋末元初，出现了世儒偏离朱子《易》卜筮本旨而治王弼玄学易学等现象。胡一桂有感于此，竭力阐明、弘扬朱子古易之学，在《易经》的性质问题上，他承继了朱子《易》本卜筮之书的观点，并进一步加以论证。

首先，他对朱熹将《易经》一书定为"《易》本为卜筮之书"的观点是极为赞赏的。胡一桂说：

> 朱子《本义》《启蒙》二书只教人以象占二事。或者乃谓易有圣人之道四焉，有辞变象占四者之分。今只说卜筮乃是朱子之学，易道不止是也，是则然矣。……奈何以为朱子独解作卜筮乎？何不知言之甚也。夫子所谓圣人之道四焉，亦说易道广大，其用不穷，又何止于四道？而原其所由作，则本为教人卜筮，使之决嫌疑，定犹豫，而不迷于吉凶悔吝之涂尔。可不考其本而惟朱子之议乎？①

圣人易道有四，即辞、变、象、占。但朱子只教人以象占，并不是朱子不知道圣人易道，而是抓住了《易》最初所作之由即为卜筮之旨，使人排除疑难，辨别吉凶悔吝。可见朱子之功大有于世。

其次，胡一桂也表白了自己《易》本卜筮之书的观点，并从《三易》、四圣之《易》等多方面加以论证。第一，胡一桂以为，《三易》虽有别，其本皆为卜筮。他说："《易》所以知为卜筮书者，以《周礼》《三易》皆掌于太卜之官而知之。"②

---

① （元）胡一桂：《周易启蒙翼传》下篇，文渊阁《四库全书》第 22 册，第 294—295 页。
② （元）胡一桂：《周易启蒙翼传》下篇，文渊阁《四库全书》第 22 册，第 294 页。

《周礼》中所记"《三易》",即《连山》《归藏》和《周易》。《三易》其经卦皆八,其别皆六十四。胡一桂在《周易启蒙翼传》下篇中引用"周礼九筮"说:"周礼筮人掌《三易》以辨九筮之名,一曰巫更,二曰巫咸,三曰巫式,四曰巫目,五曰巫易,六曰巫比,七曰巫祠,八曰巫参,九曰巫环,以辨吉凶。凡国之大事,先筮而后卜,上春相筮,凡国事共筮。"①胡一桂引郑氏注云:此九"巫"字皆当为"筮"字之误。"巫更"指筮迁都邑。"巫咸"指筮众人之心的欢悲之情。"巫式"指筮的制作式法。"巫目"指筮事的要点当不当的问题。"筮易"指民众不悦,筮其所更易。"巫比"指筮国与民之间关系和与不和。"巫祠"指筮祭祀时要用的牲畜与祭祀日子。"巫参"指筮要否参与。"巫环"指筮可否出师征伐。胡一桂说:"先儒一讲义云:三代之《易》,名不同而所占者则同于九筮。"②古时进行国事当决之时,一般先卜筮,卜筮内容和范围不出乎九筮之外,三代《易》虽名不同,然都同于九筮。《周易》为《三易》之一,所主亦是用于九筮,此可见《周易》卜筮的性质。

第二,《周易》之卦画为伏羲所画,伏羲《易》亦本诸于卜筮。胡一桂说:"伏羲《易》无文字,只是教人随所占得卦爻,就卦爻之阴阳上看吉凶。"③即伏羲《易》从卦爻的阴阳属性来判断吉凶。关于伏羲《易》的本质,朱熹也说过:"想当初伏羲画卦之时,只是阳为吉,阴为凶,无文字。某不敢说,窃意如此。"④朱熹以为当时没有文字,揣测伏羲应该是据卦爻阴阳断吉凶。胡一桂此语,同朱熹所论,皆认为伏羲《易》本于卜筮。

第三,《周易》卦爻辞为文王、周公所创,但文王《易》、周公《易》之辞也是为卜筮而设。胡一桂说:"文王、周公之辞不出象占二者。"⑤一桂举《乾》《坤》二卦论之。文王《易》中《乾》《坤》两卦卦辞分别为"乾,元亨利贞"、"坤,元亨,利牝马之贞,君子有攸往,先迷后得,主利西南得朋,东北丧朋。安贞吉"。《乾》是卦名,"元亨利贞"是卦占辞。此卦有占辞无象辞,而卦之六画即象。

① (元)胡一桂:《周易启蒙翼传》下篇,文渊阁《四库全书》第22册,第295页。
② (元)胡一桂:《周易启蒙翼传》下篇,文渊阁《四库全书》第22册,第295页。
③ (元)胡一桂:《周易启蒙翼传》下篇,文渊阁《四库全书》第22册,第294页。
④ (宋)黎靖德编:《朱子语类》卷66,中华书局1986年版,第1622页。
⑤ (元)胡一桂:《周易启蒙翼传》下篇,文渊阁《四库全书》第22册,第296页。

筮得《乾》卦而六爻不变，或一卦三爻变，则以"元亨利贞"为占，意谓其事大而亨通，而利在贞正。如果虽然亨通而不贞正，则依然不利。《坤》是卦名，"元亨"以下是卦占辞，如果筮得《坤》而六爻不变，或一卦三爻变，则以"元亨，利牝马之贞"以下为占，以"牝马"置"元亨利贞"间是象杂于占中。"牝马"为《坤》卦之象辞，"元亨利贞"为《坤》卦之占辞。"君子"指筮者，意指筮者若有所往，居先则迷，因坤纯阴，在后则可以坤承乾，所以主利。乾主义，坤主利，往西南则得朋类，往东北则丧朋类。"安贞吉"者，安于西南之贞则吉。此"西南""东北"是象辞，而"得朋""丧朋""安贞吉"是占辞。胡一桂对《乾》《坤》二卦论之极详，分清何为象辞，何为占辞，指出卦爻辞的结果，明说吉凶，直接表明利与不利。对于其他卦爻辞，胡一桂说："六十四卦三百八十四爻皆然。"①可知，在胡一桂看来，文王《易》、周公《易》，也是用于卜筮，趋吉避害的。

第四，《易传》也主卜筮。朱熹对《易传》的认识侧重于《易传》的哲学内涵，认为孔子之《易》较之前三圣《易》，始发出许多义理，即孔子之《易》是讲义理的。朱熹说："到得孔子，尽是说道理。"②与朱熹这种对《易传》侧重哲学的认识相比，一桂则更直接看到《易传》中的卜筮成分。胡一桂说：

> 夫子《文言》《象传》之类虽多发明道理，然而《系辞》中教人大衍之数、河图之数，教人卜筮，《象传》《说卦》中教人说象，极详且备，人皆由之而未察尔。③

显然，胡一桂对于《易传》中的义理言论是清楚的，《易传》中的《文言》《象传》大多为发明义理。不过，一桂没说《易传》"尽是说道理"，而是对《易传》中各篇做了区分，认为各篇的重点是不一样的。在胡一桂看来，《易传》中的《系辞传》中的大衍之数、河图之数是卜筮之数源，《系辞传》如此大力阐明大衍之数、河图之数，说明了其目的是为教人卜筮。胡一桂说："其曰系辞焉以明吉凶，又曰系辞焉以断吉凶，又曰系辞焉以尽言，变而通之以尽利，鼓之舞之以尽神。此明圣人系辞亦无非所以为尚占之用以利人。"④一桂又从其象统一于占

---

① （元）胡一桂：《周易启蒙翼传》下篇，文渊阁《四库全书》第 22 册，第 296 页。
② （宋）黎靖德编：《朱子语类》卷 66，中华书局 1986 年版，第 1629—1630 页。
③ （元）胡一桂：《周易启蒙翼传》下篇，文渊阁《四库全书》第 22 册，第 294 页。
④ （元）胡一桂：《易附录纂注》卷 15，文渊阁《四库全书》第 22 册，第 193 页。

的观念出发,认为《象传》《说卦》都是教人如何取象,实际也就是教人如何卜筮,断吉凶。此外,胡氏还考察了孔子对《易传》的看法以论证《易传》具有卜筮性质:"《论语》引《恒》卦'不恒其德,或承之羞'之辞,而继之以'子曰:不占而已矣'者,又足以见夫子谓人不知尚占之学,故不识'不恒其德,或承之羞'之义,是则夫子专以《易》为尚占之书又可见矣。"①《易传》历来被认为是阐发《易经》的哲学著作,连朱熹也不敢轻易否定。胡一桂则从象数统一于占的思想观点出发,把《易传》中的象、数内容统归为占筮之用服务的,以此说明《易传》也是主卜筮的。这一出发点固然是好,但难免有夸大之嫌,因《易传》中象数内容亦有大发义理之论。

第五,后之学者只顾说理,却与《易》之本旨不相干。胡一桂对《易传》之后历代易学作了考察,批评后之学者偏离《易》本卜筮的本旨。胡一桂说:

> 后之学者不说《易》为卜筮书者,以为卜筮流于技艺,为《易》耻谈,故只就理上说。虽说得好,但非《易》之本旨,与《易》初不相干。朱子尝谓:"卜筮之顷,上通鬼神,下通事物,精及于无形,粗及于有象,天下道理无不包罩在其中。"开物成务之学正有赖此,奈何以为非卜筮之书乎?②

古代儒者的一大通病就在于高谈性命道德理义,耻于技艺之流;以为技艺为不登大雅之堂的东西而拒之于门外,讳言于莫及。对于卜筮,往往视卜筮为技艺之流,说《易》为卜筮之书,便以为辱累了《易》,这是他们不接受《易》为卜筮之书的重要原因。胡一桂还指出,他们虽说理说得好,却背离了《易》卜筮的本旨。其实,天下道理,成务之学,亦可在卜筮中找到内容。朱熹说:"今未晓得圣人作《易》之本意,便先要说道理,纵饶说得好,只是与《易》元不相干。"③胡一桂表达了与朱熹相同的见解,说理不离《易》本卜筮的观点。

再次,胡一桂《易》本卜筮之书的观点,还可表现在他对象占关系的论述及对四圣易辞的归类和整理上。在胡一桂的易学思想中,有一个坚定的观念,就是"辞变统于象占,象又统于占"。他说:

> 至于圣人之道虽有四,实不离乎二。有象而后有辞,有占而后有变。

---

① (元)胡一桂:《周易启蒙翼传》下篇,文渊阁《四库全书》第22册,第295页。
② (元)胡一桂:《周易启蒙翼传》下篇,文渊阁《四库全书》第22册,第294页。
③ (宋)黎靖德编:《朱子语类》卷66,中华书局1986年版,第1629页。

不得于象则玩辞为空言,不由于占则观变于何所? 故有象辞有占辞,占而
后有卦变爻辞。举象、占则辞、变在其中。若惟举占则象、辞、变在其中,
此四者之序,由轻归重,辞、变统于象、占,象又统于占。①

象占为圣人之道中居于主要地位的,而象又是为占服务的。大凡圣人言象,皆
是为占而设。胡一桂说:"朱子尝谓《易》为卜筮书,而所谓象者,皆是假此众
人共晓之物,以形容此事之理,使知所取舍而已。"②象是以事物之形象示人,
使人明白其中道理,供人抉择判断吉凶。正是在这样一种观念的指导下,一桂
对四圣之《易》之辞进行了归纳、整理、总结,分为象类说和占类说。象类说下
又分为天文类、地理类、岁月日时类、人道类、身体类、神鬼类等 33 类。占类说
下又分为卦占类、爻占类、卦爻道德例。在象类说和占类说之后,又设合象占
为一例的卜筮类,分为君道、臣道、讼狱、兵师、家宅、婚姻、师友、见贵、仕进、君
子、出行、舟车、旅、酒食、疾、祭祀、祷雨、寇、畜等 19 类。一桂试图以分类细
致、详尽的象占类,来充分体现《易》卜筮之书的本质。

《易》何以为卜筮? 这个问题是朱子易学最基本的问题。张克宾先生总
结了朱熹三个主要的论证方面:考辨史实、分析《周易》经文、考察《易传》之
说。③ 细究起来,朱熹此三方面的论证,比较有说服力的应是"《三易》"卜筮
性质及秦时《周易》以卜筮未亡的史实考察,以及《系辞》的有关占卜言辞。至
于《周易》经文方面的根据,我们或许也能这么说,是朱熹预设《易》本卜筮之
意后的诠说之辞,这跟朱熹从社会背景的视野来分析《易》产生发展进程,以
论述《易》本卜筮之旨的做法一样,与其说是此命题的根据,不如说是表达朱
熹的一种卜筮易学观。至于第三方面,朱熹通过文本分析,考察了《系辞》的
占卜之辞,应确是一有力的证明。但遗憾的是,朱熹对《易传》的卜筮性质,也
仅是考察《系辞》中的占筮之辞之后作了明确陈述,而对《易传》的其他篇章是
否具有明显的卜筮性质,则作了模棱两可的说辞。朱熹为使人透彻《易》本卜
筮之旨,不厌其烦地强调《易传》之义,是"反复都就占筮上发明诲人底道
理";而另一方面,又不得不承认,"到得孔子,尽是说道理","《文言》《象》

---

① (元)胡一桂:《易附录纂注》卷 15,文渊阁《四库全书》第 22 册,第 197 页。
② (元)胡一桂:《周易启蒙翼传》下篇,文渊阁《四库全书》第 22 册,第 297 页。
③ 参见张克宾:《朱熹"〈易〉本是卜筮之书"疏论》,《中国哲学史》2011 年第 2 期。

《象》却是推说做义理上去"①。这就使得《易传》的归位，矛盾不一。胡一桂似乎意识到了朱子《易传》问题的尴尬境地，除了重拾朱熹论证路径和观点外，竭力论证《易传》的卜筮性质。他找到了象数与占的关系这一突破口。朱熹有着关于象数以示理、理须从占上推出去的思想，胡一桂顺承并形成"辞、变统于象占，象又统于占"的致思路向，象（数）与占存在着手段与目标的关系，象（数）是统一于占的。按照象（数）与占的这种逻辑，《系辞》《象传》《说卦》就有着大量的卜筮成分了。由此可见，胡一桂确实继承和深化了《易》本卜筮之书的命题。

胡一桂从多方面集中论证《易》本卜筮之书的本旨，并把它作为自己的思想根底，在此基础上进一步对古易之学的四圣易说和经传关系做了易学史的考察，对四圣《易》和经传关系的内容在朱子论说的基础上，进行阐明和界定，进一步完善古易之学的理论体系，为古易之学的发展作出了一系列的努力和贡献。

二、四圣之《易》与四圣之象

（一）四圣之《易》

朱熹以《易》本卜筮之书，于《易》取三圣或四圣说，即伏羲之《易》，文王、周公之《易》及孔子之《易》。对于伏羲《易》，他说："上古之时，民淳俗朴，风气未开，于天下事全未知识。故圣人立龟以与之卜，作《易》以与之筮，使之趋利避害，以成天下之事。"②上古没有文字，伏羲作《易》教人卜筮，以决吉凶，以趋利避害。对于文王周公《易》，他说："文王观卦体之象而为彖辞，周公视卦爻之变而为之爻辞，而吉凶之象益著矣。"③文王、周公为《周易》系上卦爻辞，使卜筮之吉凶更为明显。对于孔子之《易》，他说："后来孔子见得有是书必有是理，故因那阴阳消长盈虚，说出个进退存亡之道理来。"④孔子之《易》，从卦爻象辞中引申出许多义理。三圣或四圣之《易》是在不同的时代背景下

---

① （宋）黎靖德编：《朱子语类》卷66，中华书局1986年版，第1628页。
② （宋）黎靖德编：《朱子语类》卷66，中华书局1986年版，第1621页。
③ （宋）黎靖德编：《朱子语类》卷67，中华书局1986年版，第1646页。
④ （宋）黎靖德编：《朱子语类》卷67，中华书局1986年版，第1658页。

形成,有各自的特点。

但从他们的异同点来看,又可大体分为两种。他说:"《易》之为书,更历三圣而制作不同。若庖牺氏之象、文王之辞,皆依卜筮以为教,而其法则异。至于孔子之赞,则又一以义理为教而不专于卜筮也。"①伏羲、文王、周公之《易》为卜筮说,而孔子之始发出义理,即《周易》经传的发展经历了一个由卜筮到后来义理出现的阶段。因而朱熹把《易》分为以卜筮为教和以义理为教两大阶段,进而朱熹主张,在看《易》时坚持《周易》经传相分的观点,对四圣之《易》加以分别。他说:

> 今人读《易》,当分为三等:伏羲自是伏羲之《易》,文王自是文王之《易》,孔子自是孔子之《易》。②

> 伏羲《易》,自作伏羲《易》看,是时未有一辞也;文王《易》自作文王《易》;周公《易》自作周公《易》;孔子《易》自作孔子《易》看。必欲牵合作一意看,不得。③

朱熹从《易》本卜筮的观点出发,明确了四圣之《易》的各自特点,分作四圣《易》看;同时又从总体来看《易》的发展过程,认为《周易》经传经历了三圣或四圣阶段,因而采取经传相分的观点。

胡一桂承继了朱子四圣《易》分作四圣《易》看的观点,他多次表达四圣之《易》各有不同,不可作一例看。④ 在这种思想的指导下,胡一桂对四圣之《易》的内容作了归纳,并结合易图加以概述。

1. 伏羲《易》

对于伏羲《易》,胡一桂分析了伏羲《易》的产生、主要内容及运用。

胡一桂引《系辞传》中伏羲仰观府察,近取诸身,远取诸物之语,说明八卦之来源,进而引"易有太极"章说明伏羲始画八卦之过程,并配以伏羲始作八卦图以解说。值得一提的是,一桂还利用《河图》来论证八卦始画的过程。他说:"河图洛书皆木数居东方,伏羲画卦自下而上,即木之自根而干,干而枝

---

① （宋）朱熹:《朱熹集》卷81,四川教育出版社1996年版,第4189—4190页。

② （宋）黎靖德编:《朱子语类》卷66,中华书局1986年版,第1629页。

③ （宋）黎靖德编:《朱子语类》卷66,中华书局1986年版,第1622页。

④ 参见（元）胡一桂:《易附录纂疏》卷15,文渊阁《四库全书》第22册,第183、187页。

也。其画三,木之生数也;其卦八,木之成数也。重卦则亦两其三,八其八尔。三八木数大备,而后六十四卦大成。一六水、二七火、四九金、五十土,皆在包罗中矣。吁木行春也,春贯四时,木德仁也,仁包四端。大哉易也,斯其至矣。"①《河图》一生一成三八为木,此木的地位是很突出的。以事物生发看,木自根而起,预示着事物生长发展规律;从四时看,木为四时之始;从五常看,木德为仁,含括四端(仁、义、礼、智)。八卦之三画为《河图》之生数三,以八卦之八为《河图》之成数八,正合《河图》三八为木;八卦始画自下而上,太极居下如木之根,两仪、四象、八卦如木之干、枝,整个一个自太极至八卦的伏羲始作八卦图就如同一棵树形,表现为木形结构。由此可知,伏羲画卦是与《河图》相符的,而且这种相符,与天地实体自然、四时之序、人伦之常亦暗合,因而富有天地自然之法象,不是人为的结果。胡一桂的这种推论,以八卦的画三和卦八来对应《河图》的三八,以八卦始画的树形模型来对照树木之形,指出皆符天地自然重木的本质,以此解释八卦始画的合理性,多发前人之论,但未免有牵强附会之嫌。

附《伏羲始作八卦图》:

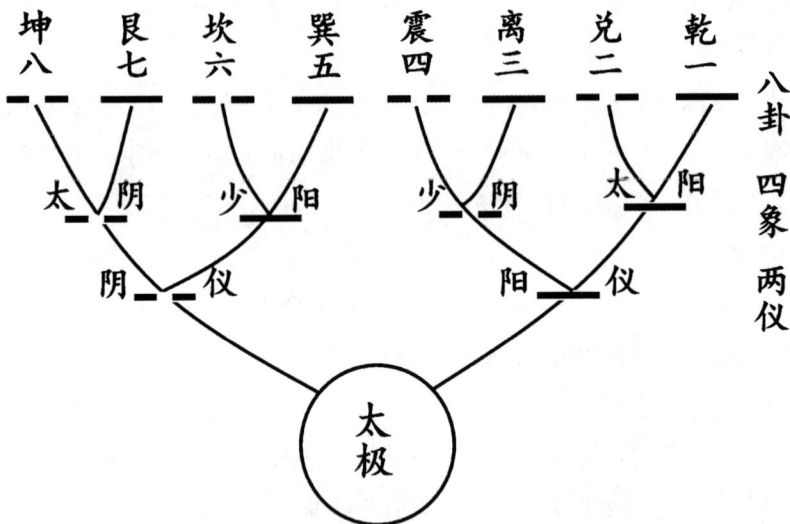

___

① (元)胡一桂:《周易启蒙翼传》上篇,文渊阁《四库全书》第 22 册,第 207—208 页。

关于八卦的产生，历来学者有多种说法①，并认为《易传》之说极为矛盾，如宋欧阳修以伏羲近取远取而得八卦与圣人则《河图》画八卦的说法的矛盾来质疑《系辞传》为孔子所作。欧阳修认为，如果圣人则《河图》而画八卦，则不必再观天察地，近取诸身，远取诸物而得卦；如果伏羲仰观、俯察、近取、远取画卦，则不必则《河图》而画了。对于这种八卦起源问题上的质疑，胡一桂在立的时候也有破。对于欧阳修的这一图书怪妄之疑，胡一桂列举司马光《资治通鉴》中所载"魏明帝青龙间，张掖柳谷口水涌宝石负图，状象灵龟，立于川西，有石马、凤凰、麒麟、白虎、牺牛、璜玦、八卦、列宿孛慧之象"一句作为图书之学真实存在的证明，并说，"今观此图与河图洛书亦何以异？惜时无伏羲神禹，故莫能通其义，可胜叹哉！愚亦恨不使欧公见之，以祛其惑也"②。他以为，伏羲始画《八卦图》与《河图》是相符的（如前论），欧阳修是没见过《资治通鉴》这一史载才会发此疑问。当然，一桂此辩其实并不能真正说服人，他并没有作深入的考察；司马光所载的图书就一定是宋元所说的黑白点的《河图》《洛书》吗？即使这一前提成立，且《河图》与八卦确有关系的话，也只是解释了八卦与《河图》之间关系的存在，而不能解释《系辞传》的矛盾说法，更不能以此来推翻欧阳修认为《系辞传》非孔子所作的观点。在这一问题上，一桂远没有其父方平以《河图》为仰观俯察之一物的说法解释得通。但胡一桂在八卦产生问题上，有立有破的做法，却凸显了他对伏羲画八卦观点的坚定。

在自八卦至六十四卦的形成方面，胡一桂结合伏羲重卦图来解说。一桂的《伏羲重卦图》，与邵雍的《先天六十四卦生成图》大体相似，只是邵氏的以黑白的方格来表示阴阳，而一桂则以树枝线条的形式连接太极、两仪、四象、八卦、六十四卦，呈树形模型，代表他们之间的生成关系。依这种树形模型看，六十四卦的排列采取《乾》一《坤》八之序，重《乾》居一，重《兑》居二，重《离》居三，重《震》居四，重《巽》居五，重《坎》居六，重《艮》居七，重《坤》居八，与八卦首乾终坤的形成次序是一样的；六十四卦中，前三十二卦一画阴便对后三十二卦一画阳，前三十二卦一画阳，便对后三十二卦一画阴，阴阳两边个个相对。

---

① 有圣人则《河图》而画卦说，有画卦而得八卦说，有观天察地而得八卦说，有蓍策而得八卦说，有结绳记事之说。

② （元）胡一桂：《周易启蒙翼传》下篇，文渊阁《四库全书》第22册，第338页。

因而,六十四卦的生成排列,体现了一种自然安排,非人为造作使然。

胡一桂在对重卦的合乎自然的正面阐明的同时,对到底谁重卦的问题也进行了讨论、辨别。在易学史上,王弼、虞仲翔认为伏羲重卦,郑康成以为神农重卦,孙盛以为夏禹重卦,司马迁、扬雄以为文王重卦。此即为朱震在《汉上易传》中所称的"先儒论重卦者六家"①——王、虞、郑、孙、司马、扬。胡一桂认为,当为伏羲重卦。胡一桂从《系辞传》中找根据。他以为,证据有三:一是《系辞》有称古伏羲始作八卦之后,继之以作结绳而为罔罟,以佃以渔取诸《离》,与下文神农、黄帝、尧、舜取诸《益》,至《夬》十三卦,已是六画之卦,其为伏羲自作而自重之自取之可见;二是《周礼》所载《三易》并掌于太卜之官,经卦皆八,别皆六十有四。说明此时已有重卦;三是从蓍策揲蓍成卦看,成卦是由四营十八变,则成卦当为六爻之卦,伏羲用蓍则是时伏羲已重卦。

伏羲《易》很重要的组成部分,为《伏羲八卦方位图》与《横图》、《伏羲六十四卦横图》与《方圆图》。胡一桂将《伏羲八卦方位图》与《说卦》"天地定位,山泽通气,雷风相薄,水火不相射,八卦相错"句相对应,进而简单描述了《伏羲八卦方位圆图》与《伏羲八卦横图》的关系。一桂指出,《伏羲八卦方位圆图》不过以《八卦横图》揭阳仪中《乾》《兑》《离》《震》居东、南,揭阴仪中《巽》《坎》《艮》《坤》居西、北。其中,胡一桂之论亦不乏有新颖之处,如他所论《伏羲八卦方位圆图》体现了尊乾之意。他以为伏羲先天八卦中,"乾一坤八,兑二艮七,离三坎六,震四巽五,各各相对而合九数,其画则乾三坤六,兑四艮五,离四坎五,巽四震五,亦各各相对而合成九数。九,老阳之数,乾之象而无所不包也。造化隐然,尊乾之意可见"②。以八卦生成之序数来看,八卦各相对之两卦合数为九;以不断之阳画为一,断之阴画为二,则八卦卦画之数,各相对之两卦合数亦是为九。九是老阳之数,所以伏羲先天八卦暗含尊乾之意。一桂语中所提到的八卦生成之序数来自于邵雍先天学。其中的卦画之数,较早见于范谔昌的《四象八卦图》及其说。范氏说:"四象者,以形言之,则水火木金。以数言之,则老阳、老阴、少阳、少阴,九、六、七、八……水数六,故以三

---

① (宋)朱震:《汉上易传·丛说》,文渊阁《四库全书》第11册,第372页。
② (元)胡一桂:《周易启蒙翼传》上篇,文渊阁《四库全书》第22册,第210页。

画成坎,余三画布于亥上为乾。金数九,除三画成兑,余六画布于未上为坤。火数七,除三画成离,余四画布于巳上为巽。木数八,除三画成震,余五画布于寅上为艮。此四象生八卦也。"①刘牧在《遗论九事》中持相同的说法。一桂没有采取他们四象生八卦的思路,因范、刘所说的八卦,实与文王八卦相符,而非先天八卦。但胡一桂采纳了他们的八卦卦画之数(不断之"—"为一画,断之"- -"为二画)的说法。一桂说《伏羲八卦方位图》体现尊乾之意,实是一桂尊阳贱阴思想在伏羲《易》上的体现,而这种体现,又是基于一桂对邵雍先天卦序数和范刘卦画之数说的强制糅合。可见,胡一桂对前人思想是敢于大胆借鉴和广泛吸收的。

胡一桂还对《伏羲八卦方位图》与《伏羲八卦横图》的区别做了说明,指出《伏羲八卦横图》为八卦的生出之序图,体现的是卦画之成;而《伏羲八卦方位图》,为八卦的运行之序图,体现的是卦气之运。

自《伏羲八卦方位图》与《横图》讨论完后,一桂对《伏羲六十四卦横图》《方图》《圆图》进行了概述,略述了三者之间的关系,探讨了卦气盈缩问题,并指出伏羲卦气与文王八卦卦气"自是一样不可混而观也"②。

胡一桂把揲蓍求卦之法也归之为伏羲《易》的重要内容,以之为伏羲《易》运用的一大重要方面。对揲蓍过程的解释上,胡一桂基本依朱熹《易》论展开论述,但其中多了些一桂自己依朱熹对揲蓍言论之意所作的易图,有《揲蓍所得挂扐之策图》《老少挂扐定九八七六之数图》《老少挂扐过揲进退图》《二老过揲当期物数图》《二老过揲计三百八十四爻数图》《二少过揲计三百八十四爻数图》等,以图的形式直接表示揲蓍过程,并附以一定的解说。之后,列有朱子变占法则,并对变占法则作了简单的说明。最后,胡一桂绘有《伏羲神农黄帝尧十三卦制器尚象图》,说明伏羲《易》的又一大运用方面。

2. 文王《易》

在胡一桂看来,文王《易》应包括《文王八卦方位图》《文王改易先天为后天图》《文王六十四卦反对图》《文王六十四卦次序图》《文王九卦处忧患图》

---

① 《周易图》卷下,《道藏》第 3 册,文物出版社、上海书店、天津古籍出版社 1988 年版,第 158 页。

② (元)胡一桂:《周易启蒙翼传》上篇,文渊阁《四库全书》第 22 册,第 212 页。

《文王十二月卦气图》和其中思想内容及文王作六十四卦卦下辞等。

《文王八卦方位图》。胡一桂引朱子所论,对《文王八卦方位图》的结构进行了解说,又取《说卦传》"帝出乎震"一段说明文王八卦的流行致用。文王八卦取东、南、西、北四方之位及春、夏、秋、冬四时运行之序。具体来说,《震》东为春,《巽》东南为春夏之交,《离》南为夏,《坤》西南为夏秋之交,《兑》西为秋,《乾》西北为秋冬之交,《坎》北为冬,《艮》东北为冬春之交。各八卦何以采取这种次序,原因在于五行生旺为序的原则。胡一桂引陈友文所说,《离》日大明生东,故在先天居东。在后天中,日中时日正照于午,所以《离》居午南。《坎》为月,月生于西,所以《坎》在先天居西。月正照于子为夜分之时,所以《坎》月在后天居子北方。由此,胡一桂说:"在先天则居生之地,在后天则居旺之地,不特坎离,后天卦位皆以生旺为序。正南午位离火旺焉,正北子位坎水旺焉,震木旺于卯故居东,兑金旺于西故居西。"①由此八卦皆以生旺为序,各居其位。

《文王改易先天为后天图》。此图分内外两图,内图为《文王后天八卦》,外图为《伏羲先天八卦》。见下图:

---

① (元)胡一桂:《周易启蒙翼传》上篇,文渊阁《四库全书》第22册,第220页。

胡一桂对于文王如何改先天为后天,采取两种说法。一种说法是,八卦对宫相易而成。如先天《兑》与《艮》对,以《兑》下二阳易《艮》下二阴,则为后天西北《乾》。先天《艮》初三两爻,复往易《兑》初爻为阴,三爻为阳,则成后天东南角《巽》卦。其他卦可例推。另一种说法是,以先天《乾》《坤》为变之主推之,以定后天八卦。先天《乾》中爻既变《坤》中爻为《坎》,意为天气下降而《乾》位西北;《坤》中爻既变《乾》中爻为《离》,意为地气上腾,而《坤》位西南。《乾》既当先天《艮》位,所以,《艮》进位东北,当先天《震》位。《坤》既当先天《巽》位,则《巽》退位东南,当先天《兑》位。后天《震》《兑》二卦,也因《离》既往居《乾》位当后天南方之卦,《离》性炎上,所以先天《离》三爻变为后天《震》。《坎》既往居《坤》位当后天北方之卦,《坎》性润下,所以先天《坎》初爻变为《兑》。如此二法,胡一桂都觉得有理。胡一桂总结说:"大抵易,变易也。横斜曲直无往不通,由人是取。"①

《文王六十四卦反对图》。对,即为两卦之卦画阴阳相错,如《乾》与《坤》对。反,即从相反的角度看同一卦画,因角度相反而成两卦,如《屯》卦反为《蒙》卦。胡一桂利用反对图对《易经》上下经卦数不均的现象进行了解释。上经三十卦,下经三十四卦。上经一百八十爻,阳爻八十六,阴爻九十四;下经二百零四爻,阳爻一百零六,阴爻九十八。从这个数看,上下经卦爻阴阳呈现多寡参差不齐之象。但从反对卦看,则上经三十卦中有十八反对卦,下经三十四卦亦只十八反对卦。上经五十二阳爻,五十六阴爻;下经五十六阳爻,五十二阴爻,共用三十六卦,成六十四卦,而卦爻阴阳均平齐整条理精密,可谓"不齐之中而有至齐者存"②。胡一桂此说,与胡炳文相似。

《文王六十四卦次序图》(如下页图示)。此图由两半截组成,上半截为文王六十四卦,每两反对卦二二为一栏,并注明二卦反、对关系。下半截为胡一桂对六十四卦序相连卦之间关系的解说。

文王作六十四卦卦下辞。胡一桂说:"文王序卦后,以伏羲《易》但有卦无文字,遂以逐卦下作为卦辞,名之曰彖辞。《左传》名之曰繇辞。彖者,断也,

---

① (元)胡一桂:《周易启蒙翼传》上篇,文渊阁《四库全书》第 22 册,第 221 页。
② (元)胡一桂:《周易启蒙翼传》上篇,文渊阁《四库全书》第 22 册,第 223 页。

文王六十四卦次序图　上经

乾乾 乾（自·对）	坤坤 坤	坎震 屯（鼎·下）	艮坎 蒙（革·下）	坎乾 需（晋·下）	乾坎 讼（明夷）

乾坤天地也阴阳之纯坎离日月水火也阴阳之中故谓上经始终先儒谓以天道言也乾坤为上经主自坎离外诸卦皆乾坤会遇

乾坤后次屯蒙者震坎艮以三男代母母用事虽无乾坤正体然三男宜由坤三索于乾而得有互体之坤是亦坤与三男会也

屯蒙之后乾遇坎而为需讼

所以断一卦之吉凶。"①可知，一桂称的象辞，即我们现在所说的卦辞。一桂认为，文王作象辞，只是卜筮占决之辞，亦多取象及卦变，但大抵皆因占以寓教。

《文王九卦处忧患图》（见下页图）。此图为胡一桂取九卦横排，在九卦下各附以《系辞》对九卦的描述。一桂以为，此九卦是夫子发明文王处忧患不假

---

① （元）胡一桂：《周易启蒙翼传》上篇，文渊阁《四库全书》第22册，第228页。

卜筮用《易》之事,但只是六十四卦中文王处忧患之道的代表,"更添几卦,更减几卦皆可"[1],之所以夫子选此九卦,只是圣人口头偶然在上九卦说而已。

文王九卦处忧患图	乾兑上下 履德之基也 履和而至 履以和行	坤艮上下 谦德之柄也 谦尊而光 谦以制礼	坤震上下 复德之本也 复小而辨于物 复以自知	震巽上下 恒德之固也 恒杂而不厌 恒以一德	艮兑上下 损德之修也 损先难而后易 损以远害	巽震上下 益德之裕也 益长裕而不设 益以兴利	兑坎上下 困德之辨也 困穷而通 困以寡怨	坎巽上下 井德之地也 井居其所而迁 井以辨义	巽巽上下 巽德之制也 巽称而隐 巽以行权

《文王十二月卦气图》(见下页图)。此图据一桂所称,乃是本于朱子易图中以黑白代表阴阳爻之法,改文王图所成。

文王十二月卦,自《乾》卦一阳生,为冬至子中,属十一月中。《临》卦二阳生,为大寒丑中,属十二月中。泰卦三阳生,为雨水寅中,属正月中。大壮四阳生,为春分卯中,属二月中。夬卦五阳生,为谷雨辰中,属三月中。乾卦六阳生,为小满巳中,属四月中,为纯阳之卦。阳极则阴生,故姤卦一阴生,为夏至午中,属五月中。遁卦二阴生,为大暑未中,属六月中。否卦三阴生,为处暑申中,属七月中。观卦四阴生,为秋分酉中,属八月中。剥卦五阴生,为霜降戌

---

[1]　(元)胡一桂:《周易启蒙翼传》,文渊阁《四库全书》第22册,第229页。

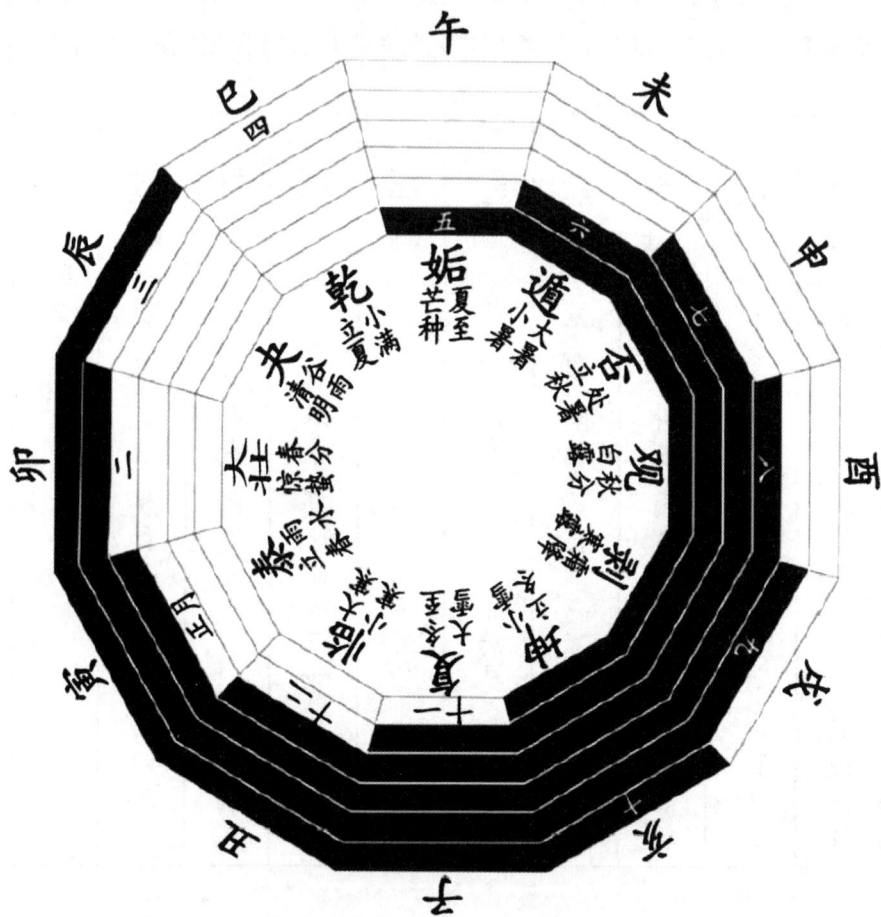

中，属九月中。坤卦六阴生，为小雪亥中，属十月中，为纯阴之卦。阴极则阳生，又继以十一月之复。如此，阴阳消长，如环无端。从图上可见，卦画之生与卦气之运都与月之阴阳消长相为配合。《系辞传》所谓："易与天地准，故能弥纶天地之道。"于此亦可见其一端。

3. 周公《易》

周公《易》主要体现在三百八十四爻之辞，其主要作用在于明一爻之吉凶。学者有称《爻辞》为文王所作，而非周公所作，对于这种观点，一桂予以驳斥。他以有关《爻辞》所说之事为据，说明《爻辞》非文王所作。《爻辞》中有涉及文王之事，如《升》卦六四"王用享于岐山"，其中之"王"指文王，文王为

"王"非文王之时就有的称号，而是武王克商之后始追号文王为"王"，若《爻辞》是文王所作，则不应文王自说"王用享于岐山"。又如《明夷》六五"箕子之明夷"，即说箕子之被囚为奴，以史来看，此事发生在武王观兵之后，如此，则文王不宜预言箕子之明夷。胡一桂称："箕子之称，尤足以见其决非文王所作也。"①《爻辞》非文王所作，但不能说明就一定是周公所为。对于这点，胡一桂也认识到《周易》经传中并无明说《爻辞》为周公所作，他说："诸说以为《卦辞》文王，《爻辞》周公。马融、陆绩之徒并用此说，今依而用之。"②语言之中，似乎因找不出证据，只有依前人所说，似有感叹无奈之意。

4. 孔子《易》

孔子《易》，依胡一桂看来，为孔子所作《十翼》之辞，包括《彖传》二篇、《象传》二篇、《系辞传》二篇、《文言传》《说卦传》《序卦传》及《杂卦传》内容。

胡一桂对《十翼》的地位和作用给予高度评价。他称《易》之有《十翼》，犹天之有日月，人之有耳目，轻重之有权衡，长短之有尺度，诚《易》之门庭，象数之机括。依胡一桂意，《十翼》之重要，体现在两个方面：一是阐明伏羲、文王之《易》。羲《易》为《易》之由，但羲《易》的八卦、六十四卦之序与位却因《十翼》而明，羲《易》之卜筮之法也是由《十翼》而发。文王之三陈九卦忧患之道由《系辞》而发，文王后天八卦方位之序亦因《十翼》而明。"此羲、文之《易》，非《十翼》亦无以阐其用于世了。"③二是阐发《易》之义理。卦爻之性情，非《十翼》无以发其蕴于世，至于《易》中之崇阳抑阴，进君子退小人、尊卑之分贵贱等，幽明死生之说，鬼神之情状，性命道德之蕴，皆因《十翼》而出。《十翼》使人能够明白义理，尽事物之情，虽不假卜筮亦自足以断吉凶。因而，胡一桂总结其说："《十翼》之作，其有功于万世固如此哉！"④

胡一桂对于《十翼》非孔子而是他人所作的观点，进行了驳斥。陆德明在《经典释文》中载梁武帝称《文言》是文王所作。胡一桂引陈友文所言，认为《文言》中所称的"子"是孔子，否认文王作《文言》的说法。

---

① （元）胡一桂：《周易启蒙翼传》上篇，文渊阁《四库全书》第22册，第231页。
② （元）胡一桂：《周易启蒙翼传》上篇，文渊阁《四库全书》第22册，第231页。
③ （元）胡一桂：《易附录纂注》卷15，文渊阁《四库全书》第22册，第193页。
④ （元）胡一桂：《易附录纂注》卷15，文渊阁《四库全书》第22册，第194页。

对于范谔昌、王昭素认为周公作《彖》《象》《爻辞》《文言》的观点，胡一桂说："援引不明，而辄易其言者，同于诞妄，不足为惑可也。"①认为他们的观点未解释透彻，证据不足，因而他们的这种说法是荒诞的。

在《序卦》方面，李清臣认为《序卦》为二二相从，与《周易》六十四卦之序不完全符合，所以《序卦》不是孔子所作的圣人之言。② 对此，胡一桂认为，孔子在充分把握易旨的基础上而作辞，此圣人之言，是非一般人可以通过几行文字就能理解的，更不能进而断定《序卦》非圣人之言。

综上所述为四圣之《易》的内容。胡一桂对四圣之《易》进行归类、阐述、辨异等工作，全面解释了朱熹的四圣之《易》各有不同内容的古易之学，在朱子四圣之《易》的论述上，又有所发展。这突出表现在：

第一，胡一桂对四圣之《易》的内容进行了填实和扩充，丰富和完善了四圣之《易》。朱熹区分四圣之《易》，并对四圣之《易》的性质特点做了说明，对经传内容作了归属分类。其中卦画符号属伏羲《易》，卦辞为文王《易》，爻辞为周公《易》，《十翼》为孔子《易》。胡一桂则做了大量的增补和某些修改，突出表现在伏羲《易》和文王《易》中。在伏羲《易》方面，朱子认为伏羲《易》的内容范围涉及伏羲卦画、图说，胡一桂则把伏羲始画八卦、《伏羲八卦横图》《方位图》《伏羲六十四卦横图》《方圆图》及揲蓍变占和尚象制器及其思想内容都归为伏羲《易》的内容，其中最突出的是将蓍策变占内容也归为伏羲《易》。朱熹强调伏羲《易》是卜筮之《易》，却未说蓍策变占为伏羲《易》的重要组成部分。一桂把伏羲《易》扩充到蓍策变占领域。在文王《易》方面，朱子论文王《易》亦多言及《周易》卦辞，虽在《易学启蒙》中也论及文王八卦易图之类，但却未言文王八卦各易图也属于文王《易》。一桂则综合卦辞及各种有关文王的原有和自己所创的易图，如《文王八卦方位图》《文王改易先天为后天图》《文王六十四卦反对图》《文王六十四卦次序图》《文王九卦处忧患图》《文王十二月卦气图》和其思想内容等，都归为文王《易》，在范围上对文王《易》进行了扩充，在实质内容上对文王《易》进行了填实。一桂所论周公

---

① （元）胡一桂：《周易启蒙翼传》下篇，文渊阁《四库全书》第22册，第343页。
② 参见（元）胡一桂：《周易启蒙翼传》下篇，文渊阁《四库全书》第22册，第343页。

《易》与孔子《易》的内容，则与朱子同。《易传》除被抽出至伏羲《易》、文王《易》的部分，剩下的归属孔子《易》。可见，朱熹对四圣《易》的内容划定上，更强调《易》的历史进程，保持经传篇章内容的相对稳定性和独立性。胡一桂的界定，则依据四圣《易》的思想特性来安排各自的内容，并未严格遵守经传篇章的独立性，而把经传篇章相关内容重新组合，甚至把易学上的相关内容也纳入四圣《易》范围，体现了宏观的视野和大胆的开拓精神。可见，胡一桂对四圣之《易》尤其是伏羲《易》、文王《易》的内容和范围的界定，已超过了前人水平。

第二，胡一桂对四圣之《易》从体系结构上进行统一和归类，使四圣之《易》更富有内在逻辑性和体系化。四圣之《易》的具体内容庞大，前人对四圣之《易》的范围没有界定，更遑论将四圣之《易》统一编在一起。胡一桂则做了这个工作。他首先从宏观上把四圣之《易》的内容，按照伏羲《易》、文王《易》、周公《易》、孔子《易》的秩序先后排列，并统一放在《周易启蒙翼传》上篇，成为上篇的主要内容。在微观上，胡一桂亦精心安排四圣之《易》的具体内容，使之有序化。对于伏羲《易》的篇章结构的安排，一桂于形式上先列一易图，再围绕此易图展开论述；内容上先列伏羲八卦的产生，再到伏羲《易》的各种易图，最后到著策变占。胡一桂为什么这样安排呢？大概这是胡一桂有目的而不是随意的做法。邵雍的《先天图》本与著策论并不作一起看，朱熹虽也强调伏羲教人卜筮，但在其易著中也未把《先天图》与著策论集中在一起。而胡一桂的做法，是把著策论直接接在《先天图》后，这不仅展示伏羲《易》的内容的连贯性、系统性，使人一目了然，而且更重要的是，这无疑是说伏羲《易》是用来卜筮的，突出了伏羲《易》卜筮的本旨。对于文王《易》篇章结构的安排，胡一桂也依先列图后论述的形式，先说文王《易》的产生及主要易图，最后落于文王《易》的处忧患之道和卦气流行致用方面。如此做法，无疑是对朱熹四圣《易》框架的完善，使四圣《易》更富有内在逻辑性，体系更为清晰。

第三，绘制和运用大量易图，使四圣之《易》内容清晰明了。胡一桂对四圣之《易》的说明，不仅附有精辟的文字解说，更有大量的相关易图。这些易图，一些是前人所发明的，如《伏羲始画八卦图》《伏羲八卦方位图》《伏羲六十四卦方圆图》《文王八卦方位图》等。还有众多为一桂自己所绘制之易图，其中，有一桂据前人易图所改之图，如《文王十二月卦气图》；有本无图但为一桂据四圣之《易》之文意而创绘的易图,如《揲蓍所得挂扐之策图》《老少挂扐定九八七六之数图》《老少挂扐过揲进退图》《二老过揲当期物数图》《二老过揲计三百八十四爻数图》《二少过揲计三百八十四爻数图》《文王九卦处忧患图》,等等。这些易图,本身已成为四圣之《易》的重要组成部分,无疑超越了朱熹单纯以文字之辞来界定四圣之《易》框架的做法。同时,对四圣之《易》以图的形式加以表现,使得四圣之《易》更为清晰明了,为后世学者提供了不少方便。

第四,有立有破,明确四圣之《易》,辨别伪说。胡一桂对四圣之《易》作正面阐述的同时,对于八卦的产生、重卦、文王作《彖辞》、周公作《爻辞》及孔子作《十翼》等历来颇有争议的问题,也有一番辨别。或从史料,或从四圣之《易》本身之辞,寻找证据,驳斥各种异论、伪说。虽然胡一桂在某些如周公作《爻辞》等问题上,并没有深入考察寻找到充实的证据以证明自己的观点,但其所表现的维护四圣之《易》分别为四圣所作的观点之态度却是异常坚决的。

从以上几个方面可以看出,胡一桂的四圣之《易》,已不是如朱熹对四圣之《易》的片言片语的描述,已然自觉地构建起一个内容充实、结构完整的四圣之《易》的古易体系,为古易之学的丰富和完善无疑作出了重大的贡献。

(二)四圣易象

四圣之《易》各有所不同,因而对待四圣之《易》,应加以区别。但如何区别四圣之《易》?

据胡一桂看来,不仅伏羲《易》、文王《易》、周公《易》,乃至孔子《易》,也是本卜筮的。《易》本卜筮,因吉凶以示训诫。而卦爻之吉凶,又依赖于易道之辞、变、象、占。《系辞传》曰:"易有圣人之道四焉,以言者尚其辞,以动者尚其变,以制器者尚其象,以卜筮者尚其占。"即圣人之道有辞、变、象、占。在胡一桂看来,圣人之道,虽有四,重点则在象占,归宿点又在于占。他说:

> 至于圣人之道虽有四,实不离乎二。有象而后有辞,有占而后有变。不得于象则玩辞为空言,不由于占则观变于何所? 故有象辞有占辞,占而后有卦变爻辞。举象、占则辞、变在其中。若惟举占则象、辞、变在其中,此四者之序,由轻归重,辞、变统于象、占,象又统于占。①

---

① (元)胡一桂:《易附录纂注》卷15,文渊阁《四库全书》第22册,第195页。

吉凶在于四道,四道之中尤重象、占。占是归宿点,断卦爻之吉凶。但占得通过象辞来表现。胡一桂说:"若夫超于言辞之表,而参以卦爻之象,斯亦占法之所不可省云。"①即认为,象、辞是占之必不可少的手段。

从象、辞之间关系来看,象居于更为重要的地位,有象才有辞,辞离不开象。于四圣之《易》看,伏羲《易》只有象、占、变而无辞。辞是文王、周公有感于伏羲有卦画无文字而所加的。至于文王、周公《易》,虽有象、辞、变、占,但一桂认为,"文王、周公之辞不出象占二者","六十四卦三百八十四爻皆然,《易》舍象占不足以成辞。论辞而不及象占,惟以道理解说而谓圣人自有此一种险怪之辞,则亦真不足与言《易》"②。正因为如此,象成为四圣之《易》重要的范畴。由此,对四圣之《易》的区别,其重要切入点则在于对四圣之易象的区分上。

胡一桂在《易附录纂注》卷十五《卦象图》中说:"朱子尝谓'四圣之《易》各有不同,不可作一例看'。故今列为此图,天地人物之象毕具,而羲、文、周、孔取象之同异皆于此可见矣。"③从这话可知,朱子所谓四圣之《易》不可一例看,在一桂看来,实是要区分四圣之易象。

1. 四圣易象的主要内容

易象是圣人通过卦、爻等符号对自然之象的效法和模仿。《系辞传》说:"圣人有见天下之赜,而拟诸其形容,象其物宜,是故谓之象。"

胡一桂基于《系辞传》所说象的概念,对四圣易象作了较清晰的定义。他说:"《易大传》曰:'庖羲氏仰以观于天文,俯以察于地理,观鸟兽之文与地之宜,近取诸身,远取诸物,始作八卦。'卦即象也。至文王、周公、孔子象益著焉。而其所谓象,亦不过天文地理鸟兽草木数端而已。"④伏羲《易》象即卦画,来源于对天文、地理、诸身、诸物的法象与模仿。文王、周公、孔子《易》象更为广泛,但也是对天文、地理、鸟兽草木等事物的法象与模仿。

虽然四圣之易象都出于对自然事物的法象和模仿,但却非同时而出,而是

① （元）胡一桂:《周易启蒙翼传》下篇,文渊阁《四库全书》第 22 册,第 318 页。
② （元）胡一桂:《周易启蒙翼传》下篇,文渊阁《四库全书》第 22 册,第 296 页。
③ （元）胡一桂:《易附录纂注》卷 15,文渊阁《四库全书》第 22 册,第 183 页。
④ （元）胡一桂:《易附录纂注》卷 15,文渊阁《四库全书》第 22 册,第 183 页。

经历了一个发展的过程。胡一桂说："由文王而周公,由周公而孔子,故《彖》而后有《爻》,《爻》而后有《说卦》。其人非一时,其书非一手,其取象非一端。"①由此可见,一桂以为,伏羲易象即为卦画,文王易象即为《卦辞》取象,周公易象即为《爻辞》取象,孔子易象即为《十翼》之象,《十翼》之象又集中表现为《说卦》取象。先伏羲易象,再至文王、周公易象,再到孔子易象。

　　这种传承与发展的过程,展现了四圣易象之间的某种关联和不同的地位。胡一桂说："卦者,象之原也;《彖》者,言象之始也;《爻》者,言象之衍也;《说卦》者,总《彖》《爻》取象之例也。"②伏羲之卦画是易象之根源,文王之《彖》象是象之开始,周公之《爻》象是象的进一步扩充,《说卦》易象则为前三圣易象的总括。"羲之象在卦中,文之象取其大纲,周公虽本之文王,已多其所自取,夫子虽本之文王、周公,然其同者间见而其所自取者,抑不止如周公之多于文王矣。"③四圣易象经历了四个阶段,四圣易象之间体现了易象发展的延续性和扩充性。其中,以《说卦》易象数量最多,为前三圣易象的集大全,易之取象实至孔子而大备。胡一桂也认识到《说卦》的重要地位,远远超出于前三圣。胡一桂说:

　　　　虽然《彖》《爻》所取之象犹略耳,如乾,《爻》虽象以"龙",而《彖》于"元亨利贞"之外,象则未之闻(文王于乾无所取象)。坤,《彖》虽象以"马",而自"牝马"之外,他象则未之见。至吾夫子,以八物穷卦爻之情,以八德状卦爻之性,而六十四卦《大象》,如乾则统象于天,坤则统象于地,象屯以云雷,象蒙以山泉,直曲尽卦爻之妙,而发文王、周公不言之秘,又为之《说卦》以旁通之微。夫子则天地、山泽、雷风、水火之象健顺、动入、陷丽、止说之德,终莫能以自著,何以致用于天下? 此万世而后,决嫌疑,定犹豫,谋之卜筮,皆有所观玩而不迷于吉凶悔吝之涂者,夫子之功实倍三圣,穷天地,亘古今,而不可泯灭者也。④

四圣易象中,胡一桂以为孔子《说卦》扩展了前三圣之易象,更能穷尽自然之

---

① (元)胡一桂:《易附录纂注》卷15,文渊阁《四库全书》第22册,第187页。
② (元)胡一桂:《易附录纂注》卷15,文渊阁《四库全书》第22册,第186—187页。
③ (元)胡一桂:《易附录纂注》卷15,文渊阁《四库全书》第22册,第189页。
④ (元)胡一桂:《易附录纂注》卷15,文渊阁《四库全书》第22册,第188页。

法象,使后世卜筮皆"有所观玩"而不迷,其功倍于前三圣,为万世不可少者。

也正因为《说卦》有如此特点和地位,《说卦》易象才逐渐成为易学家取象中最为关注的对象,并成为许多象数易学者取象来源的根据。朱熹就对汉易中这一现象进行了批评:"汉儒求之《说卦》而不得,则遂相与创为互体、变卦、五行、纳甲、飞伏之法,参互以求而幸其偶合。其说虽详,然其不可通者终不可通,其可通者又皆傅会穿凿而非有自然之势。"①胡一桂也说:"世儒言象尚矣率多祖《说卦》,子《彖》《爻》,孙卦体,其有不合《说卦》者,则委曲牵合附会以幸其中,而数圣人取象之意胥失之矣。"②世人对《说卦》易象的重视,已相当痴迷,不仅取象取诸于《说卦》易象而落处牵强附会之嫌,而且在对卦爻象的解释上,以《说卦》易象取代前三圣易象。这就抹杀了四圣易象的区别,混淆了四圣之《易》,这是胡一桂所不能容忍的。

为此,胡一桂提出"书非一人之手,其取象非一端"③,认为虽然四圣之易象有发展的延续性,《说卦》易象也承继了前三圣《易》的许多易象而为易象之总括,但是,四圣之易象并非出自一人之手,四圣的取象方式也不一定相同,各有其法,因而,四圣易象也并非无差别。周公取象不同于文王,多有自取;孔子取象又不同于文王、周公。胡一桂说:"然夫子梦周公而心文王,参包羲于未画,其于《说卦》明象不特括《彖》《爻》之例,又自有出于《彖》《爻》之外者,不可不察也。"④这是圣人取象非一端,有相同之处,也有不同之处。胡一桂还举例说明四圣之《易》之间的不同。他说:

> 姑即数卦论之,坤为马,离为牛,文王之《彖》也。乾称龙马(称龙见《乾》六爻,称马见《大畜》爻),震、坎称乘马(见《屯》卦),周公之《爻》也。自文王取象观之,乾何尝称马,坤何尝称牛,震何尝称龙?周公虽于《大畜》之乾称马,而于《乾》本卦但称龙,《坤》亦未尝称牛,《震》亦未尝称龙也。夫子则直曰乾为马,坤为牛,震为龙,是岂故欲异于文王周公哉?

---

① (宋)朱熹:《杂著·易象说》,《晦庵先生朱文公文集》卷67,《朱子全书》23册,上海古籍出版社、安徽出版社2002年版,第3255页。

② (元)胡一桂:《易附录纂注》卷15,文渊阁《四库全书》第22册,第186页。

③ (元)胡一桂:《易附录纂注》卷15,文渊阁《四库全书》第22册,第187页。

④ (元)胡一桂:《易附录纂注》卷15,文渊阁《四库全书》第22册,第187页。

又自有见于卦爻之象而取之也。①

关于《乾》《坤》《离》称"龙""马""牛",文王《易》、周公《易》及孔子《易》都是有所不同的。由此例可见圣人易象之间的不同之处。胡一桂批评世儒"或者不察,但见乾马坤牛载于《说卦》,举凡卦爻之言马必求之乾,言牛必求之坤"②,主张区别对待圣人之易象,应持"同者自同,异者自异"的态度,采取四圣易象相分的做法。他说:

> 朱夫子尝谓:"伏羲自是伏羲《易》,文王自是文王《易》,周公自是周公《易》,孔子自是孔子《易》。"各有不同,于其不同之中而求其同,可也。遽谓孔子《易》即文王、周公之《易》,而以《彖》《爻》《大象》尽求合于《说卦》,不可也!③

四圣之《易》不同,易象也不一样,不可相混。胡一桂尤其反对一切取象取诸于《说卦》而将伏羲、文王、周公易象混淆莫别的做法。

为了更好地区分四圣易象,胡一桂还对四圣易象进行了整理、归纳、总结,绘制四圣易象图。胡一桂从《彖》《爻》《大象》《文言》《说卦》中把涉及象的辞取出,以各归属八卦及四圣之《易》为类,以天文、地理、人事、鸟兽、草木为次进行排列,并在象辞之下附上象辞来源(见下表)。有四纵列,分别为伏羲(《卦》)象、文王(《彖》)象、周公(《爻》)象及孔子(《大象》《文言》《说卦》)象。横列为各八卦所属易象。如此,四圣之《易》取象一目了然,用胡一桂自己的话说,就是"按图而观取象之同异,庶乎其可见矣"④。

伏羲 (《卦》)	文王(《彖》)	周公(《爻》)	孔子(《大象》 《文言》《说卦》)
☰乾	大川(需讼取乾健兼坎险,同人取乾健兼互巽,大畜取乾健兼互震)	龙(《乾》六爻)、马(《大畜》九三良马)、舆(《大畜》二,《小畜》三,《大壮》四)、车(大有二)	天、圜、寒、冰、玉、金、君、父、首、马(良老瘠驳)、木果、大赤

---

① (元)胡一桂:《易附录纂注》卷15,文渊阁《四库全书》第22册,第187页。
② (元)胡一桂:《易附录纂注》卷15,文渊阁《四库全书》第22册,第187页。
③ (元)胡一桂:《易附录纂注》卷15,文渊阁《四库全书》第22册,第187页。
④ (元)胡一桂:《易附录纂注》卷15,文渊阁《四库全书》第22册,第188页。

续表

伏羲 (《卦》)	文王(《彖》)	周公(《爻》)	孔子(《大象》 《文言》《说卦》)
☷坤	康侯(晋坤上象)、行师(豫坤众象)、庙(萃坤上象又互巽)、马(坤牝马,晋锡马)、大牲(萃)	王母(晋二)、腹(夷四)、师(泰谦复并上爻)、征伐(谦上)、邑国、邑(泰上比五指下体,升三指上体)、国家(谦上)、国(益四五体)、城隍(泰上)、舆(剥三指下体、龙坤上)、玄黄(坤上)	地、臣、母、妻、腹、众、舆、釜、柄、牛、文、布、吝啬、均
☳震 颐(口也,震遇艮象,以全体取,后同)	震(惊百里即雷也)、七日(复全体取象)、大川(益震巽木象)、侯(屯豫建侯属震,又坤上象,屯互坤)、口(颐震遇艮全体取象)	七日(震二)、九陵(震二)、侯(屯初)、长子(师五指互体)、马(屯乘马,中孚马匹,互体)	雷、大涂、长子、足、龙、马(善鸣马足,作足的颡)、竹、萑苇、稼、玄黄
☴巽 井(巽遇坎象) 鼎(巽遇离象)	云(小畜巽一阴在乾天上象)、大川(蛊下巽又互震,中孚上巽又互震)、女(家人女正,姤,壮,渐,女归)、栋(大过栋桡,巽遇兑金体取象)、豚鱼(中孚,又兑体,只取阴物象)	妇(小畜上)、臀(姤三)、栋(大过,与象同)、床(巽二上木象)、资(旅四互体,巽上财也)、翰音(中孚上)、木(渐四)、杨(大过三五互反体)	寡发、广颡、白眼股、工、市、利、木、白、臭、长、高、绳直、进退、不果、躁卦
☵坎	大川(需讼取坎兼乾行象,涣取坎又取巽木在坎上象)、濡(未济)、心(坎心亨)、庙(涣取坎有幽阴象,亦取上体巽木象)、狐(未济)	雨(睽上五指下互体)、濡(贲三互体,既初近互,既上,未初)、大川(谦初近互体,未三)、泥(需三,又震四互体)、涂(睽上指下互体)、穴(需四上)、窨(坎初三)、幽谷(困)、石(困)、弟子(师五指二)、寇(蒙上指下体,贲四互体,需三指上体,解三)、血(需)、酒(需五酒食,坎樽酒,未上饮酒下近坎体)、车(贲初近互体,困四指坎)、舆(睽三互体)、轮(既初近互,未二上上爻下近坎)、弧矢(睽上指下互体)、刑桎梏(蒙初)、徽纆(坎)、马(屯贲互体,夷涣睽变体)、狐(解二)、豕(睽上)、株木(困)、蒺藜(困)、丛棘(困)	月、雨、云、泉、水、沟渎、中男、加忧、心病、血卦、盗、弓、轮、舆(多眚)、马(美脊,恶心,下首,薄蹄)、豕、木(坚多心)、赤、隐伏、矫揉、通

伏羲 (《卦》)	文王(《彖》)	周公(《爻》)	孔子(《大象》 《文言》《说卦》)
☲离	日（晋、革、丰）、明（明夷）、光（需互体）	日（离，丰）、光（未五）、南（夷三）、焚（旅上火也）、妇（既二，渐三五，朱子曰互体）、股（夷二）、征（离上）、伐（晋上）、牛（睽三互体，无妄初四似体又互艮，旅上革初既五指下体，大畜似体）、隼（解上指三互体）、雉（鼎三指上体，旅五）、鸟（旅上）、鹤（中孚二指互体）、飞（夷初）、龟（颐损益似体）	日、明、火、电、中女、目、大腹、甲胄、戈兵、鳖、蟹、蠃、蚌、龟、雉、木（科上稿）、乾卦
☶艮 旅（艮遇离为旅）	童蒙（蒙）、背（艮）、飞鸟（小过艮遇震全体取象）	大川（颐五不利涉艮象，颐上利涉阳爻象，又金体虚舟象）、丘（贲五颐二指上爻，涣四互体）、石（豫二）、人身（艮卦全卦取象）、童蒙（蒙）、童仆（旅二三）、庐（剥上全体似艮）、床（剥似艮）、牛（大畜童牛又三上似体童艮象，无妄三系牛互体系艮止义，遁二黄牛执革艮止义）、獭豕（大畜五，獭艮义）、虎视（颐四）、鼠（晋四鼫鼠互体）、硕果（剥上）	山、径路、小石、少男、手、指、门阙、阍寺、狗、鼠、黔喙、木（坚多节）、果蓏
☱兑 归妹（兑遇震象）	八月（临兑遇坤全体取象）、西郊（小畜互兑）	雨濡（夬上鼎三互体）、西郊（小过五互体）、西山（随上 云岐山互体）、女（归上指下体）、史巫（巽三互体）、臀（夬四）、涕洟（离五互体，萃上）、眇跛（履，渐）、涉灭（大过上）、虎（履三四，革五上）、羊（大壮似体，夬四，归上）	地（刚卤）、泽、少女、妾、巫、口舌、毁折、附决、羊

　　此易图的优点在于，以四圣为主线，能够清晰地分辨四圣各所取何象，有利方便从宏观上把握四圣易象的区分。但也有两大不足：一是易象范围不全，如孔子《十翼》中的《象传》易象未收入；二是不能清晰地突出四圣之《易》在相同的具体取象上的区别，难以看出四圣取象的规律。胡一桂也认识到这个问题，他说："愚于《本义》后既分八卦为象图，而系之以说矣。大概欲见三圣

人取象不同之意,以今观之,尚有未备。"①

于是,胡一桂又以自然法象分类为主线,对四圣易象重新进行编排成图。将易象归为"天文""地理""岁日月时""人道""身体""古人""邑国""宫室""宗庙""神鬼""祭祀""田园""谷果""酒食""卜筮""祐命""告命""爵禄""车舆""簪服""旌旗""讼狱""兵师""田猎""金定""币帛""器用""数目""五色""禽兽""鳞介""草木""杂"等类,将四圣易象按首文王卦象,次周公爻象,次孔子《十翼》中《彖传》《象传》《说卦传》的顺序,以"卦""爻""翼"字开头区别,分排于各类之下,并在易象下注明该易象在《周易》经传中的来源出处。

这两个易象图,使我们对四圣易象了然于目,能比较轻易地把握四圣取象的不同,很好地反驳了那些一切取象以《说卦》为祖,将四圣易象混淆莫辨的做法,这无疑对于我们认识和区分整个四圣之《易》有着巨大的作用。

2. 四圣取象方法

胡一桂不仅对四圣易象进行归类、整理、总结,绘制出两幅易象图,而且通过对四圣易象的考察区分,还总结出四圣"取象非一端"的方法和规律。

胡一桂认为,文王《易》、周公《易》、孔子《易》取象有"彖爻取象""卦有逐爻取象""爻有六位取象"及"卦德象体材义"几种体例。

彖爻取象例。这主要针对文王《易》、周公《易》及《十翼》中《彖传》取象。胡一桂说:"《易》中卦爻及《象传》中取象,有取变体、似体、互体、伏体、反体,不一而足。"②

变体,是指卦爻阴变阳、阳变阴而得出的卦。如《小畜》上九称"既雨",《小畜》卦无坎体,但取"雨"象,是因为以上九变则为坎。

似体,乃是从整个卦体出发,把整个卦相邻的阴阳属性相同的二爻浓缩,所形成的八经卦。如颐卦,天地人三才之爻,把相邻相同阴阳属性之阴阳爻浓缩,则成一《离》卦,取似体离象,所以《颐》称"龟"。又如《大壮》卦,取大壮卦的似体《兑》卦之羊象,故而称"羊"之类。

互体,一个重卦中取二至四爻或三至五爻,相邻的三爻组成一个新的卦,

---

① (元)胡一桂:《周易启蒙翼传》下篇,文渊阁《四库全书》第22册,第297页。

② (元)胡一桂:《周易启蒙翼传》下篇,文渊阁《四库全书》第22册,第293页。

即为互体卦。如《震》九四称"遂泥",取自三至四互坎象。

伏体,即与卦阴阳属性皆相对的卦。如《同人·彖辞》称"大川",是以下体离伏坎之象。

反体,即把一个卦颠倒过来看所形成的卦。如《鼎》卦初六爻称"妾",是因下体巽,正好为兑之反,故而取兑初阴爻"妾"之象。

卦有逐爻取象,即以卦体六爻喻六等份,把天、地、人及万事万物也分为六等份,以卦体六爻之每爻对应于天、地、人及万事万物相应的等次所取之象。初爻对应于自然万物中最下的等次,上爻对应自然万物中最上的等次。譬如人身分为六等份,对应卦体六爻,以初爻对应人之趾,二爻对应人身之腓,三爻对应人身之股,四爻对应人身之心,五爻对应人身之背,上爻对应人首。此为"卦有逐爻取象"。胡一桂举例说明,如《随》二三指初为"小子",《渐》初亦称"小子",《大过》指初为"女妻",《噬嗑》《贲》《大壮》《夬》《鼎》《艮》指初为"趾",《遁》《既济》《未济》指初为"尾",《晋》《姤》上象"角",《大过》上象"顶",《既济》上象"首"皆是逐爻取象。①

爻有以六位取象者。胡一桂说:

> 《易》六十四卦,惟《既济》一卦坎上离下,六爻之阴阳与六位之阴阳协,故曰"既济,定也",言爻位阴阳皆定之义。余六十三卦中皆具坎离阴阳之位焉,又足以见日月为易之妙,故卦中取象亦有以位之阴阳取者。初不以爻拘,如《乾》九三以位言,居离位之上,有"终日夕"象;九四以位言,居坎位之下,有"跃在渊"象,义则昭然矣。朱汉上解《乾·象传》曰:"六爻天地相函,坎离错居。坎离者,天地之用也。云行雨施,坎之升降也。大明终始,离之往来也。"愚因是推之,得六位取象之说焉。②

朱震《汉上易传》中对《坎》《离》异外重视,认为《坎》《离》二卦尽天地之用。胡一桂深认同此观点,并进行了发挥,推之于卦爻取象。坎为月,离为日,《坎》《离》二卦体现了日月之妙,天地万物无非日月之往来屈伸。这一点在《既济》卦上也可得到论证。胡一桂以为,六十四卦中,唯《既济》一卦称

---

① 参见(元)胡一桂:《周易启蒙翼传》下篇,文渊阁《四库全书》第 22 册,第 293 页。
② (元)胡一桂:《周易启蒙翼传》下篇,文渊阁《四库全书》第 22 册,第 293 页。

"定"，是因为《既济》一卦《坎》《离》六爻之阴阳与六位之阴阳相一致、相协调。既然《坎》《离》在天地万物中如此重要，一桂则把它推之于其他六十三卦，以六十三卦与上坎下离之《既济》卦对应而取象。如《乾》九三，对应于《既济》卦之下卦离之九三，居离之上，离为日，故有"终日夕"象；《乾》九四对应于《既济》卦之上卦坎之下爻，坎有渊象，故《乾》四九有"跃在渊"象。由此可知，一桂的爻有六位取象，实是结合了日月妙用之《坎》《离》二卦及爻位说，把六十三卦爻与《既济》卦的上坎下离卦爻相对应而取坎离象。这是胡一桂发前人所未发的易学取象方法，很有创意。

卦德象体材义。这句话，实括五种取象方法，一桂分别举例说明。卦德，指卦所代表的卦的性能、性情和特点。如《乾》健《坤》顺，《震》动《巽》入，《坎》陷《离》丽，《艮》止《兑》说之类。卦象，指八卦所代表的八种基本的自然物象，即乾天、坤地、震雷、巽风、坎水、离火、艮山、兑泽，取诸《说卦》。卦体，指从卦的整体出发，看卦的刚中柔中、刚上柔下、内阳外阴、内健外顺。卦材，即卦的刚柔健顺的强弱之分。卦义，指卦所代表的意义，如《泰》卦便有亨通之义，《蛊》卦便有干济之义。

在《易附录纂注》卷十五中，胡一桂也提到圣人的取象方法。他说："圣人取象非一端，有取之全体者，有取之各体者，有取之互体者，有取之似体者，有取之应体者，有虽无其象而取卦名义者，有取之逐爻者，有取之远近，取之阴阳之爻者。"[1]

全体取象，从整体看卦之所象，整个卦就是一个象，又可称之为"大象"。伏羲易象中，如《颐》卦像口，《鼎》卦像鼎器。在文王、周公、孔子易象中，如《艮》卦像人身，《小过》卦像飞鸟等。

各体取象，即从重卦的上下经卦所取之象。如《豫》卦所取的"行师"象，是取《豫》卦下卦之坤卦取象。"《说卦》八物各属八卦，此皆取之各体者。"[2]《说卦》中八卦所取之象，都是各体取象。

互体取象，与前面所提一样。

应体取象，指爻位相应之取象。应，即初与四爻应，二与五爻应，三与上

① （元）胡一桂：《易附录纂注》卷15，文渊阁《四库全书》第22册，第188页。
② （元）胡一桂：《易附录纂注》卷15，文渊阁《四库全书》第22册，第188页。

爻应。

有虽无其象而取卦名义者,即上面所说之"卦义"取象。

逐爻取象,见上文"卦有逐爻取象"例。

远近取象,根据与某爻的远近而取象。

爻之阴阳取象,即根据爻的阴阳属性而取,如《颐》上爻之"利涉大川",是取颐上爻阳爻象。

综合而看,胡一桂所归纳和总结的四圣之《易》取象法,有十六七种之多,基本上涵盖了历史上象数易学取象方法。

如此可知,胡一桂为区别对待四圣之《易》,将眼光着重放在四圣易象上:一是对四圣易象进行了归类、整理和总结,以易象图的形式清晰地展现了四圣易象;二是分析了四圣"取象非一端"的规律和方法。这不仅有利于从易象的角度来辨别四圣之《易》的异同,而且,对于象数易学也是有着巨大的贡献。其整理、提供的大量的易象,所总结的丰富的象数取象方法及其治象学易的致思方法,都对后世象学的研究有很大的借鉴作用。尤其是胡一桂总结的象数取象法,今日的象数取象法基本不出其左右。

三、经传相分的历史考察与从筮占上推理义

朱熹在对四圣之《易》分析的基础上,认为伏羲《易》,文王、周公《易》都是以卜筮为本,而孔子《易》则发出许多义理来,因而把伏羲《易》,文王、周公《易》归为一类,孔子《易》自为一类,如此形成《周易》经传的卜筮为主和义理为主的两个阶段,即经传相分的观点,这是古易之学的重要内容。在《周易》经与传的关系上,胡一桂对前人朱熹的思想有承继并有所发展。

(一)经传相分的古易历史考察

胡一桂也认识到《周易》经部以卜筮为主,传部为孔子所发出的许多理义,也主张《周易》经与传要相分。如他说孔子之《象传》:"六十四卦《大象》与卦、《彖》《爻》义全不相蒙,又别是说一道理,自是孔子解说伏羲一卦两体,又不蹈文王周公之义也。"[①]又如他说《文言》:"乾坤二卦《文言》为诸卦之例,

---

① (元)胡一桂:《周易启蒙翼传》上篇,文渊阁《四库全书》第22册,第233页。

文饰其辞以言之,发明义理为多。"①这些都可以看出,一桂已认识到经传的区别,主张经传相分。《周易》经传相分,在文本上来看,是要把孔子之《易》与伏羲《易》,文王、周公之《易》相区别,把《十翼》与经部相区别,这也是古易文本的原貌。胡一桂说:"所谓古易者,孔子翼易不遽自附于先圣之后。伏羲画卦,文王卦辞,周公爻辞,自合为上下经二篇,孔子所作《十翼》,则自分为十篇,是为古易。"②经传相分的四圣之《易》,即为古易。

胡一桂在《周易启蒙翼传》的上篇中对古易的内容和范围作了界定之后,紧接着在中篇对易学史上四圣之《易》经传相分的观点进行了梳理。一桂考察了汉之以降《周易》经传的文本流变史,认为经传相分的古易之学在易学史上经历了一个由古易到古易之变再到古易之复的流变过程。

1. 古易

古易时期,大抵自《周易》始至汉初。古易的《周易》经传文本共十二篇,《汉书·艺文志》称:"《易经》十二篇,施、孟、梁丘三家。"③胡一桂认为,《汉书·艺文志》所称的即是古易。其十二篇,包括上下经与《十翼》。经为伏羲卦、文王卦下辞、周公爻下辞,分为上下两篇;翼为孔子之传,含上下《彖》、上下《象》、上下《系辞》《文言》《说卦》《序卦》《杂卦》,共为十篇。施、孟、梁丘之《易》都为古易,实行经传相分,即不以传解经,也不把传文附于经文之后。

2. 古易之变

古易之变时期,为汉魏至宋初,主要经历了费直《易》、郑康成《易》、王弼《易》三个阶段。对于费氏《易》,胡一桂以为:"西汉《儒林传》称费直以《彖》《象》《系辞》《文言》解说上下经,初不言其分传以附经,然而将《彖传》、大小《象传》逐卦自聚成一类,统置于上下经两篇之后,仅存一'传'字于《彖传》之首以别经,悉去《彖》《象》《系辞》《文言》等篇目,则是古经已变乱于此矣。"④由此可见,费直对古易做了两个方面的工作:一是以传解经;二是将传中部分篇目统一附在《易经》二篇之后。费氏所为的影响在于,为古易变乱之始。对

① (元)胡一桂:《周易启蒙翼传》上篇,文渊阁《四库全书》第22册,第234页。
② (元)胡一桂:《周易启蒙翼传》中篇,文渊阁《四库全书》第22册,第245页。
③ (汉)班固:《艺文志》,《汉书》卷30,中华书局1962年版,第1703页。
④ (元)胡一桂:《周易启蒙翼传》中篇,文渊阁《四库全书》第22册,第240页。

于郑康成《易》，胡一桂引吴仁杰语认为，郑康成在费氏《易》的基础上，对古易又做了进一步的变化："康成省去六爻之画，又省用九用六覆卦之画，移上下体于卦画之下，又移'初九'至'用九'爻位之文加之爻辞之上，又合《彖传》《象传》于经，于《彖传》加'彖曰'字，于《象传》加'象曰'字"①。郑康成对《易》的排列为，先卦画，再言上下体，接着为卦名、卦辞、爻位名、爻辞，最后在每卦之后附上《彖》《象》内容。对于王弼《易》，胡一桂以为，王弼在郑康成《易》本之上，把孔子赞爻之辞（《小象》）附以相应《易经》爻辞之下，并以"象曰"区别《易经》爻辞；又取《文言》附于《乾》《坤》二卦之后，加"文言曰"三字于首；把《系辞》《说卦》《序卦》《杂卦》等篇目，按原先排法，别自为一卷。王弼的做法，使"世儒知有弼《易》，不知有所谓古经矣"②。

胡一桂对于古易之变，有一个总体的描述和评价。他说："至前汉费直以《彖》《象》《系辞》《文言》解说上下经，东汉郑康成传费直《易》，又以《彖》《象》《文言》本解《易》卦爻，宜相附近，始以附入其初，犹若今乾卦《彖》《象》《文言》统附卦之末。至三国魏王弼，又传郑学，以《彖》与《大象》之辞附卦辞下，分爻《小象》之辞各附当爻辞下，加'彖曰''象曰'以别之。朱子曰王弼注本之乾卦，盖存郑氏所分之例也。坤以下六十三卦，又弼之所自分也。古经始变乱于郑氏，卒大乱于王弼，惜哉！原其初二家，但欲学者寻省易了，日趋于简便，自是以来，古易十二篇遂亡，不复可见于后世。而后之读《易》者，但知有王弼本，猝莫别其何者为文王、周公之《易》？何者为孔子之《易》？殽乱千有余年，而圣人制作谦退之盛心，与夫示学者以盈科而后进之意，皆影响无传。"③郑、王之所为，有使人"寻省易了"的作用，但却掩盖了古易的本来面貌，贻害后学。这种影响，直到宋代才得到纠正。

3. 古易之复

古易之复时期，兴起于宋。古易主要经吕大防的《周易古经》、晁以道的《古周易》、程迥的《古易考》、吕祖谦的《古易》及朱子的《周易本义》而得到恢复。吕大防在《周易古经》序中批评王弼专治象象以为注，分缀卦爻之下，学

---

① （元）胡一桂：《周易启蒙翼传》中篇，文渊阁《四库全书》第 22 册，第 240 页。
② （元）胡一桂：《周易启蒙翼传》中篇，文渊阁《四库全书》第 22 册，第 241 页。
③ （元）胡一桂：《周易启蒙翼传》中篇，文渊阁《四库全书》第 22 册，第 245 页。

者于是不见完经而文辞次第贯穿之意亦缺。于是吕大防按古文以正之,有《经》二篇,《彖》《象》《系辞》各二篇,《文言》《说卦》《序卦》《杂卦》各一篇,总十二篇,按经传相分的方式排列。晁以道的《古周易》则对《经》《彖》《象》《系辞》不分上下,而各合为一篇,以《卦爻》第一,《彖传》第二,《象》第三,《文言》第四,《系辞》第五,《说卦》第六,《序卦》第七,《杂卦》第八的次序排列,分为八篇。程迥的《古易考》,有《经》上、下篇,《彖》上、下篇,《象》上、下篇,《文言》《系辞》上、下篇,《说卦》《序卦》及《杂卦》,共十二篇,篇第与二吕(吕大防、吕祖谦)合,只是《文言》在《系辞》之前为有所不同,其他一样。吕祖谦《古易》以《周易上经》第一,《周易下经》第二,《周易彖上传》第一,《周易彖下传》第二,《周易象上传》第三,《周易象下传》第四,《周易系辞上传》第五,《周易系辞下传》第六,《周易文言传》第七,《周易说卦传》第八,《周易序卦传》第九,《周易杂卦传》第十,共十二篇。吕祖谦的做法,以"第几"来对经传篇目进行了区分,经部分为二篇,传部分为十篇。朱熹的《周易本义》采取的是以吕祖谦的《古易》本为底本。

对于古易之复的历史价值,胡一桂给予了高度评价。他说:"至吕氏微仲始为复古易之倡,晁氏继之,东莱吕氏复因晁氏书定为十二篇,文公《本义》则因东莱所定本,揭十二篇以教天下,且发明象占大旨,真洗光咸池之日,为学者之一大快矣!"[1]四人古易,掀开了千年之蒙纱,澄清了古易。尤其是朱熹古易,不仅在《周易》经传文本上复就了古易经传相分的本来面貌,而且,还发明古易之象占大旨,是易学史上一大快事。

对于古易之复中各版本孰优孰劣的情况,胡一桂也进行了比较。他说:"今编次古易数家,孰优?曰:微仲既为之倡,东莱已暗与之合,晁氏虽无失,但省去三篇,亦未为当。今唯当以文公《本义》所从者为定,尚何容喙!"[2]微仲,指吕大防;东莱为吕祖谦;晁氏,即晁以道;文公,指朱熹。晁氏版本虽经传相分,但省去三篇,却与古易未能全符。这四家古易中,以朱熹《周易》版本最为优秀,被胡一桂定为标准版本。之所以选择朱熹古易,我们结合上段胡一桂

---

① (元)胡一桂:《周易启蒙翼传》中篇,文渊阁《四库全书》第22册,第245页。

② (元)胡一桂:《周易启蒙翼传》中篇,文渊阁《四库全书》第22册,第245—246页。

引文可知,朱熹古易是在前几人古易版本基础上尤其是以吕祖谦版本为底本而作,从后来者居上的角度来看,很有可能比前几人的古易版本更优,这是一个原因。还有一个更重要的原因,是朱熹《周易》发明了古易象占大旨,这是前几人所未能做的事。所以,胡一桂看重朱熹《周易》版本。

从以上胡一桂对《周易》经传相分的历史考察中,我们可以看出,他承继了前人特别是朱熹关于四圣之《易》相区别和经传相分的观点,但又有与朱熹有所不同的地方。学者钟彩钧注意到了这一不同,认为一桂的做法,"和朱子比较,朱子重视经的本义,一桂则希望把握历代《易》的特点(虽然最终仍希望能发明卜筮)。朱子是经学的话,一桂已有史学的倾向"①。

(二)从筮占上推理义

对于从筮占上推理义,胡一桂又是如何发明朱熹此方面的易学内容的呢?我们先看朱熹是如何的一种见解。可以说,从筮占上推理义是朱熹易学蕴含的一个重要易学观点和思想内容。朱熹的易学是在卜筮易基础上象数、义理的统一。其中,卜筮易是基础。朱熹说:"圣人作《易》,专为卜筮。后来儒者讳道是卜筮之书,全不要惹他卜筮之意,所以费力。"②《易》本卜筮的观点,非朱熹首提,之前苏轼等人就提出过,而将这一命题光大者非朱熹莫属。当然,朱熹明确"《易》本卜筮之书"这样一个命题,并不是毫无根据的,这是朱熹依据伏羲画卦、文王演易之说,并在深研易学发展的历史及《易》之义本结构的基础上所阐发的。我们在《朱子语类》中可以看到,在此书卷六十六《纲领上之下·卜筮全篇》中就论述了这个观点,可见朱熹对这个观点的重视。

象数是卜筮的必备的手段,也是卜筮的根基。也就是说,卜筮离不开象数。对于卜筮与象数的关系,朱熹有比较清晰的说法。他说:

> 昨承寄示赵仓《易》《论语》说,足浣愁疾。《易》说简易精密……深恨未得一见,面扣其详也。但象数乃作易根本,卜筮乃其用处之实,而诸儒求之不得其要,以至于苛细缴绕,令人厌听。今乃一向屏弃阔略,不复

---

① 钟彩钧:《胡方平、一桂父子对朱子〈易〉学的诠释》,《元代经学国际研讨会论文集》上,"中央研究院中国文哲研究所"筹备处 2000 年,第 230 页。

② (宋)黎靖德编:《朱子语类》卷 67,中华书局 1986 年版,第 1652 页。

留意,却恐不见制作纲领、语意来历,似亦未甚便也。①

大抵《易》之书本为卜筮而作,故其词必根于象数,而非圣人已意之所为。其所劝戒,亦以施诸筮得此卦此爻之人,而非反以戒夫卦爻者。近世言《易》者殊不知此,所以其说虽有义理而无情意。②

此书本为卜筮而作,其言皆依象数以断吉凶。今其法已不传。③

有卦爻象才有《易》,才可用来卜筮,卜筮所断吉凶之词,依象数而生,是象数的体现。而象数也只有通过卜筮,才能尽显《易》之实用。从这个角度来说,象数为作易的根本,卜筮乃其用处之实。如此看来,象数与卜筮实为体用关系。

对于义理与卜筮的关系,朱熹也有论述。他说:"到得孔子,尽是说道理。然犹就卜筮上发出许多道理,欲人晓得所以凶,所以吉。卦爻好则吉,卦爻不好则凶。若卦爻大好而己德相当,则吉。卦爻虽吉,而己德不足以胜之,则虽吉亦凶;卦爻虽凶,而己德足以胜之,则虽凶犹吉。反复都就占筮上发明诲人底道理。"④这《易》本卜筮与《易》之义理并不矛盾,《易》本卜筮为《易》之原初所作之由,《易》之义理为《易》之推衍而出,《易》之义理应由《易》之卜筮基础上推出,这就是朱熹所说的三圣为易各不相同,而又四圣一心,即四圣之《易》是一贯的,在易理上是相通的。

象数与义理也有着关联。朱熹说:"他所以有象底意思不可见,却只就他那象上推求道理。"⑤这就是说,象中含有万理,可以因象求理。

如此把象、数、理、占的关系并论,则如下:

季通(蔡元定)云:"看《易》者,须识得理象数辞,四者未尝相离。"盖有如是之理,便有如是之象;有如是之象,便有如是之数;有理与象数,便

① (宋)朱熹:《答虞士朋》,《晦庵先生朱文公文集》卷45,《朱子全书》第22册,上海古籍出版社、安徽教育出版社2002年版,第2060页。
② (宋)朱熹:《答赵提举》,《晦庵先生朱文公文集》卷38,《朱子全书》第21册,上海古籍出版社、安徽教育出版社2002年版,第1683页。
③ (宋)朱熹:《答刘君房》,《晦庵先生朱文公文集》卷60,《朱子全书》第23册,上海古籍出版社、安徽教育出版社2002年版,第2886页。
④ (宋)黎靖德编:《朱子语类》卷66,中华书局1986年版,第1629—1630页。
⑤ (宋)黎靖德编:《朱子语类》卷66,中华书局1986年版,第1641页。

不能无辞。《易》六十四卦，三百八十四爻，有自然之象，不是安排出来。①易从生成程序来看，表现为由理至象、至数、至辞这样的一个过程。若从用易的角度来看，则应反过来，以占筮通过变占之法得到卦爻辞，再通过卦爻辞中的象占之辞明了易中之理义，即由辞象到理②的过程。作为表达理的象数是断易之凭依，卜筮乃《易》用处之实，理义通过占筮之辞及其象数来把握。

可见，朱熹明确反对纯讲义理，也反对拘泥于象数，而主张从筮占上推理义。但是，理义到底为何，又采取哪些具体途径或方式从筮占上推出理义？朱熹对此并未明言。对这些问题，胡一桂进一步明确。

胡一桂对古易的经传相分作历史的考察，复就古易的本来面貌。但这并不意味着胡一桂就把《周易》经与传对立起来，相反，他也看到经传相合相联系的一面——集中体现于他的从筮占上推理义的易学观点和思想旨趣。

朱熹以为《易传》是孔子《易》，尽说道理，胡一桂则认为《易传》为主卜筮。不过，一桂同时也看到了《易传》的义理成分。他以为《易传》中的《文言》《象传》都是讲理义的，发明了许多道理。他说：

> 盖至于崇阳抑阴，进君子退小人，尊卑之分，贵贱之等，与夫幽明之故，死生之说，鬼神之情状，凡可因以发明性命道德之蕴以淑身心者，纤悉毕言之，于是《易》始不徒局于象数卜筮之书，推之而至精至变至神之妙，天下万世皆由之以识太极仪象生八卦之道，而尽事物之情。虽不假卜筮，亦自足以为吉凶之前知矣。《十翼》之作，其有功于万世固如此哉！③

《易传》阐明了太极仪象生八卦之道和幽明、死生、鬼神之情状，阐发了《易》中贵贱尊卑、性命道德之理义，使人明白事理，即物即理而前知吉凶，有其不可轻视的一面。

朱熹主张，《易》之理义，应从卜筮推出。《易传》是对《易经》的阐发，其理义是从卜筮中推出去的，这也是古易的原貌和重要内容。胡一桂承继此说，也强调《易传》的阴阳刚柔、性命义理之道，主张这种理义应该不离《易》之本

---

① （宋）黎靖德编：《朱子语类》卷67，中华书局1986年版，第1662页。
② 理与义、理义概念是有所不同的，理是针对于气、心性而言，义理、理义是易学中针对象数而言。但二者又有相通之处，易学上的理包括在理义之内。
③ （元）胡一桂：《易附录纂注》卷15，文渊阁《四库全书》第22册，第194页。

旨,即通过卜筮去推理义。理义为何？ 他说:

> 《易》固阴阳刚柔、仁义性命道德之书,而卜筮者,正将使人尽仁义之
> 道,参阴阳刚柔以顺性命,以和道德耳,岂徒托之空言而不见诸实用乎?
> 又况卜筮之顷,至理无乎不在,正得圣人作《易》本意。①

所谓理义,指《易》中所含之阴阳刚柔、仁义性命道德。阴阳刚柔为阴阳之间
关系及与其相关的太极仪象八卦之道;仁义性命道德,指用易道于人事之伦理
道德,进德修业。卜筮之中包括天、地、人三才之道,上通鬼神,下通事物,精及
于无形,粗及于有象,天下道理无不包罩在其中,开物成务之学也正有赖于此,
即所谓"至理无乎不在"。圣人作《易》本旨就在于通过卜筮使人明白理义,以
断吉凶。胡一桂明确反对纯讲易理。他说:

> 夏商周之《易》虽殊,而所主同于卜筮。古易之变复虽艰,而今终不
> 可逾于古。传授传注虽纷纷不一而专主理义,曷若卜筮上推理义之为实。
> 夫然后"举要"以发其义而辞变象占尤所当讲;"明筮"以稽其法而《左
> 传》诸书皆所当备;"辨疑"以审其是而河图、洛书当务为急。②

人们往往只专主理义,偏离《易》卜筮之旨和功用,显得空泛无实用。因而,胡
一桂以为"卜筮上推理义之为实"。但如何从卜筮上推理义之为实? 胡一桂
从三方面说明:一为举要;二为明筮;三为辨疑。

1. 举要

"举要",是要阐明卜筮与理义之关系,这种关系集中体现为理、辞、变、象
(数)、占关系。胡一桂说:

> 易有理而后有数,有数而后有卦,有卦而后有象。理者何? 太极是
> 也。数者何? 河图、洛书、蓍、大衍之数是也。卦者何? 由八卦重为六十
> 四卦是也。象者何? 乾天坤地、乾马坤牛之类是也。③

太极是理至极之称,是天地万物变化之根本,又是阴阳卦画生成之据。太极如
木之有根,水之有源,六十四卦三百八十四爻,莫不有太极存乎其间。有理才

---

① （元）胡一桂:《周易本义启蒙通释序》,《双湖先生文集》卷1,《续修四库全书》第1322册,上
　　海古籍出版社1995年版,第557页。
② （元）胡一桂:《周易启蒙翼传·原序》,文渊阁《四库全书》第22册,第200—201页。
③ （元）胡一桂:《周易启蒙翼传》下篇,文渊阁《四库全书》第22册,第292页。

有阴阳两仪、四象、八卦、六十卦、三百八十四爻等,理与卦爻、图书象数之间有一逻辑的展开过程。在胡一桂看来,易有以理言,谓之太极;有以书言,谓之两仪、四象、八卦、六十四卦、三百八十四爻等。《易》书源于易理,《易》本卜筮,因而实际上是要搞清《易》书卦爻的辞、变、象、占,从中推易理。辞、变、象、占为圣人之四道,胡一桂以为,辞变统于象占,象又统于占。四圣《易》之辞、变、象,都是从占上引发出去的。要明白其中理义,即要把握辞、变、象、占。

胡一桂在"举要"中的具体做法是,对理、气、数、易、先天后天、易尊阳卑阴、卦分爻位之阴阳、卦爻分君臣、爻有应不应、爻分三才、爻分中正、画爻位虚四者之别、卦爻变动有三、三圣取象例、象爻取象例、爻有以六位取象者、卦德象体材义、卦爻言数例、《易》为卜筮书、《本义》《启蒙》主卜筮、《周礼》九筮、辞说、变说、象数说、占类说、卜筮合象占为一说等一一进行了阐述。其阐述可以分为四个层次:一是对易学涉及的基础概念——理、气、数、易、先天后天、阴阳尊卑进行说明;二是对理、象数与辞的关系进行说明,特别是要指明,从不同的角度,对卦爻位的性质、取象进行不同的分析,会产生不同的象(数)辞;三是对卦爻辞进行象数类、占类的分类;四是卜筮、象占合为一体之说。第四个层次可以说是胡一桂"举要"的落脚点。我们通过胡一桂所列的阐述之名,可以初步看出,他对辞变象占的说明并非要对卦爻内涵作细致的分析,其注重的是从辞变象占"关系"的角度切入进行分析卦爻的辞变象占的"动态"意蕴。因为卦爻的位不一样,变动不一样,产生的效果及其性质可能不一样,象数与占辞也就不一样。如此看来,胡一桂此"从筮占上推理义"的致思路径与朱熹大体是一样的,延续了朱熹的观点。不过,其具体做法、内容不完全一致。

2. 明筮

古易《经》《传》不同,《经》本卜筮之旨,《传》从《经》中始发出道理,胡一桂认为,这种道理要从卜筮推出。明了著占法,是用《易》的前提,是卜筮上推理义的基础。胡一桂说:"著策大衍为用《易》而生也。"①在胡一桂看来,时下面临朱子易学"浸失其真",因而强调"明筮",阐明卜筮方法和原则,对古易著占法进行稽考就显得是一种非常必要的事。胡一桂在朱子《易学启蒙》和其

————————————

① (元)胡一桂:《周易启蒙翼传》下篇,文渊阁《四库全书》第22册,第287页。

父《易学启蒙通释》的基础上概述了揲蓍之法，但他的重点放在通过对《左传》诸书筮法的考证来探讨变占原则，对朱熹、胡方平变占原则做了一定的修正。

（1）揲蓍法

胡一桂对朱熹揲蓍法的承继，首先表现在对朱子揲蓍程序上的认可，主张三变皆挂。大衍之数五十，虚一不用，取四十九蓍为一握，信手中分，置几左几右，次以左手取左策执之，而以右手取右一策挂左手小指间，次以右手揲左策，观其所余或一、或二、或三、或四，扐之左手无名指，次以右手反过揲之策于左上，遂取几右策执之，而以左手四揲之，观所余策，如前扐之左手中指间，次以右手反过揲策于几右，合两手一挂二扐之策置几之西边，是谓一变。二、三变如一变。如此十八变成卦，视其老少之变与不变，以占事之吉凶。

其次，胡一桂承继了朱子《易学启蒙》中过揲之数与挂扐之数皆不可废，但以挂扐数生爻，过揲数明当期物数的做法。胡一桂亦主张用挂扐之数来定老少阴阳，而弃旧说中以过揲之数以定九、八、七、六。他说："若如旧说则四揲之后弃所余策足矣，何必一挂两扐之多端哉。朱子谓用挂扐而不用过揲，盖以简御烦，以寡制众，最为得之。"[1]朱子《易学启蒙》也曾说："欲废置挂扐，而独以过揲之数为断，则是舍本而取末，去约以就烦，而不知其不可也，岂不误哉！"[2]如果直接用过揲数定老少阴阳，则无必要挂一扐两的程序，胡一桂持朱子说，称赞朱子用挂扐不用过揲，是以简御烦，以寡制众。对于过揲之数，胡一桂用当期物数，并以老阴老阳为例绘制二老过揲当期物数图，以乾六爻老阳过揲数当《乾》之策二百一十六，以《坤》六爻老阴过揲数当坤之策一百四十四，合为三百六十当期之日（每月三十日，合十二月为三百六十日），合《乾》《坤》与六子三百八十四爻过揲之数为一万一千五百二十，当万物之数。

从实质上看，胡一桂对过揲法的程序的描述与朱子并无二致，只是多了几幅图，以图示各挂扐、过揲之数。

（2）变占法则

胡一桂对《左传》等书占法进行了考证，甚至结合自己断卦的经历来阐述

---

[1]　（元）胡一桂：《周易启蒙翼传》上篇，文渊阁《四库全书》第 22 册，第 216 页。

[2]　（宋）朱熹：《易学启蒙》卷 3，《朱子全书》第 1 册，上海古籍出版社、安徽教育出版社 2002 年版，第 254 页。

变占法则。我们依次对胡一桂的各变占法则进行说明。

一爻变则以本卦变爻占。

胡一桂在此条下案:"《左传》占法,又不只就一爻占,合本、之卦体并互体。"①

举胡一桂分析《左传》所载"毕万筮仕于晋"之例,以看胡一桂说法:

> 毕万筮仕于晋,遇《屯》之《比》,辛廖(晋大夫)占之曰:吉,《屯》固《比》入,吉孰大焉,其必蕃昌(《屯》险难,所以为坚固;《比》亲密,所以得入)。震为土(变坤),车从马(震车坤马),足居之(震),兄长之(震长男),母覆之(坤),众归之(坤为众),六体不易(一爻变六义),合而能固,安而能杀,公侯之卦也(《比》合《屯》固,坤安震杀,故曰公侯之卦)。公侯之子孙,必复其始(万,毕公高之后,传为魏之子孙众多张本)。②

括号内的内容为杜预本注。此筮为《屯》卦初爻变。《屯》初爻辞为:"磐桓,利居贞,利建侯。"从《易学启蒙》变占法来看,则当取《屯》初爻辞为占。胡一桂考察《左传》所载辛廖对此筮的解释及杜预对辛廖说辞的注解,发现古法注解虽其意与《屯》初爻辞意相似,但取辞却多为不同。辛廖对此筮的解释及杜预对辛廖说辞的注解,实是取了本卦体象(如"震车"中本卦《震》卦体象),也取了之卦卦体象(如"震为土""母覆之"中之卦《坤》卦体象)。据此,胡一桂说:"愚案朱子《启蒙》谓一爻变则以本卦变爻辞占,其下亦引毕万所筮,以今观之,未尝不取之卦,且不特论一爻兼取贞悔卦体,似可为占者法也。"③

二爻变则以本卦二变爻占,仍以上爻为主。

胡一桂在此条下案:"陈抟为宋太祖占,亦旁及诸爻与卦体。"④

此例见于《周易启蒙翼传》下篇,胡一桂未说明此例转载于何处。大意为宋太祖召陈抟筮占宋朝存亡长短,筮得《离》之《明夷》,九四及上九二爻变。太祖问自己能寿几何? 陈抟告知:"子年子月子日陛下终于火日之下,《离》为

---

① (元)胡一桂:《周易启蒙翼传》上篇,文渊阁《四库全书》第22册,第217页。
② (元)胡一桂:《周易启蒙翼传》下篇,文渊阁《四库全书》第22册,第320页。
③ (元)胡一桂:《周易启蒙翼传》下篇,文渊阁《四库全书》第22册,第320页。
④ (元)胡一桂:《周易启蒙翼传》上篇,文渊阁《四库全书》第22册,第217页。

火日,陛下之子孙尽矣。"又问:"孰敢为之?"对曰:"《离》九三及《明夷》之九三。"①

按《易学启蒙》变占法,此为二爻变,应当以《离》卦上九爻辞为主来占断。《离》卦上九曰:"王用出征,有嘉,折首,获匪其丑,无咎。"但观陈抟对此筮占的解答,并未用《离》卦上九爻辞来解说,而是利用卦体(如"《离》为火日")和其他爻(如"《离》九三及《明夷》九三"),可见《易学启蒙》的此条变占原则,也不是尽合经验。

三爻变则占本卦及之卦之彖辞,即以本卦为贞,之卦为悔。

胡一桂在此条下案:"《启蒙》但云占本、之彖辞,然以晋侯《屯》《豫》之占,则并占卦体可见。"②胡一桂在此原则上增加了"卦体"一项。

胡一桂所举之例载于《左传》"晋公子重耳筮得国"例。晋重耳筮得国,得《屯》之《豫》,为初九、六四、九五三爻动。按《易学启蒙》变占原则来看,应取《屯》卦辞及《豫》卦辞,以《屯》卦辞为贞,《豫》卦辞为悔。《屯》卦辞曰:"元亨利贞,勿用有攸往,利建侯。"《豫》卦辞为:"利建侯,行师。"此与例中司空季子主以两卦卦辞的解说相一致。说明《易学启蒙》这条原则做此规定大体是符合古法的。但例中也提到"泉货以资之(杜预注:资,财,《屯》《豫》皆有民。坎水在山为泉,源流而不竭)"③,按杜预注,则又取《艮》财、《坎》泉卦体象。所以,胡一桂以为,此条应加上"卦体"一项。

四爻变则以之卦二不变爻占,仍以下爻为主。

朱熹以此条经传无文,以例所推当如此。胡一桂在考筮占中也没有案例,但他在此条下案:"愚谓仍先观本卦二不变爻,然后重在之卦二不变爻,而以下爻为主,方备。"④朱熹直接视之于之卦,而胡一桂则提出"先观本卦二不变爻",则与朱熹说法有所不同。

五爻变则以之卦不变爻占。

胡一桂在此条下案:"愚谓仍先观本卦一不变爻,然后以之卦一不变爻为

---

① (元)胡一桂:《周易启蒙翼传》下篇,文渊阁《四库全书》第22册,第333—334页。
② (元)胡一桂:《周易启蒙翼传》上篇,文渊阁《四库全书》第22册,第217页。
③ (元)胡一桂:《周易启蒙翼传》下篇,文渊阁《四库全书》第22册,第331页。
④ (元)胡一桂:《周易启蒙翼传》上篇,文渊阁《四库全书》第22册,第217页。

主,尤为详备。"①胡氏对朱熹此条的看法微异,虽以之卦一不变为主,但提出先观"本卦一不变爻",摒弃了朱熹对本卦的不重视,亦有所修正。

六爻尽变则《乾》《坤》占二用,余卦占之卦象辞。

胡一桂在此条下案:"《乾》《坤》占二用,余占之卦象辞。"②这是胡一桂对朱熹变占原则中唯一的一次完全赞成。

凡卦六爻皆不变,则占本卦象辞,而以内卦为贞,外卦为悔。

胡一桂在此条下案:"并占上下两体为全备。"③即附上下两卦体,但胡一桂在考《左传》六爻不变例中,却有不同的说法。如"秦伯伐晋卜父筮之吉"例中,得《蛊》卦,六爻不变,胡一桂在例后注曰:"愚案朱子《启蒙》六爻不变则占本卦象辞,而以内卦为贞,外卦为悔。今虽不及象辞,而以贞悔分彼我,亦可见占法矣。"④即认为此例并没有用本卦象辞解。又如"晋厉公筮击楚子"例,得《复》卦,六爻不变,胡一桂例后注曰:"愚谓此卦占辞与卦象绝不类。"⑤此例以"南国""目""射"之象解此卦,并没有用《复》象辞。此例也不符合朱熹六爻皆不变的变占法则。可见,胡一桂对此条法则的回答与其做法是颇为矛盾的。

总的来看,胡一桂针对朱熹的七条变占法则,就有六条进行了修正,这不仅体现了胡一桂对变占法则的重视,也体现了胡一桂敢于创新,不墨守成规的开拓精神。

此外,胡一桂如其父一样,还看到就辞上占有其缺陷处,应以卦体卦爻象占来弥补辞占的不足。胡方平引刘云庄说:"筮法占卦爻之辞,然其辞与事应者,吉凶固自可见,又有不相应者,吉凶何自而决? 盖人于辞上会者浅,于象上会者深。伏羲教人卜筮亦有卦而已,随其所遇求之卦体卦象卦变无不应矣。文王周公之辞虽以明卦,然辞之所该终有限,故有时而不应,必如《左传》及

① (元)胡一桂:《周易启蒙翼传》上篇,文渊阁《四库全书》第 22 册,第 217 页。
② (元)胡一桂:《周易启蒙翼传》上篇,文渊阁《四库全书》第 22 册,第 217 页。
③ (元)胡一桂:《周易启蒙翼传》上篇,文渊阁《四库全书》第 22 册,第 217 页。
④ (元)胡一桂:《周易启蒙翼传》下篇,文渊阁《四库全书》第 22 册,第 321 页。
⑤ (元)胡一桂:《周易启蒙翼传》下篇,文渊阁《四库全书》第 22 册,第 324 页。

《国语》所载,占卦体卦象卦变,又推互体,始足以济辞之所不及而为吉凶之前知耳。"①胡一桂有几乎一样的论说②,以为伏羲《易》无文字,只占卦体卦爻之象,而文王、周公之辞与事有应有不应者,应以卦体卦爻象推测方验。胡一桂还用自己占日食的例子加以说明。正日食之时,胡一桂以蓍筮得《大有》之《需》,上体三爻俱变。若按一般辞占的变占法则,当以两卦卦辞以解。《大有》卦辞曰:"元亨。"《需》卦辞曰:"有孚,光亨,贞吉。利涉大川。"胡一桂以为,这两卦辞都无法解释日食现象,而应以卦体卦象占。他说:"以本之卦体占,下体乾天不动,上体以离日变坎月,日在天上,倏变为月在天上矣,以月掩日正日食象,以南方之离变北方之坎,独无意乎? 得非本卦象辞所谓元亨之兆欤。此可见占法矣。"③以上下卦的卦象来解释,离日、坎月正符合日食之象。由此例说明,辞占确有不足之处。

3. 辨疑

"辨疑",立于卜筮推理义的理念,审查易学疑问,考其质疑,辨其是非,正易学之常态。在胡一桂看来,辨疑当务之急为明《河图》《洛书》之旨,破河洛之伪说。除此之外,破各种技易之流,亦应不遗余力。

(1)图书辨

胡一桂承继前人观点,以为《河图》《洛书》为一切象数之源,也是《易》之起源。卦象之出,系辞之告,吉凶之断,皆因《河图》《洛书》而起。他在《〈河图〉〈洛书〉》论开宗明义就引《系辞》上篇,曰:"河出图洛出书,圣人则之。《易》有四象,所以示人也。系辞焉,所以告也。定之以吉凶,所以断也。"④无《河图》《洛书》,《易》就如同无源之水,无根之木。胡一桂在《周易启蒙翼传》下篇又说:"河图洛书为作《易》而出也。"⑤由此可见,《河图》《洛书》的地位和作用非同一般。基于此,对《周易》经传的从卜筮上推理义的问题进行考察,显然避免不了对《河图》《洛书》的认识和探讨。胡一桂主要从《河图》《洛书》

①　(元)胡方平:《易学启蒙通释》卷下,文渊阁《四库全书》第20册,第717—718页。
②　参见(元)胡一桂:《周易启蒙翼传》上篇,文渊阁《四库全书》第22册,第217页。
③　(元)胡一桂:《周易启蒙翼传》上篇,文渊阁《四库全书》第22册,第217—218页。
④　(元)胡一桂:《周易启蒙翼传》上篇,文渊阁《四库全书》第22册,第203页。
⑤　(元)胡一桂:《周易启蒙翼传》下篇,文渊阁《四库全书》第22册,第287页。

中五、《河图》《洛书》位与数的关系及先后天八卦配图书关系方面进行了描述和解说，并驳斥伪说。

关于图书中五。朱熹以为，《河图》《洛书》中所以为五，是五既含五数之象，其亦为五之数。五数之象，即含天一、地二、天三、地四、天五之象。五之数，即《河图》之一、二、三、四各居其五象本方外，而六、七、八、九、十，各因五而得数，以附于生数外；《洛书》之一、三、七、九各居其五象本方之外，而二、四、六、八又各因其类，附于奇数之侧。① 胡一桂对中五也格外重视，重点探讨了《河图》中五的地位和作用。他承继朱子五之数说，以为六、七、八、九、十因中五而后得，他说："六七八九十者，皆因五而后得，非真藉六七八九十之数以成之也。"②这就是说，六、七、八、九、十并不是与一、二、三、四、五同时产生的，并不是有个现成的六、七、八、九、十数与一、二、三、四、五生成相合，而是其间先有个因五而得六、七、八、九、十的过程。这是对朱子六、七、八、九、十因五而得数的明确表示。在此基础上，《河图》因中五使得生数与成数各相得相合而成水、火、木、金、土五行。然而，五行的产生，也离不开中五之土。他说："然天一生水，必待地六而后成，以至天五生土，必待地十而后成者，以五行之生皆不能离乎中五之土，以成形质天一生水矣，水非土则原泉从何出？故一得五则成六，是地六成之也。"③天一所生之水，并未成其形质，因无土则不能有地六，只有经过中五之土而成地六，才有一六之合而得形质之水。其他火木金五行亦依此类推。如此，中五决定了成数的产生，决定了生成数相合而得的五行的产生，从而也就决定了《河图》的结构。前述其父方平重点从生成奇偶数之贵阳贱阴、阴阳相待相错来分析中五与生成数的关系，而一桂则侧重从《河图》五行关系的角度来说明。可以看出，这种思路与其父方平还是有很大不同的。

关于《河图》《洛书》的关系。《易传》以天地之数来发明《河图》之数，但对《洛书》之数，却未明言。对于《洛书》之数，朱熹以为"虽夫子之所未言，然

---

① 参见(宋)朱熹：《易学启蒙》卷1，《朱子全书》第1册，上海古籍出版社、安徽教育出版社2002年版，第214页。

② (元)胡一桂：《周易启蒙翼传》上篇，文渊阁《四库全书》第22册，第204页。

③ (元)胡一桂：《周易启蒙翼传》上篇，文渊阁《四库全书》第22册，第204页。

其象其说已具于前,有以通之"①。这个"已具于前,有以通之"是指从《河图》中推明《洛书》。胡一桂以为:"以洛书观之,其为数也,一居北,六居西北,三居东,八居东北,五居中,与河图之位数合。至于九自居南,四自居东南,七居西,二自居西南之数,视河图实相易置焉"②。即把《河图》之南、西位与数相易则为《洛书》。如此形成《河图》《洛书》之间数与位有所不同,即三同(北、东、中)二异(南、西)的局面。朱熹以"《河图》以五生数统五成数,《洛书》以五奇数统四偶数"来说明数与位不同的原因。胡方平则以朱子"阳不可易,阴可易"的观点来解释图书之数位"三同而二异"(见前章)。朱熹与胡方平都侧重以阴阳来解释,但胡一桂则侧重从五行角度来说明这种数位不同的必然性。

首先,胡一桂说明《河图》《洛书》体现了五行相生、相克的关系。《河图》北一六水,东三八木,南二七火,西四九金,中央五十土,左旋五行水生木,木生火,火生土,土生金,金又复生水,为五行相生。《河图》南、西数相易,即成南四九、西二七,则为《洛书》图。"书皆右转相克,北方一六水克南方二七火,南方二七火克西方四九金,西方四九金克东方三八木,东方三八木克中央五土,五土复克北方水焉。"③所言方位、数及五行,是依《河图》方位、数、五行来说的。若依《洛书》方位数来看,则为北、西、南、东、中央、北的右旋相克次序。图书的这样易置结果,则不光有《河图》之五行相生,还出现了《洛书》的五行相克。

其次,胡一桂认为五行的相生相克是不可相无的,是人事之当然之理,是自然之法象。他说:

> 不生则或几乎熄,不克则亦无以为之成就也。五行相克,子必为母报仇,如土克水,水之子木又克土;水克火,火之子土又克水;火克金,金之子水又克火;金克木,木之子火又克金;木克土,土之子金又克木。其循环相克,亦无已焉。今有人忘父母之大仇而不报者,可以观诸此矣。或曰克必有报,而生未之酬何也?盖生者,理之常,数之顺,如天之生物本无求于

---

① (宋)朱熹:《易学启蒙》卷1,《朱子全书》第1册,上海古籍出版社、安徽教育出版社2002年版,第212页。
② (元)胡一桂:《周易启蒙翼传》上篇,文渊阁《四库全书》第22册,第204—205页。
③ (元)胡一桂:《周易启蒙翼传》上篇,文渊阁《四库全书》第22册,第205页。

报,而受生者固亦不屑屑以报为事,其河图之谓乎。克者,理之变,数之逆,为受克之子者,岂容坐视而不报哉? 其洛书之谓乎。体常尽变,则子必为母报仇,乃造化自然之象,人事当然之理,而不可易者也。①

在胡一桂看来,整个自然及人事,充满着报与不报的两个方面。五行的相克,如同人事中的子为母报仇;五行的相生,是受生而无求于报。人事中,子为母报仇是天经地义的事,出于造化自然。五行相生则次第相顺,不发生克战之事;五行相克则有克战,则有克与报。如此,这种报与不报则是自然、社会的常理,是自然、社会的应然、当然之理。《河图》《洛书》所讲的五行相生相克,其实际就是这种人事与自然的法象。既然整个自然和人事都是在这种报与不报、相生与相克之中,那么,《河图》易数为《洛书》,也就是理所当然之事。以五行及自然实体来解释《河图》,前人程大昌及胡方平皆有所述。但这里,胡一桂的诠释则多了伦理道德意味。

先后天八卦配图书。此观点,朱熹在《易学启蒙》中讲得很明白:"是则洛书固可以为《易》,而河图亦可以为《范》矣。"②朱子以为,《河图》不止于作《易》,《洛书》不止于为《范》。胡方平据朱熹观点作了进一步的阐述,并作了先天八卦配《洛书》、后天八卦配《河图》两图,以说明先天八卦可配《河图》,也可配《洛书》,后天八卦可以配《洛书》,也可以配《河图》。胡一桂也认同这种观点。他说:"以伏羲先天八卦乾兑生于老阳之四九,离震生于少阴之三八,巽坎生于少阳之二七,坤艮生于老阴之一六,其卦未尝不与洛书之位数合。文王后天八卦坎一六水,离二七火,震巽三八木,乾兑四九金,坤艮五十土,其卦未尝不与河图之位数合。"③此话意,实合于其父方平,故胡一桂此语之后案"先人之说,见《启蒙通释》上卷末"④。

由此可见,前人着重于阴阳象数,而胡一桂则更侧重从五行展开对图书的阐述,虽主旨思想与前人无异,但论述的角度却还是有所新意的。

---

① (元)胡一桂:《周易启蒙翼传》上篇,文渊阁《四库全书》第22册,第205页。
② (宋)朱熹:《易学启蒙》卷1,《朱子全书》第1册,上海古籍出版社、安徽教育出版社2002年版,第215页。
③ (元)胡一桂:《周易启蒙翼传》上篇,文渊阁《四库全书》第22册,第206页。
④ (元)胡一桂:《周易启蒙翼传》上篇,文渊阁《四库全书》第22册,第206页。

在阐明河洛主旨的同时,胡一桂也不忘驳河洛伪说,突出表现在辨刘牧易置图书之疑、刘牧指参伍以变为四十五数之疑上。刘牧以九宫、四十五数的易图为《河图》,以五行生成、五十五数的易图为《洛书》。胡一桂以为,刘牧此说,虽托言于陈抟,却与诸儒旧说不合;自有《易》以来,易学家没有以九数图为《河图》者,只有刘牧才以十为《洛书》,九为《河图》,刘牧之说是没有文献学根据的;以十为《河图》,九为《洛书》,这是《系辞》"天一地二章"所明言的;从体数、用数角度看,五十五数为体数,四十五数为用数,胡一桂以为"必体立而后用行,十图九书义亦昭矣"①;而且更重要的是,以伏羲舍十数图而则九数之图以作《易》,数千年后大禹舍自然之九宫之数而取十数之图以作《范》,真如此的话,那大禹叙《九畴》何以与十数相配? 因而,胡一桂谵刘牧之说为"臆度无理之妄谈"②,而坚持朱子九数为书,十数为图的说法。胡一桂驳刘氏之说,亦有些根据,但并不充分。一桂此驳,也没有着眼于河洛本身思想内容的角度来斥刘氏之说,不无遗憾。

(2)技易之流辨

从筮占上推理义,须注意避免两种错误的行为:一是偏离卜筮本旨而大谈特谈理义;一是虽本卜筮,但其中占法有违古法或于理义有不尽通处。这两种做法,都没有很好地把卜筮与理义结合起来,不符古易之学从筮占上推出理义的思想观点。

前者谈理义而不讲卜筮,陷入空谈之中而无实用,其中以王弼易学最为猖獗,胡一桂批评王弼易学专讲理义而使古易淹没,陷入玄易之中,贻害后世千年。胡一桂说:"自汉儒始变乱古易,至有流为术数之归而卒大乱于王弼,且杂以虚无之论,吾易遂晦蚀于天下,寥寥千载。"③但胡一桂对此种行为并没有太多的探讨,大概前人如朱熹已极为深刻地阐明了只顾义理而忽视卜筮观点之非。而对于后者,朱熹却未过多关注,所以,胡一桂花了很大篇幅,对第二种行为进行细致的分析,指出他们没有处理好《易》的卜筮与理义之间的关系。

---

① (元)胡一桂:《周易启蒙翼传》下篇,文渊阁《四库全书》第22册,第338页。
② (元)胡一桂:《周易启蒙翼传》下篇,文渊阁《四库全书》第22册,第337页。
③ (元)胡一桂:《周易本义启蒙通释序》,《双湖先生文集》卷1,《续修四库全书》第1322册,上海古籍出版社1995年版,第556页。

虽本卜筮,而其中占法有违古法或于理义有不尽通处的技易之流也有众多,胡一桂皆列在《周易启蒙翼传》"外篇"中,集中探讨和一一驳斥。胡一桂说:"以《纬书》为首,如《焦氏易林》《京氏易传》《郭氏洞林》,犹皆是《易》卜筮事,然占法序卦已非先圣之旧。"①所谓的"占法"是指伏羲《易》中的过揲蓍策法,经四营而成易,十有八变而成卦,然后依变占原则求贞悔卦爻,依卦爻辞、象辞而断吉凶,此为《左传》诸书所载之古法。"序卦"指先天伏羲卦序和后天文王卦序。这些书与《易》本卜筮之意同,但其法已有所改变。胡一桂批评这些书的占法程序和方法不合古法,也批评此种占法的理义有不通之处。我们以胡一桂对焦氏易、京氏易的批评来考察他从卜筮上推理义的思想。对于焦氏易,胡一桂说:

> 延寿卦变法,以一卦变为六十四卦,六十四卦通变四千九十六卦。而卦变之次本之文王序卦,首乾、坤而终既、未济。且如以乾为本卦,其变首坤,次屯、蒙,以至未济。又如以坤为本卦,其变首乾,次屯、蒙,以至未济。又如以末一卦未济为本卦,其变亦首乾,次屯、蒙,以至既济。每一卦变六十三卦,通本卦成六十四卦,且每一卦变成诗六十四首,六十四卦变共四千九十六首,以代占辞,而文王、周、孔辞并不复用。②

胡一桂从《焦氏易林》的卦变入手,分析了全书的面貌,认为《焦氏易林》即由一卦变六十四卦,六十四卦又各变六十四卦,至四千零九十六卦,赋予四千零九十六首诗以为占辞。

焦氏卦变以首《乾》《坤》而终《既济》《未济》,其卦序本与文王序卦同,但焦氏每一卦的卦变都采取此序,因而所变成的四千零九十六卦,关系简单,内在关系不明显。胡一桂对焦氏卦变多有微辞,认为这远没有朱熹《易学启蒙》中所载卦变来得合理。胡一桂说:

> 愚案朱子《启蒙》六十四卦变例,只三十二图,每一图反复成两图,共成六十四图。如以乾为主一爻变六卦,二爻变十五卦,三爻变二十卦,四爻变十五卦,五爻变六卦,六爻变只一坤卦。自坤反观,又成一图。其法

---

① （元）胡一桂:《周易启蒙翼传》外篇,文渊阁《四库全书》第22册,第344页。
② （元）胡一桂:《周易启蒙翼传》外篇,文渊阁《四库全书》第22册,第347页。

条理精密,且乾坤、震巽、坎离、艮兑各各相对不乱。①

朱子《启蒙》所载卦变图,不仅体现了卦爻的有序变化,而且卦变后所形成的六十四卦,既有反复关系,又体现了八卦之间的两两相对。从前往后推为一卦之卦变,反过来,从后面往前推则变成前卦的相对卦的卦变。此卦变,条理精密,更富有理义在内。可看出,胡一桂对《启蒙》六十四卦变例的看法,与其父方平是相同的。胡一桂持此种认识,拿来与《焦氏易林》相较,发现这种八卦、六十四卦反对关系的理义在《焦氏易林》的卦变中却无法体现。所以,胡一桂批评《焦氏易林》"虽其变卦次第本文王序卦,而义则无取"②。

胡一桂对焦氏不以四圣易辞来断吉凶的占法也提出了批评。古法是以文王、周、孔辞来断吉凶,而《焦氏易林》却不取四圣之《易》来断,别自独创一套诗词来取代占辞。胡一桂说:"其占一以卦爻辞为据。今焦氏诗既不本之卦爻辞,又不取之卦爻象……如沈丞相占,略与诗应,亦其偶然不过如籤辞之适中尔。非真卦象然也!"③胡一桂认为,焦氏之诗大都随意,既不本卦爻辞,也不取卦爻象,利用此诗词来断,与事实合符者,也只是偶然巧合。有学者以为,《易林》中许多语句来自《周易》经传、《易林》的林辞多处取自卦爻象,从而认为胡一桂"关于《易林》诗不本之卦爻辞,不取之卦爻象的观点有失偏颇"④。这里,我们比较赞成胡一桂的说法。对于胡一桂所说的《焦氏易林》诗不取之卦爻象的观点,我们应该这样理解:胡一桂所说的卦爻象,实是基于四圣之易象的范围内取的,并非超出四圣易象依纳甲、五行等各种取象法对卦爻象而取象。其卦爻象,指的是四圣易象。胡一桂说《易林》不取之卦爻象,是指《易林》诗中所取之象超出了四圣易象范围。但不管如何评价,有一点可以确定的是,从占法角度看,焦氏以诗代四圣之辞,显然已非古法了,这正是胡一桂所要批评的。

对于京氏易,胡一桂也批评其虽主卜筮,但于理多有不通。其中,胡一桂对京氏易的纳甲、卦变、世应、起月例、飞伏例等进行了总结,其中尚有欣赏之

---

① （元）胡一桂:《周易启蒙翼传》外篇,文渊阁《四库全书》第 22 册,第 348—349 页。

② （元）胡一桂:《周易启蒙翼传》外篇,文渊阁《四库全书》第 22 册,第 349 页。

③ （元）胡一桂:《周易启蒙翼传》外篇,文渊阁《四库全书》第 22 册,第 349 页。

④ 李秋丽:《胡一桂易学思想研究》,山东大学 2006 年博士学位论文。

意,但对京氏易中的卦气说批评甚力,而卦气说是京氏易用于卜筮环节中最重要的一环,这无疑是对京氏易的一个大打击。胡一桂从京氏易的卦气直日、卦气起于《中孚》两方面来论述京氏易卦气之非。

《汉书·京房传》载:"京房字君明,东郡顿丘人也。治《易》,事梁人焦延寿……其说长于灾变,分六十四卦,更直日用事,以风雨寒温为候,各有占验。房用之尤精。"①京房卦气说来源于孟喜、焦赣,对二人卦气说进行改造遂成己说。《新唐书》卷二十七上,僧一行《卦议》称:"十二月卦出于《孟氏章句》,其说《易》本于气,而后以人事明之。京氏又以卦爻配期之日,坎、离、震、兑,其用事自分,至之首,皆得八十分日之七十三。颐、晋、井、大畜,皆五日十四分,余皆六日七分,止于占灾眚与吉凶善败之事。至于观阴阳之变,则错乱而不明……京氏减七十三分,为四正之候,其说不经,欲附会《纬》文'七日来复'而已。"②"配期"之"期",指一周岁三百六十五又四分之一日。在孟氏那里,《震》《离》《兑》《坎》四正卦值二至二分用事之日,又是四时各专王之气。其余六十卦,每一爻值一日,六十卦一共是三百六十天,其余的五日四分之一日均匀地分摊到六十卦中,就形成了一卦主六日八十分之七日的所谓"六日七分"卦气说。京氏则以值二至、二分前十一、二、五、八月节末候的《颐》《晋》《井》《大畜》四个卿卦,各值五日又八十分之十四日;四正卦,值二至、二分之日,各为八十分之七十二日;其余五十六卦,仍分别值六日七分。京房的四正卦各卦所值之日数,与在他们各自之前卿卦所值日数之和,即是孟氏卦气说中各卿卦所值之日数,计六日七分。值仲冬十一月中冬至初候、次候的,分别是公卦《中孚》辟卦《复》。《坎》值冬至八十分之七十三日,《中孚》值六日七分,二者所值日数之和恰为七日,与《复》卦卦辞"反复其道,七日来复"之义相契。

对于京氏的卦气值日说,胡一桂认为:

> 合六十卦为日三百六十五四分之一,附之一岁则有余,而加之闰则不足。若之何? 其主一岁耶。一岁之中赢缩余闰,初无常时,而卦之所值则有定日,又焉能候寒温耶? 且使夫六十四卦所配之日皆惟我之所分,则何

---

① (汉)班固:《汉书》卷75,中华书局1962年版,第3160页。
② (宋)欧阳修、宋祁撰:《新唐书》卷27,中华书局1975年版,第598—599页。

独六日七分而后可？吾将合六十四卦而以一岁三百五十四日均之,则一卦直五日四十二分五厘,亦可也。吾将损四正而用六十卦以当三百五十四日,则卦直五日七十二分,亦可也。不然,惟用八卦以当三百五十四日,则卦直四十四日二十分,又谁曰不可？凡去取多寡,惟我之所制,则人皆可为矣,何取乎《经》？此房之罪也！①

胡一桂指出,京氏的卦气值日说,有两个问题:一是一岁三百多天,每天时长不一,有赢有缩,而京氏的卦值则有定日,没有体现卦气盈缩,与天时不能尽符;二是京氏的卦气值日分法是人主观而为的,不是依《经》而设,是没有客观依据的。既然可以用六十卦分一岁,也当然可以用六十四卦分一岁,也可只用八卦分一岁。如何分法,只在于唯人所制,去取多寡而已。胡一桂还认为,其分法造成极坏影响,使后人如司马光等仿效其法,随意分卦气。因而,胡一桂严厉批评京房其罪巨大,贻害后世。胡一桂对京房的这两点诘难,可以说,击中了京氏卦气说的要害。

对于京房的卦气起于《中孚》的说法,胡一桂也发起了诘难。京氏与扬雄都以卦配气候,主张卦气始于《中孚》。胡一桂说:

> 卦气不自他卦始,而独起于中孚,不知何义？复以一阳初生,谓之冬至之候,犹有说也。屯以一阳震动于坎离之中,谓之冬至之候,犹有说也。至于中孚以兑巽为卦,而谓之冬至,则无一说而可。《太玄》以中准中孚,其辞曰:"阳气潜萌于黄宫,信无不在其中,盖谓中孚者,信也。"夫以中孚为信,阳气必应于此,则是取其义而不取其气也。②

所谓的"无一说而可",指在理义上没找到根据,京氏取卦气起于《中孚》,其理不知是何。扬雄作《太玄》亦仿效京氏,但扬雄以"信"来解释《中孚》,胡一桂认为,如此的话,卦气起于《中孚》,则是取中孚之义,而不是依节气而取。既然是取其义而不取其气,那么,卦气起于他卦也是完全可以的。如此,卦气起于《中孚》,就是于理不通。

由此可见,焦京氏易虽主卜筮,胡一桂却认为他们之《易》于古占法不同,

---

① (元)胡一桂:《周易启蒙翼传》外篇,文渊阁《四库全书》第22册,第357—358页。
② (元)胡一桂:《周易启蒙翼传》外篇,文渊阁《四库全书》第22册,第358页。

又于理不通,只是借易以为说,落于技易之流,与从卜筮上推理义的古易之法是不同的。"浅陋之术皆得假圣人之糟粕以为精深,所以眩惑斯人而取售于世,房之所以用之之验者,迺其术也而非易也。"①这就认为,这种浅陋之术、技易之流是不在古易之内的。

到此,我们对前面胡一桂有关内容进行小结。从易学渊源来看,胡一桂易学与朱子易密切相关,一桂认同朱熹的古易之学;从学术背景来看,朱子易学"浸失其真",这"真"显然不是单纯指朱熹的象数或义理,而是朱子立于《易》本卜筮基础上的象数、义理统一的易学;从胡一桂著作的原因及目的来看,其所著《易附录纂注》和《周易启蒙翼传》目的是为阐发朱熹古易之学思想内容;从胡一桂治易方法来看,其占有大量易学文献、史料及以象解易和比较分析法,与其《易》本卜筮的古易之学的宗旨也是不无关系的。从胡一桂辨异的对象及目的来看,他对各种非卜筮、与朱子古易内容相牴牾的思想观点都给予驳斥,目的也在于维护、阐明朱熹古易之学。从胡一桂象数内容来看,其易著中有大量总结易象及取象方法的内容,但我们得看到,这种做法也是服务于古易之学的,为其需要而做的。更重要的是,在胡一桂的易著中,其易著的主要内容是围绕古易之学而展开的。我们以"胡一桂古易之学图"来表示胡一桂古易之学的易学观和思想内容。

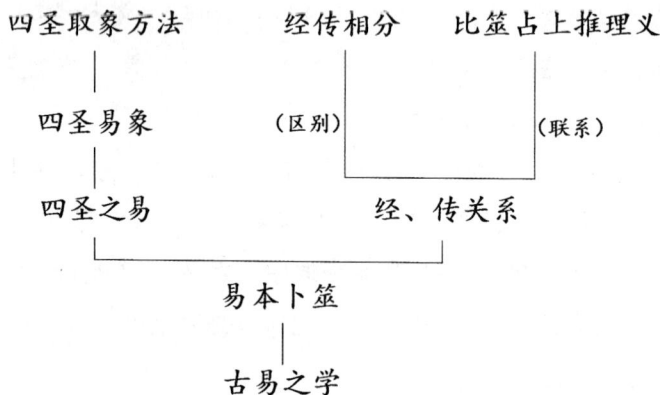

四圣取象方法　　经传相分　　比筮占上推理义

四圣易象　　（区别）　　（联系）

四圣之易　　　　　经、传关系

易本卜筮

古易之学

---

① （元）胡一桂:《周易启蒙翼传》外篇,文渊阁《四库全书》第22册,第358页。

胡一桂尽管有一些关于象、数、理、辞、占关系的叙述，但在易学思想体系上对理、象、数之精蕴并未有深入细致的思考和探讨，此方面的研究远逊于其父。胡一桂更多的是在朱子古易之学的视域下去梳理古易之学中的象、数、理、辞、占的关系。我们以上页之图来表示胡一桂的古易学的作为和贡献。第一，深化《易》本卜筮之旨。胡一桂从伏羲《易》、文王《易》、周公《易》、孔子《易》等各方面论证朱熹《易》本卜筮的思想观点，并在易学解说的实际行动中灌输这种《易》本卜筮的观念。第二，对古易的内容进行了填实和扩充，并使之体系化。胡一桂对四圣之《易》的内容和范围进行明确和区分，并认为在易学注解和运用中区别四圣《易》的一个最大的着手点，是要区别对待四圣易象，进而他对四圣易象进行了整理、总结、归类，探讨了四圣《易》的取象方法，如此使四圣《易》异同清晰明了。第三，对古《易》经传考历史、明本旨、辨异学，进一步阐明经传关系。胡一桂也承继了朱熹对《周易》经传的看法，一方面主张在《周易》文本上复就古《易》经传相分的原貌，为此展开了对《周易》文本经传相分的历史考察；另一方面又看到经传相统一的一面，主张从筮占上推理义，为此，阐明图书和蓍占法则，批评、反对偏离卜筮本旨，空谈易学理义和虽本卜筮，却不合古占法或于理义不通的两种做法，对如何从筮占上推理义提出了自己的见解。因此，我们可以说，胡一桂的易学主旨就在于丰富、完善朱子古易之学。同时，我们也注意到，在胡一桂丰富和完善古易之学的过程中，也贯穿着胡一桂的"辞变统于象占，象又统于占"的思想观点。

如此，胡一桂从卜筮易的易学观，到四圣《易》的内容结构，再到筮占上推理义的经传关联方面，对朱子古《易》都有着不同程度的丰富和发展。朱熹奠定了古《易》的基本框架，胡一桂则构建了朱子古易之学的丰富和完整的体系。从朱子古《易》内容、结构的完善程度的这个角度来看，我们说，朱熹是朱子古《易》的初建者，胡一桂则是朱子古《易》的完善者。

有学者认为，胡一桂的"易学价值在于纠正了当时人们对朱子易的篡改和歪曲，恢复了朱子易之全貌，使朱子易学得以发扬光大"[1]，同时也指出，胡一桂对《周易》版本考辨、易学传承的阐述和历代易学文献著录也具有重要易

---

① 林忠军：《象数易学发展史》第 2 卷，齐鲁书社 1998 年版，第 500 页。

学价值,并对胡一桂的象数易贡献作了说明,认为"从象数易发展看,他(胡一桂)的象数易起到了薪火传递的作用,象数易学之所以能够在清代发展,并且占统治地位,这与胡一桂等人的努力是分不开的"①。可见,胡一桂的易学价值是多方面的。这也说明,我们从不同的角度来看待某种易学的价值,可能会有不同的认识。关于胡一桂易学的影响和价值,我们将在后面结语部分再叙述。

---

① 林忠军:《象数易学发展史》第 2 卷,齐鲁书社 1998 年版,第 501 页。

第四章　胡炳文:义理之学的坚持者

元代婺源颇具影响力的易学名家,除了胡方平父子外,胡炳文亦是不可忽视的一个人物。胡炳文运用多种诠释方法,以折中是正的易学态度,对朱熹《周易本义》进行注疏,发挥其中易理和人生论思想,从而表现了与胡方平父子易学有所不同的特色。胡方平重象数,胡一桂重古易之学,胡炳文则侧重发挥朱子于卜筮基础上的义理思想。

第一节　胡炳文其人及其著

本节主要考察胡炳文的生平、学术渊源和著述。了解这些,对于进一步探讨胡炳文的治易态度和方法、易学思想有着重要作用。

一、其人

胡炳文,生于宋理宗淳祐十年(1250),卒于元顺帝元统元年(1333),享年84 岁,字仲虎,元代徽州婺源(今属江西)人,世号云峰先生。因其族子胡淀建明经书院,以处四方来学者,盛名于东南,所居面山,故世称云峰。炳文与著名的性理学者吴澄(草庐,1249—1333)、许谦(白云山人,1270—1337)、陈栎(寿翁,1252—1334)、胡一桂(庭芳,1247—?)等约为同时代人。

胡炳文一生致力于学术,孜孜不倦。炳文幼时嗜学,年时 12 岁,便夜读不辍,父母怕其过于劳累致疾,"欲止之,乃以衣蔽窗隙,终夜默诵"①。"既长,笃志朱子之学,上溯伊洛,凡诸子百氏、阴阳医卜、星历术数,靡不推究。四方

---

① (明)程瞳辑撰,王国良、张健点校:《新安学系录》卷 12,黄山书社 2006 年版,第 231 页。

学者云集。"①胡炳文学识渊博,学术地位亦越来越高。初任职于信州道一书院,担任山长。至大三年(1310),胡炳文族子胡淀建成明经书院②,邀炳文出任山长。于是胡炳文辞别信州道一书院,回到婺源,担任明经书院山长一职,为诸生讲学,时间应该在公元1313年后。胡炳文后又被调往兰溪学正,然未赴任,留于家乡讲学著书。

胡炳文为人谦虚、友善、刚正不阿。"日用之间,动合轨度。诲人谆谆不倦,与人交必以道义,不屈势利,浇风薄俗由之而敦。"③从胡炳文写给弟子程光道的《静春斋记》及与陈栎、吴澄、汪永昶等人的书信中,都可看出他的这些性格。

胡炳文的学术,主要来自家学。然其家学,既有明经胡氏之一贯经学,又有与之存在着深刻渊源的朱子之学,尤其是其祖父和父亲时代(前面已述),其家学实则以朱子之学为主脉。程敏政曰:"程朱之先皆出新安,而朱子又婺产也。云峰先生近私淑之。其家学渊源有所从来。"④胡炳文著作之书,所倡所讲,大多维护和阐发朱子之旨,会同辨异,卓然成一家言,如《四书通》即为矫正余干饶鲁与朱子相抵牾之说而写的。

众人对胡炳文及其学术赞誉有加,对其学术地位充分肯定。《新安学系录》引王仲仪称胡炳文:"瞭瞭乎观物之眼,便便乎谈《易》之口。溯洙泗而穷源,揖伊洛而为友。丹青不可得而状兮,正似其端坐无言之时,俨若思而通袖。"⑤高度评价胡炳义满腹经纶,学识渊博。海陵储公瓘说:"自晦庵没,学者载其说于四方,更传递授,源远益分,先生晚得其传,精思力践,望其涯涘而直止焉。使其及门较功第学,盖与勉斋、北溪诸贤相后先也。"⑥《新安文献志》

---

① (明)程瞳辑撰,王国良、张健点校:《新安学系录》卷12,黄山书社2006年版,第231页。

② 据弘治《徽州府志》卷5《学校》记载:"明经书院在县北二十里考川……元至大三年,胡主簿淀谋于族父云峰先生炳文。"(弘治《徽州府志》卷5,《天一阁藏明代方志选刊》第21册上,上海古籍出版社1964年版,第25页)

③ (明)程瞳辑撰,王国良、张健点校:《新安学系录》卷12,黄山书社2006年版,第232页。

④ (明)程瞳辑撰,王国良、张健点校:《新安学系录》卷12,黄山书社2006年版,第233页。

⑤ (明)程瞳辑撰,王国良、张健点校:《新安学系录》卷12,黄山书社2006年版,第232页。

⑥ (明)程瞳辑撰,王国良、张健点校:《新安学系录》卷12,黄山书社2006年版,第233—234页。

之《先贤事略上》称其"与陈定宇先生同时倡明理学,为时硕儒"①。胡炳文发明朱子之学,后人将其与南宋理学名家朱熹门人黄榦(勉斋)、陈淳(北溪)和元代陈栎(定宇)等人相提并论,可见胡炳文在当时学术界是有着重大影响的。

二、其著

胡炳文为元一代名儒,一生之中,笔耕不辍,写下不少作品。《新安文献志》之《先贤事略上》称:"胡云峰炳文……所著有《周易本义通释》及《四书通》,又有《〈大学〉指掌图》《〈四书〉辨疑》《〈五经〉会意》《纯正蒙求》《〈尔雅〉韵语》《云峰笔记讲义》二百篇,《文集》二十卷。"②

《宋元学案》:"著有《易本义通释》《书集解》《春秋集解》《礼书纂述》《四书通》《大学指掌图》《五经会义》《尔雅韵语》等书。"③

《新安学系录》载其:"集诸说参正,作《〈易〉本义通释》……炳文深正其非,作《四书通》……于《性理三书》《朱子启蒙》《〈易〉五赞》皆有通释行世。《春秋》尝为集解,《礼》《书》皆有纂述。自以更易未定,门人亦有得其稿者。又有《〈大学〉指掌图》《〈四书〉辨疑》《〈五经〉会意》《纯正蒙求》《〈尔雅〉韵语》《云峰笔记讲义》二百篇,《文集》二十卷。"④

胡炳文70岁时在《与草庐吴先生书》中提及自己的著作:"平日所以读书,惧或遗忘,思之思之,或夜分不能寐。尝为《易启蒙通义》,又尝集诸家易解,有合《本义》者为《通释》。又尝为《六爻反对论》及《二体相易论》。凡六十篇皆已成书。又尝以《四书纂疏》及《集成》所纪,或失之泛,或失之舛,不自量为会其同而辨其异,名曰《四书通旨》。长文未脱稿,更一年当可就也。"⑤

---

① (明)程政敏辑撰,何庆善、于石点校:《新安文献志·先贤事略上》,黄山书社2004年版,第36页。

② (明)程政敏辑撰,何庆善、于石点校:《新安文献志·先贤事略上》,黄山书社2004年版,第36页。

③ (清)清宗羲原著,全祖望补修,陈金生、梁运华点校:《介轩学案》,《宋元学案》卷89,中华书局1986年版,第2986页。

④ (明)程瞳辑撰,王国良、张健点校:《新安学系录》卷12,黄山书社2006年版,第231页。

⑤ (元)胡炳文:《云峰集》卷1,文渊阁《四库全书》第1199册,第739页。

在另一封信中胡炳文也谈及自己的著作。《答定宇陈先生栎并辞求遗逸诏·五》载:"炳文发偾越作《本义通释》外,尝为《启蒙通释义》,又尝为《六爻反对论》及《二体相易论》。凡五十八篇并序六十篇。但未得求正于有道,常以为恨。年来老成凋谢,异郡有葵初,异县有先生,不得己时参请,如之何如之何! 外又见《四书纂疏》及《集成》,多又差缪,于是自为一书,名之曰《四书通旨》。"①

可见,胡炳文著述宏富。《四库全书》共收录了胡炳文四部著作。经部收录了云峰《周易本义通释》十二卷,《四库全书总目》提要称其"据朱子《易本义》,折中是正;复采诸家易解,互相发明"②。《四书通》二十六卷,为排斥异论,维护朱子之学纯性的一部著作。《四书通序》末所记为"泰定甲子九月旦日新安后学胡炳文序"③。"泰定甲子"为公元 1324 年。结合各书信自述可知,《四书通》为胡炳文 71 岁(1320)前后所作,不晚于 1324 年。《纯正蒙求》三卷,主要是以四字属对成文的形式,汇集古圣贤之嘉言善行,教导儿童立教明伦、立身行己之事、待人接物等规矩。集部收录其《云峰集》十卷,包括《杂文》七卷,附以赋四篇、歌词一篇;《诗》一卷,附以词三首;《附录》二卷,为本传、行状、赠答、题咏诗文等。胡炳文诸著作中,《周易本义通释》和《四书通》最为出名,影响甚广,为其代表性成果。

胡炳文何以有如此之多的著作,我想至少有两个方面的原因:一是出于胡炳文自身的努力,勤奋所至。胡炳文热衷于学术,于学问下力甚深,为学甚是刻苦。少年时,便夜读不辍,晚年时亦不松懈。胡炳文在《与草庐先生书》中云:"孜孜矻矻相与讲求经学,旦夕不辍,寒暑不渝,惟四五月间,脚气间发,亦力病不敢怠忘。"④"炳文者,年将八十,诗书未尝顷刻释手,自笑头如雪,而读书之眼犹如月也。"⑤"炳文年虽耄,读书之眼尚能认细字,问学晨昏不废。"⑥

二是当时经学状况,让胡炳文有种担当起"明经"使学者不至于误入迷途的使命。胡炳文在《代族子淀上草庐吴先生求记明经书院书》中说:"《六经》

---

① (元)胡炳文:《云峰集》卷1,文渊阁《四库全书》第1199册,第745页。
② (清)永瑢等撰:《四库全书总目》卷4,《经部·易类4》,中华书局1965年版,第24页。
③ (元)胡炳文:《云峰集》卷1,文渊阁《四库全书》第1199册,第761页。
④ (元)胡炳文:《云峰集》卷1,文渊阁《四库全书》第1199册,第739页。
⑤ (元)胡炳文:《云峰集》卷1,文渊阁《四库全书》第1199册,第740页。
⑥ (元)胡炳文:《云峰集》卷1,文渊阁《四库全书》第1199册,第741页。

者,圣人明天下,后世之大《经》,以经天下万世者也。其体全体,其用大用。《六经》未作,《六经》之理在天地化育中,在圣贤事业中。《六经》既作,天地万物之蕴,圣贤之心之事业在《六经》中。三代以上,《经》未全而《经》之道行。秦火而后,《经》不全而《经》之道弥破。"①"学惟明《经》,则有本;有本则用无穷。"②此中胡炳文阐述了《六经》之重要,主张对《六经》要学惟明《经》,有其本才有其用,即"明体适用"。"明体",是明白《六经》中圣人之道;"适用",是依据圣人之道以治世。胡炳文认为,明经之事自胡安定既已开始,经程朱发扬而经学大明。然而当前的经学状况却让他担忧:"学者沦于旧习,非绝类离伦以为高,则以希世取宠而安于毕,于是经学始若无用于天下。近年以来,科举未兴,学者但知临晋贴、诵晚唐诗,笔迹声气稍似之哆。然以士自名,漫不知经学为何事?"③《与古逸汪先生炎昶书》称:"时文愈盛而古学寝衰。能执事沉浸醲郁于文公之学者,百无一二。"④"旧习",指古文经学专注于词章的训诂之学。胡炳文批评时人只顾当经之时文,不能明体适用,不能执事于朱子经学,倡明经学之大旨。因此,胡炳文怀着强烈的"明经"使命感,担当起明经之大任,讲学不辍,著书不息。他在《与紫岩汪先生宗臣书》中自谦:"殚五十年心力,《四书》《周易》等书,虽不过发明朱子之说,不能就正有道,此为大不满耳。"⑤可见其著书之由。

这些著作中,易学著作占据重大部分,胡炳文易学成就甚大,广为人知。《元史》称:"胡炳文,字仲虎,亦以《易》名家。"⑥其《易》著,早年有《易启蒙通义》《六爻反对论》及《二体相易论》,惜皆已佚,具体内容已无法考证。潘雨廷先生说:"曰'六爻反对'者,犹综卦之象;'二体相易'者,犹两象易之象。此两种变化,胡氏于此书中固常用者也。"⑦今存可见者,有其《周易本义通释》十二卷和《易义》一卷,及有少许易论散见于《四库全书》本《云峰集》中。《易

① (元)胡炳文:《云峰集》卷1,文渊阁《四库全书》第1199册,第737页。
② (元)胡炳文:《云峰集》卷1,文渊阁《四库全书》第1199册,第740页。
③ (元)胡炳文:《云峰集》卷1,文渊阁《四库全书》第1199册,第737—738页。
④ (元)胡炳文:《云峰集》卷1,文渊阁《四库全书》第1199册,第741页。
⑤ (元)胡炳文:《云峰集》卷1,文渊阁《四库全书》第1199册,第740页。
⑥ (明)宋濂等撰:《元史》卷189,中华书局1976年版,第4322页。
⑦ 潘雨廷:《读易提要》卷6,上海出版社2003年版,第277页。

义》一卷,为胡炳文九世孙胡珙在编《云峰文集》时把其中关于《易》者编为一卷,置于《文集》篇端,此卷仅二十余则,是些易之书札、序文。

下面我们主要来考察《周易本义通释》①。

关于成书时间和成书过程。此书自初稿形成至最后定稿并非一蹴而就,而是经历了几经修改才形成现在所见之稿。其初稿和最后定稿成书的具体时间已难确切,但此书初稿形成时间应该较早。胡炳文在《与草庐吴先生书》中提及:"又尝集诸家易解,有合本义者为《通释》。又尝为《六爻反对论》及《二体相易论》。凡六十篇皆已成书……《本义通释》则郭文卿守浮梁时为刊其半,出之太早,炳文今悔之无及也。刊本今以呈,似中有缪戾,阁下削之绳之,幸甚幸甚。"②《六爻反对论》及《二体相易论》为胡炳文早年作品,《周易本义通释》与此并提,可能《周易本义通释》初成时间亦与此相差不远。《周易本义通释》卷首有《释例》,提及是书以朱子《周易本义》为据,融合诸家《易》解,初名《精义》,后考虑过于繁冗,删而约之,遂成《周易本义通释》。这就直接说明此书为《精义》之改稿、定稿,此书成稿有一修改的过程。胡炳文曾为此《周易本义通释》作了《序》,《序》末题为"延祐丙辰春新安后学胡炳文仲虎父序"③。延祐丙辰年为仁宗延祐三年,即公元 1316 年。潘雨廷先生在其《读易提要》中认为:"初集诸家《易》解成书,曰《精义》。后嫌其繁,乃统一于《朱义》而通释之,以成此书。时当仁宗延祐三年(1316),年已六十七。"④延祐三年应是胡炳文作《周易本义通释序》那年。"郭文卿守浮梁时"约为公元 1313 年前后,此时书已刊出一半,可知,此书成稿应在这时期前。胡炳文 70 岁(1319)与吴澄书信时追悔《周易本义通释》"出之太早""悔之无及"⑤,可能是因为胡炳文发现刊本中有不少错误与不妥之处,或跟他晚年易学思想有较大出入之处,因而他请吴澄修改,"然后敢以示人"。但终究改正与否,则不得而知。

---

① 案,本章《通释》为《周易本义通释》之简称。
② (元)胡炳文:《云峰集》卷 1,文渊阁《四库全书》第 1199 册,第 739 页。
③ (元)胡炳文:《云峰集》卷 3,文渊阁《四库全书》第 1199 册,第 761 页。
④ 潘雨廷:《读易提要》卷 6,上海出版社 2003 年版,第 273—274 页。
⑤ (元)胡炳文:《云峰集》卷 1,文渊阁《四库全书》第 1199 册,第 739 页。

关于《周易本义通释》版本和卷数。

据上文所提胡炳文自述，可知此书有元刊本。《藏园订补邵亭知见传本书目》称："《周易本义通释》十二卷，元胡炳文撰。○通志堂本。○嘉靖元年邓杞刊本。○旧抄本十卷，附辑录《云峰易义》一卷。（绳）［补］《周易本义通释》十二卷，辑录《云峰文集易义》一卷，元胡炳文撰。○明嘉靖元年邓杞刊本，十一行二十四字，细黑口，四周双栏。"①《周易本义通释》后有明刊本、手抄本等多个版本。现存流传较广的版本是《通志堂经解》本和《四库全书》本。《通志堂经解》本为《周易本义通释》十二卷，此版本内容先有炳文延祐丙辰年"周易本义通释序"，接着列有"周易总目""周易本义通释释例"及"云峰文集易义一卷"，最后为《周易本义通释》十二卷内容。② 较之《四库全书》本，则多了"周易本义通释序""周易总目""云峰文集易义一卷"三部分。

关于其卷数，历代文献记载中多有出入。

《钦定续通志》：《周易本义通释》十二卷，元胡炳文撰。③

《钦定续文献通考》卷一百四十三之《经籍考》：胡炳文《周易本义通释》二卷。炳文，字仲虎，号云峰，婺源人。尝为信州道一书院山长，再调兰溪州学正，不赴。学者称云峰先生。《元史·儒学传》附载其父《一桂传》中。④

《千顷堂书目》：胡炳文《周易本义通释》十卷，自《系辞》以下俱佚，取《大全》所辑一桂说补之。又《周易启蒙通释》□卷。⑤

《经义考》：胡氏（炳文）《周易本义通释》十二卷，存。⑥

《钦定四库全书简明目录》中说：《周易本义通释》十二卷，元胡炳文撰。大旨以朱子《本义》为宗，而参以众说。原本残缺。唯下经（笔者案，疑为"上下"）经仅存。其《十翼》乃炳文九世孙琪、玠杂采他书所引炳文之说以

① （清）莫友芝撰，傅增湘订补，傅熹年整理：《藏园订补邵亭知见传本书目》卷1，中华书局2009年版，第24页。笔者标点有改动。
② 参见（清）纳兰性德辑：《通志堂经解》第3、4册，江苏广陵古籍刻印社1993年版。
③ 参见（清）嵇璜、曹仁虎等撰：《钦定续通志》卷156，文渊阁《四库全书》第394册，第456页。
④ 参见（清）嵇璜、曹仁虎等撰：《钦定续文献通考》卷143，文渊阁《四库全书》第630册，第27页。
⑤ 参见（清）黄虞稷：《千顷堂书目》卷1，上海古籍出版社2001年版，第15页。
⑥ 参见（清）朱彝尊：《经义考》卷43，文渊阁《四库全书》第677册，第473页。

补之也。①

上述记载中,有称二卷,有称十卷,有称十二卷的。之所以会出现卷数不一的现象,主要是因为大家对《周易本义通释》十二卷是否全出于胡炳文旧本有异议。《四库全书总目》对《周易本义通释》的流传和卷数作了如下分析:

> 王懋竑《白田杂著》曰:"今刻云峰《本义通释》,上下经解极详,以《大全》本考之,增多者十之三四;《象传》以后,语皆与《大全》同,无增多者。疑《通释》自《象传》后已失去,后人抄集《大全》所载,以续之耳。"又《大全序例》谓:"胡氏《通释》,辄变古《易》,又于今《易》,不免离析先后。考今刻乃一依古《易》,此不可晓。或者今刻非原本欤?"云云。案此本前有明潘旦《序》,称书经兵灾,多至亡佚,其九世孙珙及弟玠募遗书,得上下经而阙《十翼》,乃复汇搜诸集中以补之。然则今本《十翼》,乃珙、玠所裒录,非炳文之旧。懋竑盖未见旦《序》,故有此疑。惟《大全》称炳文辄变古《易》又离析今文之先后,则《象传》《象传》必附经文之中,何以解《传》者佚而解《经》者不佚? 又何以珙、玠所得旧本,上下经文厘然完具而不参以《象传》《象传》? 此则诚不可晓。然《大全》为胡广等庞杂割裂之书,所言亦不尽可据也。②

王懋竑之论,以《周易本义通释》与明代胡广所编之《易经大全》所引胡氏《易》解相比较,发现此十二卷在注解言语与篇幅长短方面存在很大差异,《周易本义通释》上下经二卷的注解更为详细,多出十之三四,但《周易本义通释》卷三(《象传》)之后,言语与《易经大全》相同,因而怀疑卷三之后可能遗失,今流传本之《周易本义通释》卷三之后部分,可能为后人从《易经大全》中抄集补全。对于王懋竑之疑,《提要》取《周易本义通释》篇首之潘旦之序来解释,以为《周易本义通释》前二卷为旧本所有,后十卷为后人所辑。《钦定续文献通考》认为《周易本义通释》二卷,大概与此同由。

然而,我们对《提要》的说法不禁有以下疑问:《提要》"案此本前有明潘旦序"中"本"是有异义的。"本"字可指"版本",亦可指"本来"之意。如果

---

① 参见(清)永瑢、纪昀等撰:《钦定四库全书简明目录》卷1,文渊阁《四库全书》第6册,第14页。

② (清)永瑢等撰:《周易本义通释》提要,《四库全书总目》卷4,中华书局1965年版,第24页。

"本"意指"本来"，那么《四库全书》编撰者亦未见此序，只是据传闻此《序》内容而作出的判断。然而此意不可通，因为后面《提要》说"懋竑盖未见《序》，故有此疑"。如果《四库全书》编撰者亦未见此序，那么岂不跟王懋竑一样无法证实？那就没必要再说此话了。而且，《钦定四库全书简明目录》称《周易本义通释》"《十翼》乃炳文九世孙珙、玠杂采他书所引炳文之说以补之"，又岂可下此断语？那么，如此意味《四库全书》编撰者当见了此序才证实懋竑之疑，因而"本"是指"版本"之意。即是说，乾隆四十六年（1781）纪昀等编撰此版本书时当还有此序。但真有此序的话，问题又来了。同为清代而为时更早的王懋竑（1668—1741）因未见此序才有此卷数之疑，为何王懋竑不见而后面《四库全书》编撰者又可见序文？那么，王懋竑所见之版本与《四库全书》本应是有所不同的。然而此解释也很难成立，因为现在我们所见的流通的《四库全书》本《周易本义通释》篇首亦已无潘旦序的，由此可见，《四库全书》的说法和做法是极为矛盾的，实际上是无法证实王懋竑之说的（当然，如果四库馆臣在编此书入《四库全书》时故意删《序》，则又当别论。然而，四库馆臣有否故意删节，因无史料可考，不得而知）。关于胡炳文原本《周易本义通释》的版本和卷数，其《十翼》是否真为后人所辑而补之，今本《周易本义通释》是否与炳文旧本《通释》有不同，有待再考。

关于本书的内容和结构。本章的研究，是以现在流通的《四库全书》本为主要文献。其《周易本义通释》共十二卷。篇首为《周易本义通释例》，倡明此书定名之原因。胡炳文先是汇集各家《易》解，初名《精义》，但一方面，觉得如此过于繁杂；另一方面，认为学有统一，《易》至程朱时，《易》理已清晰、完备，《周易本义》较之程《易》，《易》理更为圆融、透彻、贯通。于是简化，一以《周易本义》为主，故书名为《周易本义通释》。二倡明《周易本义通释》辑成原则。《周易本义通释》之于《周易本义》依朱子集注。诸家集注，有或一字、或一句、或一段合于《周易本义》者，取其意不取其辞。胡炳文自己的见解亦附于集注中，不再以"愚谓"特意表示。三言《周易本义通释》之名，从勉斋黄氏例（勉斋，朱熹弟子黄榦之字）。四言对《朱子语类》与《周易本义》有不合者，依《朱子语类》改正。

卷一为《周易上经》。胡炳文首先对"周易"之名及上下经卦划分问题进行了说明。他以《周易本义》为据,认为"周"为朝代名,"易"为书名。他分析《周易》上下经之所以如此划分,原因有二:一是其简帙重大;二是交易使之。在一番说明之后,胡炳文对上经三十卦依《本义》之卦序对各卦卦爻辞进行注疏。先是《乾》《坤》,接着《屯》《蒙》《需》《讼》《比》《小畜》《泰》《否》《同人》《大有》《谦》《豫》《随》《蛊》《临》《观》《噬嗑》《贲》《复》《无妄》《大畜》《颐》《大过》《坎》《离》。

卷二为《周易下经》。为《咸》《恒》《遁》《大壮》《晋》《明夷》《家人》《睽》《蹇》《解》《损》《益》《夬》《姤》《萃》《升》《困》《井》《革》《鼎》《震》《艮》《渐》《归妹》《丰》《巽》《兑》《涣》《节》《中孚》《小过》《既济》《未济》共三十四卦卦爻的解释。

卷三为《象上传》。胡炳文依《本义》象传注进行通释。

卷四为《象下传》。

卷五为《系辞上传》。《系辞》是文王周公所作之辞系于卦爻之下。本篇是据孔子通论《易经》之大旨而所述的系辞之传。分上下《传》,各十二章。胡炳文指出:上下《传》内容都是先说易简,最后说变易。

卷六为《系辞下传》。

卷七为《文言传》。《文言传》是引申《彖传》《象传》之意,专讲《乾》《坤》二卦之蕴,以此抛砖引玉而推其他卦蕴。

卷八为《说卦传》。

卷九为《序卦传》。

卷十为《杂卦传》。

卷十一为《彖上传》。

卷十二为《彖下传》。

关于成书的原因和目的。我们在前面分析胡炳文讲求经学,著书立说的原因和叙述《周易本义通释》卷首内容时亦已涉及《周易本义通释》成书的原因和目的,这里兹不赘述。不过,我们还可从胡炳文所作之《周易本义通释序》中察其原因和目的。

> 宇宙间皆自然之易,易皆自然之天。天下不能画,假伏羲以画;天下不能言,假文王、周、孔以言,则是羲、文、周、孔之画之言皆天也。易言于

象数,而天者具焉;易作于卜筮,而天者寓焉。善乎!子朱子之言曰:"伏羲《易》自是伏羲《易》,文王、周公《易》自是文王、周公《易》,孔子《易》自是孔子《易》。"呜呼!此其所以为羲、文、周、孔之天也。必欲比而同之,非天也。《易》解凡几百家,支离文义者不足道,附会取象者尤失之。盖凡可见者,皆谓之象,其或巧或拙,或密或疏,皆天也。《易》之取象壹是,巧且密焉,非天矣。惟邵子于先天而明其画,程子于后天而演其辞,朱子《本义》又合邵、程而一之,是于羲、文、周、孔之《易》会其天者也。学必有统,道必有传,溯其传,羲、文、周、孔之《易》非朱子不能明;要其统,凡诸家讲《易》,非《本义》不能一。然其统其传,非人之所能为也,亦天也。予此书融诸家之格言,释《本义》之要旨,后之学者,或由是而有得于《本义》,则亦将有得于羲、文、周、孔之天矣。①

胡炳文认为,易是不假思虑的,是自然之天。四圣之《易》亦出于自然之天。然而百家解四圣之《易》,或支离文义,或附会取象,不能真能领悟四圣之《易》;唯程颐、邵雍发明四圣《易》旨,而朱熹又综合二者之优点,更加明了四圣之《易》,统其学、传其道。胡炳文明确《周易本义通释》本书所为,是融合程邵之《易》,阐释《周易本义》之旨,方便后学,以探究自然之易。此亦即是胡炳文作《周易本义通释》之原因和目的。

第二节　胡炳文易学态度和方法

元代的经学继承宋代经学的治学方式,在思想理论上的创新不及宋人,但对于传承前人思想,亦不可不说是个突出的贡献。元代的易学亦是如此。二程、邵雍、朱熹易学,尤其是朱熹易学,几乎笼罩了元代整个易学界。元代的易学,都无法回避朱子易学。胡炳文作为元代的易学家之一,跟众多易学名家一样,维护和阐发朱子易学。在注解和阐发朱子易学的过程中,虽易学主旨不离朱子易学范畴,但胡炳文一融合诸家易解,折中是正,二以自己独特的治易方

---

① （清）黄宗羲原著,全祖望补修,陈金生、梁运华点校:《介轩学案》,《宋元学案》卷89,中华书局1986年版,第2986—2987页。

法,逐渐形成了自己的治易特色。胡炳文的易学主要见于其《周易本义通释》,故本节主要以《周易本义通释》为研究对象,由此考察胡炳文易学态度和治易方法。

一、折中是正的易学态度

所谓胡炳文的易学态度,是指胡炳文以什么样的立场和原则来注解《周易》,来对待、处理百家易解。这种态度或原则或精神,是贯穿于胡炳文易学始终的,胡炳文的整个易学是以此为基石而展开的。综观其易学,我认为"折中是正"四字是最能反映胡炳文易学态度的。折中是正,并非我个人对胡炳文的易学看法,也非我的独创,前人早已有所提及。四库馆臣在《周易本义通释》提要中就已评价炳文易学"是书据朱子《本义》,折中是正,复采诸家易解,以互相发明"①。如此,我们要问,胡炳文在其《周易》经传注解中是如何折中是正的? 即,折谁的中? 如何折? 各家易解中谁是正? 正在何处? 在易学思想主旨方面又是如何折中是正的? 以谁的思想主旨为正?

(一)赞《周易本义》之精

《周易本义通释》是对《周易本义》的注疏,其思想观点主要采取《周易本义》之说,在百家易解中,《周易本义通释》对《周易本义》的说法是相当认可的,不轻易怀疑。否定《周易本义》之说的,在整个《周易本义通释》义本中只有一例。其他大部分是赞叹《周易本义》之精,认为《周易本义》深得四圣之《易》旨,教人之切切。在释卦爻辞等具体的注经过程中,胡炳文认为《周易本义》对卦爻义理的阐发和象数的取象释义深为到位,因而胡炳文在具体的注疏过程中,以《周易本义》之说为主,将《周易本义》之说贯穿于其始终。《周易本义通释》处处可见"《本义》之旨深矣""《本义》之说精矣""唯《本义》为能发之",极力赞赏和推崇朱子之说。

我们首先来看看《周易本义通释》在注解《周易》卦爻辞时对《周易本义》之说的赞叹。如释《需》卦九五:需于酒食,贞吉。《周易本义》认为九五阳刚中正,需于尊位,占者如是,而正固则吉。《周易本义》从人事出发,强调九五

---

① (清)永瑢等撰:《周易本义通释》提要,《四库全书总目》卷4,中华书局1965年版,第24页。

必须正固才能吉利。《周易本义通释》认为《周易本义》此说"其教人之意切矣"①。《睽》初九:悔亡,丧马勿逐,自复见恶人,无咎。《通释》释曰:"六五阴居阳,故悔。初九阳居阳,亦曰悔者,无正应故也。虽无正应,然同德相应,其悔亡矣。《睽》初九刚正,故'丧马勿逐而自复'。《既济》六二柔正,故'丧茀勿逐而自得'。然《本义》于彼则以为戒辞,此则以为象,何也?盖此承上文悔亡之占而言也。丧马,悔之象。勿逐自复,悔亡之象,因占取象。《本义》之释《经》精矣。"②有时象在占中,有时占在象中,炳文认为《周易本义》对卦爻辞的解释,能够掌握何时以戒辞解,何时以象解,体现了解经的灵活性,因而赞叹《周易本义》释《经》之精妙。《同人》九四:乘其墉,弗克,攻吉。《周易本义通释》释曰:"四欲攻二而三隔之,有墉象。四在三之上,有乘墉象……诸家多以三四为欲攻五,于理悖甚。惟《本义》得之。"③《周易本义》以为,刚不中正,又无应,与亦欲同于六二,而为三所隔,故为乘墉以攻之象。九四乘墉之象,到底乘谁之墉?胡炳文认为诸家之解不符爻象,"于理悖甚",认为只有《周易本义》解释正确。释《蒙》上九,《周易本义通释》论及《周易本义》"凡事皆然,不特为诲人"时,赞叹朱子之教人可谓精且备矣。④《困》九二:困于酒食,朱绂方来,利用享祀,征凶,无咎。对于"无咎"二字,胡氏以为:"诸家以为谁咎则当如节之象。曰又谁咎也?今象曰'中有庆',则征凶者行非其时,故凶,而于义无咎也。《本义》精矣"。⑤ 此是明确说朱熹对"无咎"二字的解释很"精"。《归妹》六五:帝乙归妹,其君之袂不如其娣之袂良,月几望,吉。《周易本义通释》释曰:"《本义》于二与四皆以女之贤称,于初则曰在女则为贤正之德,于五则曰女德之盛无以加。此其旨深矣。"⑥《周易本义通释》说其旨深,大概认为《周易本义》认为《归妹》表面上是婚嫁占辞,但这种占辞,却要求女性在婚嫁时要有一种贤德,并以为卦之不同各爻的女贤之德亦须辨别女贤的程度,《周

---

① (元)胡炳文:《周易本义通释》卷1,文渊阁《四库全书》第24册,第323页。
② (元)胡炳文:《周易本义通释》卷2,文渊阁《四库全书》第24册,第401页。
③ (元)胡炳文:《周易本义通释》卷1,文渊阁《四库全书》第24册,第344—345页。
④ 参见(元)胡炳文:《周易本义通释》卷1,文渊阁《四库全书》第24册,第321页。
⑤ (元)胡炳文:《周易本义通释》卷2,文渊阁《四库全书》第24册,第422页。
⑥ (元)胡炳文:《周易本义通释》卷2,文渊阁《四库全书》第24册,第439页。

易本义》依《归妹》各爻性质作出的解释和要求意蕴深长。《丰》六五:来章有庆誉,吉。《周易本义》曰:"盖因其柔暗而设此以开之。"①认为《丰》卦六五之所以"有庆誉吉",是因为六五为阴爻而得中,能够柔暗而设此庆典而吉。《周易本义通释》认为,《丰》卦二爻为离火中爻为文明者,五爻为阴爻为暗主者。卦自二致五则为往,是从明走向暗,因而如此往则得疾;自五致二则为来,即柔暗之五走向二之文明者,因而来之则有庆誉而吉。如此,《周易本义通释》说:"《本义》从《程传》,谓因其柔暗而设此以开之,真得圣人作《易》之旨矣。"②

其次,胡炳文在注解《易传》时亦大赞《周易本义》之精。《象·复》:雷在地中,复先王以至日闭关,商旅不行,后不省方。复卦一阳在下,五阴在上,阴强阳弱,先王是以安静以养微阳。《大象》从事上说"安静以养微阳",而《周易本义》引月令从身上说,强调此卦正处十一月,为阳气初蒙,人需于此时安静以蓄养精神。胡炳文认为《周易本义》"其教人之意深矣"③。《文言》:大哉乾乎,刚健中正纯粹精也。《通释》曰:"《程传》曰:'精者,刚健中正纯粹之极。'《本义》曰:'纯粹者,刚健中正之至极。精者,又纯粹之至极。'其论益精矣。"④胡炳文以《周易本义》跟《程传》相比较,《周易本义》不仅对"精者"作了说明,而且对"纯粹"亦作了阐述,更重要的是,揭示了"精者"与"纯粹"的关系,所以炳文认为《周易本义》之说更加精妙。《说卦》:数往者顺,知来者逆,是故易逆数也。对此句的理解关键在于"顺""逆"二字,炳文以为,"诸儒训释此,皆谓已往而易见为顺,未来而前知为逆。易主于前民用故曰易逆数也。惟《本义》依邵子以数往者顺一段,为指圆图而言卦气之所以行;易逆数一段为指横图而言卦画之所以生。非《本义》发邵子之蕴,则学者孰知此所谓先天之学哉。此《本义》之功所以为大也"⑤。《周易本义》从《先天学六十四卦圆图》和《横图》来解释此顺逆二字,与诸家不同。胡炳文对《周易本义》此

① (宋)朱熹:《周易本义·下经第二》,《朱子全书》第1册,上海古籍出版社、安徽教育出版社2002年版,第80页。
② (元)胡炳文:《周易本义通释》卷2,文渊阁《四库全书》第24册,第441页。
③ (元)胡炳文:《周易本义通释》卷3,文渊阁《四库全书》第24册,第475页。
④ (元)胡炳文:《周易本义通释》卷7,文渊阁《四库全书》第24册,第534页。
⑤ (元)胡炳文:《周易本义通释》卷8,文渊阁《四库全书》第24册,第539—540页。

说是极为赞赏的,认为《周易本义》对先天学的继承和发挥功不可没。《象传·大过》:大过之时大矣哉。《周易本义》说:"大过之时,非有大过人之才不能济也,故叹其大。"①这里,《周易本义》重点强调的不是大过之时机,而是把握时机之人才之大。此"大"指人的才能的大。胡炳文认为,大过之事是重大之事,把握时机固然重要,然而,只注重其时为免不足,没时机时不可渡过难关,有时机时若无其才也不能渡过难关,因而人才是比时机更为重要的事。胡炳文认为《周易本义》释"大"为人的才能之大,此意精深。

综上所述,胡炳文在注疏《周易》经传时,处处可见其对《周易本义》的推崇。他对经传的注疏,是对《周易本义》的一种认可、阐述和发挥。

(二)以《周易本义》之说为主

胡炳文赞誉《周易本义》之精妙,这是其对《周易本义》的一种态度,若要说明他的整个治易态度,光是对《周易本义》的赞叹是不够的。我们进一步研究会发现,胡炳文不仅仅赞叹《周易本义》,而且在他整个治易解易的始终,都是以《周易本义》之旨为主线,以《周易本义》之说为主。这可从他以《周易本义》和诸家易解对照比较时,认为《周易本义》之旨较诸家易解更为深奥和准确,以《周易本义》之说为宗得到证实。按其所云"诸家"是不包括《周易本义》,也不包括《程传》和邵雍先天学的。在胡炳文看来,《周易本义》《程传》、邵雍先天学之易学道统是一贯的,都发四圣之易旨,其《周易本义通释序》云:"《易》之取象壹是,巧且密焉,非天矣。惟邵子于先天而明其画,程子于后天而演其辞,朱子《本义》又合邵、程而一之,是于羲、文、周、孔之《易》会其天者也。"②故其"诸家",是指此三人之外的诸家。

把《周易本义》之说与诸家易解进行比较,以《周易本义》之说为主,这在其《周易本义通释》中处处可见。比如:释《蒙》卦辞时,诸家注《易》,在训"亨"与"蒙"时,把"亨"训为蒙,把"利贞"训为养。胡炳文考之于《周易本义》,认为《周易本义》所说"筮者明,则人当求我,而其亨在人。筮者暗,则我

---

① （宋）朱熹:《周易本义·象上传第一》,《朱子全书》第1册,上海古籍出版社、安徽教育出版社2002年版,第96页。

② （清）黄宗羲原著,全祖望补修,陈金生、梁运华点校:《介轩学案》,《宋元学案》89,中华书局1986年版,第2987页。

当求人,而亨在我"①,意在于辨别筮者明与暗之分,蒙与养蒙皆有亨道,皆利于坚守正固,而非亨为蒙,利贞为养。"此先师教人以读《易》之法,《易》必如是看,方为不滞。"②先师,指朱熹,读《易》之法,即是灵活辨别,不呆板。

释《需》六四:需于血,出自穴。关于"出自穴",《周易本义通释》列举诸家之意,诸家把九三阳方来,六四出而不安于穴谓"出自穴"。《周易本义》却以四阴柔得正可出而不陷于穴。二者说法都基于爻位说,区别在于:一是诸家认为六四躁,不安于穴;二是《周易本义》认为六四柔顺,非不安于穴,只是待时而动,因而不陷于穴。胡炳文认为《需》卦为有待而进之卦,本小畜之时,下卦乾三阳爻并进,四六爻为三阳之终,如同血慢慢渗出。《需》卦讲究待时而动,三阳非急于进取,不引诱六四,因而六四处于杀伤之地,得自己待时而出。《周易本义通释》认为,《周易本义》之说较宜,诸家"不安"之说过头了。

释《比》上六:比之无首,凶。王弼认为,《乾》刚恶首,《比》吉恶后。《比》卦上六居九五大丈夫之后,因而为后夫凶者。诸家易解皆依王弼之说。唯《周易本义》则与后夫凶取义不同。盖《乾》卦以六爻阳刚尽变而为《坤》之阴柔,刚而能柔,所以《乾》用九虽无首也可以吉利。《比》卦以阴柔在上,阴柔不足为首,所以为凶。此为胡炳文采取朱子阴阳说。

我们举上几例可见一斑,其他如《大有》初九、《蛊》六五、《观》卦辞、《明夷》六二、《姤》卦辞、《革》九五、《鼎》九四、《旅》六二、《节》上六、《中孚》九二等,胡炳文也明确把诸家易解与《周易本义》之说作比较而取《周易本义》之旨。

在释《易传》时,胡炳文同样以《周易本义》之说为主,我们也列举几例以做参考。

如《象·大有》:火在天上,大有,君子以遏恶扬善,顺天休命。

"休命"诸家多作眷命,《周易本义》以为性命。《周易本义通释》认为,天命之性,有善而无恶,遏恶扬善亦不过顺天命之本然者而已。用人反身皆当若

---

① (宋)朱熹:《周易本义·上经第一》,《朱子全书》第1册,上海古籍出版社、安徽教育出版社2002年版,第35页。
② (元)胡炳文:《周易本义通释》卷1,文渊阁《四库全书》第24册,第319页。

是,所以《周易本义》之性命之说更加精妙。①

又如《象·鼎》:木上有火,鼎,君子以正位凝命。

诸家皆以"命"为命令,《周易本义》以为天命。《周易本义通释》取《周易本义》天命义,认为鼎器端正安重,才可凝聚其所容东西。而人君亦如鼎器,位须正,然后才可接受其所受之天命。②

又如《文言》:积善之家必有余庆,积不善之家必有余殃。臣弑其君,子弑其父,非一朝一夕之故,其所由来者渐矣。由辨之不早辨也。《易》曰:履霜,坚冰至。盖言顺也。

对《文言》此段文字,《周易本义》以为:古字"顺""慎"通用。按此当作"慎",言当辨之于微。③

《周易本义通释》以为,诸家释"顺"字谓善与不善。《周易本义》以古字"顺""慎"通用,把此"顺"当作"慎"言,意为事情刚起之初谨小慎微。于此,胡炳文认为:"以此见读作'顺'字,不若'慎'字有下工夫处。"④在他看来,善与不善皆从微而至著,在其微现之时,谨慎审察,如此可以使善念得到发展,而恶念得到遏止。

又如《象·随》:随时之义大矣哉。

通行本作"随时之义"看,《周易本义》则从王肃本,作"随之时义"⑤看。胡炳文没有采用通行本之说,而是依《周易本义》进行解说。在他看来,"随时之义",则"随"字重,"义"字轻。而"随之时义",则二字俱重,既重"随"字又重"义"字,而"随时"之义自在其中矣。此例弃通行本而依《周易本义》,很明显地可以看出,胡炳文对《周易本义》的重视和推崇。⑥

在胡炳文易学中,诸家易解是没有得到认可和采纳的,可以说,胡炳文是

① 参见(元)胡炳文:《周易本义通释》卷3,文渊阁《四库全书》第24册,第471页。
② 参见(元)胡炳文:《周易本义通释》卷4,文渊阁《四库全书》第24册,第485—486页。
③ 参见(宋)朱熹:《周易本义·文言传第七》,《朱子全书》第1册,上海古籍出版社、安徽教育出版社2002年版,第151页。
④ (元)胡炳文:《周易本义通释》卷7,文渊阁《四库全书》第24册,第536页。
⑤ 朱子曰:"王肃本'时'字在'之'下,今当从之。"[(宋)朱熹:《周易本义·象上传第一》,《朱子全书》第1册,上海古籍出版社、安徽教育出版社2002年版,第94页]
⑥ 参见(元)胡炳文:《周易本义通释》卷11,文渊阁《四库全书》第24册,第557页。

尽弃诸家之说而以《周易本义》之说为主的。然而,值得注意的是,这并不是说,胡炳文对《周易本义》的说法简单地加以己用,实际上更多的是,胡炳文依自己对《周易》的理解,对诸家易解和《周易本义》之说进行分析,如此以《周易本义》为主。换句话说,以《本义》之说为主,是胡炳文理性分析之后而非盲从的结果。

如释《谦》六二:鸣谦,贞吉。《周易本义通释》曰:"诸家释鸣谦,多谓自鸣。其谦谦而自鸣,非谦矣。或以为六二谦德积于中,所以发见于声音者如此。《本义》以为,六二柔顺中正,以谦有闻。盖谓发于声音,不若谦而有声,非可勉强为之者。"①诸家的说法有二:一是认为,鸣是自鸣,鸣谦就是对自己声名自己要多谦虚;二是认为六二内心中有谦之德,这种德会自觉或不自觉地发于声音,如此便是鸣谦。这两种解释,其实,"谦"都是谦者自己所发。《周易本义》的说法则不一样。在《周易本义》看来,这种鸣谦,是由于六二柔顺,又能以中正行事,因而在社会上以谦闻名。鸣谦,是指以谦闻名,如此,则这种谦,非本人所说,而是周边人认为六二有谦之德。《周易本义通释》认为,发于声音,远比不上以谦而闻名。《谦》卦初二爻与《乾》卦一二爻相似。《乾》卦初九之"潜龙",潜龙在下,人则不见。到《乾》九二时为"见龙在田",则龙可见。《谦》卦初六"谦谦"似《乾》卦初九,在下谦谦而人未必能见,到《谦》卦六二时,大家就听闻了。这里,胡炳文以《谦》卦与《乾》卦作比较,做了一番考察之后,取《周易本义》对鸣谦的说法。

又如《系辞传》:圣人有以见天下之赜,而拟诸其形容,象其物宜,是故谓之象。胡炳文曰:"'赜'字诸家多以为隐奥之义。《本义》独依《说文》曰:"赜,杂乱也。"盖《传》有曰'探赜索隐',则赜自赜,隐自隐。盖于阴阳杂乱之中,而求其隐奥之理耳。圣人见天地之间阴阳相杂,于是拟之而为六十四卦,其象亦如此之杂也。"②此句在于对"赜"的理解,诸家与《周易本义》之说有区别,诸家释为"隐奥",而《周易本义》释为"杂乱"。胡炳文并不是直接就说《周易本义》为是,诸家为非,而是自己从易学中加以考察,认为取"杂乱"意原

---

① (元)胡炳文:《周易本义通释》卷1,文渊阁《四库全书》第24册,第348页。
② (元)胡炳文:《周易本义通释》卷5,文渊阁《四库全书》第24册,第504页。

因有二：一是《易传》"探赜索隐"可知赜隐有别；二是取"杂乱"意更符合六十四卦象所出之由。正是由于天地间阴阳相杂，因而圣人列于六十四卦象，以条分缕析，以象明理，从而使隐奥易理更加清晰。考察之后，炳文取《周易本义》之说。

若说前面赞《周易本义》之精妙，比较诸家易解取《周易本义》之说是顺着《周易本义》之义或归于《周易本义》之说而讲，从正面肯定以《周易本义》为宗，那么下面我们将从另一方面，即胡炳文对《周易本义》有不同见解来看其对《周易本义》的重视，不轻易否定《周易本义》之说。

如：

《贲》六二：贲其须。

二以阴柔居中正，三以阳刚而得正，皆无应与，故二附三而动，有贲须之象。占者宜从上之阳刚而动也。

《通》曰：爻自三至上有颐之象，二在颐下有须象。《本义》以二与三皆无应与，故二自附三而动，如须附颐而动。二柔中正，三刚而正，得所附矣。①

《周易本义》以"二附三而动"解释"贲其须"，是从二三两爻的爻位性质来说的，是针对二爻与三爻来看的。《周易本义通释》认为三爻至上爻这四爻合看如同颐象，而二在上面四爻颐象之下，故有"贲须"之象。这与《周易本义》"贲须"取象的角度是明显不同的。《周易本义通释》语前段是胡炳文自己的解释，后段却引《周易本义》语，似乎又认同《周易本义》之说，这就让人不可思议。足可见，胡炳文对《周易本义》的说法是比较看重的。

（三）不废程、邵

《周易本义通释》作为《周易本义》的注疏但它并不是只采取《周易本义》一家之言，实际上，胡炳文正是以宽大的心胸包容多家易解，对多家易解条分梳理，用朱子之《易》比而合之，互相发明。《程氏易传》和邵雍先天学，也是《周易本义通释》常引用和发挥的易学。

在注解经传方面，《周易本义通释》中引用《程氏易传》的地方有二十

---

① （元）胡炳文：《周易本义通释》卷1，文渊阁《四库全书》第24册，第365页。

七处：

(1)《需》卦辞：需，有孚光亨，贞吉，利涉大川。

"贞吉"，程子以此为既贞且吉。《本义》以为得贞则吉。当辨也。①

(2)《小畜》九二：牵复吉。

《程氏易传》以为二与五相牵。《周易本义》之说，则以为二与五无应，二之牵复自系于初，五之挛如自系于四。②

(3)《履》卦辞：履虎尾，不咥人，亨。

《程氏易传》训履为践为籍。以上下论也。《周易本义》曰：有所蹑而进。以前后论也。③

(4)《同人》九五：同人先号咷而后笑，大师克相遇。

《程氏易传》谓五自以义直理胜，不胜愤悒，故号咷，邪不胜正，终必得合，故后笑。④

(5)《大畜》九二：舆说輹。

程子曰初与二，乾体刚健而不足以进，四五阴柔而能止。时之盛衰，势之强弱。学《易》者所当深识也。⑤

(6)《咸》九三：咸其股，执其随，往吝。

程子谓三随上。《周易本义》以为股随足而动，象三随二与初而动。⑥

(7)《恒》初六：浚恒贞凶，无攸利。

程子曰凡卦之初与终，浅与深，微与盛之地也。⑦

(8)《恒》九二：悔亡。

程子曰中重于正，中则正矣。正不必中也。⑧

(9)《暌》九二：遇主于巷，无咎。

---

① 参见(元)胡炳文：《周易本义通释》卷1，文渊阁《四库全书》第24册，第321页。
② 参见(元)胡炳文：《周易本义通释》卷1，文渊阁《四库全书》第24册，第333页。
③ 参见(元)胡炳文：《周易本义通释》卷1，文渊阁《四库全书》第24册，第335页。
④ 参见(元)胡炳文：《周易本义通释》卷1，文渊阁《四库全书》第24册，第345页。
⑤ 参见(元)胡炳文：《周易本义通释》卷1，文渊阁《四库全书》第24册，第374页。
⑥ 参见(元)胡炳文：《周易本义通释》卷2，文渊阁《四库全书》第24册，第385—386页。
⑦ 参见(元)胡炳文：《周易本义通释》卷2，文渊阁《四库全书》第24册，第387页。
⑧ 参见(元)胡炳文：《周易本义通释》卷2，文渊阁《四库全书》第24册，第388页。

《程氏易传》曰二五正应相与者也。然在睽乖之时，阴阳相应之道衰，而刚柔相戾之意胜，学易者识此，则知变通矣。①

（10）《震》六五：震往来厉，亿无丧有事。

程子曰诸卦二五虽不当位，多以中为美。②

（11）《归妹》上六：女承筐，无实，士刲羊，无血，无攸利。

《程氏易传》以为女归之无终。《本义》以为约婚而无终。③

（12）《中孚》：豚鱼吉，利涉大川，利贞。

程子曰中虚，信之本。中实，信之质。实所以为信，虚所以受信也。④

（13）《未济》上九：有饮酒，无咎，濡其首，有孚失是。

《程氏易传》于此多发出义命二字。⑤

（14）《象·剥》：剥床以辨，未有与也。

《程氏易传》言阳未有与，《周易本义》言阴未有与，二阴犹未至于五阴之盛也。⑥

（15）《象·离》：明两作离，大人以继明照于四方。

《程氏易传》"明两"句绝，《周易本义》以水洊至例之，故训"作"为"起"。⑦

（16）《象·蹇六二》：王臣蹇蹇，终无尤也。

《周易本义》于爻引孔明之言。此复本《程氏易传》意，曰事虽不济亦无可尤。盖孔明虽志决身殚，然天下后世谁得而尤？孔明者，斯言真足以劝忠荩矣。⑧

（17）《象·解》：雷雨作，解，君子以赦过宥罪。

《程氏易传》云过失则赦之可也，罪恶而赦之非义也，宽之而已。盖雷雨

---

①　参见（元）胡炳文：《周易本义通释》卷2，文渊阁《四库全书》第24册，第401页。
②　参见（元）胡炳文：《周易本义通释》卷2，文渊阁《四库全书》第24册，第432页。
③　参见（元）胡炳文：《周易本义通释》卷2，文渊阁《四库全书》第24册，第440页。
④　参见（元）胡炳文：《周易本义通释》卷2，文渊阁《四库全书》第24册，第452页。
⑤　参见（元）胡炳文：《周易本义通释》卷2，文渊阁《四库全书》第24册，第461页。
⑥　参见（元）胡炳文：《周易本义通释》卷3，文渊阁《四库全书》第24册，第474页。
⑦　参见（元）胡炳文：《周易本义通释》卷3，文渊阁《四库全书》第24册，第477页。
⑧　参见（元）胡炳文：《周易本义通释》卷4，文渊阁《四库全书》第24册，第481页。

者,造化与物更新之仁也。赦过宥罪,君子与民更新之仁也,而有义存焉。①

(18)《象·夬》:泽上于天,夬,君子以施禄及下,居德则忌。

居德则忌,《程氏易传》则约也。忌,防也。以为立防禁则与溃决之意相妨。王弼作明忌,非也。诸家以为居德而不决则忌,则大象例无反辞。《周易本义》阙之为是。②

(19)《象·夬九五》:中行无咎,中未光也。

《程氏易传》曰人有所欲则离道矣。事虽正而意有所系,故于中道未得为光大也。《周易本义》于《履》大象及此,独曰《程氏易传》备矣。盖其于《履》也,痛后世风俗之弊甚切于《夬》也,诛后世君心之非甚严。③

(20)《象·震上六》:震索索,中未得也。虽凶无咎。畏邻戒也。

《程氏易传》曰中道。《周易本义》谓中心。盖上六阴柔处震惧之极,中心有所未安,故见于外者如此。④

(21)《象·巽上九》:巽在床下,上穷也;丧其资斧,正乎凶也。

《程氏易传》谓正乎疑辞凶也。⑤

(22)《象·小过九四》弗过遇之位,不当也。往厉必戒,终不可长也。

《程氏易传》"长"作上声。⑥

(23)《象·未济九二》:九二贞吉,中以行正也。

程子云正有不中,中无不正。此曰以中故得正易之大义也。⑦

(24)《系辞下传》:君子体仁足以长人,嘉会足以合礼,利物足以和义,贞固足以干事。

前四句,《程氏易传》从人事上说,《本义》兼天人说。盖前四句天德之自然而未尝不在于人。⑧

---

① 参见(元)胡炳文:《周易本义通释》卷4,文渊阁《四库全书》第24册,第481页。
② 参见(元)胡炳文:《周易本义通释》卷4,文渊阁《四库全书》第24册,第483页。
③ 参见(元)胡炳文:《周易本义通释》卷4,文渊阁《四库全书》第24册,第483页。
④ 参见(元)胡炳文:《周易本义通释》卷4,文渊阁《四库全书》第24册,第486页。
⑤ 参见(元)胡炳文:《周易本义通释》卷4,文渊阁《四库全书》第24册,第489页。
⑥ 参见(元)胡炳文:《周易本义通释》卷4,文渊阁《四库全书》第24册,第491页。
⑦ 参见(元)胡炳文:《周易本义通释》卷4,文渊阁《四库全书》第24册,第492页。
⑧ 参见(元)胡炳文:《周易本义通释》卷7,文渊阁《四库全书》第24册,第530页。

（25）《文言·乾》：大哉乾乎刚健中正，纯粹精也。

《程氏易传》曰精者，刚健中正纯粹之极。《周易本义》曰：纯粹者，刚健中正之至极。精者，又纯粹之至极。其论益精矣。①

（26）《彖·蒙》：蒙，亨，以亨行时中也。匪我求童蒙，童蒙求我，志应也。初筮告以刚中也，再三渎，渎则不告，渎蒙也。蒙以养正圣功也。

《程氏易传》云：亨道即时中也。②

（27）释《彖·无妄》：无妄之往。

程子以为无妄而又往。③

从以上所列，我们可以看到，胡炳文在注解经传时引用了不少程子所云。这些引用中，有单独引用《程氏易传》的，也有把《程氏易传》和《周易本义》相提并论的。整体上又可分为以下几种：第一种是将《程氏易传》与《周易本义》对比，主旨归于《周易本义》。如上述的（1）（3）（6）（18）（20）（21）（22）（24）（25）（27）例。我们举一例来分析。第六例《咸》九三：咸其股，执其随，往吝。胡炳文先列举《程氏易传》与《周易本义》之说，关于"执其随"解，到底是随谁呢？《程氏易传》以为九三是随上，《周易本义》则认为三为股，是随足而动。胡炳文对"随"字的理解没有从《咸》卦入手，而是从同取"随"象的《艮》卦来分析。《艮》卦言"随"是《艮》之二爻，《艮》二爻为腓，《艮》卦言止，故二爻随三爻之限而止；《咸》言"随"在三爻，三为股，《咸》卦三爻言"往吝"，为动，动始于足下，故《咸》三之"随"应是股随下之足而动。这里，胡炳文虽未言《程氏易传》之非，然而很明显的是，胡炳文是偏向和赞成《周易本义》之说的。限于篇幅，举此一例，其他略。第二种是以《程氏易传》所说为主，这其中单独引用《程氏易传》的居多。如上述（4）（5）（8）（9）（10）（17）例。我们举第八个《恒》九二悔亡为例。此例胡炳文引用程颐中正之说。中指一卦中的二爻与五爻，正指阴爻得阴位，阳爻得阳位。中正爻位之说始于《易传》，后来被荀爽等汉易学家广泛用于解易，至魏晋时期王弼进一步完善中正之说，提出中爻为一卦之主体说，认为爻以当位得正为善，居中可以补救不当位。程颐在继承前

---

① 参见（元）胡炳文：《周易本义通释》卷7，文渊阁《四库全书》第24册，第534页。

② 参见（元）胡炳文：《周易本义通释》卷11，文渊阁《四库全书》第24册，第553页。

③ 参见（元）胡炳文：《周易本义通释》卷1，文渊阁《四库全书》第24册，第561页。

人爻位说的基础上,提出"中重于正,中则正矣,正不必中"①,得中位具有中德是为至善,为得吉的最重要的条件。胡炳文解《恒》九二爻辞时采用程颐的中正说法,并以《咸》九四爻与《恒》九二对照诠释,《咸》九四与《恒》九二都言"悔亡",但九四必须"居贞"然后悔才亡,而九二亦言悔亡,但却不加以"居贞",原因就在于,《咸》九四爻不正又不中,而《恒》九二虽不正但得中,得中是以不加"居贞"而悔亡。胡炳文认为:"程子曰'中重于正,中则正矣,正不必中也',人能识轻重之势,始可与言《易》。"②此"轻重"指的是中与正的谁重谁轻。胡炳文对此卦爻的解释是顺从程氏易的。第三种是既引《程氏易传》,又列《周易本义》之说,但无明显偏向何方,其中有《周易本义》与《程氏易传》一旨相承而加以阐述。如上述所列之(2)(7)(11)(12)(13)(14)(15)(16)(19)(23)(26)。由此可见,胡炳文并非专取《周易本义》而对《程氏易传》之说一概排斥,而是取《程氏易传》与《周易本义》合而观之。

胡炳文不仅在注解经传时认可和引用《程氏易传》之说,而且思想内容上亦多处继承和发挥了《程氏易传》思想观点。如除了《程氏易传》中的"中正"思想外,程氏的"随时变易以从道"思想亦被胡炳文继承并进一步拓展。程颐提出随时变易以从道,强调时的重要性。人事万般变化,然其中有变化之机,人应把握时机。胡炳文继承和发展程颐这种重时的思想,提出《易》三百八十四爻,只是一时字。③

除《程氏易传》外,邵雍先天学亦是胡炳文比较赏识的易学。胡炳文亦常从先天学的角度来注解经传。如释《蛊》卦辞:元亨,利涉大川,先甲三日,后甲三日。胡炳文说:"'先甲'、'后甲'之说不一,愚以为,《蛊》由巽艮而成,当从艮巽看,先天甲在东之离,由甲逆数离震坤三位得艮,'先甲三日'也。自甲顺数离兑乾三位得巽,'后甲三日'也。"④炳文把十天干配《河图》,认为先天甲木在东方,先天庚金在西方,故说先天甲在东。《蛊》卦上卦为艮,下卦为巽,胡炳文从先天学的角度看待《艮》《巽》,《艮》《巽》为伏羲先天八卦中的两

---

① (宋)程颢、程颐:《周易程氏传》卷3,《二程集》,中华书局1981年版,第863页。
② (元)胡炳文:《周易本义通释》卷2,文渊阁《四库全书》第24册,第388页。
③ 参见(元)胡炳文:《云峰集》卷4,文渊阁《四库全书》第1199册,第772页。
④ (元)胡炳文:《周易本义通释》卷1,文渊阁《四库全书》第24册,第355页。

卦,从《伏羲先天八卦图》看,艮位居西北,巽位居西南。先天甲东位为《离》卦。其他五卦,《兑》在东南,《乾》在南,《坎》在西,《坤》在北,《震》在东北。何以"先甲三日"? 即从甲之东《伏羲先天八卦图》中《离》卦位绕图逆时针数三位,越《震》《坤》至《艮》,一卦一日,至艮为三日,故为先甲三日。何以"后甲三日"? 从《离》位绕图顺时针越《兑》《乾》至《巽》,一卦一日,至《巽》为三日,即为"后甲三日"。

(四)数理完备者为正

前面大量篇幅用以说明胡炳文对《周易本义》和程、邵的重视,也提到以《周易本义》之说为主,即使有自己的见解时也不轻易否定《周易本义》之说。这里须明白的是,"不轻易否定"不等于"一概不否定"。胡炳文对他们的学说并非一字一句毫无批判地接受,墨守成规,事实上,恰恰相反,胡炳文以一种怀疑的精神,对《周易本义》、程、邵之说进行折中,唯数理完备者为正。所谓的"正",是指不偏斜,符合法则,符合道理。折中是正,就是对《周易本义》、程颐、邵雍及诸家之说进行考察,取其中符合易理,符合易之法则,易义更贴切,更有意蕴的说法,即取数理完备者为正。

这一点,可以从胡炳文对《周易本义》的有所怀疑上表现得最为典型。胡炳文以《周易本义》之说为主,对《周易本义》之说持慎重态度,并不轻易推翻。我们从胡炳文对《周易本义》之说的怀疑中,更可见其数理完备者为正的观点。

胡炳文对《周易本义》敢于怀疑并作大胆的阐发。如释《需》九五:需于酒食,贞吉。《周易本义》注:"酒食,宴乐之具,言安以待之。九五阳刚中正,需于尊位,故有此象。占者如是而正固,则得吉也。"①对《周易本义》此解,胡炳文是有疑问的:谁安谁待,如何安,如何待?《周易本义》没有明确。胡炳文意识到了这一点,他依据自己的意思,做了两种可能的解释:一是《需》卦九五有刚中之德,时当等待,因而可安于酒食;有正之德,不会宴酣无度,因而正固则吉。"安",是指安于酒食;"待",指等待时机,也即需之意。二是胡炳文又说:

---

① (宋)朱熹:《周易本义·上经第一》,《朱子全书》第 1 册,上海古籍出版社、安徽教育出版社 2002 年版,第 36 页。

"或曰：下三阳待五而进，九五需于酒食，将以待之也。"①下三阳等待九五而进，看九五的表现，此"待"为下三阳等待九五之意。此句的后一个"待"字，是九五以酒食招待下三阳，即为招待意。很明显，这种说法与前面之说是不同的，这是第二种解释。

又如释《说卦》：

> 乾天也，故称乎父。坤地也，故称乎母。震一索而得男，故谓之长男。巽一索而得女，故谓之长女。坎再索而得男，故谓之中男。离再索而得女，故谓之中女。艮三索而得男，故谓之少男。兑三索而得女，故谓之少女。

> 索，求也。谓揲蓍以求爻也。男女，指卦中一阴一阳之爻而言。

> 《通》曰：此章《本义》乃朱子未改正之笔，要当以《语录》说为正。若专言揲蓍求卦则无复此卦序矣。要之卦画已成之后，方见有父母男女之象，非卦之初画时即有此象也。读者详之。②

此三段为《周易本义通释》所引述，第一段为《说卦》原文，第二段为朱子对《说卦》文的注解，第三段为胡炳文的注疏。在《周易本义》看来，《说卦》此段为揲蓍求爻之意。但有一个问题，若如此，卦爻未出何以有乾坤父母震巽等男女之序？卦画未成，何以有父母男女之象？胡炳文揭示《周易本义》这个矛盾，指出卦画已成之后才有此象。因此，他认为此段《周易本义》之注，是朱熹未改正之笔。这反映了胡炳文严谨治学的态度，对《周易本义》并不盲从，而是客观辩证看待的。

又如释《萃》六三：萃如嗟如，无攸利，往无咎，小吝。

> 六三阴柔不中不正，上无应与，欲求萃于近而不得，故嗟如而无所利，惟往从于上，可以无咎。然不得其萃，困然后往，复得阴极无位之爻，亦可小羞矣。戒占者当近舍不正之强援，而远结正应之穷交，则无咎也。

> 《通》曰：号与嗟皆上卦兑口之象。号可无咎，嗟何所利？必不得已，惟往从上六，则亦可以无咎耳。上六阴极无位，又非正应，既曰"往无

---

① （元）胡炳文：《周易本义通释》卷1，文渊阁《四库全书》第24册，第323页。
② （元）胡炳文：《周易本义通释》卷8，文渊阁《四库全书》第24册，第542页。

咎",又曰"小咎"者,以别初之"往无咎"也。初往从四,四其应也,故无咎。三往从上,上非应也,故虽无咎,又以小咎少之。《本义》以上为正应之穷交,"正应"二字,恐误。三上为下二阴所萃,故嗟而无所利。往比四无咎,与上萃则咎。①

胡炳文对此引文第一段即《周易本义》的注解提出疑问,指出《周易本义》"'正应'二字,恐误",比较明确地表示了对《周易本义》之说的怀疑,因为《周易本义》"正应"二字与理有不可通之处。正,指阴归阴位,阳归阳位,初、三、五为阳位,二、四、六为阴位。应,指卦之初与四,二与五,三与六,其位相应,各为一阴一阳则应,同一阴阳则不为应。正应,指卦爻阴阳得位,阴阳相应。《萃》之六三阴柔不正,与上六当是不为正应。而《周易本义》认为六三与上六为正应,故炳文认为《周易本义》此说"恐误"。

综合以上四个方面所述,我们看出,胡炳文整个易学态度在于折中是正。折中,是折程、邵和《周易本义》之衷。正,是以《周易本义》和程、邵数理完备者为正。不过,这里须特别指出的是,我们说胡炳文持折中是正的易学态度,与其重朱子易学的态度并不矛盾。实际上,胡炳文的折中是正,是以《周易本义》之说为主,兼取程邵,贯以己说,成一家之言。这体现的是理性分析之后的尊朱、宗朱,而不是盲从朱子易学。

二、多样化的易学诠释方法

关于胡炳文治易的态度,上文已述为折中是正。接下来我们将探讨与胡炳文治易态度相关的一个方面——胡炳文的治易方法,即胡炳文通过什么样的方式来注疏经传,来折中《周易本义》和程邵之说,从而表达自己的易学观和思想。我们知道,任何一种思想和观念的表达,总是要通过一定的形式或方法来实现。而胡炳文对《周易》文本与各家学说的注疏和阐发又遵循着一定的形式来进行的,其治易方法是系统性的,是胡炳文经过深思熟虑而安排的,从他的《周易本义通释》文本的结构体例和解易方法中可以看出来。

(一)结构体例

胡炳文的易学主要在于对《周易本义》的注解,为了使《周易本义》之说更

---

① (元)胡炳文:《周易本义通释》卷2,文渊阁《四库全书》第24册,第418页。

突出,对《周易本义》之旨阐述得更明确,胡炳文在整个《周易本义通释》的注解结构方面做了有序安排,总体先经后传,而在经传各部分注解时先按《周易》本部,列《周易本义》之说于后,再按上自己的注疏。

胡炳文自己注疏部分,若有引诸家之说的,则先列诸家之说,再加以己析。若无引诸家之说的,则直接贯以己说。其中,有不同解释的部分,须补充的,则在后面以"或曰"开头另起一段。如此条分缕析,层次分明。

另外,对《周易》经部卦爻辞的注解,胡炳文也遵循着一定的顺序。一般先对卦爻辞进行分析,指明辞中哪部分是象辞,哪部分是占辞,或象在占中,或占在象中。有象辞的,一般先进行卦爻象的解说,然后再进行义理的阐述。如《蒙》九二"包蒙,吉。纳妇,吉。子克家",胡炳文曰:"此爻包蒙、纳妇、子克家,具三象,义各不同。两吉字是占辞。"[①]又如释《否》时,《周易本义通释》曰:"《泰》曰小往大来,而后曰吉亨。先象后占。《否》曰不利君子贞,而后曰大往小来。先占后象。"[②]又如《大过》"栋桡,利有攸往,亨"卦辞中,既言栋桡又曰利有攸往亨,何也? 胡炳文以为,栋桡,以卦象言;利往而后亨,是不可无大有为之才而天下说无不可为之事,以占言。[③] 又如释《咸》九四"贞吉,悔亡,憧憧往来,朋从尔思"时,胡炳文认为,凡四卦皆先占后象,即《巽》九五,《咸》《大壮》《未济》皆九四。[④] 又如《坤》卦初六"履霜,坚冰至",胡炳文以为是占在象中,《坤》六二"直方大,不习无不利"是象在占中。[⑤]

(二)解易方法

胡炳文继承了前人易学家解易的一般方法,前人解易,大抵可以分为象数和义理、象数与义理兼备等几类。汉易多侧重于象数解易,宋易多融二者而用,其中侧重有所不同,偏重于义理者如程颐,偏重于象数图书者如朱震、林栗。

胡炳文是兼取象数义理解易,掺和诸家治易方法。大体归为以下:(1)象

---

① (元)胡炳文:《周易本义通释》卷1,文渊阁《四库全书》第24册,第319页。
② (元)胡炳文:《周易本义通释》卷1,文渊阁《四库全书》第24册,第341页。
③ 参见(元)胡炳文:《周易本义通释》卷1,文渊阁《四库全书》第24册,第377页。
④ 参见(元)胡炳文:《周易本义通释》卷2,文渊阁《四库全书》第24册,第386页。
⑤ 参见(元)胡炳文:《周易本义通释》卷1,文渊阁《四库全书》第24册,第313—314页。

数解易。他继承了汉易中的互体说、爻位说、飞伏说等。《周易本义》主要从卦德、卦体和卦变的角度进行解易，对汉易中互体说、飞伏说多有排斥，胡炳文对此却不放弃。关于互体说，如《噬嗑》六三：噬腊肉，遇毒，小吝无咎。《通释》曰："二至五互坎，坎有毒象。"①《复》六五：敦复，无悔。《周易本义通释》曰："敦，艮者，坤之土而隆其上者也。临上为敦，临中三画，互坤，此为敦复。中三画，亦互坤也。本有坤体，又互坤，厚之至也，故曰敦。"②释《晋》初六："上互艮，有欲进而止之之象。"③释《家人》六二："互坎有饮食之象。"④《涣》九二：奔其机悔亡。《通释》曰："奔，九象，互震为足为动。机，二象，互震为木，位耦为足，《本义》曰九奔二机，盖以卦变言也。"⑤关于飞伏说，《巽》九五：贞吉悔亡，无不利，无初有终，先庚三日，后庚三日，吉。《周易本义通释》说："甲，事之始；庚，事之终。上伏震，三庚变而三辛，三辛变复三庚。"⑥爻位说，是关于爻位的体例，即当位、中位、爻应、承、乘、据等，胡炳文于《周易本义通释》中广泛使用，兹不举例。此外，胡炳文对宋代以图书解易的方法也有所继承。如其用《伏羲先天八卦图》解释《蛊》"先甲三日""后甲三日"，甲在东方《离》卦，顺数三则为《巽》为"后甲三日"，逆数三为《艮》为"先甲三日"。又如《用文王八卦图》解释《巽》九五"先庚、后庚三日"之说，庚在西方《兑》卦，《艮》卦为先庚三日，《巽》卦为后庚三日。

（2）义理解易。以义理解易，往往都是先进行一番象数的说明，再阐发其中人生哲理，说明象数是手段，探究义理是目标。胡炳文亦是如此。如他释《井》卦爻辞，先对卦爻象进行说明，再归结于其中人生性命，"知井之义，则知尽性"⑦，人之性如"井以汲"而有日新之功。

（3）以传解经。根据《易传》所示象数与义理来解经，这也是前人如汉代郑玄、陆绩解易的常用手法之一。胡炳文在解经过程中，亦常运用《易传》象

①　（元）胡炳文：《周易本义通释》卷1，文渊阁《四库全书》第24册，第363页。
②　（元）胡炳文：《周易本义通释》卷1，文渊阁《四库全书》第24册，第370页。
③　（元）胡炳文：《周易本义通释》卷2，文渊阁《四库全书》第24册，第394页。
④　（元）胡炳文：《周易本义通释》卷2，文渊阁《四库全书》第24册，第399页。
⑤　（元）胡炳文：《周易本义通释》卷2，文渊阁《四库全书》第24册，第448页。
⑥　（元）胡炳文：《周易本义通释》卷2，文渊阁《四库全书》第24册，第445页。
⑦　（元）胡炳文：《周易本义通释》卷2，文渊阁《四库全书》第24册，第424页。

数义理来注解《易经》卦爻辞。如其解《困》九二"征凶无咎"之辞时说:"今《象》曰中有庆,则征凶者,行非其时,故凶,而于义无咎也。"①这是举《象传·困》九二之象以说明《困》九二爻辞。

(4)以儒学经典解易。胡炳文对儒学经典《四书》《五经》皆有深刻研究,在解易过程中常以此些经典来释易。如释《同人》九四:乘其墉,弗克,攻吉。《周易本义通释》曰:"《春秋》文公十年,书晋人纳捷菑于邾,弗克纳,有得于周公爻辞弗克攻之旨矣。《穀梁传》曰弗克纳其义也。有得于夫子《象传》义弗克之旨矣。"②此是以《春秋》解易。胡炳文尤其精通《四书》之《中庸》《孟子》,其以《四书》解易亦主要是以《孟子》和《中庸》解。如《临》六五:知临,大君之宜,吉。胡炳文说:"六五自是柔暗之主,何为以知称? 盖谓之临,多是以己临人,五虚中,下应九二,不任己而任人,所以为知,所以为大君之宜。《中庸》曰聪明睿知足以有临。又曰舜,其大知也。与舜好问而好察迩。言其皆出于此欤。周公爻辞独于《临》之坤体曰知临。夫子释乾四德言仁义礼,不言知知光大,言于坤五常之德,知藏于内,坤以藏之故也。六五下应九二之刚,自非大知之君不能下贤,故吉。"③此是以《中庸》聪明睿智解"知临"之义。又如他释《革》九五:大人虎变未占有孚。《周易本义通释》说:"此所谓变,即《孟子》所谓存神过化与天地同流,而非区区小补之事也。"④此是以《孟子》解"变"字义。

除了上述传统的解易治易方法外,胡炳文也有自己解易的一些突出特点,在内容上和解易体例上对《周易本义》进行了全面诠释。从解易体例上看,胡炳文运用了比较诠释、以时解易等方法。从内容上看,注重对《周易本义》的阐明、拓展、补充和发挥。

首先看胡炳文的解易体例。

1. 比较诠释方法

胡方平、胡一桂都重视对比较诠释方法的运用,用于不同人物思想观点和

---

① (元)胡炳文:《周易本义通释》卷2,文渊阁《四库全书》第24册,第422页。
② (元)胡炳文:《周易本义通释》卷1,文渊阁《四库全书》第24册,第344页。
③ (元)胡炳文:《周易本义通释》卷1,文渊阁《四库全书》第24册,第359页。
④ (元)胡炳文:《周易本义通释》卷2,文渊阁《四库全书》第24册,第428页。

不同知识点内容之间的比较。尤其是胡一桂，在《易附录纂注》中运用比较诠释方法，善于卦体六爻和卦卦之间的比较分析。胡炳文在此方面与胡一桂极为相似，也注重卦体六爻之间和卦卦之间的比较分析，但与胡一桂相比，胡炳文把比较诠释方法运用得更为普遍和广泛，贯穿于胡炳文对经传的注疏过程，已形成胡炳文《周易本义通释》中的一大特色。

其一，卦体六爻之间的比较对照诠释。

从整个六爻的角度来看其中某个爻所处的地位及代表意义，这是胡炳文擅长的地方。胡炳文认为，不仅六十四卦之间存在一定的序，而且在一个卦的六个爻之间，也存在一定的序。爻自初至上，爻的各个阶段及爻变，都反映了事物进展的变化。如释《讼》上九：或锡之鞶带，终朝三褫之。《周易本义通释》曰："初不言讼，杜其始也。上不言讼，恶其终也。圣人只欲人无讼，故诸爻皆随其所处而教之。如九四、九二，刚而能柔，许之曰无眚吉。初六、六三，柔能应刚，许之曰终吉。惟上九以刚极处讼终，卦辞所谓终凶者也。"①此释中，胡炳文从《讼》六个爻综合来看上九之辞，说明了上九之辞无讼字的原因在于"恶其终"，不希望此事再持续或发生。又拿上九与其他爻比较，九四、九二为阳爻，但所处之位为阴爻位，能刚而能柔，故无凶。初六、六三为阴爻，所应之爻为四、六阳爻，亦柔能应刚，故亦吉。在胡炳文看来，阴阳相应、刚柔相济谓之吉利，否则为凶。而上九，处于卦之最上位，为刚极处；若初爻为讼之始，六爻为讼之终，则上九处讼事之终处，亦是凶，也是卦辞谓"终凶者"。其他如《需》九二、《讼》九四、《比》六二、《小畜》九五、《否》初六、《否》九五、《否》上九、《谦》上六、《蛊》六四、《临》九二、《观》六三、《噬嗑》六三、《贲》上九、《复》上六、《无妄》上九、《大畜》九三、《颐》六五、《坎》六三、《恒》九四、《遁》九三、《晋》六三、《明夷》九三、《明夷》上六、《姤》九五、《震》六三、《震》六五、《艮》六五、《渐》六二、《渐》九五、《旅》九三、《兑》九二、《小过》上六等，皆是卦体六爻之间的比较分析。

其二，卦与卦之间的比较诠释。

此类又可能分为多种情况，我们一一略举例于下。

———————

① （元）胡炳文：《周易本义通释》卷1，文渊阁《四库全书》第24册，第326页。

第一,六十四卦卦序关系的比较诠释。

胡炳文认为,《易经》六十四卦的排列并非偶然无意义的,而是天地之易自然使之,是存在一定的宇宙生化、人事发展之顺序的。因而,在他看来,一卦处于六十四卦中之何位,与前后卦有着不可脱节的联系,反映此阶段的宇宙或人事变化。以前后卦的联系和对照来解卦爻是胡炳文解易中突出的一个特点。在释经部卦辞方面:如他解《蒙》卦卦辞时,《蒙》卦何以在《屯》卦后? 在《序卦》中位于第四卦又指称何事? 他说:"有天地即有君师。《乾》《坤》之后继以《屯》,主震之一阳,而曰利建侯,君道也。又继以《蒙》,主坎之一阳,而曰童蒙求我,为师道也。君师之道,皆利于贞。"[1]《乾》《坤》为天地,《序卦》中六十四卦的排列为,继《乾》《坤》卦后为《屯》卦。《屯》之下卦为《震》,《震》之一阳动于下而曰利建侯,此为君道。《屯》后又继之为《蒙》,《蒙》卦为下卦坎之中爻即九二阳爻,为成卦之主,上卦六五为童蒙,六五应九二,为童蒙求我。此《蒙》卦所示即为师道。此是从乾坤屯蒙为天地君师的关系和顺序来注解《蒙》卦辞。又如他释《小畜》"亨,密雨不云,自我西郊"时说:"自《乾》《坤》而下,《屯》《蒙》《需》《讼》《师》《比》皆三男阳卦用事,至此方见巽之一阴用事,而以'小畜'名焉。"[2]此是以《小畜》与前面一些卦相较,指出《小畜》在六十四卦序排列中所处的位置,刚好为阳卦用事之后,一阴用事之时,所以以"小畜"为名。胡炳文在释爻辞时,亦注重比较分析。如他释《蒙》九二爻辞时说:"《乾》父《坤》母继以《屯》《蒙》,故两卦提出两子字,必如《屯》六二贞不字,可以为女子矣。必如《蒙》九二克家可以为男子矣。"[3]《序卦》中《乾》《坤》之后为《屯》《蒙》,《乾》《坤》为父母,《屯》卦六二为女,《蒙》九二为男子,亦是从《序卦》而推。这在某种程度上暗示着,在胡炳文眼里,《序卦》之六十四卦序不仅是天地生成之序,也是人伦发展之序。

第二,从反卦的角度进行比较诠释。

所谓的反卦,指从上下两个角度颠倒看同一个卦,所形成的两个卦,如剥(䷖)卦与复(䷗)卦。从反卦角度进行卦卦之间的比较诠释,这是胡炳文在注

---

① (元)胡炳文:《周易本义通释》卷1,文渊阁《四库全书》第24册,第319页。
② (元)胡炳文:《周易本义通释》卷1,文渊阁《四库全书》第24册,第332页。
③ (元)胡炳文:《周易本义通释》卷1,文渊阁《四库全书》第24册,第319页。

释卦爻辞时常用之法。如胡炳文释《剥》六三"剥之无咎"时说:"《剥》之三即《复》之四,视二五非中。然在五阴之中,即为中。《复》六四在五阴中,独与初应,不许以吉。《剥》六三在五阴中,独与上应,许以无咎。何也? 曰:《复》,君子之事,明道不计功,不以吉许之可也。《剥》,小人之事,小人中,独知有君子,不以无咎许之,则无以开其补过之门也。"①《剥》之三即《复》之四,胡炳文利用两卦二爻各在卦体所处不同的地位来解释何以吉凶不一。又如他释《升》九二"孚乃利用禴,无咎"时说:"萃与升相反。《萃》之二曰孚乃利用禴,则宜。如《损》六二十朋之龟,言之于反卦六五可也。今皆在下卦中爻言之,何哉?《萃》六二求萃于上,《升》九二求升乎上,故其义同。《萃》六二以柔而应九五之刚,《升》九二以刚而应六五之柔,其以至诚感应则一也,故爻辞同而《象传》刚中而应之辞亦同。二为三所塞必诚信上通于君乃无咎。"②此是以萃与升这一反卦进行比较分析,说明《萃》与《升》二卦之九二与六二爻辞相同的原因。

第三,从对卦的角度进行比较诠释。

对卦,即相同爻位阴阳属性完全相错的两个卦,如谦(䷇)卦与履(䷉)卦。从对卦角度进行比较诠释,也是胡炳文常用之例。如他释《谦》"亨,君子有终"时说:"履者,谦之对。文王九卦以《履》《谦》为首。《履》以兑一阴蹑乎乾三阳之后,履之为礼也。《谦》以艮一阳抑于坤三阴之下,谦之所以制礼也。阴为小,说而应乾,安其为小也,所以《履》继《小畜》之后。阳为大,劳而能谦,忘其为大也,所以《谦》继《大有》之后。小则安,大则忘,文王处忧患之道,其在兹乎? 以是处变所以免咥人之凶,以是守常,所以能成谦亨之终。"③履与谦卦为对卦,胡炳文对二卦进行比较,分析了《谦》卦何以"有终"而《履》何以免"咥人"之凶的原因。

第四,卦爻取辞取象大体一致之间的比较诠释。

六十四卦爻的取象之辞有许多相似之处,这一点,也被胡炳文注意并加以对比。如他释《需》初九"需于郊,利用恒,无咎"时说:"郊,坎险最远之象。国

---

① (元)胡炳文:《周易本义通释》卷1,文渊阁《四库全书》第24册,第367页。
② (元)胡炳文:《周易本义通释》卷2,文渊阁《四库全书》第24册,第420页。
③ (元)胡炳文:《周易本义通释》卷1,文渊阁《四库全书》第24册,第348页。

外曰郊,《同人》以象上九,此以象初,皆取最远之象也。《同人》于门于宗而后于郊,近而远也。《需》于郊而后于沙于泥,远而近也。"①此处,《周易本义通释》以《同人》卦跟《需》卦比较,认为二卦皆讲"郊",只是方向路数不同,《同人》卦由近至远,《需》卦由远至近。

第五,相同爻位之间的比较分析。

胡炳文对不同卦之间相同的爻位也进行了比较。此是对前人爻位说的继承和发挥。前人爻位说,都是基于一卦卦体内部的分析,而胡炳文则把这种爻位说推及到卦与卦之间的比较分析,这是胡炳文对爻位说作出的一大贡献。如他释《大有》上九"自天佑之,吉无不利"时说:"《小畜》上九,畜之终也。其占曰厉曰凶,为六四言也。《大有》上九,有之终也。其占吉无不利,为六五言也。《小畜》一阴在四,欲畜众阳,而其终也如此。《大有》一阴在五,能有众阳,而其终也乃如此。君臣之大分可不明哉?"②此是把《大有》上九与《小畜》上九进行比较分析,注重两卦上九爻时位的不同,从而指出二爻辞吉凶不同之原因所在。

由此可见,胡炳文的比较诠释方法是多样的,不仅在一卦内,也在卦卦之间。通过这样的比较分析,更显示了六十四卦爻之间的内在联系。

2. 以时解易

以时解易,指将"时"作为一种独立的手段和方法来注解《周易》,阐明"时"对卦爻辞的影响作用,说明卦爻辞之所为此而不为彼的原因。以时解易,今易学界提及者少,但这种解易方法确实自古存在。考之易学史,以时解易法,发起于《易传》,形成于王弼、程颐,成熟于胡炳文。

观《周易》经部,仅于《归妹》九四爻辞"归妹愆期,迟归有时"一处见之"时"字,此"时"似侧重于"时"的具体意义(即"日期"),描述婚嫁事件的时间,而不是解释九四爻辞的取因。《易经》虽明此一处时字,但整个《易经》卦爻辞中却包含着大量的时意,如《乾》卦六爻之间,自初至上,呈现出动态的时。《易经》时的意蕴,这一点被《易传》加以发挥,形成了大量的"时"论。在

---

① (元)胡炳文:《周易本义通释》卷1,文渊阁《四库全书》第24册,第321页。
② (元)胡炳文:《周易本义通释》卷1,文渊阁《四库全书》第24册,第347页。

《易传》中,"时"字出现达五十五次。如此之多的"时"字,基本上都是阐发《易经》大义,发挥《易经》中时的哲学,以卦画言时的例子却比较罕见。在五十五次"时"论中,"遁,亨,遁而亨也。刚当位而应,与时行也"《文言》"终日乾乾,与时偕行"的其中之"时"略有从时的角度对卦爻辞进行说明何以"遁亨""终日乾",可归为以时解易,其他时论基本为大叹"时"的意义之大,属于时的哲学。

较为明显运用时来解易的,是魏晋的王弼。王弼继承和发挥了《易传》爻位的学说,比较明确地出现了以卦爻的时位来诠释《周易》卦爻辞。王弼在其《明卦适变通爻》一文中说:"夫卦者,时也;爻者,适时之变者也……故名其卦,则吉凶从其类;存其时,则动静应其用。"①卦爻之间变化,是因为时的不同而引起的,时是卦爻取辞不一的原因,这已有一点以时解易的味道了。不过,王弼并不是重点单独以时来分析每一卦爻取辞的不同,他所讲之时,基本都是立于位的,强调中位、一爻专主之位等。"位"在王弼的注易中更为重要和突出。"观变动者,存乎应;察安危者,存乎位;辩逆顺者,存乎承乘;明出处者,存乎外内。"②王弼通过位之时的不同来说明卦爻不同的原因。王弼解《观》六三爻辞"六三,观我生,进退"时说:"居下体之极,处二卦之际,近不比尊,远不童观,观风者也。居此时也,可以观我生,进退也。"③其所说"居此时",是指居此位之时,强调位之时的重要性对卦爻辞的作用。王弼的注解,重点在卦爻之位,而不在时。可见,"时"在王弼那里并没有作为一种注经的独立手段被提出来。王弼所提出的"适时之变",大多是为阐发时的哲学意蕴,明白卦爻因时变化,以时来把握宇宙规律,而不是以时解易。

孔颖达作《周易正义》,其注经过程中对时的关注,大体与王弼同。真正把时从位中提出来,成为注经的一种独立的手段的,应该属于北宋易学家程颐。程颐提出"《易》随时取义"④,认为卦或爻在不同时的情景下具有不同的意义,表达为不同的卦爻辞。如在释《否》"初六,拔茅茹,以其汇贞,吉亨"时,

---

① （魏）王弼著,楼宇烈校释:《周易略例》,《王弼集校释》下册,中华书局1980年版,第604页。
② （魏）王弼著,楼宇烈校释:《周易略例》,《王弼集校释》下册,中华书局1980年版,第604页。
③ （魏）王弼著,楼宇烈校释:《周易注》,《王弼集校释》上册,中华书局1980年版,第316页。
④ （宋）程颢、程颐:《周易程氏传》卷1,《二程集》,中华书局1981年版,第760页。

程氏曰:"泰与否皆取茅为象者,以群阳群阴同在下,有牵连之象也。泰之时,则以同征为吉。否之时,则以同贞为亨。始以内小人外君子为否之义,复以初六否而在下,为君子之道。"①同居初爻,虽取茅象,但因《泰》《否》之时不一,因而有"征""贞"取辞之别。又如在释《明夷》六五爻辞"箕子之明夷,利贞"时,他说:"五为君位,乃常也。然《易》之取义,变动随时。上六处坤之上而明夷之极,阴暗伤明之极者也。五切近之,圣人因以五为切近至暗之人,以见处之之义,故不专以君位言。"②《明夷》卦与其他卦的五爻,同是居五之位,取象和措辞却不同,五位常为君位,但这里却不指君位。程颐以为,原因在于《易》随时取义。可见,程颐已开始以"时"为重点来解析卦爻取辞,"时"作为解易注易的一种独立手段被提了出来。"《易》随时取义"的提出表明,以时解易的独立注解方法正式得到明确。但遗憾的是,观整个《伊川易传》,程颐以时解易的例子却并不多见,没有在注解过程中普遍使用。同时,通过考察上述《否》《明夷》两例可见,程颐所说的随时取义,还有一个明显的特征,即是针对同一卦爻位的取象和措辞之间的横向比较,以说明同一卦爻位上的取象和措辞的随时取义,但缺乏对卦体六爻从纵向进行以时解易。

王弼提出"时位"的观点,程颐形成"随时取义"的论调,最终形成"以时解易"的方法,但都未在实际易学注经中普遍运用。元代婺源易学家胡炳文则广泛普及"以时解易",并对"以时解易"做了创新与发展。

胡炳文对"时"十分看重,他主张:"学《易》,不可不知时。"③在他看来,卦、爻取辞不一,原因就在于卦爻之时不同。乃至《周易》六十四卦、三百八十四爻只是一个时字。他曾多次提到这一句话。他在《云峰集》中提到《易》三百八十四爻只是一时字"④。在释《象·未济》"饮酒濡首亦不知节也"时,他说:"《未济》上九不知节,节即所谓中也。尧之授舜,只是一中字。《易》三百八十四爻,只是一时字。"⑤在释《象·乾》"大明终始,六位时成,时乘六龙以

① (宋)程颢、程颐:《周易程氏传》卷1,《二程集》,中华书局1981年版,第760页。
② (宋)程颢、程颐:《周易程氏传》卷3,《二程集》,中华书局1981年版,第883页。
③ (元)胡炳文:《周易本义通释》卷1,文渊阁《四库全书》第24册,第380页。
④ (元)胡炳文:《云峰集》卷4,文渊阁《四库全书》第1199册,第772页。
⑤ (元)胡炳文:《周易本义通释》卷4,文渊阁《四库全书》第24册,第492页。

御天"时,他又提道:"天有十二时,阴阳各司其半,以成四时,故爻位亦以六而成。一爻有一爻之位,则各有一爻之时。'六位时成',泛指《易》六虚言。'时乘六龙',专指《乾》六画言。三百八十四爻只是一时字,故夫子首于《乾象》发之,《坤》止说行,《乾》兼说知行,大明是知,御天是行。"①每一爻皆有一爻之时,故推之三百八十四爻,则是一个时字。这个观点,将程颐的《易》随时取义的说法具体到了每一爻,推向了极致。胡氏的这种说法,曾遭到后来明代著名易学家蔡清的质疑。蔡清在《易经蒙引》中说:"一说'六位时成',泛指《易》六虚言。'时乘六龙',专指乾六画言。三百八十四爻只是一时字。此说似无害,但终不稳。盖六爻发挥旁通情也,惟乾为然,他卦六爻岂足以周圣人之用哉。"②此"一说",暗指胡炳文所言。蔡清认为《乾》卦归于一时字尚可,他卦六爻则非一时字可周备。由此可见,胡氏的三百八十四爻只是一时字的说法,是有争议的。然而,不管后人如何评价,胡炳文把时推崇到极致地位的事实却是不可否认的。

　　三百八十四爻只是一个时字,胡炳文对时的看重和极致推崇,使得他在注疏《周易》时,以时解易这个思想,就贯穿于他解易过程的始终,成为他解易的一个重要和普遍运用的方法。胡炳文的以时解易,又是与他所擅长的对照诠释法相联系的。胡炳文注经卦爻辞,常运用卦与卦、卦体六爻内部的比较诠释,以说明卦爻的取象和措辞。所以,胡炳文的以时解易,大多是在卦与卦、卦体内部六爻之间的对比展示出来。我们举几个例子以窥一斑。比如他释《屯》九五"屯其膏,小贞吉,大贞凶"时说:"学《易》者贵于观时识变。卦有二阳,初阳在下,而众方归之,时之方来者也。五阳在上,而陷于阴,时之已去者也。时已去虽阳刚亦无如之何矣,故凶。"③《屯》之五阳与初阳相对比,初阳为利涉大川,是时之方来;五阳为凶,是因为时之已去。又如释《屯》上六"乘马班如,泣血涟如"时说:"坎于马为美脊,上乘五,有乘马之象。爻言乘马班如者,三二班如,待五应也。四班如待初阴也。上阴柔无应,处《屯》之终,其班如也,独无所待进又无所之忧惧而已。盖初得时,二比初亦得之;五失时,上

---

① （元)胡炳文:《周易本义通释》卷11,文渊阁《四库全书》第24册,第551页。
② （明)蔡清:《易经蒙引》卷1,文渊阁《四库全书》第29册,第28页。
③ （元)胡炳文:《周易本义通释》卷1,文渊阁《四库全书》第24册,第318页。

比五亦失之。"①这也是针对卦体从时的角度作出的解释。又如他释《需》上六"入于穴,有不速之客三人来,敬之终吉"时说:"自我致之者,敬慎犹可以不败。不自我速之而能敬之,其终吉也宜矣。三阳已至,时不可阻阴,知敬之故吉。"②这是从顺时的角度作出的注解。又如释《蛊》卦六四"裕父之蛊,往见吝"时说:"六四爻位俱阴柔而无应,故曰裕。以时言之,初六蛊犹未深,故但有子则考可以无咎。四之时非初比也,而复宽裕以视之,蛊将日深矣,以斯而往,其见吝也固宜。"③把初与四相比,指出初与四之时不同,而取义有别。又如释《大壮》初九"壮于趾,征凶,有孚"时说:"《贲》初亦以趾取象,《本义》曰'刚德明体,自贲于下',此则不取其刚德健体,何也? 曰:惟其时而已。贲饰也,贲之时而在下,自饰其所以行,可也。壮之时而在下,欲进而必行,不可也。"④这是胡炳文对《周易本义》之《壮》卦初九之辞作注疏,指出《周易本义》于《贲》初取刚德明体,而《壮》初不取,原因在于,"惟其时"不同。

从这些我们可以看到,胡炳文对时的看重和以时解易的做法,在对卦爻象和卦爻辞的选择缘由上,与王弼重位相比,明显倾向于时;与程颐相较,不仅推广了以时解易法,而且其以卦体为视域进行纵向考察、探讨易之随时取义,避免了程颐只横向比较的以时解易的缺陷,拓展了程颐卦爻的随时取义观。胡炳文的随时取义,最终使以时解易的手法臻于成熟。这也是对古代易学注易方法的一个重要补充和发展。

3. 对经传的解释,区分"以德言"或"以位言"

德指卦爻之德,位指爻位。单独从卦德和卦爻位解易,这在前人中早已普遍运用。《易传》中就已发明,经汉易和魏晋王弼等人的发展,爻位说得以提升,以至宋易,卦德、卦体、卦位之说又进一步发展。但是,把二者结合起来一并思考,加以解易,指出某某卦辞爻辞是以德言,某某卦爻辞是以位言者却极少。北宋程颐《易传》和南宋朱熹《周易本义》中只在注解经传时偶尔提到。在注解经传时,区别以德言和以位言,广泛使用的应属胡炳文了。他在注经传

---

① (元)胡炳文:《周易本义通释》卷1,文渊阁《四库全书》第24册,第318页。
② (元)胡炳文:《周易本义通释》卷1,文渊阁《四库全书》第24册,第323页。
③ (元)胡炳文:《周易本义通释》卷1,文渊阁《四库全书》第24册,第356页。
④ (元)胡炳文:《周易本义通释》卷2,文渊阁《四库全书》第24册,第392页。

时指明某部分是以德言,哪部分是以位言,处处可见。这已形成了胡炳文注解经传的一个着眼点、一个入手点、一种方法、一种原则、一种注易体例。如释《象·乾九二》:见龙在田,德施普也。《周易本义通释》曰:"《小象》提出一德字,见九二之所以为大人者,以德言,非以位言也。"①《象·泰六四》:翩翩不富,皆失实也。不戒以孚,中心愿也。《周易本义通释》说:"以德言,则凡阳为实,阴为不实。以位言,凡阴在上,皆为失实也。"②《象·明夷上六》:初登于天,照四国也。后入于地,失则也。《周易本义通释》曰:"《离》之照四国,以德言。此之照四国,以位言尔。则者,不可踰之理,失则所以为纣,顺则所以为文王。"③这些例子都是明确区分以德言和以位言。

4. 一些新的易例

胡炳文在注释经传时,还对前人易例进行了总结、补充,提出了一些新的易例。我们列于下面:

(1)凡阴爻不好讼,而阳爻好讼。

此例见于胡炳文释《讼》初六。《讼》初六:不永所事,小有言,终吉。《周易本义通释》注曰:"初不曰'不永讼',而曰'不永所事',事之初,犹冀其不成讼也。'小有言',与《需》不同。《需》'小有言',近坎也。人不能不小有言也。此之'小有言',坎也。我不能已而小有言也。'终吉'之'终',与卦辞'终凶'之'终'不同。终凶者,上九在讼为终,在人为不终。终吉者,初六在讼为不终,在人为有终。凡阴爻不好讼,而阳爻好讼。"④

(2)凡卦辞以爻为主,则爻辞与卦同。卦之辞以卦上下体论,则爻辞与卦不同。

此例见于胡炳文释《履》六三。胡炳文举《屯》卦"利建侯"说明前者。《屯》初九为成卦之主,《屯》初九爻辞为"磐桓,利居贞,利建侯";《屯》卦卦辞为"元亨利贞,勿用,有攸往,利建侯"。《屯》初九爻辞与《屯》卦辞都有"利建侯"之辞,爻辞与卦同。又见《谦》卦。《周易本义通释》注曰:"《谦》主九三,

<hr>

① (元)胡炳文:《周易本义通释》卷3,文渊阁《四库全书》第24册,第464页。
② (元)胡炳文:《周易本义通释》卷3,文渊阁《四库全书》第24册,第469—470页。
③ (元)胡炳文:《周易本义通释》卷4,文渊阁《四库全书》第24册,第480页。
④ (元)胡炳文:《周易本义通释》卷1,文渊阁《四库全书》第24册,第324页。

故三爻辞与卦辞皆称'君子有终'。"①又见于《震》初九。二阴一阳则一阳为主,初九在内卦之内,《震》之主也。故辞与卦同。②

关于后者,胡炳文从《履》六三辩。《履》卦辞为"虎尾,不咥人",《履》六三爻辞为"虎尾,咥人凶"③。《履》卦下卦为兑,为说体;上卦为乾,为健体。基于兑三爻与乾三爻相应,所以说不咬人。《履》六三爻,此爻只与上九一爻相应而不与其他爻应,踩老虎尾巴,故被咬受伤,所以,卦之辞以卦上下体论,则爻辞与卦辞不同。

(3)卦名大者,皆指阳而言。④

此例见于胡炳文释《大有》卦辞:"大有,元亨。"《周易本义通释》认为,此卦五阳足以显示其大。又见于《益》初九。《周易本义通释》曰:阴为小,阳为大。初阴在下,本小也。损乾之阳以益之则大矣。⑤ 又见于《象·坤》用六:"永贞,以大终也。"《周易本义通释》认为,《乾》《坤》初爻已提出阴阳二字,至此又以"大终"言之,所以"见阴为小,阳为大,阴阳之大分明矣"⑥。又见于《系辞上》"是故列贵贱者存乎位,齐小大者,存乎卦,辨吉凶者存乎辞",《周易本义通释》认为,"位谓六爻之位,齐犹定也。小谓阴,大谓阳"⑦。

(4)《易》之例,不问阴阳,小子皆指初而言。

此例见于炳文释《随》六三。《随》六三:系丈夫,失小子,随有求得,利居贞。《周易本义通释》曰:"《本义》与《程传》皆以初为小子。《易》之例,不问阴阳,小子皆指初而言。"⑧胡炳文又指出,《渐》卦初六为阴爻,亦称小子。

(5)凡言十年者,坤终之象也。

此例见于胡炳文释《复》上六。《复》上六:迷复凶,有灾眚,用行师,终有大败,以其国君凶至于十年,不克征。胡炳文认为,《乾》无十,《坤》无七。阴

① (元)胡炳文:《周易本义通释》卷1,文渊阁《四库全书》第24册,第348页。
② 参见(元)胡炳文:《周易本义通释》卷2,文渊阁《四库全书》第24册,第431页。
③ (元)胡炳文:《周易本义通释》卷1,文渊阁《四库全书》第24册,第336页。
④ 参见(元)胡炳文:《周易本义通释》卷1,文渊阁《四库全书》第24册,第345页。
⑤ 参见(元)胡炳文:《周易本义通释》卷2,文渊阁《四库全书》第24册,第411页。
⑥ (元)胡炳文:《周易本义通释》卷3,文渊阁《四库全书》第24册,第465页。
⑦ (元)胡炳文:《周易本义通释》卷5,文渊阁《四库全书》第24册,第498页。
⑧ (元)胡炳文:《周易本义通释》卷1,文渊阁《四库全书》第24册,第354页。

数极于六而七则又为乾之始。阳数极于九而十则自为坤之终，故凡言十年者，坤终之象。此例又见于《屯》卦六二"十年乃字"，《颐》卦六三"十年勿用"。胡炳文认为，皆互坤之故。

（6）凡《易》之道，卦吉者必于诸爻戒之；卦不吉者，必于诸爻反之。

此例见于炳文释《睽》上九。《睽》上九：睽，孤。见豕负涂载鬼一车，先张之弧，后说之弧，匪寇婚媾，往遇雨则吉。胡炳文称："凡《易》之道，卦吉者必于诸爻戒之；卦不吉者，必于诸爻反之。《睽》初与四，二与五，三与上，皆先睽后合，而三上之睽，尤甚。其辞亦险怪之甚。中心疑者，其辞枝，此辞亦可谓枝矣。"①

（7）凡言有他，指非应而言。

此例见于炳文释《中孚》初九。《中孚》初九：虞吉，有它不燕。胡炳文认为："凡言有他，指非应而言。《比》之初有孚，自有非正应而来应者。有他，许之之辞也。《中孚》之初，若舍正应而他求，所谓应焉，非吉之道。"②

其次，从内容上看，注重对《周易本义》的阐明、引申、拓展、补充和发挥。

在内容的安排上，《周易本义通释》以《周易本义》为主，整个《周易本义通释》内容主要通过对《周易本义》的阐述释义、引申、拓展、补充《周易本义》之说、阐发新意等方面得以展现。当然，这是说主要内容，因前面我们说过，《周易本义通释》不仅仅是采用《周易本义》一家之说，也采用程子、邵子易学。然从总体来看，《周易本义》之说是其主要阐发对象，并在这种阐发过程中附以自己的见解，遂成《周易本义通释》文本。

有依文释义的，如《蒙》六四爻辞：困蒙，吝。

《周易本义》说："既远于阳，又无正应，为困于蒙之象。占者如是，可羞吝也。能求刚明之德而亲近之，则可免矣。"③《周易本义》认为六四为阴爻，与阳距离远，又无应，所以困顿之象。认为占者处困之时，亲近刚正有德之士，就能避免。

---

① （元）胡炳文：《周易本义通释》卷2，文渊阁《四库全书》第24册，第403页。
② （元）胡炳文：《周易本义通释》卷2，文渊阁《四库全书》第24册，第452页。
③ （宋）朱熹：《周易本义·上经第一》，《朱子全书》第1册，上海古籍出版社、安徽教育出版社2002年版，第35页。

《周易本义通释》："初与三比二之阳,五比上之阳,初、三、五皆阳位,而三、五又皆与阳应,惟六四所比、所应、所居皆阴。困于蒙者也。蒙岂有不可教者,不能亲师取友,其困而吝也。自取之也。"①

《周易本义通释》解释《周易本义》何谓"远于阳,无正应"。此是对《周易本义》的阐述,意思与《周易本义》同,未作引申和拓展。

又如《复》初九:不远复,无祗悔,元吉。

《周易本义》说:"一阳复生于下,复之主也。祗,抵也。又居事初,失之未远,能复于善,不抵于悔,大善而吉之道也。故其象、占如此。"②

《周易本义通释》曰:"春秋公孙敖,如京师不至而复,公如晋至河用复,皆以不极其往为复,复善贵早,故《易》以不极其往者言之善,失之远而复必至有悔,惟失之未远而即复,所以不抵于悔。'元吉',《本义》云大善而吉,是从事上说。一本作向善而吉,是从心上说。读者详焉。本心呈露之初。"③

《周易本义》认为,其象是一阳在下,在事之初,失之未远。其占为不抵于悔,大善而吉。《周易本义通释》依《周易本义》意,对不抵于悔和元吉作了阐述。以春秋之事说明复善贵早,失之远虽复亦有悔恨,失之未远而能复归正道,这样才无悔。《周易本义通释》还对元吉的说法作了进一步明确和说明。认为《周易本义》所说之大善而吉,是占辞,是所占之事情结果,此"大善而吉"是从事上说。还有一种对元吉的说法,认为元吉,为向善而吉。元,是指本心呈露之初。人应于本心呈露之初时向善,如此才谓元吉。《周易本义通释》指出,此种说法,是从心上说。《周易本义通释》对《周易本义》关于元吉从事上说和从心上说作了详细阐述。

有对《周易本义》的拓展、补充、引申的,如《蒙》六三:勿用,取女见金夫,不有躬,无攸利。

《周易本义》:"六三阴柔,不中不正,女之见金夫而不能有其身之象也。占者遇之,则其取女必得如是之人,无所利矣。金夫,盖以金略己而挑之,若鲁

---

① (元)胡炳文:《周易本义通释》卷1,文渊阁《四库全书》第24册,第320页。
② (宋)朱熹:《周易本义·上经第一》,《朱子全书》第1册,上海古籍出版社、安徽教育出版社2002年版,第52页。
③ (元)胡炳文:《周易本义通释》卷1,文渊阁《四库全书》第24册,第369页。

秋胡之为者。"①

《周易本义》对此爻的解释颇为简约,符合了《周易本义》解释卦爻辞的一惯风格。主要从爻位说的角度,说明六三阴柔且不处中正之位,故勿取此女。

而《周易本义通释》对此则做了一番拓展:"《屯》以许嫁婚媾论,《蒙》以纳妇取女论。《屯》六二乘初之刚而贞不字,《蒙》六三乘二之刚而不有躬。《屯》二舍下而从五,下体震,震性动而趋上也。《蒙》三舍上而从二,下体坎,坎性险而趋下也。其相去何辽绝哉? 况三乃《屯》四之反,在四则求而后往,吉无不利。在三则不求,而往取之无攸利。其不善变何如此哉? 女一失身且如此,士而失身,于所从用之何利焉? 诸爻皆说蒙,此爻独不取蒙义,恐人拘泥,故别发一义,况昧其所适,见利忘身,蒙不足以尽之。或曰:是爻,《蛊》之变,女惑男也,故有不有躬之事。"②

《周易本义通释》对《周易本义》的注疏,没有从爻之中正位说,而是取《屯》卦爻以对比,结合本身六爻卦体而论勿用之旨,这明显是对《周易本义》的一种解说和拓展。但《周易本义通释》并不停留于此,还解释为什么"《蒙》卦诸爻皆说蒙,唯独此爻不取蒙义",原因在于:一是别发一义,使人不拘泥;二是此爻本身所处极为蒙昧,用一蒙字不足以表达此爻状况。此外,对"不有躬"的解释,不仅认可《蒙》六三乘二之刚而有"不有躬",还从卦变的角度提出另义,认为有可能《蒙》卦此爻辞,是由《蛊》卦卦变而来,《蛊》卦本有女惑男之意,因而《蒙》此爻有"不有躬"之事。

又如《需》上六:入于穴,有不速之客三人来,敬之则终吉。

《周易本义》:"阴居险极,无复有需,有陷而入穴之象。下应九三,九三与下二阳,需极并进,为不速客三人之象。柔不能御,而能顺之,有敬之之象。占者当陷险中,然于非意之来,敬以待之,则得终吉也。"③

---

① （宋）朱熹:《周易本义·上经第一》,《朱子全书》第1册,上海古籍出版社、安徽教育出版社2002年版,第35页。

② （元）胡炳文:《周易本义通释》卷1,文渊阁《四库全书》第24册,第320页。

③ （宋）朱熹:《周易本义·上经第一》,《朱子全书》第1册,上海古籍出版社、安徽教育出版社2002年版,第36页。

《周易本义》此解，是从上六之当位与九三之应位上说的，《周易本义通释》对此的注疏，前部依文释义，但后部对"客"字却作了推衍和拓展。胡炳文对上六与九三进行了对比，区分了"客"与"寇"之区别。他说："乾居西北，故乾为客。乾内卦也，自内而之外，为客。坎为盗，坎外卦也，自外而侵内为寇。九三逼乎坎，故为寇之至，则以为自我致之。上六远乎乾，故于客之来，则非自我速之。自我致之者敬慎，犹可以不败；不自我速之而能敬之，其终吉也宜矣。"①胡炳文对此爻所做的拓展，利用了卦之后天方位、内外、远近，多角度综合述说。

又如《讼》初六：不永所事，小有言，终吉。

《周易本义》："阴柔居下，不能终讼，故其象、占如此。"②

《周易本义》认为本爻为阴爻又居初位，故不能终讼。但《周易本义》未对所事"小有言"进行阐明。

《周易本义通释》："初不曰'不永讼'，而曰'不永所事'，事之初，犹冀其不成讼也。'小有言'，与《需》不同。《需》'小有言'，近坎也。人不能不小有言也。此之'小有言'，坎也。我不能已而小有言也。'终吉'之'终'，与卦辞'终凶'之'终'不同。终凶者，上九在讼为终，在人为不终。终吉者，初六在讼为不终，在人为有终。凡阴爻不好讼，而阳爻好讼。"③《周易本义通释》不满足于《周易本义》简约的注解，首先对何以言"不永所事"而不言"不永讼"进行说明，之所以不言讼，是因为本爻位于所事之初，可能不成讼。此外，《周易本义通释》对《周易本义》进行了补充和拓展，表现在对"小有言"和"终吉"进行了阐明。关于"小有言"，拿《需》卦与《讼》初六比，一为近坎，一为已在坎中。又把《讼》初六之终与卦辞之终进行对照性诠释。卦辞之终，上九位于卦之最上位，意谓事已终，但事情结局不好，故谓人不终。初六之终吉，位为初，故讼事不终，而对人来看，只是小有言，结局终吉。胡炳文在此从爻位的角度，具体区分了事之终与人之终。

---

① （元）胡炳文：《周易本义通释》卷1，文渊阁《四库全书》第24册，第323页。
② （宋）朱熹：《周易本义·上经第一》，《朱子全书》第1册，上海古籍出版社、安徽教育出版社2002年版，第37页。
③ （元）胡炳文：《周易本义通释》卷1，文渊阁《四库全书》第24册，第324页。

又如《履》九二：履道坦坦，幽人贞吉。

《周易本义》："刚中在下，无应于上，故为履道平坦，幽独守贞之象。幽人履道而遇其占，则正而吉矣。"①

《周易本义通释》："六三为九二所履，柔在其前，虚而无碍，坦坦之象。刚中而上无应，幽人守贞之象。《归妹》亦下兑，二非无应，亦曰利幽人之贞。何也？曰《履》幽人贞吉，以九二无应而独善其身，所以为幽人之正，许之之辞也。《归妹》利幽人之贞，以九二有应，必退处幽闲，守善于身，乃得其正，戒之之辞也。然《本义》谓幽人履道而遇其占则贞而吉，看得'道'字重。盖人之所履，未有不合道而吉者。《小畜》初九与六四，一阴相应而能复自道，所以吉。《履》九二与六三，一阴相比而自能履道，所以贞吉。"

关于"履道坦坦，幽独守贞"之辞时，《周易本义》以一句"刚中在下，无应于上"为原因，刚中指九二为阳刚之爻，位于下卦之中爻，无应于上，指九五亦为阳爻，与九二不比应。实际上，《周易本义》以刚中在下，无应于上，并未明确详细解说何以履道平坦，幽独守贞？

《周易本义通释》在注疏此句时，区分了坦坦与幽人独守之辞。把《周易本义》之刚中在下无应于上，解释为幽独守贞之象。而对平坦之象则作了补充，认为之所以坦坦，是因为九二所履之前一爻为六三阴爻，阴为柔，为虚，有坦坦之象。《周易本义通释》还对幽人履道之道做了引申，认为道字极为重要和关键。在胡炳文看来，道并非指道路，而是指理。"盖人之所履，未有不合道而吉者的。"②认为凡人之涉世（所履），只有合道才能得到吉的结果，没有不合道而吉者的。以《小畜》和《履》卦为例，指出《小畜》初九之所以爻辞为吉，是由于六四一阴能与之相应，能够复归正理；《履》九二说贞吉，是因为六三与九二相比，阴阳相合，坚守正理。

又如《泰》初九：拔茅茹，以其汇，征吉。

《周易本义》："三阳在下，相连而进，拔毛连茹之象，征行之吉也。占者阳

---

① （宋）朱熹：《周易本义·上经第一》，《朱子全书》第1册，上海古籍出版社、安徽教育出版社2002年版，第41页。

② （元）胡炳文：《周易本义通释》卷1，文渊阁《四库全书》第24册，第336页。

刚,则其征吉矣。郭璞《洞林》读至'汇'字绝句。下卦放此。"①

《周易本义通释》对此爻的注疏:"拔茅茹,在物为相连之象。以其汇,在人为相连而进之占。初曰以其汇,君子与君子为类也。三阳欲进而以之者在初。四曰以其邻,小人与小人为类也。三阴欲复而以之者四。四不曰吉,初曰征吉,《易》为君子谋也。卦言来者,谓天气之下降。爻言征者,谓君子之上行。卦以气交,自上而下。爻以位升,自下而上者也。"②

《周易本义》说明了拔毛连茹之象是由于下卦三阳相连,进而提出戒占之辞。这个解释,贯穿了《周易本义》"《易》为卜筮者占"之义,强调占者阳刚则行动吉利。

《周易本义通释》则对拔茅茹之辞做了具体分析,提出拔茅茹有在物与在人之分。进而,他将初爻跟四爻辞进行对照性诠释,下卦阳为君子,三阳相连,是君子与君子为一类,三阳欲上进而动始在初,故初爻言征吉。上卦阴为小人,三阴相连,是小人与小人相一类,三阴欲下,而动始在四,故四不以吉言。所以,胡炳文认为,《易》之说言"吉"与"不吉",主要是针对君子所说,认为"《易》为君子谋"。这可谓是对《周易本义》占者阳刚则其征吉的一种补充和引申。胡炳文还进一步对君子之"征",也从爻象上进行了解释。这种解释也并不是单纯从初九爻象来说的,他是把此爻象与《泰》卦卦象联系起来,进行比较和突出。他说,《泰》卦从气相交的角度看,是自上而下的;爻从爻位升的角度看,是从下往上的。所以,初九之征吉之征的爻象,是指爻位的上升、变迁;在人事,是指君子的不断上行。如此一比较,让我们能更好地了解了"君子之谋"的性质和意义。

有对《周易本义》新解的:胡炳文对《周易本义》之说有新解之意时,常于疏解之尾,以"或曰"加以注明。这些新解,一种是指对《周易本义》之说有不同的见解和思路,一种是指《周易本义》未说而胡炳文加以阐发的新见解。前者如《剥》六三:剥之无咎。《周易本义》说:"众阴方剥阳,而己独应之,去其党

① (宋)朱熹:《周易本义·上经第一》,《朱子全书》第 1 册,上海古籍出版社、安徽教育出版社 2002 年版,第 41 页。
② (元)胡炳文:《周易本义通释》卷 1,文渊阁《四库全书》第 24 册,第 338—339 页。

而从正,无咎之道也。占者如是,则得无咎。"①《周易本义通释》曰:"剥去上下四阴而后阳得无咎,则阴剥阴也。"②朱熹的说法,是阴剥阳,而胡炳文则以为是阴剥阴,显然不是同一思路。后者如《系辞上》:是故君子所居而安者,《易》之序也;所乐而玩者,爻之辞也。《周易本义》以为"《易》之序,谓卦爻所著事理当然之次第。玩者,观之详"③。《周易本义通释》曰:"所居而安是安分所乐,而玩是穷理。君子安分则穷理愈精,穷理则安分愈固。"④朱熹以为"玩"即为"观"之意,其直接对象为卦爻,承认卦爻中有事物之理存在。胡炳文则直接以"穷理"来解"玩"字,并把《系辞传》此句的前后半截联系起来分析,以为穷理与安分互利,可谓是对朱熹之说的发挥。

有对《周易本义》依文释义与补充、引申并举的,如《履》:虎尾,不咥人,亨。

《周易本义》:"兑亦三画卦之名,一阴见于二阳之上,故其德为说,其象为泽。履,有所蹑而进之义也。以兑遇乾,和说以蹑刚强之后,有履虎尾而不见伤之象,故其卦为履,而占如是也。人能如是,则处危而不伤矣。"⑤

《周易本义通释》曰:"《程传》训履为践为籍,以上下论也。《本义》曰有所蹑而进,以前后论也。于尾字为切。诸家多以兑为虎。《本义》从《程传》,以乾为虎。本夫子《象传》意也。不咥人亨,《小畜》之亨在乾,乾之阳能达于一阴之上也。《履》之亨在兑,兑之阴能安于三阳之下也。大抵人之涉世多是危机,不为所伤,乃见所履。《大传》曰:易之兴也,其当文王与纣之事邪。是故其辞危危,莫危于履虎尾之辞矣。九卦处忧患以《履》为首,然则以柔巽畜刚,恶而不能止,小畜之时,文王忧患之时也。以和悦履刚强而不见伤之道,其文王处忧患之道欤。天下之理,柔能制刚,弱能胜强,矢能破木石而不能穿帛

---

① (宋)朱熹:《周易本义·上经第一》,《朱子全书》第1册,上海古籍出版社、安徽教育出版社2002年版,第51页。
② (元)胡炳文:《周易本义通释》卷1,文渊阁《四库全书》第24册,第367页。
③ (宋)朱熹:《周易本义·系辞上传第五》,《朱子全书》第1册,上海古籍出版社、安徽教育出版社2002年版,第125页。
④ (元)胡炳文:《周易本义通释》卷5,文渊阁《四库全书》第24册,第497页。
⑤ (宋)朱熹:《周易本义·上经第一》,《朱子全书》第1册,上海古籍出版社、安徽教育出版社2002年版,第40—41页。

幕,以巽畜乾,柔其锐而渐杀其力也。以兑履乾,刚莫如虎而柔能履之,礼之可尚也如此。"①《周易本义通释》依《周易本义》意,对《周易本义》先进行了一番阐明。以《周易本义》之有所蹑而进,既然言进,则断定是以前后论。"和说以蹑刚强",有履虎尾之辞,推断《周易本义》以乾为虎。胡氏还将《小畜》之亨与《履》之亨比较以说明亨,即不见伤之原因,认为《小畜》之亨,是站在《乾》卦的角度说的。《小畜》卦为五阳一阴,上巽下乾,六四一阴爻,其余为阳爻,"阴之畜阳,惟能以巽入柔其刚健,非能力制之,故阳之亨自若也"②。六四一阴爻,没能力制阳爻,故乾之阳能达于一阴之上而自亨。《履》之亨是站在《兑》卦的角度说的。之所以能亨,是《兑》卦之阴能安于上卦乾三阳之下,因而不为所伤。"大抵人之涉世多是危机,不为所伤,乃见所履。"此一句是胡炳文的感叹之辞,他以史例证"处危不伤"。文王当日面对残暴的势力强大的纣王,正是处忧患,履虎尾之时,但文王韬光养晦,以和悦履刚强,因而不见伤。胡炳文认为,这是文王处忧患之道。胡炳文由此而讲到天下之理,认为天下之理,柔能制刚,弱能胜强,由此对《本义》作了一定引申。此例是依文释义与补充、引申并举。

第三节　义理之学,易与人生

由前一节胡炳文的易学态度和治易方法,我们从中可以初步看出,胡炳文以朱子《周易本义》之说为主,强调数理完备者为正,已有突出易之理义的旨趣。其比较的诠释等体例,以卦体六爻、卦与卦之间的比较,进一步揭示了《周易》卦爻之间内在联系的理义。其在内容上,对《周易本义》进行依文释义、拓展、补充、引申和新解,对《周易本义》之说进行理论上的阐明、发挥,其中既有阐明卦体、卦卦之间的内在关联的一面,也有直接引申出性命道理之理义,侧重易之理义的一面。此节,将进一步阐述胡炳文对朱熹义理易学的承继和发挥。

---

① (元)胡炳文:《周易本义通释》卷1,文渊阁《四库全书》第24册,第335页。
② (元)胡炳文:《周易本义通释》卷1,文渊阁《四库全书》第24册,第332页。

一、扶阳抑阴与《易》为君子谋

我们可以从胡炳文《周易本义通释》中所注之象占之辞和《周易本义通释序》的有关言论中看出，胡炳文对于《周易》性质的认识，是接受朱子关于《易》本卜筮之说和四圣为《易》的观点的。除了此两点外，还有两点也是胡炳文易学观的重要内容：一是认为《易》是扶阳抑阴的；一是认为《易》为君子谋。

（一）《易》为扶阳抑阴

我们首先来考察一下阴阳观念在易学中的发展演变。"阴阳"二字，在《易经》文本中，除了《中孚》卦九二爻辞"鸣鹤在阴"中出现一"阴"字外，别无他处。《易经》没有"阴阳"二字，是否意味着《易经》没有阴阳观念和思想意蕴呢？这也是历代易学家困惑并尝试解决的问题。

我们知道，阴阳观念产生较早，西周时伯阳父以阴阳二气相迫来解释地震的产生原因。春秋时人们亦多以阴阳为二气，来解释气候与气节的变化，以应四时。老子《道德经》发展了阴阳学说，把阴阳放在一个对立统一的范畴上并论，并形成了贵柔守雌的尊阴思想。战国时期《管子》中的《五行》，《礼记》中的《月令》《吕氏春秋》等都有不少关于阴阳的论述。而以阴阳解易的做法，约始于战国《易传》。《易传》以阴阳来解释《易经》原理，并概括为"一阴一阳之谓道"。在《易传》中，以阴阳来解释卦象和卦辞的《彖传》仅限于《泰》《否》两卦。《象传》仅见于《乾》《坤》两卦。《文言》又明确提出《乾》《坤》两卦卦象为阴阳。更突出更明确用阴阳观念对卦爻象进行阐发的是《系辞传》，对阴阳所指、阴阳二者关系地位都有所阐述。《系辞传》对阴阳二字没有下定义，但从哲学思想来说，阴阳二字所指极为广泛，凡宇宙自然到人为社会一切事物，积极的、向上的、明亮的、主动的、进步的都属于阳；消极的、被动的、向下的、后退的、落后的、黑暗的都属于阴。关于阴阳二者的地位，《系辞传》有这样一段话："天尊地卑，乾坤定矣。卑高以陈，贵贱位矣。动静有常，刚柔断矣。方以类聚，物以群分，吉凶生矣。在天成象，在地成形，变化见矣。"按照《系辞传》的思想，乾为阳，地为阴，天尊地卑实际上是阳尊阴卑。"尊卑"可作多重意义上的解释：一为事实层面的解释，尊卑只是说明和体现宇宙运行变化，天地生成的自然过程；一为价值层面的解释，尊卑反映的是贵阳贱阴，由此而推衍的人世间一切阳的东西为贵,一切阴的东西为贱。以前往往经传不分,后世解经多以《易传》意解释《易经》文本,就难免有事实和价值层面对《易经》的理解。如东汉荀爽释《屯初九·象》曰:"阳贵而阴贱,阳从二来,是以贵下贱,所以得民也。"[1]荀氏凸显阴阳的价值意味,明确表示了贵阳贱阴思想,惜其未脱注经之樊篱,贵阳贱阴思想似未有后世宋学视域之理论深度。宋张载有"一物两体"说,从事实层面来解释太极和阴阳及阴阳之间的关系,但张载更多的是从价值层面来谈阴阳之人生哲理,强调进德修业,在对阴阳二者之价值定位中,略有崇阳之意。程颐以为阴阳无始动静无端,从事实层面来讲阴阳在宇宙中生化的自然存在和过程,他在阴阳二者关系地位上并不表示贵阳或贵阴。南宋朱熹对于阴阳关系,首先认为天地间充塞着阴阳。他说:"天地之间,无往而非阴阳,一动一静,一语一默,皆是阴阳之理。至如摇扇便属阳,住扇便属阴,莫不有阴阳之理。"[2]朱熹还认为,这种阴阳是无先后之分的:"阴阳本无始,但以阳动阴静相对言,则阳为先,阴为后;阳为始,阴为终。"[3]不仅认为阴阳循环无端,且认为阴阳为一气之消长,他说:"阴阳只是一气,阳之退,便是阴之生。不是阳退了,又别有个阴生。"[4]这些都可看成是朱熹对阴阳之间的联系的观点。对于阴阳二者的地位,朱熹说:"《易》则是尊阳抑阴。"[5]朱熹以为尊阳抑阴是《易》之大义。朱熹未指明此"《易》"是指《易经》还是《易传》,或是通论二者。不过,依朱熹《易经》本卜筮之旨,《易传》发《易经》之义而成义理之作的观点和此前前文谈及《十翼》语境来看,此"尊阳抑阴"似是对《易传》而言。朱熹此处也未明言此是从事实层面还是价值层面,或是二者兼有的角度言此语。朱熹论"阴阳"中说过:"《易》中说到那阳处,便扶助推移他;到阴处,便抑遏绝他。"[6]朱熹此处所说的"阴阳",讲的一气之阴阳,是以事实层面讲阴阳为宇宙生化的自然运动过程。朱熹对《易经》阴阳之人生伦理亦有阐述。朱熹说:

① (唐)李鼎祚:《周易集解》卷2,文渊阁《四库全书》第7册,第633页。
② (宋)黎靖德编:《朱子语类》卷65,中华书局1986年版,第1604页。
③ (宋)黎靖德编:《朱子语类》卷94,中华书局1986年版,第2377页。
④ (宋)黎靖德编:《朱子语类》卷65,中华书局1986年版,第1602页。
⑤ (宋)黎靖德编:《易三·纲领下》,《朱子语类》卷67,中华书局1986年版,第1659页。
⑥ (宋)黎靖德编:《易一·纲领上之上》,《朱子语类》卷65,中华书局1986年版,第1608页。

问:"牝马取其柔顺健行之象,坤顺而言健,何也?"先生曰:"守得这柔顺,亦坚确,故有健象。柔顺而不坚确,则不足以配乾矣。"问:"'柔顺利贞,君子攸行',如何?"曰:"'柔顺利贞',坤之德也。君子而能柔顺坚正,则其所行虽先迷而后得,虽'东北丧朋',反之西南,则得朋而有庆。盖阳大阴小,阳得兼阴,阴不得兼阳。坤德常只得乾之半,故常减于乾之半也。"①

朱熹以为,乾阳坤阴,阳大阴小,故坤德为乾之半,行为处事则有丧得之别。朱熹此是以事实层面所论之阴阳大小来论人价值层面的得失尊卑问题,略显价值层面的尊阳抑阴思想。

胡炳文对前人的说法继承和发展,不仅认为《易经》有阴阳观念,而且明确《易经》本质上是扶阳抑阴的。如释《姤》《复》卦。朱子《周易本义》以《姤》为一阴当五阳,已有女壮之象。《周易本义》于《复》说:"剥尽则为纯坤十月之卦,而阳气已生于下矣。积之踰月,然后一阳之体始成而来复。"②朱子《周易本义》之说,从卦体六爻和十二辟卦卦气的阴阳消长的角度来解释《姤》《复》卦,但这里并未表示贵阳贱阴之意。《周易本义通释》说:"而来复于阳,言其生之渐,于阴不言者,亦扶阳抑阴之意也。况谓之复者,本有之,而今来复谓之姤者,本非所望而卒然遇之也。"③胡炳文虽与朱熹都从事实层面来论阴阳,但对阴阳之地位的说明略有不同,在他看来,《易经》于《复》卦之一阳言渐生,而于《姤》卦之一阴却不言其渐生,表明《易经》是站在阳的立场来说的,是扶阳抑阴的。如释《困》初六:臀困于株木入于幽谷,三岁不觌。胡炳文以为,卦名之所以为困字,是因刚为柔所困。而爻论困义,"非特刚困,柔之困亦甚矣。柔之困也,困于株木,困于石,困于葛藟。所困者槎枒之木,缠绕之草,困于石则又甚焉。刚之困,困于酒食,困于金车,困于赤绂,饮食车服皆美物也。六爻别而言之,其崇阳抑阴之意可见矣"④。刚柔所困之物不一,刚所困为美物,柔

① (宋)黎靖德编:《朱子语类》卷69,中华书局1986年版,第1733页。
② (宋)朱熹:《周易本义·上经第一》,《朱子全书》第1册,上海古籍出版社、安徽教育出版社2002年版,第52页。
③ (元)胡炳文:《周易本义通释》卷2,文渊阁《四库全书》第24册,第415页。
④ (元)胡炳文:《周易本义通释》卷2,文渊阁《四库全书》第24册,第421—422页。

所困则为一般之草木及石头,胡炳文赋予所困之物之美丑,并以所困之物为标准来衡量刚柔之地位,从而得出《易经》为扶阳抑阴。这里,胡炳文是以价值层面说阴阳的。不过,此说颇有强以为辞,附会之嫌,但是从另一方面来说,这反而更加彰显胡炳文"《易》本扶阳抑阴"之意。

《彖传》中也多次提到扶阳抑阴。如《乾·彖》:潜龙勿用,阳在下也。《周易本义通释》曰:"夫子于《乾》《坤》初爻揭阴阳二字以明《易》之大义,《乾》初曰阳在下,《坤》初曰阴始凝,扶阳抑阴之意已见于言辞之表。"①《屯·彖》:云雷屯,君子以经纶。《周易本义通释》曰:"《乾》《坤》初爻提出阴阳二字,此则以阳为贵阴为贱,阳为君阴为臣,尊阳之义益严矣。"②胡炳文以君臣人事关系说阴阳之地位不同,亦从价值层面说阴阳。

《彖传》中也多处提到扶阳抑阴,例如:

(1)密云不雨,尚往也,自我西郊,施未行也。

《周易本义通释》曰:"刚中而志行,曰施未行,两行字相应,阳被畜而志犹可行,阴虽得位而施未可行,《本义》两犹字专为阳言,亦扶阳抑阴之意也。"③

(2)刚应而志行,顺以动,豫。

《周易本义通释》曰:"《小畜》与《豫》皆以四为主,《小畜》刚中而志行,是释卦义'亨'字。此刚应而志行,是释卦名'豫'字。《小畜》一阴畜五阳,阳之志自行故'亨'。《豫》则五阴皆应一阳,阳之志得行,故'豫'。扶阳之意也。"④

(3)大观在上,顺而巽,中正以观天下。

《周易本义通释》曰:"四阳为大壮,四阴不曰小者之壮而曰观,取二阳示四阴也。释象且曰大观,《壮》以下之四阳为大,《观》以上之二阳为大。释卦名义则以为大观在上,释卦辞以为下观而化。上下之分严,崇阳抑阴之意可见矣。"⑤

---

① (元)胡炳文:《周易本义通释》卷3,文渊阁《四库全书》第24册,第464页。
② (元)胡炳文:《周易本义通释》卷3,文渊阁《四库全书》第24册,第465页。
③ (元)胡炳文:《周易本义通释》卷11,文渊阁《四库全书》第24册,第555页。
④ (元)胡炳文:《周易本义通释》卷11,文渊阁《四库全书》第24册,第556页。
⑤ (元)胡炳文:《周易本义通释》卷11,文渊阁《四库全书》第24册,第558页。

上几例都明确表达扶阳抑阴之意。可见,胡炳文在对前人关于阴阳二者地位关系问题上,既继承,又发展。在事实层面上,胡炳文继承了朱熹《易》为尊阳抑阴的观点;在价值层面上,不仅凸显阳的地位,而且进一步明确表示为"扶阳抑阴"。难能可贵的是,胡炳文将这一思想观点贯穿于《周易》经传中,而非仅仅于《易传》。从胡炳文对此观点的明确态度和在《易》著解经中的广泛运用,还可看出,这一思想观点是胡炳文对《易》的基本认识,也是其易学思想中的一个突出亮点。这一点,与胡方平、胡一桂尊阳贱阴的思想亮点有一致之处。

(二)《易》为君子谋

与扶阳抑阴相联系的是胡炳文的另一个观点:《易》为君子谋。之所以说二者有联系,首先在于历来有阳为君子、阴为小人之分。

《易经》本身多次出现"君子""小人"之语,如《乾》九三"君子终日乾乾,夕惕若,厉无咎",《师》上六"大君有命,开国承家,小人勿用",《观》初六"童观,小人无咎,君子吝"等,但因《易经》阴阳观念并不是很明确,更没有阳为君子、阴为小人之语。

《易传》对《易经》的诠释中则明确了阳为君子、阴为小人之说。如《系辞传》说:"阳一君而二民,君子之道也;阴二君而一民,小人之道也。"朱熹注曰:"君谓阳,民谓阴。"[1]这是对阳为君子、阴为小人的比较明确的说法。《彖传》《象传》解《易》时亦时常可见,以阳喻君子,以阴喻小人。如《彖传》解《泰》卦时说:"内阳而外阴,内健而外顺,内君子而外小人,君子道长,小人道消也。"解《否》卦时说:"内阴而外阳,内柔而外刚,内小人而外君子,小人道长,君子道消也。"这是以阴阳之消长来说明君子小人相为消长之说。

《易传》的说法广为流传,已成为易学家们之共识。北宋程颐区分君子、小人之道,有阳为君子、阴为小人之说。北宋的王安石不仅区分君子、小人,而且更将君子、小人之相互消长作为分析社会状况好坏的基本标准。北宋二程弟子杨时亦有阴阳君子小人之分,从阴阳之消长的角度来谈君子应对小人之

---

[1] (宋)朱熹:《周易本义·系辞下传第六》,《朱子全书》第 1 册,上海古籍出版社、安徽教育出版社 2002 年版,第 139 页。

策,认为《复》《剥》二卦皆为小人势众、君子势弱之状况,在此形势下,君子"随时以动",要"顺"以动。而君子当道,小人力长之时,君子又需奉《姤》《夬》之道,顺时而止之,但又不可绝灭小人,"乱世不能无君子,治世不能无小人"①。

诸君之说,俱奉《易传》的说法,虽从阴阳角度谈君子小人之分,但都并未明确表示"《易》为君子谋"之语。

明确提出"《易》为君子谋"的人是北宋的张载。张载认为:"《易》之为书,有君子小人之杂,道有阴阳,爻有吉凶之戒,使人先事决疑,避凶就吉。"②张载推崇"易本天道而归于人事",将天道与人事统而论之,人之谋划皆顺从天理。但此"人"并非指所有人,而专指君子。

> 《易》为君子谋,不为小人谋,故撰德于卦,虽爻有小大,及系辞其爻,必喻之以君子之义。③

张载以《易》为进德修业、穷理尽性之书,《易》中所阐发的圣人箴言,皆是对君子所论,故张载说"《易》为君子谋"。程颐、王安石只说君子小人之道互为消长,揣其意也只不过倾向于君子立场,没有对小人以禁止之语,所以程颐弟子杨时才会发展其师思想下说出"小人不可无"。而张载则明确言"不为小人谋",可以看出张载对小人的极其鄙视和主张《易》为君子谋的坚定立场。

朱熹也明确表达过《易》之义旨有进君子而退小人之意,但被问到"阴何以比小人"时,他说:

> 有时如此。平看之,则都好;以类言之,则有不好。然亦只是皮不好,骨子却好。大抵发生都则是一个阳气,只是有消长。阳消一分,下面阴生一分。又不是讨个阴来,即是阳消处便是阴。④

从现实状况而言,有君子、小人之分,二者有好与不好之别,此谓"以类言之"。但君子阳、小人阴,实消长阴阳之一气,故"平看之,则都好"。小人虽表面看不好,实根于阴阳之气,与君子同源,为消长分别之象而已,故称"皮不好,骨子却好"。当问到如何看待张载"《易》为君子谋,不为小人谋"的观点时,朱

---

① (宋)杨时:《龟山集》,文渊阁《四库全书》第 1125 册,第 295 页。
② (宋)张载:《横渠易说·系辞上》,《张载集》,中华书局 1978 年版,第 193 页。
③ (宋)张载:《横渠易说·系辞下》,《张载集》,中华书局 1978 年版,第 229 页。
④ (宋)黎靖德编:《易一·纲领上之上》,《朱子语类》卷 65,中华书局 1986 年版,第 1608 页。

熹说:

> 论其极是如此。然小人亦具此理,只是他自反悖了。君子治之,不过
> 即其固有者以正之而已。《易》中亦有时而为小人谋,如"包承,小人吉,
> 大人否,亨"。言小人当否之时,能包承君子则吉。但此虽为小人谋,乃
> 所以为君子谋也。①

从根本上说,君子与小人皆出于阴阳之一气,都具阴阳之理,只是因现实发展
中君子与小人因各自之正悖不一而有类之分别。从《易》本身来说,有为"小
人谋"之蕴。不过,朱熹以为,《易》为"小人谋"并不是去发展成为小人,《易》
所为最终目的在于助小人去小人而成为君子。故朱熹自己的观点,是主张进
君子,退小人的。可见,若以为《易》为君子谋而不为小人谋,朱熹可能未必认
同。朱熹认可的是退小人,但不等于《易》不为小人谋。

　　胡炳文在其《周易本义通释》中充满了《易》为君子谋的观点,在诠释
《遁》《否》《临》《大壮》《夬》卦辞及《泰·初九》《姤·初六》《观·初六》爻辞
等时都有表示《易》为君子谋。下面我们举几例来说明胡炳文的观点。首先
来看他释《泰·初九》:拔茅茹,以其汇,征吉。《周易本义通释》对此爻的
注疏:

> "拔茅茹",在物为相连之象。"以其汇",在人为相连而进之占。初
> 曰"以其汇",君子与君子为类也。三阳欲进而以之者在初。四曰"以其
> 邻",小人与小人为类也。三阴欲复而以之者在四。四不曰"吉",初曰
> "征吉",《易》为君子谋也。卦言来者,谓天气之下降。爻言征者,谓君子
> 之上行。卦以气交,自上而下。爻以位升,自下而上者也。②

《周易本义通释》则对拔茅茹之辞作了具体分析,提出拔茅茹有在物与在人之
分。进而,他将初爻跟四爻辞进行对照性诠释,下卦阳为君子,三阳相连,是君
子与君子为一类,三阳欲上进而动始在初,故初爻言征吉。上卦阴为小人,三
阴相连,是小人与小人相一类,三阴欲下,而动始在四,故四不以吉言。所以,
胡炳文认为,《易》之说言"吉"与"不吉",主要是针对君子所说,《易》是为君

①　(宋)黎靖德编:《易三·纲领下》,《朱子语类》卷67,中华书局1986年版,第1672页。
②　(元)胡炳文:《周易本义通释》卷1,文渊阁《四库全书》第24册,第338—339页。

子谋的。胡炳文还进一步对君子之"征"从爻象上进行了解释。这种解释也并不是单纯从初九爻象来说的,他是把此爻象与《泰》卦卦象联系起来,进行比较和突出。他说,从《泰》卦以气相交的角度看,是自上而下的;爻从爻位升的角度看,是从下往上的。所以,初九之征吉之征的爻象,是指爻位的上升、变迁;在人事,是指君子的不断上行。如此一比较,让我们能更好地了解了"君子之谋"的性质和意义。

释《遁》卦辞"遁亨,小利贞"时,胡炳文说:

> "遁亨",为君子言也,君子以遁为亨。"小利贞",为小人计也,小人以静正为利。《本义》于《临》卦谓二阳浸长以迫于阴,于《遁》"小利贞"则谓小人利于守贞,不可以浸长之故而遂侵迫于阳。然则阳浸长而逼阴可也,阴浸长而逼阳不可也。阴阳之大分明矣。《本义》又曰此卦之占与《否》初二两爻相类。盖《否》初恶未形,故戒以贞。《遁》二阴犹未成否也,故戒以利贞。诚恐小者于此,不知利贞,遂至于否则不利君子贞也。《临》,《遁》之对,曰"利贞";《大壮》,《遁》之反,曰"利贞",皆为君子谋也。《遁》亦曰"利贞"者,其犹冀小人可化而君子乎?[1]

《遁》卦在十二辟卦中为六月之卦,下二爻为阴爻,此卦有阴长阳消之势。十二辟卦中,《姤》《遁》《否》《观》《剥》,为阴长阳消之卦,五卦主阴而言。《复》《临》《泰》《大壮》《夬》卦为阳长阴息之卦,主阳而言。然其中又有程度不同,姤卦一阴在下,五阳在上,初阴才起,阳势仍然盛大;至《遁》卦时,阴势浸长而阳当避之。《复》《临》《泰》卦辞皆说亨通,是阳的亨通,站在阳的角度而言。胡炳文认为,《遁》卦辞所谓"亨",也是从阳的角度说的,皆是对君子所说,为君子谋。对于《周易本义》认为"小利贞"为小人所言,则不无疑问地接受,因《遁》卦的反对卦皆有所言"利贞",且都是为君子所谋,而《遁》卦所言"利贞"却为小人言。胡炳文不由发问:难道这是希望把小人教化成君子吗?但终究来看,胡炳文虽有疑问,却还是接受了《周易本义》之说。

由此看来,胡炳文对朱熹《易》是否为君子、小人谋的观点不无质疑地继承,细言之,胡氏赞成朱熹《易》有为君子谋的观点,却对朱熹认为《易》也有为

---

[1] (元)胡炳文:《周易本义通释》卷2,文渊阁《四库全书》第24册,第389—390页。

小人谋的观点表示质疑。不过,他也没像张载那样言辞犀利地表态:《易》不为小人谋。由此进一步可以猜测,"《易》为君子谋"的观点,可能没有取自张载之说,从目前的资料里也未能找到胡炳文是否受张载之说影响的证据,"《易》为君子谋"是其自我提出来的还是沿用前人说法也难以考实,但可以肯定的是,胡炳文"《易》为君子谋"是对朱熹等人君子、小人之说的进一步发挥,是其易学观的重要内容。

二、通贯朱子之易理

(一)天地自然之易

天地自然之易的说法源于邵雍倡导的画前元有易。邵雍先天学是以先天八卦和六十四卦图为符号基础,以画前元有易为思想基础,由此而阐发的一系列学说。

先天学经邵雍而倡明于世,立刻在北宋易学界掀起波澜,影响深远。在易学象数学派中,北宋先天学追随者中较有声名的有牛师德、牛思纯、晁说之及王湜,南宋的张行成、蔡元定亦是邵氏易学的坚定者。义理学派杨时等亦是先天学的推崇者。二程虽对先天学的象数不屑一顾,认为知末不知本,但对画前元有易思想却是颇为称道,认为:"这个意思,古元未有人道来。"①所谓的画前元有易,是认为伏羲八卦卦画之前就已有易的存在。当然此易并非说卦画之前有《易》书的存在,而是强调卦画之前有易理的存在。元代王申子在《大易缉说》里提道:"邵子所谓画前元有易,亦言其理而已。曰画前则是未有画也明矣,皆非谓伏羲有画之《易》也。"②元代易学家吴澄说:"画者伏羲奇偶之画也,有天地以来不知几千年而后,有伏羲出来画卦,伏羲画卦所以明阴阳之变易也。然伏羲未画卦以前,阴阳未尝不变易,故曰画前元有易,非是指画字属阴阳易字,属空虚之理。若曰未有阴阳之画以前,先有不属乎阴阳之理,在此是不知道者之言,康节不如是也。"③

元代王申子、吴澄对画前之易,认为是画前有易之理的存在,这种说法并

---

① (宋)程颢、程颐:《河南程氏遗书》卷2,《二程集》,中华书局1981年版,第45页。
② (元)王申子:《大易缉说》卷1,文渊阁《四库全书》第24册,第39页。
③ (元)吴澄:《答田副使第二书》,《吴文正集》卷3,文渊阁《四库全书》第1197册,第49页。

非他们的新创,早在南宋朱熹对画前之易就做了说明。朱熹从《易》本卜筮的观点出发,提出四圣为《易》的说法,有伏羲之《易》,文王、周公之《易》,孔子之《易》。《周易本义》说:"有天地自然之《易》,有伏羲之《易》,有文王、周公之《易》,有孔子之《易》。"①然而这些《易》并非圣人随意而为,而是出于天地自然之易,是天地自然之易假圣人之手而自然的流露。他说:"圣人作《易》之初,盖是仰观俯察,见得盈乎天地之间,无非一阴一阳之理。"②"圣人作《易》,因阴阳之实体,为卦爻之法象。"③圣人之《易》,所作之卦爻象和卦爻辞,都是出于天地一阴一阳之理,此理即天地自然之易,即画前之易。

朱熹以阴阳之理解释自然之易,认为四圣之《易》出于自然之易,将自己理的地位与邵雍先天学之画前元有易对等起来,开始了以"理"的观点与先天象数学派融合的致思路向,从而形成了南宋之后以"理"释图书、以图书阐"理"的易学现象。朱熹的这一思想得到广为传播。

胡炳文以朱子易学为主,亦继承了朱熹四圣之《易》出于自然之易的观点。他首先阐明在卦画之前,已在天地万物实体中有画前之易。

> 盖乾坤之卦未画,观之天尊地卑,乾坤之位已定矣。贵贱之位未齐,观之天地万物之卑高,卦爻之贵贱已位矣。易未有卦爻,则未有刚柔之称也。天地间,阳者常动,可见其为刚;阴者常静,可见其为柔矣。易未有爻位,则未有吉凶之辞也。天地间事事物物,善恶各以其类而分,善者可知其为吉,恶者可知其为凶也。未有著卦,固未见。所谓阳变阴、阴化阳也。天成象,地成形,著卦之变化已于此乎见矣。④

《乾》《坤》二卦象征天地之尊卑,然《乾》《坤》二卦未画时,天地既已生成,天地之位既已定格。未有《乾》《坤》卦画,既有天地之易。未有卦爻贵贱之位,既有天地万物之尊卑。刚柔指卦爻,吉凶指卦爻辞,未有卦爻,则不可能有卦爻之刚柔,也没有卦爻辞之吉凶。然而,卦爻未有之前,天地间万事万物各依

① (宋)朱熹:《周易本义·易图》,《朱子全书》第1册,上海古籍出版社、安徽教育出版社2002年版,第28页。

② (宋)黎靖德编:《朱子语类》卷67,中华书局1986年版,第1646页。

③ (宋)朱熹:《周易本义·系辞上传第五》,《朱子全书》第1册,上海古籍出版社、安徽教育出版社2002年版,第123页。

④ (元)胡炳文:《周易本义通释》卷5,文渊阁《四库全书》第24册,第494页。

其善恶而以类聚，吉凶早在卦画之前就可分辨。总之，在卦画之前，天地已分，天在上，地在下，二者之位已定，天地间万事万物早已有高低尊卑之分，善恶吉凶亦已存在，非待卦画之后才有如此安排。朱熹从日月星辰、山川动植的成象成形中观阴阳动静变化，卦画形成之前已用阴阳动静之实体的角度来解释画前之易，胡炳文则从天地之定位、万物之尊卑、善恶吉凶的角度来解释画前之易。二人角度虽不一样，但无疑都是从画前之实体出发，认为画前之实体早已存在着一种秩序或原则。这种秩序或原则，就是画前之易。

其次，胡炳文着重探讨了天地自然之易对易书之《易》的影响。他区分了易书之《易》和画前之易（自然之易），二者不可混淆。胡炳文在解释《系辞传上》第四章"易与天地准，故能弥纶天地之道"时说："此易字，指易书而言。"易书之《易》，是指四圣之《易》，由此可见他是注重对易书之《易》和自然之易的区别的。但他也指出，易书之《易》与自然之易又有着联系，易书之《易》是出于自然之易的。

为什么说易书之《易》也是出于自然之易呢？

其一，从易书之《易》的创作缘由和创作过程来看，易书之《易》有伏羲之《易》，文王、周公之《易》，孔子之《易》，但四圣写《易》并非出于主观的随意的安排，而是出于天地自然之易使然。

> 宇宙间皆自然之易，易皆自然之天。天下不能画，假伏羲以画；天下不能言，假文王、周、孔以言，则是羲、文、周、孔之画之言皆天也。①

自然之易又称之为自然之天，胡炳文在使用自然之易的概念时，常用"理""天"来代替。"理""天"都是"易"的同位语。此处用"天"字表示，是因为"天"字比"易"字，更突出一种自然不可违之意。四圣为《易》，即出于这种自然。四圣之《易》，非出于圣人思虑所得。

> 著本自神明，圣人幽赞之而已。天圆地方之象，自其一二之数，圣人不过参之两之而已。其为数也，自有阴阳之变。其为变也，自成刚柔之爻。圣人不过观其变而发挥之尔。于著卦之德，则和顺之而一无所逆。

---

① （清）黄宗羲原著，全祖望补修，陈金生、梁运华点校：《介轩学案》，《宋元学案》卷89，中华书局1986年版，第2986页。

于六爻之义，则条理之而各有其序。穷天地之理，尽人物之性，圣人作《易》之功至是与天命为一矣。天命自然而然，圣人之《易》亦非心思智虑之所为也。①

圣人与天命为一，能观天地运行变化之妙。蓍数的形成，卦爻的安排，皆是圣人模仿易之本有状态而形成的。

其二，从易书的思想、内容来看，易道、易象、易数、易卦之序等易书思想内容皆本于自然之易。易书之道是出于天地之道的。"书之中具有天地之道，本自与天地相等，故于天地之道弥之则是合万为一，浑然无欠；纶之则一贯万分，粲然有伦。"②

易书中之易象是出于自然之理，不假人为的。胡炳文认为易之道不外乎辞变象占，他在释"圣人设卦观象系辞焉而明吉凶，刚柔相推而生变化"时说："吉凶，占也。占以辞而明，故曰系辞焉而明吉凶。刚柔相推，象也，变由象而出，故曰刚柔相推而生变化。"③占由辞明，变由象出。占与象也是相互联系的，或象在占中，或占在象中。因而，胡炳文对易象是相当重视的。然而，易象是出于易理。"至著者象，至微者理。易之象，理之似也。"④

圣人取象制器也是依于卦爻本有之理。他在解释《系辞传下》第二章时说：

> 舟楫取涣，以卦象取也。服乘取随，臼杵取过，以卦德取也。豫备暌乖，壮固夬决，大过过于厚，皆以卦义取也。诸家往往皆以互体推之，未免穿凿，殊不知夫子之意，亦不过谓圣人之制此器也。此卦之中自有此理而已。"盖"之一字，疑取诸此而非必取之此也。自天祐之，吉无不利。《上传》为君子之用《易》者言之，《下传》又为圣人之通变者言之，何也？天者，理而已。圣人之制器不能先天而强为，不能后天而不为，非一时之所可为也，非一人之所能为也，皆天理之自然者也，所以亦曰自天祐之。⑤

① （元）胡炳文：《周易本义通释》卷8，文渊阁《四库全书》第24册，第539页。
② （元）胡炳文：《周易本义通释》卷5，文渊阁《四库全书》第24册，第498页。
③ （元）胡炳文：《周易本义通释》卷5，文渊阁《四库全书》第24册，第496页。
④ （元）胡炳文：《周易本义通释》卷6，文渊阁《四库全书》第24册，第520页。
⑤ （元）胡炳文：《周易本义通释》卷6，文渊阁《四库全书》第24册，第519—520页。

第二章是圣人制器尚象之事。耒耜取于《益》卦,日中为市于《噬嗑》卦,舟楫于《涣》卦,服牛乘马于《随》卦。对此章的理解,学者多有认为是圣人根据卦象来制器,但也有人表示怀疑,如北宋杨时认为,羲、农之世,重卦未出,圣人又何以观卦制器通变以宜民呢? 在杨时看来,这是因为画前元有易,圣人根据画前之易理而制器,并非是根据卦画之象来制器。胡炳文之说与杨时之意相似,卦象出于卦理,圣人是根据卦之理而制器。此理出于自然之天,先于卦画而存在,是天理之自然者。

河图之数等易数是《易》中的重要内容,然河图之生数成数之所以形成,也是出于天地自然之象,出于天地自然之易。他在释《系辞传》“天数五,地数五,五位相得而各有合。天数二十有五,地数三十,凡天地之数五十有五。此所以成变化而行鬼神也”一段时说:

> 河图有自然之数,所以成大易之象。天地有自然之象,又所以成河图之数。奇圆围三,耦方围四,三用其全,四用其半,此天地间自然之象也。《本义》以论乾坤之策,愚谓即此以论河图之数可也。一圆而三,水生木也。二方而四,火克金也。阳之一进而用三,阴之四退而用二,合二与三则为五,此河图之生数也。一生水,而六成之。三生木,而八成之。生数一进而用三,成数则八退而用六。二生火,七成之。四生金,九成之。生数四,退而用二;成数则七,进而用九。七八九六各为十五。阴阳进退,互藏其宅。进则为变,退则为化。鬼神屈伸往来,皆进退之妙用也。①

河图之数,一与六共宗而居乎北,二与七为朋而居乎南,三与八同道而居乎东,四与九为友而居乎西,五与十相守而居乎中,各一生一成。河图数是《周易》象数之基础。然此河图之数,又是法象于实体天地之自然之象。胡炳文认为,奇圆围三,耦方围四,三用其全,四用其半,这是天地间自然之象。河图生成数正是出于天地自然之象而形成。这意味着,河图数并非人为主观创作,而是根据天地间自然之象而形成。这天地间自然之象,也正是天地自然之易的外在表现。胡炳文说河图数出于天地自然之象,实际上,是说明易数出于自然之易。

---

① (元)胡炳文:《周易本义通释》卷5,文渊阁《四库全书》第24册,第506页。

不仅如此,连易书中《杂卦》卦序的安排,胡炳文亦认为是天之使然,自然如此排列,体现自然之易的秩序,并非圣人随意安排的。"《易》终于《杂卦》而交易、变易之义愈可见矣。每一卦反复为两卦而刚柔吉凶每每相反,此变易之义也。自《乾》《坤》至《困》三十卦,与上经之数相当,而杂下经十二卦于其中。自《咸》至《夬》三十四卦,与下经之数相当,而杂上经十二卦于其中,此交易之义也。或曰此偶然尔?愚曰非偶然也,皆理之自然也。"①《杂卦》卦序如此安排,体现了易之变易、交易的思想,是出于自然之易理,而非偶然。关于这一点,我们下文还将从易之变易、交易的角度进行剖析。

其三,不仅易之书的创作缘由、创作过程及易之书的内容是出于自然之易,而且易书之学习、易道之流传也非人之意志任意所为,也是在自然之易的自然流露之内。

> 学必有统,道必有传,溯其传,羲、文、周、孔之《易》非朱子不能明;要其统,凡诸家讲《易》,非《本义》不能一。然其统其传,非人之所能为也,亦天也。予此书融诸家之格言,释《本义》之要旨,后之学者,或由是而有得于《本义》,则亦将有得于羲、文、周、孔之天矣。②

从四圣之《易》,到朱子之《周易本义》,皆是一脉相承,都是传承自然之易,都是得之于天。

易书之《易》是对自然之易的模写,自然之易在卦画之《易》未成之前存在,卦画之《易》出现之后,自然之易存在于卦画之《易》中。

> 刚柔二爻相摩而为八卦,八卦相荡而为六十四卦。摩与荡,即上文所谓变化也。六十四卦之中自有雷霆风雨日月寒暑变化而成象者也。卦之中自有男女变化而成形者也。此一节,画后之《易》。又如此也。大抵易之未画,卦爻之变化在天地实体中,及其既画,天地万物之变化又在卦爻实体中。③

八卦、六十四卦卦爻,这是卦画之《易》,胡炳文称之为画后之《易》。胡炳文把卦爻亦称为实体。这种实体包含着天地万物实体的变化,卦爻实体之道,本与

---

① (元)胡炳文:《周易本义通释》卷10,文渊阁《四库全书》第24册,第548页。
② (清)黄宗羲原著,全祖望补修,陈金生、梁运华点校:《介轩学案》,《宋元学案》卷89,中华书局1986年版,第2987页。
③ (元)胡炳文:《周易本义通释》卷5,文渊阁《四库全书》第24册,第494页。

天地实体之道相等,因而说《易》与天地准。人们可以通过画后之《易》的学习,从而把握天地实体的变化之道,这就是人的穷理尽性知命的过程。实际上,胡炳文是把人的穷理尽性知命的追求与天地变化之道的目标在卦画之《易》上进行统一。

对画后之《易》的把握,莫过于卦之辞变象占。象未画时,辞在策,蓍未变,占在椟,皆无思无为。对于这种无思无为的东西,最好的把握在于人之心。蓍卦爻之理不假于物,皆具于人之心,"揲蓍以求卦,则天下之故,无有不通者矣,人心之感也"①。

总之,胡炳文将天地自然之易置于第一位,易书之《易》是自然之易的自然流露,对天地自然之易的把握关键在于把握易书之《易》,尤其是其中辞变象占,从而将天道与人的意志统一起来。

(二)阴阳变易交易

《易》有三义:不易、变易、简易。东汉大儒郑玄作《易赞》《易论》,其中有说:"《易》一名而含三义:易简,一也;变易,二也;不易,三也。"②北宋程颐取变易说,主张随时以取义,变易以从道。朱熹在《周易本义》上经开头就说:"有交易、变易之义,故谓之《易》。"③关于变易,朱熹说:"变易是阳变阴,阴变阳,老阳变少阴,老阴变少阳。此是占筮之法,如昼夜寒暑,屈伸往来者是也。"④朱熹变易的内容为流行,即一阴一阳之间的往来。这种变易,不仅反映卦画阴阳之间的往来,也有天地实体阴阳之事的往来。关于交易,朱熹说:"交易是阳交于阴,阴交于阳,是卦图上底。如'天地定位,山泽通气'云云者是也。"⑤交易,即阴阳之间的对待,但其实质是强调相互对待的阴阳之间的交姤,或阴阳的相间或渗透,如《先天图》上之八卦,八卦呈对待之状,然对待之状的内在缘由却在于阴阳之间的互搏。胡炳文认为,朱子之阴阳交易变易说

① (元)胡炳文:《周易本义通释》卷5,文渊阁《四库全书》第24册,第510页。
② (魏)王弼、(晋)韩康伯注,(唐)孔颖达疏:《周易注疏》卷首,文渊阁《四库全书》第7册,第303页。
③ (宋)朱熹:《周易本义·上经第一》,《朱子全书》第1册,上海古籍出版社、安徽教育出版社2002年版,第30页。
④ (宋)黎靖德编:《朱子语类》卷65,中华书局1986年版,第1605—1606页。
⑤ (宋)黎靖德编:《朱子语类》卷65,中华书局1986年版,第1605页。

比程颐之变易说更为精奥,故其承朱熹之交易变易说,并对朱子的交易变易说作了阐发和推广。

关于变易,胡炳文认为:"变易者,流行之阴阳,消长之际,阳为生为淑为君子,阴为杀为慝为小人。"①胡炳文与朱熹一样,认为变易即为阴阳之消长。从变易的内容来看,胡炳文与朱熹并无二致,都为阴阳之流行。但在变易的运用上,胡炳文却作了推广。

胡炳文用变易的思想解释爻用九六而不用七八的原因,他说:

> 卦主乎用,故先《乾》而不先《坤》《艮》,动者为主也。爻主乎用,故用九六而不用七八,变者为主也。义例有三:易用九六不用七八,一也;凡用九不可为首,凡用六必永贞,二也;占得《乾》六爻俱变,则用无首之占,《坤》六爻俱变,则用永贞之占,三也。前二说,一爻变也。后一说,六爻皆变也。凡阳爻变而为阴,皆以刚而能柔,为吉之道也。群龙谓之见以知言,利永贞以行言。《乾》主知而《坤》主行也。要之占固不用七八,然有六爻俱不变者,有六爻中一爻二爻不变者,亦未尝不用七八,但遇七八常多,九六常少,多则以少为主,故常用九六。易,变易也,以变为主,故三百八十四爻皆用九六。②

关于用九六及用九六而不用七八的问题,前贤多有论述。北宋欧阳修曾对"用九"进行了探讨,他说:"易道占其变,故以其所占者名爻,不谓六爻皆常九也。曰用九者,释所以不用七也。及其筮也,七常多而九常少,有无九者焉。此不可以不释也。"③欧阳修是从筮法的角度来解释"用九",已涉及易之变易思想,但并不明确,主要停留在筮法的表象上;其认为何以不用七而用九,在于所筮之结果不同而已,遇"九"则"九",遇"七"则"七",是一种二者择一的选择,并不认为"七"一概不用。关于"用九",宋王安石认为,九六是阴阳之变,下见众阳,不自为首。其"用九"之"用",已有变之义,已有变易思想在内,但王安石所指用九,只是在上九一爻,并不是指《乾》卦整个六爻而言。宋王湜用邵雍体数用数的原则解释老阳、老阴变而少阳、少阴不变的道理。他说:

① (元)胡炳文:《周易本义通释》卷1,文渊阁《四库全书》第24册,第313页。
② (元)胡炳文:《周易本义通释》卷1,文渊阁《四库全书》第24册,第312页。
③ (宋)欧阳修:《易或问明用》,《文忠集》卷18,文渊阁《四库全书》第1102册,第146页。

"老阳、老阴之进退不过乎六,六者,用数也。少阳、少阴之进退不过乎八,八者,体数也。用数圆,圆则有变;体数方,方则无变。"①老阳即九,老阴为六,少阳为七,少阴为八。南宋朱熹认为,言凡筮得阳爻者,皆用九而不用七,这是诸卦一百九十二阳爻之通例。

按胡炳文所说,用九用六是针对《乾》《坤》卦整个六爻而言,此与王安石不同。他不认为七八不变,只有九六才变。六七八九都会变,而取九六,问题在于,一卦六爻,七八常多,九六常少,而易主变易,反而以少为常。这种说法,与欧阳修仅从筮法角度的说法相较,则更明确地从变易角度阐明何以用九不用七,也是对王湜"老阳、老阴变而少阳、少阴不变"说的修正。与朱熹之说相较,朱熹对于用九不用七,只说是通例,未作进一步的解释。胡炳文则从变易的角度来解释用九六而不用七八的原因,亦可谓发挥和有所创新。

胡炳文基于变易的思想讨论了十二辟卦卦气的运行。他在释《泰》"小往大来,吉亨"时说:

> 《本义》曰泰正月之卦。案辟卦乾四月,坤十月。《本义》于乾坤不言,独自泰正月以下言之,何也? 吾尝思之而得《本义》之意矣。盖除《乾》《坤》二卦外,上经《泰》《否》《临》《观》《剥》《复》六卦三十六画,而阴之多于阳者十二。下经《遁》《大壮》《夬》《姤》四卦二十四画,而阳之多于阴者十二。又上经自泰正月,而临十二月,而复十一月,阳月顺数已往。自否七月,而观八月,而剥九月,阴月逆推未来。下经自遁六月,而姤五月,阴月顺数既往。自大壮二月,而夬三月,阳月逆推方来。以上必皆除乾坤,然后见其多寡逆顺自然之序。此《本义》所以断自泰正月首言之也。至若乾不言四月,而言之于下经之姤②,坤不言十月,而言之于上经之复,盖先天圆图,剥复之间,自有坤,后天复,次剥,剥复又自有坤下坤上,此坤十月之卦《本义》所以不言于坤而言于复也。先天姤、夬之间自有乾,后天姤,次夬,夬姤又自有乾下乾上,此乾四月之卦《本义》所以不言于乾而言于姤也,无他,乾坤阴阳之极,剥复、夬姤阴阳消长之际也。③

---

①　(宋)王湜:《易学》,文渊阁《四库全书》第 805 册,第 697 页。
②　笔者按,此处原文为"垢",今按文意改为"姤"字。
③　(元)胡炳文:《周易本义通释》卷 1,文渊阁《四库全书》第 24 册,第 338 页。

文中所说之"阴月""阳月",是从《伏羲先天六十四卦圆图》的方位而言的①,此图左半圈为阳在内,右半圈为阴在内,《复》《临》《泰》《大壮》《夬》卦在左半图,故称为阳月。《遁》《姤》《否》《观》《剥》在右半图内,故称之为阴月。文中所言之"顺逆",右半圈自下至上为顺,自上至下为逆,左半圈自上至下为顺,自下至上为逆。此阴阳月、顺逆之说与《伏羲先天六十四卦圆图》相符。除《乾》《坤》之外十个辟卦,自《泰》一月至《临》十二月至《复》卦十一月,此为阳月卦,于左半圈自上而下为顺,因从《泰》至《复》为数已过之月,故称"顺数已往";自《大壮》二月至夬三月,此为阳月,于左半圈自下而上为逆,称"逆推方来";《否》《观》《剥》阴月,于右半圈自上而下为逆;《遁》《姤》阴月,于右半圈自下而上为顺。十个辟卦的这种顺逆秩序,展现了阴阳之间的消长,在胡炳文看来,无疑是阴阳变易的自然体现。进而他又讨论了朱熹何以于《周易本义》对《乾》《坤》的解释上没有贯之以《乾》四月、《坤》十月之卦气说,而在《泰》卦时才开始以卦气解说。胡炳文认为,原因在于,《泰》卦在十二月中居于正月,一是因为《乾》卦蕴含于《夬》《姤》卦,《坤》卦蕴含于《剥》《复》卦;二是因为《乾》《坤》为阴阳之极,极则易变。《易经》中十二辟卦,自《乾》《坤》后为《泰》《否》,故朱熹于《泰》卦首言卦气。胡炳文认为,朱熹此举并非无意,实际上是基于阴阳变易的思想而设的。

从这里可以看出,胡炳文对十二辟卦卦气的阐述,是融合了先天图学与阴阳变易的思想的,可以说,这是对汉以后卦气说的一个新的发展。如此例子,还可见于其释《复》卦"亨,出入无疾,朋来无咎,反复其道,七得来复,利有攸往"中。他认为,《复》卦之所以言"亨"和"无咎",是一阳之体始成,阳在内为主,行顺境之中,故出入亨而无疾。这也是基于阴阳变易的思想。

胡炳文早年有"二十四气论",也是对变易思想的运用。他在"二十四气论"开篇即说:"或问历二十四气之说,予曰是言气之行有序也,而莫有理存焉。"②"气之行",即阴阳之气。"有理存",即为阴阳之理。他用阴阳变易的思想来解释四立和二分二至。四立是四时节气,二分二至是四时中气。他说:

---

① 胡炳文释"数往者顺,知来者逆"时,以伏羲先天六十四卦图以解阴阳仪和顺逆之意,为其证。

② (元)胡炳文:《云峰集》卷1,文渊阁《四库全书》第1199册,第747页。

"九十日之气往者过,而来者续,故谓之立。"①九十日为一季,季前季后,阴阳之气寒暑不一,此过渡点即为"立"。胡炳文对"立"的定义是基于阴阳之气来说明的。对于分,他说:"九十日之半故谓之分。"②分为立之后,为一季之半。对于夏冬不曰"分"而曰"至",胡炳文也作了说明。"'至'有二义,子至巳六阳,午至亥六阴,至者介乎巳午亥子之间也。冬至亥阴极,故曰'至'。子阳于此生,亦曰'至'。夏至巳阳极,故曰'至'。午阴于此生,亦曰'至'。"③"至"可理解为从某处到某处之义,如子至巳;也可理解为极致之义,如冬至亥阴极。但无疑,此两种解释,胡炳文都是基于阴阳之气的运转。

对于其他节气,胡炳文把节气与卦相联系。如他说:"惊蛰者,万物出乎震,震为雷也。清明者,齐乎巽,巽为风也。巽曰洁齐,故曰巽风。曰清明,明清有洁之义,律历亦有明洁之义。谷雨三月中,自雨水后,土膏脉动,今又雨其谷于水也。"④在胡炳文看来,节气的命名虽出于自然规律,然与易学有着巨大联系。

节气的界定和命名与易学是有关系的,而且节气之间的转变也与阴阳变易紧密关联。他释"大暑""小暑"时说:

> 六月节,小暑。六月中,大暑。不知者以为夏至后暑已盛,不当又谓之小。殊不知《易》曰寒往则暑来,暑往则寒来,寒暑相推而岁成焉。通上半年,皆可谓暑。通下半年,皆可谓寒。正月暑之始,六月暑之终。七月寒之始,十二月寒之终。而曰小暑大暑者,不过上半年气候之词也。阴阳冲和之气不顿息,大暑非骤至于大也。然则未至于极,则犹为小也。小大二字,最可见造化消息进退之理矣。⑤

节气之间的往来,即为寒暑之往来,由此与《易》之"寒往则暑来,暑往则寒来"相联系。"造化消息进退之理"即阴阳变易之理。也就是说,节气之间的转变,是阴阳之气的变易过程。胡炳文还从变与化之间的关系来说明节气之间

---

①　(元)胡炳文:《云峰集》卷1,文渊阁《四库全书》第1199册,第747页。
②　(元)胡炳文:《云峰集》卷1,文渊阁《四库全书》第1199册,第747页。
③　(元)胡炳文:《云峰集》卷1,文渊阁《四库全书》第1199册,第747页。
④　(元)胡炳文:《云峰集》卷1,文渊阁《四库全书》第1199册,第747—748页。
⑤　(元)胡炳文:《云峰集》卷1,文渊阁《四库全书》第1199册,第748页。

的阴阳变易过程。他说：

> 先儒言变者化之渐，化者变之成。立春雨水后，寒气渐变。至立夏，则寒尽化为暑矣。然日小暑大暑，其化也，固有渐焉。立秋处暑后，暑气渐变，至立冬，则暑尽化为寒矣。然日小寒大寒，其化也亦有渐焉。《易》曰知变化之道，其知神之所为乎，观二十四气可见矣。①

朱熹在《周易本义》中释"乾道变化"时说："变者化之渐，化者变之成。"②以"变"为渐变，"化"为渐变之结果。胡炳文取朱子《周易本义》说。"渐变"体现量变的积累过程，"化"体现质变的结果。寒暑往来有个变化的过程，寒气自立春雨水节气后，开始渐变，到达立夏时，则发生质变，化为暑；暑气自立秋处暑后开始渐变，到达立冬时，则发生质变，化为寒。值得一提的是，胡炳文认为，渐变固然是个量变的过程，但化中亦有渐变的过程。立夏虽然寒也完全化成暑，但暑又有小暑大暑之分，暑之化又有个渐的过程。立冬暑化为寒，但寒有小寒大寒之分，寒之化又有个渐的过程。化中有渐之说，此是对朱熹变化说的发挥。

对于《杂卦》卦序的排列，胡炳文也作了变易的阐述。关于《杂卦》卦序的排列，孔颖达在其《周易正义》中概括为：二二相耦，非覆即变。即认为《杂卦》卦卦之间采取反卦或错卦的形式排列。胡炳文说："《易》终于《杂卦》，而交易变易之义愈可见矣。每一卦反复为两卦，而刚柔吉凶每每相反，此变易之义也。"③其言"反复"即孔氏之相耦和覆，认为卦相反或相对，所显示的刚柔吉凶往往相反，以此为变易之义。但胡氏对《杂卦》卦序的排列与孔氏侧重点不同，孔氏侧重卦序的排列规律，认为变易在于《杂卦》原卦序的排列，而胡氏则更关注此种排列所示的刚柔吉凶问题，主张变易在于刚柔吉凶。

关于交易，胡炳文说："交易者，对待之阴阳，阳之性健为仁礼，阴之性顺为义智，不能相无者也。"④交易的内容，胡炳文取朱子义，持阴阳对待说。在

---

① （元）胡炳文：《云峰集》卷1，文渊阁《四库全书》第1199册，第749页。

② （宋）朱熹：《周易本义·象上传第一》，《朱子全书》第1册，上海古籍出版社、安徽教育出版社2002年版，第90页。

③ （元）胡炳文：《周易本义通释》卷9，文渊阁《四库全书》第24册，第548页。

④ （元）胡炳文：《周易本义通释》卷1，文渊阁《四库全书》第24册，第313页。

阴阳交易的运用上,胡炳文做了与前人不同的解说。颇有新意的是,胡炳文用交易的思想来解释《易经》上下经的划分问题。

对于《易经》上下经的划分原因,前人多有述说。唐孔颖达继承了《易纬·乾凿度》的观点。他说:"案《乾凿度》云:'孔子曰:阳三阴四,位之正也。'故《易》卦六十四,分为上下而象阴阳也。夫阳道纯而奇,故上篇三十,所以象阳也。阴道不纯而偶,故下篇三十四,所以法阴也。乾、坤者,阴阳之本始,万物之祖宗,故为上篇之始而尊之也。离为日,坎为月,日月之道,阴阳之经,所以始终万物,故以《坎》《离》为上篇之终也。咸、恒者,男女之始,夫妇之道也。人道之兴,必由夫妇,所以奉承祖宗,为天地之始,故为下篇之始而贵之也。《既济》《未济》为最终者,所以明戒慎而全王道也。"①孔颖达以阳三阴四,上篇三十象阳,下篇三十四卦法阴:上篇以《乾》《坤》始,《坎》《离》终,为天道阴阳之运行;下篇以《咸》《恒》始,《既济》《未济》终,为人道之运行。孔氏之划分,大抵以天道推人道(上篇讲天,下篇讲人)以及用阴阳之法象(上篇法阳,下篇法阴)不同来划分。北宋"三先生"之一胡瑗不以为然,他说:"《周易》谓之上经下经者,自《乾》《坤》至《坎》《离》三十卦,谓之上经。自《咸》《恒》至《未济》三十四卦,谓之下经。然则所以分上下二经者,以简帙重大,故分之也。乾坤者,天地之象;坎离者,日月之象,故取以为上经。咸恒者,夫妇之义;既济未济,人伦之始终之道,故取以为下经。先儒亦常谓不分之即无损于义,分之亦无害其实,但以简帙重大而分之也。"②在胡瑗看来,从天道、人伦的角度对《易经》上下经加以划分,这种划分法是可有可无的。虽然实际上他并没有否认前人孔氏之说,但这里,他提出了与前人不同的一点,认为真正的原因在于《易经》整个篇幅巨大,因简帙重大而不得不划为上下经。这个观点被朱熹所继承。朱熹在《周易本义》中也称:"其辞则文王、周公所系,故系之周。以其简帙重大,故分为上、下两篇"。③

---

① (唐)孔颖达:《周易正义》卷2,《续修四库全书》第1册,上海古籍出版社1995年版,第170页。

② (宋)胡瑗:《周易口义·发题》,文渊阁《四库全书》第8册,第172页。

③ (宋)朱熹:《周易本义·上经第一》,《朱子全书》第1册,上海古籍出版社、安徽教育出版社2002年版,第30页。

胡炳文肯认胡瑗、朱熹"简帙重大"划分上下经的说法,但又利用朱子交易思想来说明上下经如此的划分有其必然性,皆自然而然。胡炳文曰:

> 以伏羲所画,则易有交易、变易之义。交易者,阴阳之对待;变者,阴阳之流行。经之分为两也,皆自然而然。合三百八十四爻观之,上下经多少不齐,在上经者宜阳多于阴,今阳爻八十六,阴爻九十四,而阴之多于阳爻者八。在下经者,宜阴多于阳,今阴爻九十八,阳爻百有六,而阳之多于阴者亦八。以反对推之,上下经各十八卦,各一百八爻,可谓齐矣。在上经者阳爻五十二,阴爻五十六,而阴之多于阳者四。在下经者,阴爻五十二,阳爻五十六,而阳之多于阴者亦四。或四或八,互为多少,自然有阴阳相交之象焉。上经首《乾》《坤》,气化之始也。《乾》《坤》而后十卦,阴阳各三十画,然后为《泰》为《否》,而天地之交不交者可见矣。下经首《咸》《恒》,形化之始也。《咸》《恒》而后十卦,阴阳亦各三十画,然后为《损》为《益》,而少男少女、长男长女之交不交可见矣。至若上经终《坎》《离》,乾坤中爻之交。下经终《济》《未济》,又坎离中男中女之交不交也。《程传》曰:易,变易也。《本义》曰:易有交易、变易之义。先交而后变,《本义》之旨深矣。①

上经三十卦,下经三十四卦,合三百八十四爻。从卦数来看,上下经不一致,有多寡之分。从爻数上看,上经阴爻数多于阳爻数八,下经阳爻数多于阴爻数也为八。这八体现了"阴阳相交之象"。这"阴阳相交之象",胡炳文大概是指上经本重阳,今阴多以八,有阴阳相交;下经本重阴,今阳多以八,有阴阳相交。从上下经合看,上经重阳与下经重阴本相交,上经阴多八与下经阳多八又对待相交。上经本重阳,下经本重阴的说法,是胡炳文对孔氏以上经重阳下经重阴思想的继承。胡炳文又以上下经反对卦推之,上下经反对卦的数量均为十八卦,上下经齐(反对卦本身显示阴阳相对相交)。从上下经反对卦的总爻数来看,上经阴爻多于阳爻数四,下经阳爻多于阴爻数四,如前面八一样,也体现阴阳相交之象。再从上下经各自内部卦爻来看,上下经各首十卦,阴阳卦画数相均,有对待之义。上经首卦《乾》《坤》,为乾坤相交,天地之始,下经首《咸》

---

① (元)胡炳文:《周易本义通释》卷1,文渊阁《四库全书》第24册,第307—308页。

《恒》,为少男少女、长男长女之交;上经末卦《坎》《离》,下经末卦《既济》《未济》,暗含中男中女之交。在胡炳文看来,上下经卦数的安排,易卦的排列,都体现阴阳相交之义,如此安排,是易之自然而然之事。故胡氏认为,《程传》言变易,而《周易本义》认为《易》有变易交易之义,比《程传》的意旨更为深刻。

胡炳文从阴阳交易的角度来解释上下经的划分问题,论证上下经划分的合理性与必然性,这种看法当然亦有其渊源。否认以简帙重大而分《经》为上下两篇,主张用卦之反对来论分篇问题者,在宋代就有人提出。北宋邵雍以为,《易经》上下经六十四卦,上经三十卦,下经三十四卦,如此排列是因为六十四卦的卦卦关系。六十四卦,反覆观之,正者八,变者二十八,共三十六卦。即有《乾》《坤》《颐》《大过》《坎》《离》《中孚》《小过》八个卦没反,其他五十六卦皆相反,两卦成一卦,如《屯》与《蒙》反,五十六卦反覆则成二十八卦,合八个无反卦,故称三十六卦。南宋税与权依此解释说:"上下经序卦图,反覆视之,皆成十有八卦,然后知《乾》《坤》《坎》《离》《颐》《中孚》《大小过》不易之八卦为上下二篇之干,其互易之五十六卦为上下二篇之用。"[1]上经三十卦中,《乾》《坤》《坎》《离》《颐》《大过》六卦反覆观之皆无变,只有一卦。其他二十四卦反覆观之则为十二卦,加之不变者六卦,故上经成十八卦。下经三十四卦中,《中孚》《小过》卦无变,其他三十二卦皆有反成十六卦,合之十八卦。如此上经与下经虽表面卦数不同,实则相同。故邵雍、税与权以为上下经如此分法,是卦数之自然实现的一种内在"均数",而非简帙重大之故。这种均数的看法在胡炳文这里得到发挥。不同的是,邵、税二氏着眼于上下经的"卦"因反对关系产生的内在均数,而胡炳文则着眼于上下经各卦的"爻"因其爻的阴阳关系产生的内在均数。当然,关于六十四卦的阴爻、阳爻的交易变易及其均数,邵雍、朱熹和胡方平在述及《伏羲六十四卦圆图》左右边阴阳爻关系时亦已论及。胡炳文则将阴爻、阳爻的交易及其均数用于解析《经》上下篇的划分问题,与宋人相较,可谓融合创新。不过,我们须注意的是,我们前面述及胡一桂关于上下经看法时,胡一桂亦有与胡炳文相同的看法。二人究竟谁先提出,恐难确认。不过,观二人表述,胡炳文之言更为详细、精密,与其易文重阴阳交

---

[1] (宋)税与权:《易学启蒙小传·序》,文渊阁《四库全书》第19册,第2页。

易变易之旨干系甚大,而胡一桂的说法则言简意赅,况胡一桂之说,多系引述、翼传、总结,故而胡炳文发明的可能性大些。

对于《杂卦》卦画的排布,胡炳文认为,这亦非偶然,是阴阳交易之体现。

《杂卦》自《乾》《坤》至《困》三十卦,与上经之数相当,而杂下经十二卦于其中。自《咸》至《夬》三十四卦,与下经之数相当,而杂上经十二卦于其中。他说:

> 非偶然也,皆理之自然也。《坎》《离》,交之中者,本居上经三十卦内,今附于下三十四卦。《震》《艮》《巽》《兑》,交之偏者,本居下经三十四卦内,今附于上三十卦。至若无反对者,上经六卦,下经二卦,今附于上者二卦,附于下者六卦,皆交易之义也。十二月卦气,除《乾》《坤》外,上经《泰》《否》《临》《观》《剥》《复》,阴之多于阳者十二,下经《遁》《壮》《姤》《夬》,阳之多于阴者十二。今《杂卦》移《否》《泰》于三十四卦之中,而阴阳之多少复如之,特在上经者三十六画,在下经者二十四画。今附于上者,二十四画;附于下者,三十六画。愈见其交易之妙尔。若合六十四卦论之,上经三十卦,阴爻之多于阳者八,下经三十四卦,阳爻之多于阴者亦八。今则附于三十卦者,阳爻七十二,阴爻一百八,而阴多于阳者三十六。附于三十四卦者,阳爻一百二十,阴爻八十四,而阳之多于阴者亦三十六。以反对论,上经阴多之于阳者四,下经阳之多于阴者亦四。今则附上者阳爻三十九,阴爻五十七,而阴之多于阳者十八。附于下者,阳爻六十九,阴爻五十一,而阳之多于阴者亦十八。或三十六,或十八,互为多少,非特可见阴阳交易之妙而三十六宫之妙愈可见矣。是岂圣人之心思智虑之所为哉? 愚固曰:伏羲之画,文王周公孔子之言,皆天也。①

《杂卦》本无分篇分段,胡炳文则以前三十卦自《乾》至《困》为上段,以后三十四卦自《咸》至《夬》为下段,并与《易经》上下经卦相较。首先,取卦数相均而对待。上下经《坎》《离》与《震》《巽》《艮》《兑》及无反对卦的上经六卦、下经二卦,在《杂卦》的排列中,则相为易位。对于《易经》上下经除《乾》《坤》外之十辟卦,本上经阴阳爻总数三十六画,阴多阳十二画,下经阴阳爻总数二十四

①　(元)胡炳文:《周易本义通释》卷10,文渊阁《四库全书》第24册,第548—549页。

画,阳多阴十二画,《杂卦》则移上经《泰》《否》两辟卦于《杂卦》下段,变成上段二十四画,下段三十六画。这也是《杂卦》对《易经》卦爻的易位。胡炳文认为这种易位,实是一种阴阳交易的表现。这种看法值得商榷,因《杂卦》本无分段,卦画排布的内在逻辑是否与《易经》卦序易位相关,有待考证。但不管如何,这体现了胡炳文的一种思路和观点。他又进一步从《杂卦》阴阳爻总数来分析,《杂卦》上段阴阳爻数相差为阴爻多三十六数,下段阴阳爻数相差为阳爻多三十六数。从《杂卦》反对卦的爻数来看,上段阴阳爻数相差为阴爻多十八数,下段阴阳爻数相差为阳爻多十八数。不仅上下段相差之阴阳数相等,而且上段阴爻多出之数,刚好对应下段阳爻多出之数,此即为胡炳文所谓"阴阳交易之妙"。可见,胡炳文所说的阴阳交易,一取阴阳卦爻的易位,二取卦爻数的相齐,三取卦爻阴阳之对待。

胡炳文关于阴阳变易交易的论说,虽不出朱熹阴阳变易交易说的范畴,但无疑是对朱熹阴阳变易交易说的一种发挥,对后世的易学有着重要的影响作用。胡炳文以阴阳变易交易来判定《易经》上下篇的划分以及作为《杂卦》卦画排布的内在理义根据,为历史上争论不休的上下经划分和《杂卦》卦画排列的问题给予了一种比较别样的诠释,亦不无易学价值。

(三)物物各具一太极

历代对太极及太极与卦画、万物之关系的认识多样不一。

"太极"这一范畴,最早见于《庄子·大宗师》:"夫道……在太极之先而不为高。"[1]此太极,指空间的最大极限,并不是一个易学概念。作为易学概念,首见于《易传》:"易有太极,是生两仪,两仪生四象,四象生八卦。"《周易》中的"太极",表征宇宙本原的至高无上、至极无以复加之义。两仪,指天地、阴阳。太极到两仪四象等,这是描述宇宙生成的过程,但《易传》未阐明太极到底是精神实体还是物质实体,也未明确太极与两仪之关系。两汉时期,学者把太极理解为元气未分的混沌实体,在太极之前还有四个阶段:太易,太初,太始,太素。魏晋时期,王弼以"一"为居于天地万物之上的虚无实体,即太极。他在解释《系辞传》"大衍之数五十,其用四十有九"时,提出了自己的太极观。

---

[1]　国学整理社原辑:《庄子集解》卷2,《诸子集成》第3册,中华书局1954年版,第40页。

他说:"演天地之数,所赖者五十也。其用四十有九,则其一不用也。不用而用以之通,非数而数以之成,斯易之太极也。四十有九,数之极也。夫无不可以无明,必因于有,故常于有物之极,而必明其所由之宗也。"①以不用之一居于四十九数之外,不参与揲蓍数目的变化,以"一"为太极。唐代经学家孔颖达以元气释"太极":"太极谓天地未分之前,元气混而为一,即是太初、太一也。"②孔颖达在释筮法时,把五十之去"一"归结为零,"余有四十九,合同未分,是象太一也"③。此太极与两仪关系,有母怀子之意。

两宋理学家有的把太极规定为实有而非物、本无而不空的实体,但他们对太极、阴阳的认识不尽相同。对于太极与两仪乃至万事万物的关系是事实上的还是逻辑上的自身展开,理学家们有着不同的看法。在太极与两仪关系上,大体分为两种:一种是太极与两仪万物是母生子、派生与被派生的关系,如周敦颐;另一种认为太极与两仪是母怀子、理一分殊的关系,太极生两仪,到四象、八卦,乃太极之自身展开,"自然流出,不假安排",如邵雍、张载、程颢、程颐、杨时、朱震、朱熹、陆九渊、杨简等。

周敦颐说:"无极而太极。太极动而生阳,动极而静;静而生阴,静极复动。一动一静,互为其根;分阴分阳,两仪立焉。阳变阴合,而生水、火、木、金、土。五气顺布,四时行焉。五行,一阴阳也。阴阳,一太极也。太极,本无极也。"④周敦颐从无出发,建构太极生两仪至四象至万物的宇宙形成过程,此过程类似老子道生一,一生二,二生三。

邵雍在《观物外篇》中说:"太极一也,不动生二,二则神也。神生数,数生象,象生器。"⑤太极本不动,这是太极的本性,但不动如何生二? 他以为天地人之至妙者太极存在于一动一静之间。⑥ 太极是本原,居于阴阳之中,阴阳本

---

① (魏)王弼著,楼宇烈校释:《周易注》,《王弼集校释》下册,中华书局 1980 年版,第 547—548 页。
② (唐)孔颖达:《周易正义》卷 12,《续修四库全书》第 1 册,上海古籍出版社 1995 年版,第 263 页。
③ (唐)孔颖达:《周易正义》卷 12,《续修四库全书》第 1 册,上海古籍出版社 1995 年版,第 260 页。
④ (宋)周敦颐撰,梁绍辉、徐荪铭等点校:《周敦颐集》,岳麓书社 2007 年版,第 5—6 页。
⑤ (宋)邵雍:《观物外篇》,《皇极经世书》卷 14,文渊阁《四库全书》第 803 册,第 1075 页。
⑥ 参见(宋)邵雍:《观物篇》,《皇极经世书》卷 11,文渊阁《四库全书》第 803 册,第 1038 页。

为太极所有,而太极存在于阴阳之间。邵子之意,恐是说太极含有阴阳动静之理。其子邵伯温发挥说:"有太极则两仪、四象、八卦,以至于天地万物,固已备矣。非谓今日有太极而明日方有两仪,后日乃有四象八卦也。虽谓之曰太极生两仪,两仪生四象,四象生八卦,其实一时具足。"①此是说,一应包含两仪、四象、八卦,两仪、四象等乃太极自身之展开。朱伯崑先生认为,按此说法,太极与两仪不是母生子的关系,而是母怀子的关系,子在母中而不分开。②

程颐讲阴阳二气为形而下,所以阴阳者为道,动静无端,阴阳无始。阴阳与道是体用一源,显微无间的,即有理则有气,不是先有道体或虚无实体而后生出气来。在程颐看来,阴阳和道在时间上亦无先后。他没有明确说道就是太极,但在《易序》中言:"散之在理,则有万殊;统之在道,则无二致。所以'《易》有太极,是生两仪。'太极者道也,两仪者阴阳也。"③从中可以看出,程颐将太极理解为道,也是阴阳二气之所以然。太极又是居于万物之上的最高实体,即所谓的一理。

程颢强调理一,认为仁者浑然与物同体。理或道与万物关系是体用一源的关系,他对阴阳的看法是:"阴阳亦形而下者也,而曰道者,惟此语截得上下最分明,元来只此是道,要在人默而识之也。"④阴阳为形而下,道为形而上,就无形有形而说,其界限分明,但毕竟是以阴阳为道,此即元来只此是道。然而他又主张,道器虽有形上和形下之分,但道不在阴阳形器之外,即道亦器,器亦道,道与万物是一。

张载在《正蒙》中把太极视为一物两体,"一物而两体,其太极之谓与"⑤。又说:"一物两体者,气也;一故神,两故化,此天之所以参也"⑥。将太极视为阴阳二气的统一体。此太极之气,是其太虚之气。他说:"太虚之气,阴阳一物也,然而有两体,健顺而已。"⑦太极与阴阳的关系是一物两体的关系,太极

---

① （明）胡居仁:《易像钞》卷1,文渊阁《四库全书》第31册,第140页。
② 参见朱伯崑:《易学哲学史》第2卷,昆仑出版社2009年版,第185页。
③ （宋）程颢、程颐:《河南程氏文集》,《二程集》,中华书局1981年版,第667页。
④ （宋）程颢、程颐:《河南程氏遗书》卷11,《二程集》,中华书局1981年版,第118页。
⑤ （宋）张载:《正蒙·大易篇》,《张载集》,中华书局1978年版,第48页。
⑥ （宋）张载:《正蒙·参两篇》,《张载集》,中华书局1978年版,第10页。
⑦ （宋）张载:《横渠易说·系辞下》,《张载集》,中华书局1978年版,第231页。

同阴阳二气在时间上无先后,就其统一而成为一体说为太极,就其气化的过程说则为阴阳。然而他在《正蒙》中又说:"气本之虚则湛一无形,感而生则聚而有象""阴阳之气,散则万殊,人莫知其一也;合则浑然,人不见其殊也。"①太虚之气本,为阴阳合之浑然不分的一,其本性无阴阳之分。阴阳之气,是气本之虚所感而生的。以阴阳二气为可象之物,太虚为无象之神,将太虚与阴阳对立起来,这就是母怀子的关系了。

南宋朱震也将太极视为阴阳二气的统一体。关于太极与阴阳的关系,他在《汉上易传》中释"大衍之数五十,其用四十有九"时说:"一者,体也,太极不动之数。四十有九者,用也,两仪四象分太极之数。总之则一,散之则四十有九。"②朱震继承程氏体用一源、显微无间的观点。就太极之一而言,一虽然为太极不动之数,但其中却包含四十九数之用,此四十九数之用即在不用之一中。显微无间,是说四十九乃具体之一数,故为显,一隐于四十九数之中,故为隐,二者始终不可分。这一观点,有着太极为万物之本体的蕴味。朱震说:"圣人画卦以示之,一画之微,太极、两仪、四象、八卦无所不备,谓之四象,则五行在其中矣。"③太极为天地之本,所以生天地。他又以分解释生,所谓太极生天地,是天地分太极的过程,天地皆有太极,故太极不离天地而存在,其自身即含有天地。从太极到两仪、四象以至万物,是一俱生俱有的过程。可见,朱震从蓍卦和哲学上所论的太极与卦画万物的关系都有母怀子之意。

朱熹继承和发展了前人关于太极的观点。首先,朱熹把太极视为卦画之根源。朱熹在《朱子语类》卷七十五中说:

> 此太极却是为画卦说。当未画卦前,太极只是一个浑沦的道理,里面包含阴阳、刚柔、奇耦,无所不有。及各画一奇一耦,便是生两仪。再于一奇画上加一耦,此是阳中之阴;又于一奇画上加一奇,此是阳中之阳;又于一耦上加一奇,此是阴中之阳;又于一耦上加一耦,此是阴中之阴,是谓四象。所谓八卦者,一象上有两卦,每象各添一奇一耦,便是八卦。④

---

① (宋)张载:《正蒙·乾称篇》,《张载集》,中华书局 1978 年版,第 66 页。
② (宋)朱震:《汉上易传》卷 7,文渊阁《四库全书》第 11 册,第 234 页。
③ (宋)朱震:《汉上易传·丛说》,文渊阁《四库全书》第 11 册,第 389 页。
④ (宋)黎靖德编:《朱子语类》卷 75,中华书局 1986 年版,第 1929 页。

此说太极是个浑沦的道理，此理生出阴阳、四象、八卦乃至万物，并不是说太极本身包含阴阳八卦，而是强调太极含有阴阳八卦之理，故能生出阴阳八卦。此"生"是从画卦的次序上说的。可见，自太极到阴阳、四象、八卦，是太极之理自身展开的过程。

另外，朱熹又把太极视为哲学上万物之本原。他在《周易本义》中说："易者阴阳之变，太极者其理也。"①朱子认为理是阴阳存在的根据。对于阴阳，他认为动静无始，阴阳无端。这就是说，阴阳的存在并没有起始，并不是从太极或道中生出来的。太极与阴阳同时并存，二者乃不即不离的关系。"太极非是别为一物，即阴阳而在阴阳，即五行而在五行，即万物而在万物，只是一个理而已。"②一物各有一太极。易在太极，是生两仪，则先从实理处来说，若论其生则俱生，太极依旧在阴阳里。但言其次序，须有这实理，方始有阴阳也。其理则一。

这是从哲学意义上说，太极是理之极致，是万物之本原，太极与阴阳万物的关系是理一分殊的关系。自太极到两仪、四象、八卦，在逻辑上有一个生的次第，在事实上是不即不离的。

朱熹把太极视为卦画之根源，又作为哲学范畴里天地万物之本原，视太极与阴阳万物为母怀子的关系。

在太极的问题上，胡炳文没有对太极下定义，在太极的界定上未予言论。胡炳文在其易著行文中，很少以太极言易，多用易或理字来代替太极之词。他说："易者，阴阳代换之名。极者，阴阳代换之理。"③实际易、理和太极为同位语。之所以少用太极二字，是因为胡炳文认为太极非《易经》原初所有。胡炳文在《太极赋》中对太极的渊源作了说明。他说："夫文王周公未尝言太极也，而发之者仲尼。仲尼未尝言无极也，而明之者濂溪。"④"太极"之词于《易经》中未有，胡炳文认为，太极是由孔子阐发《易经》之旨，撰《易传》而得以发明

---

① （宋）朱熹：《周易本义·系辞上传第五》，《朱子全书》第 1 册，上海古籍出版社、安徽教育出版社 2002 年版，第 133 页。
② （宋）黎靖德编：《朱子语类》卷 94，中华书局 1986 年版，第 2371 页。
③ （元）胡炳文：《云峰集》卷 7，文渊阁《四库全书》第 1199 册，第 795 页。
④ （元）胡炳文：《云峰集》卷 7，文渊阁《四库全书》第 1199 册，第 795 页。

的。但孔子没讲"无极",无极之说应始于北宋周敦颐。这是胡炳文对太极之词来源及演变的概括。进一步,胡炳文对周敦颐之"无极"作了解说,认为无极之"无",并不是看不见、听不到之"无"。"无极",是指无形而有理。此种解释,未必与周敦颐本意相符,显然,此是持朱子之说,坚持理在哲学上的最高地位,无极只不过是太极的无形之状态。这与朱熹以"无形而有理"来表达"无极而太极"的观点是一致的。胡炳文还对这个思想作了追溯,认为周敦颐无极观,是与孔子等先代圣人思想一脉相承的,"濂溪之心,吾知其得之于仲尼,仲尼得之文王周公,文王周公得之庖犠"①。此"心"字,并非指周敦颐肉体之心,此指思想之心。此"心",亦非伏羲氏私心所发,而是天地万物之太极。

在太极与卦画、阴阳万物关系上,胡炳文继承了前人尤其是朱子的思想观点,认为太极不仅在卦画上,而且在哲学上都是居于本体的地位,太极与卦画、阴阳万物是母怀子的关系。

胡炳文在解释"易有太极,是生两仪,两仪生四象,四象生八卦,八卦定吉凶,吉凶生大业"时说:

> 所谓两仪四象八卦,即易也,又原其始而言者,惟其有太极之理,所以生仪生象生卦,而谓之易也。以画卦,则始为一画以分阴阳而谓之两仪,次为二画以分老少谓之四象,又次为三画而谓之八卦。以揲蓍,则一揲而有两仪之象,次二揲而有四象之象,又三揲而有八卦之象。自一生两,皆有太极之理存焉。吉凶生大业,有理必有用也。②

胡炳文认为八卦的形成,可以从两种途径而得:一是从画卦得到,即在太极之上画一画,代表阴、阳两画,谓之两仪;然后在一画基础上阴、阳仪上各增加一阴和一阳,谓之四象;再在二画基础上各增一阴和一阳画,即形成三画之八卦。二是通过揲蓍求卦,三揲而成八卦。八卦的形成,其本原在于太极之理,也只有太极之理,才有"生"的能力和表现,所以胡炳文说"惟其有……所以生"。在胡炳文看来,太极之理先于卦画存在,并具备"生"的功能。自太极"一生两,皆有太极之理存焉",意味着两仪生成的过程,也是太极之理自我展开的

---

① (元)胡炳文:《云峰集》卷7,文渊阁《四库全书》第1199册,第796页。
② (元)胡炳文:《周易本义通释》卷5,文渊阁《四库全书》第24册,第513页。

过程。两仪生成之后，太极之理即寓于两仪之中。生四象、生八卦一样是太极之理的自我展开。卦画形成之前，太极之理存在于先，太极之中就已包含有两仪、四象、八卦之形成之理。卦画形成之后，太极之理存在于卦画之中。这种思想观点与朱熹论太极为卦画形成根源是一致的，太极与两仪、四象、八卦是母怀子的关系。与朱子论相较，唯胡炳文对卦画的形成，多考虑了揲蓍方面，而不仅仅是画卦的过程。

在释"变化者，进退之象也。刚柔者，昼夜之象也。六爻之动，三极之道也"时，胡炳文讲道：

> 变者，自柔而刚，刚则复化。化者，自刚而柔，柔则复变。便如悔者，自凶而吉，吉则复吝。吝者，自吉而凶，凶则复悔。变化者，刚柔之未定。刚柔者，变化之已成。悔吝者，吉凶之未定。吉凶者，悔吝之已成也。一卦六爻之间，莫不有三才太极之理。此曰三极，是卦爻已动之后，各具一太极。后曰易有太极者，则卦爻未生之先统体一太极也。①

刚柔变化、悔吝吉凶是卦爻之象和辞，卦爻象有刚柔变化，卦爻辞有悔吝吉凶，然而这种象与辞，皆是卦之六爻所发，而卦爻之所以表现出刚柔变化、悔吝吉凶，又是在于卦爻中之太极之理。一卦六爻之三才，指初二爻为地，三四爻为人，五六爻为天，即天、地、人三才。三才之中，皆有太极之理。这是指卦画形成之后，太极之里并非独立于卦画之外，而寓于卦画之中，此所谓"各具一太极"。"易有太极者"，此"易"即前面所指"两仪四象八卦"。"易有太极者"是追溯易的根源，即易之两仪、四象、八卦未生之先。"统体"，指整体，针对两仪、四象、八卦言，统一于太极，也就是说，卦爻未生之先，生成卦爻之理统一于太极。卦爻，只是太极之理的显现而已。此段，与上文意同。但足可以看出胡炳文在太极与卦爻的关系上，观点是很明确，不含糊的。此是对朱子易学的继承。

胡炳文还论述了作为哲学范畴的太极与天地万物的关系。他说：

> 阴阳在是太极不离乎是尔。不离者，物物各具；不杂者，物物统体。浑然者如此，灿然者如彼。造化，气也，孰为气之枢纽。品汇，形也，孰为

---

① （元）胡炳文：《周易本义通释》卷5，文渊阁《四库全书》第24册，第497页。

形之根柢。不有夫子,孰明厥旨。大哉,易矣,斯其至矣。①

此处的阴阳,并非指卦画之阴阳两仪,而是指阴阳所指代的实体事物。阴阳事物之生后,太极并没有独立于事物之外,而是存在于各事物之中,任何事物都具有一太极,此为"不离"。也就是说,从事上看,太极与事物为一体,有事物即有太极,即后面所谓"浑然者"是。然而,阴阳万物与太极又有分别,阴阳万物是气是形即造化与品汇,属于形而下,太极属于形而上,阴阳万物自是阴阳万物,太极自是太极,二者不可混淆。阴阳万物之所以形成,是根源于易(太极),阴阳万物形成之后,虽各具一太极,从事上看,太极与阴阳万物为一体,但这一体中,太极并非以消失的状态存于阴阳万物中,实际上,在这一体中,太极仍然是自主独立的,这就强调了太极之至上性和永恒性。此即为"不杂者"是。可见,太极与阴阳万物的关系,实是不离不杂的关系。

三、易学人生论

前面我们考察了胡炳文易学的内容,这里,我们把胡炳文易学中的儒家思想及易学人生论单独作为一小节来探讨,主要是因为,在胡炳文的易学著作中,始终可以找到朱熹之理和性命的影子,同时字里行间洋溢着丰富的人生论思想,包括人生的当然之则、人生的理想人格、人生处事的行为准则及重时的人生观等,我们称之为易学人生论。易学人生论,这当然算不上胡炳文独有的特点,但无疑是胡炳文易学思想中不可抹灭和忽视的一个闪光点。考察胡炳文易学中的儒家思想,对于我们全面了解和把握其易学思想的出发点和归宿点有着重要的作用。

(一)人生之"理"与"心性"

胡炳文对理的称谓是多样的。在大部分情况下,胡炳文称之为理,有时称此理为"易",他说:"所谓自然之理者,何也? 易也,简也。"②有时,胡炳文又称之为"天"。天有时候指自然界之天,天是作为自然界存在的实体。然而,更多的情况是,胡炳文的天,不是指自然界之天,而是与理异名同体之精神实

---

① (元)胡炳文:《云峰集》卷 7,文渊阁《四库全书》第 1199 册,第 795 页。
② (元)胡炳文:《周易本义通释》卷 5,文渊阁《四库全书》第 24 册,第 496 页。

体。"天者,理而已。"①胡炳文常把"天"与"理"二者连用,称之为"天理"。易与天也是等同的,他说:"动静无非易,即无非天,故自天祐之,吉无不利。"②这就是说,天与易也是异名同体,由此可知,在很多情况下,胡炳文的理、易、天实指一物,不同称谓而已。

朱熹的理,包含多层意思:一是作为事物所以然之故;一是作为事物所当然之则。前者是万物之所以然的根据,后者是人类社会中所当然之原则和标准。胡炳文的理跟朱熹的理,是没有多大区别的,也是在这两个层面上说的。他说:"天者,理而已。圣人之制器不能先天而强为,不能后天而不为,非一时之所可为也,非一人之所能为也,皆天理之自然者也,所以亦曰自天祐之。"③天理之自然者,即是理,即其天地之易。圣人之制器,万物之生成,再到圣人之为《易》,全是理之使然。所以他在《序》中说:

宇宙间皆自然之易,易皆自然之天。天下不能画,假伏羲以画;天下不能言,假文王、周、孔以言,则是羲、文、周、孔之画之言皆天也。④

胡炳文以画前之自然之易为自然之天,是四圣《易》的所以然之故。四圣为《易》,并非出于圣人思虑,而是自然之天在人身上的体现,或者说,是人对自然之易模写从而形成的。

理也是人类社会所当然之则。胡炳文在释《同人·象》卦九四"乘其墉,义弗克也。其吉,则困而反则也"时说:"力不足而不攻者,屈于势也。力有余而不攻者,屈于理也。则者,理之不可踰者也。"⑤在释《革·象》"天地革而四时成,汤武革命顺乎天而应乎人,革之时大矣哉"时说:"顺天理,应人心,说道也。革,重事也,而必以悦道行之,其义大矣。"⑥在释《中孚·象》"以利贞乃应乎天"时说:"信必合乎正乃天理也,惟天有自然之化。"⑦由此可知,无论是

① (元)胡炳文:《周易本义通释》卷6,文渊阁《四库全书》第24册,第520页。
② (元)胡炳文:《周易本义通释》卷5,文渊阁《四库全书》第24册,第497页。
③ (元)胡炳文:《周易本义通释》卷6,文渊阁《四库全书》第24册,第520页。
④ (清)黄宗羲原著,(清)全祖望补修,陈金生、梁运华点校:《介轩学案》,《宋元学案》卷89,中华书局1986年版,第2986页。
⑤ (元)胡炳文:《周易本义通释》卷3,文渊阁《四库全书》第24册,第470页。
⑥ (元)胡炳文:《周易本义通释》卷12,文渊阁《四库全书》第24册,第570页。
⑦ (元)胡炳文:《周易本义通释》卷12,文渊阁《四库全书》第24册,第575页。

人生中所面临的战争、革命,还是人与人之间的诚信之交往,"理"都是应遵循的法则。总之,在胡炳文看来,一切人类社会,道义之所在,皆是理(易、天)之所为,"道义之外,他无所谓易也"①。

由此可见,理,或称之为易、天,是宇宙间最高范畴。这一点,与程朱的界定是别无二致的。

对于理,胡炳文还作了以下的规定:

其一,理具有普遍性。卦爻画之间无不有理的存在。对于《系辞传》此句"变化者,进退之象也。刚柔者,昼夜之象也。六爻之动,三极之道也",胡炳文注曰:"一卦六爻之间,莫不有三才太极之理。"②非特卦爻画有太极之理,万物皆有理之存在。"此理非特动时可见,即眼前事物观之未动时,亦无非此真实之理也。以方乎天地之间则备矣。盈天地之间唯万物,此理无物不有也。"③在胡炳文看来,理是充塞于天地万物之中。

其二,理与众理的关系实际上是理一分殊的关系。他说:

> 咸之情通,恒之情久,聚之情一,然其所以感,所以恒,所以聚,则皆有理存焉。如天地圣人之感,感之理也。如日月之得天,圣人之久于道,恒之理也。萃之所谓聚,以正所谓顺天命,聚之理也。凡天地万物之情可见者,皆此理之可见矣,故《本义》于所感则曰极言感通之理,于所恒则曰极言恒久之道,于所聚亦曰极言其理而赞之。④

在咸上有感之理,在恒上有恒之理,在萃上有聚之理,都是理的表现,统言之为"理"。

其三,理是无须思虑而得的。理是先验的存在,万物的生成和运转都是理的自然流露。胡炳文说:

> 天下何思何虑一语,所以破思虑之感,息憧憧之思也。天地间,凡一往一来,皆感应自然之常理,非唯日月寒暑如此。以吾之学言之,精义以致用,利用以崇德,亦有自然屈信之理。至于穷神知化而德之盛,皆自然

---

① (元)胡炳文:《周易本义通释》卷5,文渊阁《四库全书》第24册,第503页。
② (元)胡炳文:《周易本义通释》卷5,文渊阁《四库全书》第24册,第497页。
③ (元)胡炳文:《周易本义通释》卷5,文渊阁《四库全书》第24册,第502页。
④ (元)胡炳文:《周易本义通释》卷12,文渊阁《四库全书》第24册,第569页。

而已矣，皆非思虑所及，故曰天下何思何虑。①

天地间一切都是理之自然流露，不仅日月寒暑，乃至人文学识、崇德进业、穷神知化这些出于人主观能动的方面，皆是出于理之自然，非人之心思智虑所为。

理是人生中应当把握的准则。但如何把握理，这就涉及心性问题了。理在人即为性，"性即天之命也。天下雷行，物物与之以无妄，物物各具一性，物物各一自然之天。圣人因物之所性，以育万物，圣人一自然之天也"②。程朱对"性"有天命（地）之性与气质之性，天命之性，纯理而言，气质之性，杂理与气而言。胡炳文没有对性做如此的分解，而他所言"物之所性"，此性应该相当于程朱之气质之性。

胡炳文对人之心的界定，大抵分为本心与人心。他以为："心有内外之异。"③内心即为本心，又为其初之心，即天地生物之心，即为天理所命。他说：

> 天地生物之心，即人之本心也，皆于几息而复萌之时见之。④

朱熹之心有心体心用，心用中又有道心人心之分。朱熹说："指其生于形气之私者而言，则谓之人心。指其发于义理之公者而言，则谓之道心。"⑤道心出于天理，是通往天理之必备阶梯；人心出于私欲，阻碍天理之彰显。对照朱熹心的界定，我们可以看出，胡炳文所说之"本心"，是天地生物之心，"于几息而复萌之时见之"，可见其本心类朱熹之道心。胡炳文说的外心，指充满人欲之心，与朱熹之人心相同。

有学者指出，胡炳文之本心说法，兼采陆九渊"心即理"意，有融会朱陆之学术倾向。⑥ 在理与心性的问题上，胡炳文对于程朱之心、性及心性之间的关系没有过多的描述，远没有程朱讲得透彻，其中个因，难道真是胡炳文有融会朱陆之学之意？ 胡炳文在《四书通》中说："此心此理浑乎为一。"⑦初看胡炳文的"心理浑乎为一"的观点，与陆氏的"心即理"颇为相似。胡炳文在《云峰

① （元）胡炳文：《周易本义通释》卷6，文渊阁《四库全书》第24册，第521页。
② （元）胡炳文：《周易本义通释》卷3，文渊阁《四库全书》第24册，第475页。
③ （元）胡炳文：《云峰集》卷2，文渊阁《四库全书》第1199册，第753页。
④ （元）胡炳文：《周易本义通释》卷11，文渊阁《四库全书》第24册，第560页。
⑤ （宋）朱熹：《朱熹集》卷65，四川教育出版社1996年版，第3436页。
⑥ 参见杨泽：《胡炳文的道统观与学术倾向》，《孔子研究》2016年第2期。
⑦ （元）胡炳文：《四书通·论语通》卷4，文渊阁《四库全书》第203册，第196页。

集》中又两次提到象山(陆九渊)名,一处为《答定宇陈先生栎并辞求遗逸诏·五》:"炳文当深衣率诸生立馆下,以听文公玉山之讲,以听象山白鹿之讲,亦斯文一大幸也。"①另一处为《存与堂铭》:"予窃叹世之人汲汲然求田问舍,谓存此可与子孙。不思天生我其初何以与我,且独不闻象山读《孟子》乎?"②此两处见得胡炳文虽宗朱子之学,但非深锁门户之见,其所提象山之时亦可见其颇有赞赏借鉴之意。

然而,我们必须明确指出,胡炳文并未明言融会朱陆。胡炳文的"心理浑乎为一"与陆九渊的"心即理"似是而非。此语出自于胡炳文对《论语》中"志于道,据于德,依于仁,游于艺"的注解。朱熹对此解释人之为学当皆依理而行。胡炳文此亦谓依遵朱子之意解,强调依仁存养,心不离理。"心理为一",强调的是在现实上人只止一心,然一心亦源于理。人之为学,理非在心外存在,故心理浑乎为一。胡氏未明确此心即为本心,实际上,此"心"意指为学之心,为智觉之心,非陆九渊宇宙本体之心而言。关于理与心的关系,朱熹曾说:"心与理一,不是理在前面为一物。理便在心之中,心包蓄不住,随事而发。"③心与理一,不是本体上说心即理,而是在现实上心源于理,二者为一。胡炳文之说,同朱子此语。另外,胡氏对"本心"之体察,亦非陆氏之内觉体证之路,反而依程朱之"存天理,灭人欲",去人心,存道心,复天理之路。故我们以为,胡炳文虽未明确反对陆氏学说,却也未背弃朱子立意而行融会朱陆之实。

胡炳文认为,得天地生物之本心是善的,是天理之自然之所为,这在圣人身上得以体现,"圣人是理与心会自然得之者也"④。"圣人因物之所性,以育万物,圣人一自然之天也。"⑤然而,一般人与圣人有着巨大的区别。一般人身上,有天理,有人欲,但本心为人欲所蔽,天理未能彰显。胡炳文认为:

> 人一身,阳上充,而阴下滞。元气竭矣,匪人也。人之一心,人欲为主于内,天理缘饰于外,失所以为人矣。⑥

---

① (元)胡炳文:《云峰集》卷1,文渊阁《四库全书》第1199册,第746页。
② (元)胡炳文:《云峰集》卷7,文渊阁《四库全书》第1199册,第793页。
③ (宋)黎靖德编:《朱子语类》卷5,中华书局1986年版,第85页。
④ (元)胡炳文:《周易本义通释》卷5,文渊阁《四库全书》第24册,第496页。
⑤ (元)胡炳文:《周易本义通释》卷3,文渊阁《四库全书》第24册,第475页。
⑥ (元)胡炳文:《周易本义通释》卷1,文渊阁《四库全书》第24册,第341页。

人之所以为人，而不是圣人，就在于人之一心被人欲所蔽。胡炳文在《四书通》中也提到此类似观点："欲富贵恶贫贱众人无异乎？君子审富贵，安贫贱，君子独异乎众人？人之本心何尝有异？众人去之，君子存之而已。"①

胡炳文在易著中对什么是人欲没有明确界定，但对人欲的危害却有说明。他释《姤》卦初六"系于金可以引用，贞吉。有攸往，见凶，羸豕孚蹢躅"时说：

> 巽为绳，有系之象。金柅，刚而止物。九二象系于金柅，非有以系之也。一阴之柔能自系于五阳之下而不进，是之谓静正之吉也，动而进则见凶矣。一动一静，分而为一吉一凶之占，使小人自择焉。又以一阴虽微，必至于盛，特设羸豕蹢躅之象，使君子深自备焉。其为君子谋至矣。然非特为君子小人言也。吾心天理人欲之机，固如是也。人欲之萌，盖有甚于羸豕之可畏者，能自止之而不使滋长，则善矣。《彖》总一卦而言，则一阴而当五阳，故于女为壮。爻指此一画而言，五阳之下，一阴甚微，故于豕为羸。壮可畏也，羸不可忽也。②

《姤》初六之见凶，是因有羸豕之患。胡炳文认为，人欲的危害远甚于羸豕。

那么，如何去掉人欲，复归本心呢？这涉及工夫论。胡炳文提出了一系列的工夫论途径。

首先，胡炳文提倡静的工夫论。他说：

> 无极太极，心之本体，无思无为，其本恒静，天地万物之春，皆出乎此，而人往往自以动失之。予尝论《太极图》《通书》与《中庸》相表里。太极生生春意何穷？《图说》主静，《通书》终之以蒙与艮，即《中庸》所谓渊渊浩浩皆自大本中出。而不睹不闻，不动不言之际，主静工夫始终具焉。及其静之极，而无声无臭之天，即吾无思无为之易，即吾喜怒哀乐未发之中，即周子所谓太极本无极也。天地自位，万物自育，天下自平，静之功用渊且宏矣。光道诚能沉潜吾易，蒙之山下出泉，吾之静而清也。艮兼山，吾之静而光明也。窗前之草，川上之花，至前之梅，皆吾之静而无静也。③

静不是止于安静不动之意，静是心体之本然状态。但静又并不只是一种本然

---

① （元）胡炳文：《四书通·论语通》卷2，文渊阁《四库全书》第203册，第153页。
② （元）胡炳文：《周易本义通释》卷2，文渊阁《四库全书》第24册，第415页。
③ （元）胡炳文：《云峰集》卷2，文渊阁《四库全书》第1199册，第755页。

状态,实际上,静更多的是针对心用所发之情——春意的一种工夫。静之极即是天,即是易,即是未发之中,即是无极而太极之境地。也正是因为,静与心体的这一直接横贯和纵贯的关联,从而让我们可以通过静,发挥静之功用,达到静之极。

其次,胡氏强调性的日新之功。说性的日新,并非指性本身的变化。性,乃天理所发,本身澄清,纯粹不昧。然而,性之功用的发挥,则难免受周边环境的影响。胡炳文举《井》卦以尽性之说。他说:

> 《易》,性命之书也。而言之明且切者,莫《困》《井》二卦若也……改邑不改井,井之体也,性静而定也。无丧无得,往来井井,井之用也,性动亦定也。①

以朱熹之气质之性言,是理与气杂之性,理为性之体,《井》卦之体犹如性体,所以胡炳文说性静而定,这也是针对性体而言的。"往来井井",即汲井,即指性动,这是对性之用而言。井犹如性体,汲井犹如性用,然而性之用亦是性体之用,没有性体,性之用亦无从谈起,故其又说"性动亦定"。性之用,很明显,受到性体及是否汲井的影响。若单纯只是一个性体,没有汲井之功,那么,性之用亦不可能发生。井以上出为功,井卦初爻是在井下,泥而不可汲,泥而不为人所食,也就没有汲井之功,性用也无从体现。故而有井水足以汲时,应不断汲井,使井水日新。井水本身不变,这是性体不变。然每天汲井,井水会不断更新,今日之井水与昨日之井水,具体形质当然不一,其应不穷,这正是井之功用所在。人之养性尽性,就当如井一样,要不断日新,才能体现井水的不穷汲用之功。

再次,胡氏主张因时顺理。如何体现天理,还要注意"时"的重要性,因时顺理。胡炳文释《无妄》六二"不耕获,不菑畬,则利有攸往"时说:

> 六二柔顺中正,终始无所作为之象,而必曰因时顺理者,理本自然无所作为,亦有时可如此。不烦作为者,六二柔顺之至,因其时,顺其理,自始至终,绝无计功谋利之心,无所望而有得焉者也,故其占曰"利有攸往"。或曰"利有攸往"则宜于有为矣,而以为无所作为者,何也? 曰惟其

---

① (元)胡炳文:《周易本义通释》卷2,文渊阁《四库全书》第24册,第424页。

因时顺理而不自作为,此其所以可有为也。①

理本自然无所作为,但又有时以不自作为反而可有为。这似乎有矛盾。其实,正是因为理与天地万物一体,天地万物之运行无非理之所为,贯通着其自然运行之法则。讲无所为是站在人的主观能动的立场上说的,六二柔顺极致,能够因时顺其理,不加以功利私心在内,任理之自然法则自然而然,反而因顺理而可有所为。

如此,若说静的工夫是一种逆证的工夫,那么日新和因时顺理就是一种顺的工夫。

理是万物之所以然的根据,是人生的当然之则。在对理的把握上,人应复归本心,去除人欲,实行静、日新和因时顺理的工夫论。这是胡炳文在易学上从宏观方面承继了朱熹的理与心性的学说,树立了易学人生论的主体方向。下面我们将从圣人观、人生修为方法及人生"时"论三个方面,更具体地探讨胡炳文易学的人生论观点。

(二)易学圣人论

易或理在胡炳文易学思想中处于最高地位,对易或理的追求,反映在理想人格上,莫过于对圣人的追求。胡炳文以为:"圣人是理与心会自然得之者也。"②正是这样一种看法,胡炳文在《周易本义通释》中阐发了其易学圣人论。其易学圣人论,既立足前人思想基础,又有所发展和新见,他不仅比较明确地提出了以圣人为自己的追求的理想人格,而且在对圣人品质特征的界定上也超越了前人的观点。此外,对如何成圣,胡炳文继承了前人复归正理的思想,同时也提出了一些成圣的具体方法和准则。

1. 前人易学圣人论

易学上的理想人格是有多层性的,有君子和圣人之分。君子一般指有较高地位者或有德者。圣人指王或德、智兼备者或德、智、位三者皆备者。圣人的层次和境界高于君子。《易经》中是否有理想人格的存在,这值得商榷,即使有,其理想人格也是君子而非圣人。《易经》全文中"君子"一词出现了20

① (元)胡炳文:《周易本义通释》卷1,文渊阁《四库全书》第24册,第372页。
② (元)胡炳文:《周易本义通释》卷5,文渊阁《四库全书》第24册,第496页。

次,而"圣人"二字则未见。从易学史上来看,最早对圣人的特点、内涵和作用进行描述的应属于《易经》的首部权威性诠释著作《易传》。"圣人"一词在《易传》中出现37次,其中《系辞传》最多,达24次。《易传》认为,圣人是盛德大业之人,是"上古聪明睿智神武而不杀者",具有观象制器,"知周乎万物",通天下之志,成天下之务的大智慧和能力,"裁成天地之道,辅相天地之宜,以左右民"之大人,有神明之能,达神明之德,能"与天地合其德,与日月合其明,与四时合其序,与鬼神合其吉凶",法天而行,天人合一,即圣人是德、智、位的一体者。归结起来,《易传》所表达的圣人,主要是出于这么两种:一种是作《易》之圣人,即仰天俯地,法自然之理而设卦画以成《易》之圣人;另一种是用《易》之圣人,即法此易道而成就万物、教育人们的圣人。此两种圣人,都是一般人可望而不可即的高高在上的过于理想化的形象。实际上,《易传》也并没有表达一般人可以达到此种圣人境界,《易传》的理想人格更多的是君子。君子远没圣人那么理想化,君子更具有现实性。《易传》中"君子"一词出现了九十余次,而《大象传》则更明显地显示了向往君子之人格,这可从《大象传》通常以"君子以"造句,意以规范君子之行为中看出。

汉唐易学中对理想人格的追求,其实也未置于圣人层面,更多的在于君子层面。他们所说的圣人,停留于《易传》所说,如唐孔颖达《周易正义》中所述之圣人,体现在圣人作《易》与圣人用《易》方面。他认为:"圣人法自然之理而作《易》,象《易》以制器而利天下。"①此是说作《易》之圣人。他又说:"圣人随变而应,屈曲委细,成就万物。"②此是用《易》之圣人。圣人既由天地而设立卦象,又由易道而成就万物。但孔颖达与《易传》一样,没有明确把圣人作为自己切实的贴近的修身目标。

秦汉唐未把圣人作为学易的切实的理想人格,这点被宋张载所发现。张载批评先儒:"与诸生讲学,每告以知礼成性变化气质之道,学必如圣人

---

① (唐)孔颖达:《周易正义》卷13,《续修四库全书》第1册,上海古籍出版社1995年版,第266页。

② (唐)孔颖达:《周易正义》卷11,《续修四库全书》第1册,上海古籍出版社1995年版,第255页。

而后已。以为知人而不知天，求为贤人而不求为圣人，此秦汉以来学者大蔽也。"①

　　求贤人而不求为圣人，也是易学中的状况。为什么之前的人不明确提倡成圣，把圣人作为自己的切实的理想人格呢？这大概是因为，先秦至汉唐，讲求以天为本原的宇宙造化虽然在某种层面上反映了"天人合一"的思维企求，但正如丁原明先生在《横渠易说导读》中所指出的那样，"它由于缺乏本体的依据而没有形成一种知天、成圣的超越意识与超越追求"②。

　　到宋代易学中，圣人的形象被拉得越来越接近平常人，成圣的要求变得日益清晰起来。胡瑗在《周易口义》中虽没有提出把圣人作为追求的目标，但对圣人的品质多有描绘。他说："夫圣人，才无所不能，智无所不周，怀道德，持仁义，以革天下弊，举陋典新污俗，矫曲为直，表邪为正，以陶冶于上而天下治矣。"③胡瑗认为，圣人是集才、智、仁为一体之人。程伊川的易学圣人观与其师胡瑗相同。张载从天人、道性合一的天人观出发，把知人与知天沟通一致，以"易与天地准"为桥梁和基石，人只要按易理办事、行动，穷理尽性以至于命，就会与天合一，达至天人一体，从而实现理想人格。但张载的人生进德修业的境界和理想人格也是有层次的，有大人与圣人之分。大人与圣人的区别在于，大人是思勉可至，精义入神；圣人则非思勉可致，而是德盛自致，穷神知化。入神，则是精研事物义理，掌握变化法则，达致人事的应用。穷神是穷尽其神，与天德合一。张载说："穷神是穷尽其神也，入神是仅能入于神也，言入如自外而入，义固有浅深。"④穷神比入神的层次更高，入神只是穷神的铺垫阶段。可见大人与圣人的境界是有高低之分的。一般人勉力思索为入神，达到的修养境界是大人的境界。而圣人是入神之后德之盛所致，即要求人之进德修业，不仅讲求自身内在的道德修养，而且还须进一步扩充，使自我的心性和行为完全符合"天德"的要求，有一个成性、存神、与天德合一的过程。可见，张载讲圣人，大多从境界上来说圣人的品质。

---

① （元）脱脱等撰：《宋史》卷 427，中华书局 1977 年版，第 12724 页。
② 丁原明：《〈横渠易说〉导读》，齐鲁书社 2004 年版，第 22 页。
③ （宋）胡瑗：《周易口义》卷 1，文渊阁《四库全书》第 8 册，第 175 页。
④ （宋）张载：《横渠易说·系辞下》，《张载集》，中华书局 1978 年版，第 216 页。

从胡瑗、程伊川、张载的易学著作和易学言论中看出，虽然他们未明确提出圣人就是自己追求的理想人格，但字里行间透露着圣人为自己进德修业要达到的目标。尤其是张载，他把圣人境界作为自己进德修养的最高境界，无疑比《易传》和唐孔颖达更把圣人作为追求的目标，而不停留于仅仅作为作《易》和说教的圣人。

朱熹对于人追求的精神境界目标也有不同层次，有贤人、君子、圣人之分。"'君子不器'，事事有些，非若一善一行之可名也。贤人则器，获此而失彼，长于彼又短于彼。贤人不及君子，君子不及圣人。"①君子是才德出众之人。圣人则是德才兼全，道德事功兼具，做事做得极致处，自然安行，不须勉强者。可见圣人处在朱熹理想人格的最上位。但在易学上，朱熹以《易》为卜筮之说，更多地强调作为易学的创作者的圣人如何以易学教人，而不是把圣人放在人通过切实的修养要达到的境界目标。朱熹在易学上的圣人观，走的却是与《易传》一样的路数。

2. 胡炳文的易学圣人论

（1）明确提出以圣人为追求的理想人格

胡炳文在《周易本义通释》中表达了成圣的渴望。在胡炳文看来，圣人并不是高高在上的不可触及的目标，相反，是进德修业要达到的切实的追求。圣人是位天地之中者，是人之骄傲者，是无愧于人者，是人孜孜不倦的追求者。胡炳文说："夫位乎天地之中者皆人也，必圣人方能成人之位而无愧于为人焉。然则必如此后谓之成人，则前所谓贤于人者，犹未也。《本义》前曰至此则可以为贤人，谓众人皆可至也。此曰至此则体道之极功，圣人之能事，盖谓贤者所可至也。"②贤者为一般之德士。贤者未能成人之位，唯圣人能成人之位，而贤者可经过修行至圣人。这里胡炳文表达了众人皆可至贤人，贤人可至圣人之意。贤者并非终极目标，贤者还应向上发展成为圣人，贯其意，实是以圣人非贤者为向往对象。若与前人相比，胡炳文在易学上比较明确地把圣人作为自己追求的理想人格。

---

① （宋）黎靖德编：《朱子语类》卷24，中华书局1986年版，第578页。
② （元）胡炳文：《周易本义通释》卷5，文渊阁《四库全书》第24册，第496页。

（2）圣人的品质特征

在胡炳文的构想中，圣人具有以下的品质特征：

首先，圣人是直接与天为一的，是自然之天之自然而成，非一丝安排和做作。从圣人的产生来说，圣人是天生而然。胡炳文说："物物各具一性，物物各一自然之天。圣人因物之所性以育万物，圣人一自然之天也。"①物之所性是万物之所以然的根据，圣人天生就有此性，所以圣人能成就万物。然圣人之性何以来？圣人为一自然之天，当是生而如此。"圣人理与心会自然得之者也。"②圣人也有心，但圣人之心与百姓之心不一样，百姓之心含有杂气而无法与理会得自然，而圣人之心与理是自然而然，毫无做作地结合在一起的，圣人之心的全部体现的是理，而毫无杂气夹杂，这就是"自然得之"。也就是说，圣人与天（亦谓之理），没有合的过程，而是直接为一的，是不修而成一体的。

从圣人之能来看，圣人之能来于天（理）。圣人聪明睿智，有神武不杀之能，能够神以知来，知以藏往，能够洗心退藏于密，吉凶与民同患，是因为圣人之心具众理，即"圆而神""方以知""易以贡"三者之理。理无一定之用，称为"圆而神"。事有一定之理，称为"方以知"。《易》以六爻之理教人有定体而无定用，称为"易以贡"。《周易本义通释》曰："圣人一心，蓍卦爻之理具焉。具此三者之理，而无一尘之累，故无事则退藏于密，莫窥其际，即蓍卦爻之无思无为寂然不动者也。有事则吉凶与民同患，其神自足以知来，其知自足以藏往，即蓍卦爻之感而遂通天下之故者也。《易》开物成务，是使人以卜筮而知吉凶，与民同患而知来藏往，是圣人无卜筮而知吉凶也。《本义》谓神武不杀得其理而不假其物之谓，盖谓理必有资乎蓍卦爻之为物，而圣人得其理而不假其物，便如武必有资乎杀，而圣人则存此神武而不假乎杀也。"③蓍卦爻之理具于圣人心中，故圣人能够神明自足，无卜筮而知吉凶；圣人之所以不杀，是因其得天理，故有神武之能，不假于杀。这里，理是圣人之能的根据，圣人之能依理而行，在窥卦爻、通天下、定吉凶的过程中，理与圣人之能二者是在此过程中直接统一的。

---

① （元）胡炳文：《周易本义通释》卷3，文渊阁《四库全书》第24册，第475页。
② （元）胡炳文：《周易本义通释》卷5，文渊阁《四库全书》第24册，第496页。
③ （元）胡炳文：《周易本义通释》卷5，文渊阁《四库全书》第24册，第511页。

从圣人之作为来看,圣人之为是天理之自然。"圣人之通变者言之何也?天者,理而已。圣人之制器不能先天而强为,不能后天而不为,非一时之所可为也,非一人之所能为也,皆天理之自然者也,所以亦曰自天祐之。"①胡炳文此语,出自《乾·文言》:"先天而天弗违,后天而奉天时。""天",即天时、天道,指自然规律。"先天",指人的行为先于自然规律;"后天",即行为后于自然规律。"违"为违背,"奉"为奉行。这里,胡炳文强调的是,圣人之制器,不能越理而任意作为,也不能不依理而为。圣人之制器,是出于理之自然而然。圣人作《易》也是出于理,不假思虑而得。他说:"蓍本自神明,圣人幽赞之而已。天圆地方之象,自其一二之数,圣人不过参之两之而已。其为数也,自有阴阳之变。其为变也,自成刚柔之爻,圣人不过观其变而发挥之尔。于蓍卦之德,则和顺之而一无所逆。于六爻之义则条理之,而各有其序。穷天地之理,尽人物之性,圣人作《易》之功至是与天命为一矣。天命自然而然,圣人之《易》亦非心思智虑之所为也。"②卦爻形成之前,卦爻之理与数早存在于天地实体之中,圣人画卦作《易》,只不过是依天地之理自然所得,并非刻意所为。由此,从圣人制器、作《易》的例子可以看出,圣人之所为,实与天理之高度一致,依天理而行。

其次,圣人是以天下为利的仁者。仁体现在圣人以其盛德而广业,以仁德之心对民,教化百姓以明人之德,以此开物成务。一是体现在圣人明天道,知神物之兴衰,为使人们以明明人之德,特斋戒洗心,教人卜筮。在胡炳文看来,卜筮并不仅仅是揲蓍的过程,重要的是,卜筮反映了神物之兴衰,贯彻着神物兴衰规律。卜筮有理有用,其蓍卦爻之理不假于物而皆具于圣人之心,蓍卦爻之用不能不假于物而亦不能外乎圣人之心。这也意味着,卜筮是圣人所发明,而并不是常人发明。但圣人教人卜筮之前,须使心达至静而理之体,如此才能与神物为一,才能明神物,才能教人卜筮。因此,圣人须斋戒洗心:湛然纯一之谓斋,肃然警惕之谓戒,非斋戒无以心明,非心明无以知神物。胡炳文说:"圣人明天道而知神物之可兴,察民故而知其用之不可不有以开其先。然圣人非

---

① (元)胡炳文:《周易本义通释》卷6,文渊阁《四库全书》第24册,第520页。
② (元)胡炳文:《周易本义通释》卷8,文渊阁《四库全书》第24册,第539页。

斋戒无以神明圣人之德,教人卜筮,人不斋戒亦无以神明人之德也。"①二是体现在圣人作《易》以便民。圣何以作《易》? 实为了百姓通过《易》能够掌握天地之理,以成百姓之能,以利百姓之民生。"天地有此理,不能以告人。圣人作为卜筮之书,明则谋诸人,幽则谋诸鬼,百姓亦得以与其能,此圣人所以成天地之能也。圣人成天地所不能成之能,百姓得以与圣人所已成之能也。"②圣人成天地之能,也成就了百姓之能,这是对百姓仁德的体现。三是体现在圣人能以仁之心对待处理百姓之间的矛盾。人与人之间,难免有争论、冲突、矛盾的问题。在社会矛盾层面上,圣人不欲人们发生争论,以求实现社会的安宁局面。胡炳文说:"圣人只欲人之无讼。"③但讼事出现后,圣人会根据讼事的程度,随其所处而教之。这反映了,圣人不仅教人如何去掌握天地之理,去处理人与自然的关系问题,也教人如何相处,去处理人与人的社会问题。

再次,圣人还是位智者。圣人是明天道之人,圣人之知周乎万物,有着对天地人三才之道的全面把握,了知著卦爻之理,故而能作《易》以教人,能制器以利人。

圣人之仁与智是高度统一的、相联系的。仁是智之仁,智是仁之智。"圣人知似天,仁似地,有周物之知而实诸济物之仁,则其知不过有行权之知而本诸守正之仁,则其知不流至于乐天知命而知之迹已泯。安土敦仁而仁之心益著,此其知仁所以与天地相似而不违尽性之事也。"④这句是对《系辞传》的解释。《系辞传》说:"知周乎万物而道济天下,故不过。旁行而不流,乐天知命,故不忧。安土敦乎仁,故能爱。此圣人尽性之事也。天地之道,知仁而已。知周万物者,天也。道济天下者,地也。知且仁,则知而不过矣。"在《系辞传》里,仁与智虽有联系,却为分开,二者意义是有差别的,在仁与智结合的过程中,二者未直接统一。但在胡炳文这里,圣人之万物之智与济万物之仁的实践合二为一,圣人之智便是仁之智。智不是单纯之智,而是利人之智;仁不是单纯之仁,而是有智之仁。圣人是仁智高度统一的仁且智者。很明显,这对《系

---

① (元)胡炳文:《周易本义通释》卷5,文渊阁《四库全书》第24册,第512页。
② (元)胡炳文:《周易本义通释》卷6,文渊阁《四库全书》第24册,第528—529页。
③ (元)胡炳文:《周易本义通释》卷1,文渊阁《四库全书》第24册,第326页。
④ (元)胡炳文:《周易本义通释》卷5,文渊阁《四库全书》第24册,第499页。

辞传》意作了推进,这也是胡炳文易学圣人论对前人有所发挥的地方之一。

最后,圣人有崇德广业,内圣外王之事。在胡炳文看来,内圣的目的,是为追求自己德性的培养和自身境界的提升,亦即为穷理尽性之事。外王为广业,通天下之志,定天下之业,断天下之疑,即为至命之事。如何穷理尽性,如何至命呢? 易具阴阳之理,圣人能用易以穷阴阳之理。易阴阳之理在于幽明、死生、鬼神之中,所以圣人穷理之事在于,通过幽明、死生、鬼神探究阴阳之理,即天地而知幽明之故,即始终而知死生之说,即散聚而知鬼神之情状。而尽性方面,则体现在乐天知命,安土敦仁,圣人能够做到与天地之"不违",知周乎万物道济天下之"不过",旁行而不流乐天知命之"不忧",如此则尽性。圣人至命之事,在于范围天地之化、曲成万物、通乎昼夜之道,是圣人对天下之万物万事的规划和裁成,从而达到神无方所易无形体。穷理尽性至命,体现了易道之大,圣人用之如此。

可见,在圣人品质的界定上,与前人易学圣人论相比,胡炳文易学圣人论除了认为圣人具备盛德、仁、智等外,还比较全面地界定了圣人的品质,而且有两个明显的地方,是对前人易学的发展和推进,也是胡氏易学圣人论的颇具特色的地方。一是从圣人的产生、圣人之能、圣人之为等多方面阐述圣人与理直接为一,天理之自然而然,是其天地自然之易在圣人观上的体现。这个特点,不仅体现在论证角度的多样性上,也体现在论证目标——圣人与理直接为一的圣人境界上。二是对圣人仁知方面的界定上,发展了前人关于圣人"仁且智"的论述,把仁、智提到一个高度统一的地位,把圣人对事物的认知与实践直接合二为一。

(3)成圣的途径

那么,如何才能达到圣人呢? 胡炳文也提出了自己的见解。前面说过,圣人是"理与心会自然得之者"[①],是直接与理为一,是天生而能的。那么,这里就有一个问题,圣人为天生之能人,为不修而成之人,则一般人何以通过修养成为圣人呢? 依胡炳文的意思,在于去除杂气,让心与理会得自然,纯一不杂而达至圣人之境。如何让心与理会得自然? 胡炳文主张静,他认为静才能复

---

① (元)胡炳文:《周易本义通释》卷5,文渊阁《四库全书》第24册,第496页。

初，所谓初是指理之澄静自然之处，吾心本明之处，吾性虚灵不昧之处。他发挥了程子"静中春意"，认为四时自行，百物自生，至静中无穷。理或者太极是心之本体，"其本恒静，天地万物之春皆出乎此，而人往往自以动失之"①。"失之"，指掩蔽了心之本体。之所以失，是因为人之"自动"，一"自动"就不是依理而行，即不是让心与理会得自然，所以胡炳文主张静以复初，去除杂欲，复就天理，如此才能成圣。②

除此之外，胡炳文还提到一些具体的成圣之行为准则。比如：圣人知进退存亡而不失其正。在释《乾》卦上九"亢龙有悔"时，他说，上九过于上而不能下，欲下又不能，因而有悔。但圣人懂得进退存亡之道，不失其正，而不致悔，即明白该进时则进，该退时则退，做事有分寸，为事不过，有中庸之道，能依理而行。胡炳文在释《坤》六三"含章可贞，或从王事，无成有终"时也表达了同样的意思，《坤》卦六三为阴居阳位，与《乾》卦九四阳居阴位一样，都处于进退未定之际，都面临着必须作出选择。在这关头，《坤》六三因"含章可贞，或从王事"，似乎可进，但六三爻辞并未断定就是从王事，而是用了一个"或"字，这就说明，圣人做事，不欲人之急于进，而是依理依情审时度势，做到不失其正，所以炳文说："曰在渊，曰含章可贞，惟进则皆曰'或'，圣人不欲人之急于进也如此哉！"③

圣人不重无过重改过，这也是成圣的一个具体方法。人难免有过错，但能知错而改，仍有成圣的可能。胡炳文释《巽》卦九三"频巽吝"时说："《复》六三频复厉，《巽》九三频巽吝，圣人不重无过重改过，屡失屡复，复在失后，故无咎。三之刚非能巽者，屡巽屡失，失在巽后，故吝。"④胡炳文拿《复》卦六三与《巽》卦九三比较，《复》卦六三是复在失后，有错能改，故无咎害，而《巽》卦六三失在巽后，不能确实改正过错，所以遭来小凶。在胡炳文看来，成圣不在于怕犯错误，而在于怕不能改错。在释《讼》卦九四"不克讼，复即命，渝安贞吉"时，他又提到关于圣人重改过的观点，他说："命有指理而言者，有指气而言

①　（元）胡炳文：《云峰集》卷2，文渊阁《四库全书》第1199册，第755页。
②　参见（元）胡炳文：《云峰集》卷2，文渊阁《四库全书》第1199册，第755页。
③　（元）胡炳文：《周易本义通释》卷1，文渊阁《四库全书》第24册，第314页。
④　（元）胡炳文：《周易本义通释》卷2，文渊阁《四库全书》第24册，第445页。

者。《否》九四曰有命，指气言也。此曰即命，指理言也。皆上乾，故皆曰命。四之不克讼，与九二不同。九二坎体，其心本险；九四乾体，其心能安乎天理之正，故吉。然曰归曰渝，皆知反者，九二识时势能反而安其分之小，九四明义理能变而安于命之正。圣人不贵无过而贵改过又如此！"①九四若不复即命，恐有克讼之险，但九四能依理而行事，安于天理，故能化险为夷，这是不贵无过而贵改过的典范，圣人亦是如此。上文言圣人不欲人之急进，此言一旦人急进犯过错了，能知错就改，仍然能为圣人。

委曲求合也是成圣应注意的一个具体方法。胡炳文释《睽》卦九二"遇主于巷，无咎"时说："委曲求合，乃圣贤达节之事，非狷介避世者之所知。"②睽字，形声，《说文》解曰："睽，目不相听也。从目，癸声。"③本义为两眼不看一个地方。目不相视，即二目不能集中视线同视一物。《睽》卦为二女同居之卦，为乖离之象。意见不一时，不能采取如狂介避世者逃避的办法，而应基于大局，基于大义，求同存异，委曲求合，这是圣贤之所为，圣贤之应为。

可以看出，上述成圣的几种具体的行为准则，实际上，都是在教导人们依理行事，使自己的行为和思想合乎理之自然，如此才能心与理会得自然。

（三）《谦》《困》《井》《巽》的人生修为

《易经》本为卜筮之书，但作为卜筮之书的《易经》又在某种程度上蕴含着丰富的人生哲理。卦爻辞有着许多修德崇业、为人处世之箴言。《易传》对此作了极大的发挥和阐述，其中的代表是三陈九卦。《系辞传》曰："《履》，德之基也。《谦》，德之柄也。《复》，德之本也。《恒》，德之固也。《损》，德之修也。《益》，德之裕也。《困》，德之辨也。《井》，德之地也。《巽》，德之制也。"又说："《履》以和行，《谦》以制礼，《复》以自知，《恒》以一德，《损》以远害，《益》以兴利，《困》以寡怨，《井》以辨义，《巽》以行权。"

三陈九卦明处忧患之道。朱熹说："九卦皆反身修德以处忧患之事也。"④

① （元）胡炳文：《周易本义通释》卷1，文渊阁《四库全书》第24册，第326页。
② （元）胡炳文：《周易本义通释》卷2，文渊阁《四库全书》第24册，第402页。
③ （汉）许慎：《说文解字》，中华书局1963年版，第72页。
④ （宋）朱熹：《周易本义·系辞下传第六》，《朱子全书》第1册，上海古籍出版社、安徽教育出版社2002年版，第142页。

可见,此三陈九卦直接涉及的是人生修为的问题。朱熹还对此中部分卦作了解说:"复者,心不外而善端存。恒者,守不变而常且久。惩忿窒欲以修身,迁善改过以长善。困以自验其力,井以不变其所,然后能巽顺于理以制事变也。"①所谓"惩忿窒欲以修身",是指《损》卦,《损·象》曰:"山下有泽,损。君子以惩忿窒欲。""迁善改过"是指《益》卦,《益·象》曰:"风雷,益。君子以见善则迁,有过则改。"

胡炳文对三陈九卦也作了解说。他说:"夫子偶于上经取三卦,下经取六卦,言文王以忧患之心作《易》,而文王处忧患之道自无非《易》也。履之象,上天下泽,定分不易,履之爻,以一阴安处于三阳之下,此《履》之所以为礼也。谦之象也,中有山不见其高,谦之爻,以一阳而退处于三阴之下,此《谦》之所以制礼也。复则一阳生于五阴之下,天地之心可见。《本义》所谓心不外而善端存者,指仁而言也。如墉之基所以立也,如器之柄所以执也,文王之礼也;如木之本所以生也,文王之仁也。《恒》,德之固,文王之心无时而非礼,无时而非仁也。《损》以惩忿窒欲。《益》以迁善改过。《困》以知命而取舍有辨。《井》以定性而动静不改其终也。《巽》顺于理,以制事变。文王盖无适而非义也。"②从胡炳文的解说来看,有与朱熹所解相同的地方,如《损》《益》《巽》等;也有不同的地方,如《井》《恒》等。

我们从中选择《谦》《困》《井》《巽》四卦,并通过此四卦来考察胡炳文人生修为论。这并不是说,只有这四卦才能反映胡炳文的人生修为观点,上面所述三陈九卦皆成为反映胡炳文的观点。而且,在胡炳文六十四卦的注解中时时透露着人生修为的论述,比如《乾》《坤》《需》《蒙》等卦,胡炳文都强调人生的自我修养,把握人生之道,处理人生问题。之所以选择此四卦,一是此四卦为胡炳文颇为看重,不仅在《周易本义通释》中详加注解,而且在其《云峰集》中也提到这些卦,探讨这些卦的人生哲理。二是对某些卦的注解侧重点,有别于他人,如《井》卦和《困》卦,着眼于维护自身的性命之道,跟人们以《井》为养贤、《困》为陷的一般解释不同。此点将在下文涉及时详解。三是此四卦,

---

① （宋）朱熹:《周易本义·系辞下传第六》,《朱子全书》第1册,上海古籍出版社、安徽教育出版社2002年版,第142页。

② （元）胡炳文:《周易本义通释》卷6,文渊阁《四库全书》第24册,第524—525页。

我们通过分析会发现，它们所表示的人生处境刚好形成两组对照，即《谦》卦的顺境与《困》卦的逆境相对，《井》卦的定性与《巽》卦的制变相对，通过如此对照，我们更能看出胡炳文对相反处境中的人生修为论，凸显胡氏人生论的特点。

1. 文武并用的《谦》道人生修为

胡炳文注重谦的人生修养。他借其孙弟程善胜之名，特地写了篇《谦亨字说》，引发谦之人生论。何以要谦？为什么要重视谦？胡炳文说：

> 善胜，盖取《道德经》中语也。天道不争而善胜，即吾《易》所谓天道下济而光明也。不争便是天之谦，善胜便是天之亨，遂以谦亨字之。盖天非特以谦而亨亏盈益谦，是凡人与物能谦者，天皆亨之也。《易》三百八十四爻，有吉有凶，有利有不利，惟《谦》下三爻皆吉，上三爻皆利也。他卦无有及之者。①

从行为看，天道不争，不争便是谦。从结果看，不争便是亨。如此，谦是天的品德，是天道的本质，亨是天之谦的结果。人与物能如天之谦，就有天佑而亨。这是从天人合一的角度来看的。另外，从卦爻辞的角度来看，《易》共三百八十四爻，唯有此《谦》卦有吉无凶，有利无不利。所以，奉行《谦》道，按《谦》卦行事，是人生中极为重要而且极富实用价值的。

谦道有何内涵呢？

首先，《谦》（☷）卦体现的是一个人的内在品质，是一种德性，是德与智的统一，谦顺、谦让、谦恭是君子卑以自牧，自我修养的内在要求。

谦是君子之德。胡炳文认为，谦，于德为君子，于事为亨为有终，是一种德性，能够有尊劳时忘其大。

谦者是智者，不仅有对自己一切的认识，也有对周围人事的把握，能够掌控局面的有才之人，即所谓大智若愚者。谦不是愚谦，卑屈于自弃，而是懂得进退之道，明白在不同地位不同环境下如何做一个让人真正归服的谦者，不仅具有声名，更有实在的慑服力。这种慑服力，是谦者保持谦顺、谦让、谦恭的品质修养所形成的由内而外的自发的感染力。

---

① （元）胡炳文：《云峰集》卷4，文渊阁《四库全书》第1199册，第772—773页。

其次,《谦》卦除反映了一个人的内在修养品质外,也是处理人生问题的行为艺术。这种行为艺术,从对象上看,既体现在自我的修养上,也体现在人与人关系问题的处理上。从行为方法来看,有以下几种:

第一,不同地位的君子行为,有谦谦、劳谦、㧖谦之别。他说:"《谦》主九三,故三爻辞与卦辞皆称君子有终。初亦曰君子,何也? 三在下卦之上,劳而能谦,在上之君子也。初在下卦之下,谦而又谦,在下之君子也。在上者尊而光,在下者卑而不可踰,所以为君子之终也。"①处在最下之谦者,地位低下,此时要做到谦而又谦。处于上者(三爻位)有功劳时仍要谦卑,如此都能为君子。而处于四爻之境,上五爻为君位,下三爻为臣位,"无功而在功臣之上"②,处境实为尴尬、艰难,君子处此境地,应对上恭畏以奉谦德之君,对下卑顺㧖举劳谦之臣,动进息退,散布其谦,如此能"无不利"。胡炳文在《云峰集》中说:"进趋极虔恭,进而谦也;退息常端庄,退而谦也。"③概括为进之谦和退之谦,即是指此。

第二,发挥鸣谦的感染力和慑服力。保持谦的德性修养,有谦的品质,从而有"鸣谦"的效果。鸣谦,并不是自己大声宣扬自己谦卑的品质,而是这种谦卑的品质和行为使自己声名远播。胡炳文说:"发于声音不若谦而有声,有非可勉强为之者。要之,初六谦谦似《乾》初九潜龙在下,而潜人所不见也。至九二则人皆见之矣。在下而谦谦,人未必皆闻之也。至六二,则闻之矣。"④处正得中,行谦广远,哪怕自己不富有,但有谦顺的品德,依然能使他人归服。

第三,必要时利用侵伐的手段。谦道不是让人一味退让,实际上,体现的是一种积极进取的人生态度——以谦顺的品质让世人臣服,而对那些仍骄逆不服之人,则号众以侵伐。胡炳文释《谦》卦六五"不富以其邻,利用侵伐,无不利"时说:"六五一爻不言谦而曰利用侵伐,何也? 盖不富者,六五虚中而能谦也,以其邻者众,莫不服五之谦也。如此而犹有不服者,则征之固宜。抑亦以戒夫谦柔之过或不能自立者也,故六五独不言谦。无不利者,又言谦非特利

---

① (元)胡炳文:《周易本义通释》卷1,文渊阁《四库全书》第24册,第348页。
② (元)胡炳文:《周易本义通释》卷1,文渊阁《四库全书》第24册,第349页。
③ (元)胡炳文:《云峰集》卷4,文渊阁《四库全书》第1199册,第773页。
④ (元)胡炳文:《周易本义通释》卷1,文渊阁《四库全书》第24册,第348页。

于侵伐,而他事亦无不利,又以示夫后世之主或不能谦者也。"①也就是说,侵伐是谦道的最后手段,以武力使人归服。胡炳文在释《谦》卦上六时又进一步加以强调,他说:"初曰用涉大川吉,五曰利用侵伐,上曰利用行师。历言夫谦之功用,非特可以处常用之,亦可以济变;非特可以致万民之服用之,亦可以征不服。"②可见,侵伐用武的手段,也是谦道内容之一。谦道是文武并用之道。

2. 知命而取舍有辨的《困》卦人生修为

《谦》卦展示的是顺境中的艺术,而《困》(䷮)卦则刚好相反,胡炳文说:"困之为难,绝援而难救。"③《困》卦展示的是逆境中的艺术。《象》曰:泽无水,困,君子以致命遂志。到底何为困?何以致命遂志呢?历代易学家有多种解释。

《周易正义》曰:"困者,穷厄委顿之名,道穷力竟,不能自济,故名为困。"④又说:"处困求济,在于正身修德。"⑤

孔颖达说,君子之人,守道而死,虽遭困厄之世,期于致命丧身,必当遂其高志,不屈挠而移改,故曰"致命遂志"。⑥

程伊川说,泽无水,困乏之象。君子当困穷之时,既尽其防虑之道,而不得免,则是命。所以,要推致其命,以遂其志。若知命之当然,则穷塞祸患不以动其心,行吾义而已。苟不知命,则恐惧于险难,陨获于穷厄,而无法达成善志。⑦

朱熹认为,致命犹言授命,言持以与人而不之有也。能如是,则虽困而亨。⑧

孔颖达的"命"倾向于性命之命,程伊川、朱熹之"命"更倾向于天命之命,

---

① (元)胡炳文:《周易本义通释》卷1,文渊阁《四库全书》第24册,第349页。
② (元)胡炳文:《周易本义通释》卷1,文渊阁《四库全书》第24册,第350页。
③ (元)胡炳文:《周易本义通释》卷2,文渊阁《四库全书》第24册,第404页。
④ (唐)孔颖达:《周易正义》卷8,《续修四库全书》第1册,上海古籍出版社1995年版,第233页。
⑤ (唐)孔颖达:《周易正义》卷8,《续修四库全书》第1册,上海古籍出版社1995年版,第233页。
⑥ (唐)孔颖达:《周易正义》卷8,《续修四库全书》第1册,上海古籍出版社1995年版,第233页。
⑦ 参见(宋)程颢、程颐:《周易程氏传》卷4,《二程集》,中华书局1981年版,第941页。
⑧ 参见(宋)朱熹:《周易本义·象下传第四》,《朱子全书》第1册,上海古籍出版社、安徽教育出版社2002年版,第118页。

但无疑都强调修德以致命遂志。胡炳文继承了前人尤其是程朱的说法,提出了处困之道。

困道的要求在于,首先是一个君子大人,即有德之人,有坚强的毅力和为人端正,能够在困境中处险而不惊,运筹帷幄,从容应对。他说:"困而能亨,是为贞正之大人,非不正之小人所能也。"①这就是说,奉行困道之人,必须加强自身的德性休养。而那种不正、懦弱之小人是不能奉行困道,走出困境的。

其次,履行困道者,须是一名知命者。胡炳文说:"泽无水为困,命也。"②又说:"命在天,志在我,困则委其命于天。困而亨,则遂其志于我。"③

在胡炳文的用法中,命有指理而言者,有指气而言者。"泽无水为困,命也"之"命",更多的指气言。以气言之,命是人受之于天,天赋予人的环境。这种环境,即困者所处之境地,既体现于卦象所说,水在泽下,则泽上枯槁,万物皆困,也表现为卦中所说的困于株木困于石困于葛藟,或困于酒食困于金车困于赤绂饮食车服。人处于此种现实逆境之地,只有勇敢地面对,而非设想为虚幻的美景,人不得随便更改,只有顺从,这是气之命。"命在天""委其命于天"之"命",按常言似乎有性命之意,把自家身心性命于困境之时交之于天,这符合孔颖达的意思,但这样的理解与胡炳文的本意可能有很大的出入,显得过于消极,无能为力。而胡炳文所要表达的是人在困境中如何积极突破而不是坐以待毙。实际上,命远远不是停留于生命层面的意思,而更倾向于指理而言。"命在天",即天之理,指人之为人、人所行事的根据所在。"志在我",指发挥主体的主观能动性。所以,对于君子而言,"知命"就在于认识所处的困境,取舍有辨,摆脱困境而至亨之地,其中的过程在于如何按其自在规律以突破困境。这种自在规律就是天之命,也是理。也就是说,使君子的主观能动性的发挥与规律相统一,认识和利用规律以走出困境,最后达到与命的一体。所以,知命,就在于认识和辨别天加于人生活中的环境以及赋予人的能力和使命,认识和利用天之理,按理办事。

再次,知命之后,还要懂得取舍有辨。取什么舍什么,如何取如何舍,这是

---

① （元）胡炳文:《周易本义通释》卷2,文渊阁《四库全书》第24册,第421页。
② （元）胡炳文:《周易本义通释》卷2,文渊阁《四库全书》第24册,第424页。
③ （元）胡炳文:《周易本义通释》卷4,文渊阁《四库全书》第24册,第484页。

君子所要慎重把握的。困于株木困于石困于葛藟,此时应取坚贞态度,弃其冒进、不安;困于酒食困于金车困于赤绂饮食车服,此时应取虔诚中正的态度,弃美景于外,否则困于美景而不能自拔。取舍有辨的标准在于天之命、天之理。不同之困,有天理存焉。胡炳文说:"困,坎下兑上,兑正秋,坎正冬。兑一阴象秋之始,蔓草未杀,故为葛藟之困。六三秋冬之交,蔓草叶脱而刺存焉,故为蒺藜之困。初六在坎之下,正大冬之时也,蔓草为霜雪所杀,靡有孑遗,所存者株木而已。三爻皆阴,故以象草木,四为阴掩,不能应下,为株木。"① 天之四时之理使所困之具体环境不同,人就应依据天理,把握进退之道。他说六三所遇为蒺藜之困,蔓草叶脱而刺存,此时应不冒进,但六三柔居刚位,反而冒进不安,则招凶;上六居极,葛藟之困,为困之极处,但此时能有悔,故虽征无咎。对于美景,亦是如此,如他说九二,困于酒食,此时为"中有庆,则征凶者行非其时,故凶"②。行非其时,就是未依天理行事。

最后,胡炳文还对如何知命、取舍有辨提出了一些具体的行为方法。第一,要诚。为什么处困境之时要诚呢? 胡炳文说:"困于酒食,醉饱之过,因厌饫而生苦恼者也。视初之困于株木,三之困于石,有间矣,所以初入幽谷,三不见其妻。二则有朱绂方来之庆,特五亦为柔所掩,其来也缓,故曰方来耳。其占利于享祀,而不利于征。行困之时,诚一切至可通神明,不必急于往也。"③ 又说:"当困之时,必诚一切,至如祭享然,则或有可通之理也。"④ 认为外困需诚,有两种原因:一是困之时,出征的条件、时机不成熟,只能韬光养晦,所以得诚;二是诚的功用,至诚可以通神明。在遇到困境之时,如同祭祀一般,内心始终保持虔诚、诚挚的状态,一直达到神明之境。诚不仅是一种主观的态度,也是突破困境所采取的一种行为工夫,诚可以通神明之境,通了神明之境,也就把握了理,实现了与理的统一。第二,要不急进。从《困》爻辞来看,处困之时,大多以守为攻,先稳再上。胡炳文说:"当困之时不可求以亟通,故二曰方

① (元)胡炳文:《周易本义通释》卷2,文渊阁《四库全书》第24册,第422页。
② (元)胡炳文:《周易本义通释》卷2,文渊阁《四库全书》第24册,第422页。
③ (元)胡炳文:《周易本义通释》卷2,文渊阁《四库全书》第24册,第422页。
④ (元)胡炳文:《周易本义通释》卷2,文渊阁《四库全书》第24册,第423页。

来，五曰乃徐有说，四曰来徐徐，皆缓辞也。"①为什么要不急进呢？这也有两种原因：一是自身的条件不成熟；二是所困之境也不一样，要区别对待，以便采取不同的进退之道。处初之困，困于株木，本身柔弱，不能此时脱困，必待时而脱困，然株木为无刺之木，虽困能坚贞亦不为大碍。二爻困于酒食，征非其时，五之救助又未到，因而不能急进，只能守诚。三之柔居刚位，本身不够沉稳，急于冒进，又"上困于九四，下据于九二，以不正处二刚之间，失其所安，惟凶而已"②。六三从反面说明急进的害处，上六则从正面的角度说明不急进的益处。"困穷而通其上之时乎，然刚困不害其亨，柔困不悔不吉。两'悔'字与《豫》'悔迟有悔'不同，《豫》言'悔迟'则事必有可悔，此言事虽可悔而能悔则吉。"③六居困之极，为困所缠束，居最高危之地，困于葛藟，但困时不急进，能先反思以前之咎，再动而能致吉。

我们再比较一下《谦》卦与《困》所揭示的人生之道。二者都要求是有德之士，要求自身正德，都要求依天理行事，有一定的积极的作为。不同的是，《谦》卦的主体，是在"亨"与"有终"的有利情景下的主体，具有居安思危的忧患意识，能以谦道来修身养性，来处理社会问题。谦道既是一种品质的表现，也是一种行为准则。在谦道功用发挥的行为上，体现的是一种积极的而非消极的主动进取精神，达到的是一种内圣即外王的境界。而《困》卦所展示的，是在困难逼迫的情景下的主体，如何在一种被动情景下韬光养晦。这表达了两种不同人生情景下的人生抉择和修为方法。

3. 定性而动静不改其终的《井》卦人生修为

大多易学者认为此卦阐发的是养贤之旨，倡导君子法井之德，发挥井的汲水之功，便民之利，即侧重于井之用。如唐孔颖达说："此卦明君子修德养民，有常不变，终始无改，养物不穷，莫过乎井。"④程伊川说："君子观井之象，法井

---

① （元）胡炳文：《周易本义通释》卷2，文渊阁《四库全书》第24册，第423页。
② （元）胡炳文：《周易本义通释》卷2，文渊阁《四库全书》第24册，第422页。
③ （元）胡炳文：《周易本义通释》卷2，文渊阁《四库全书》第24册，第423页。
④ （唐）孔颖达：《周易正义》卷8，《续修四库全书》第1册，上海古籍出版社1995年版，第234页。

之德,以劳徕其民,而劝勉以相助之道也。"①朱熹表达了与程伊川意思相似的观点,都强调法井之德。朱熹说:"井有本,故泽及于物,而井未尝动,故曰'居其所而迁'。如人有德,而后能施以及人,然其德性未尝动也。'井以辨义',如人有德,而其施见于物,自有斟酌裁度。"②

胡炳文在程朱《井》卦诠释的基础上,将《井》(䷯)卦意蕴由"德"升"性",作拔高的诠释。胡炳文说:"泽无水为困,命也。泽虽无水而井则有水,性也。知《困》之义则知安命,知《井》之义则知尽性。《易》,性命之书也,而言之明且切者,莫《困》《井》二卦若也。"③又说:"井以喻性,然则劳民劝相,所以养人之性也。"④这就是说,胡炳文对《井》的解释,不是仅仅一般地讲井之便民、养贤功用的井德而已,而是提到"性"的高度。在胡炳文看来,《井》卦是讲人之性的。

胡炳文又认为,井有体有用,也就是性有体有用。他在释《井》卦辞"井,改邑不改井,无丧无得,往来井井。汔至亦未繘井,羸其瓶,凶"时说:"改邑不改井三句为井言,汔至三句为汲者言。改邑不改井,井之体也,性静而定也。无丧无得,往来井井,井之用也,性动亦定也。"⑤井有汲水的本质,不因改邑而使其变化,即为井之体。因汲水而使井水往来不穷,即为井之用。于性而言,井之体即性之体,井之用即性之用。

关于性体、性用二者的关系,胡炳文说:"惟井之不改,故不以往而丧,不以来而得,而往者来者,自井其井,《象传》但言其体,而用已该矣。"⑥但性之体不会因性之用而发生变化,性之用是在性之体中。胡炳文是侧重于讲性之体的。

所以,如果前人所说旨在通过井以养贤养他人,重在"用",那么,胡炳文则侧重于井或者性尤其是井(性)体的自我修养和维护,重在"体"。既如此,

---

① (宋)程颢、程颐:《周易程氏传》卷4,《二程集》,中华书局1981年版,第947页。
② (宋)黎靖德编:《朱子语类》卷76,中华书局1986年版,第1953页。
③ (元)胡炳文:《周易本义通释》卷2,文渊阁《四库全书》第24册,第424页。
④ (元)胡炳文:《周易本义通释》卷4,文渊阁《四库全书》第24册,第485页。
⑤ (元)胡炳文:《周易本义通释》卷2,文渊阁《四库全书》第24册,第424页。
⑥ (元)胡炳文:《周易本义通释》卷12,文渊阁《四库全书》第24册,第570页。

性是如何修养和维护的呢？我们先看胡炳文对《井》卦各爻的解说。

初六：井泥不食，旧井无禽。

《周易本义通释》曰："井以阳刚为泉，六阴柔非泉矣。井以上出为功，初在井下，泥而不为人所食矣。井以汲而日新，泥不可汲则为旧井，而禽亦莫之顾矣。人之性习于污下而无日新之功者犹是也。"①井的功用在于供人汲水而饮用，由于此时井水不够，只是井泥，不足以汲；井水不汲则无法日新，最后形同旧井，连鸟禽也不顾。所以此时的井，并不是真正意义上的井，也就是说，井之体也未能得到显现。井之体未成，则井之用当然也无从谈起。这里，井之体和井之用的体现，都牵系一个重要的工作——汲水。人之性亦如井，需日新（汲水）才能彰显性体、性用。

九二：井谷射鲋，瓮敝漏。

《周易本义通释》曰："井以上出为功，二无应而下昵于初。以井言，如井旁穴出之水仅能射鲋。以汲井言，如敝瓮不足以上水而反漏于下。呜呼！初之阴柔污下不足责也，二以阳刚之资岂肯甘于下流之归，上无应与以至于此。人禀性虽美，而无诱掖汲引之者，其亦犹是乎？"②二爻所示，井用、性用依然未能体现，是因为没有汲引。

九三：井渫不食，为我心恻，可用汲。王明并受其福。

《周易本义通释》曰："初六井泥而不食可也，九三井渫可食矣而不食，何哉？为我心恻者，非我心自恻也，行道之人为我而心恻也。恻此水可用汲而不汲也。恻其与应者才柔不能汲也。汲之者，其惟五乎？五非应也，而曰王明，周公特笔也。王明则汲之以及物，上下并受其福矣。不然，明王不兴，天下孰能宗子？夫子于此其有叹也夫？"③此时之井，本可汲用，犹人可用，但不遇明王，则未被重视，滞其才用。

六四：井甃无咎。

《周易本义通释》曰："或曰初才柔有井泥象。三之渫渫初之泥也。二位柔有井谷象。四之甃甃，二之谷也。渫与甃其皆日新之功乎？日新而不已，寒

---

① （元）胡炳文：《周易本义通释》卷2，文渊阁《四库全书》第24册，第424页。
② （元）胡炳文：《周易本义通释》卷2，文渊阁《四库全书》第24册，第424页。
③ （元）胡炳文：《周易本义通释》卷2，文渊阁《四库全书》第24册，第425页。

泉之来不穷矣！"①甓，砌的意思，以砖修井。六四是对井体的维护，胡炳文把这种维护称为对井的日新之功，强调甓的日新之功，才能使井（性）体、用得以持续体现。

九五：井洌寒泉食。

《周易本义通释》曰："井至此，初泥已浚，二漏已修，井道全矣。所谓井养而不穷者，正在此爻。寒者，水之性也，洌洁也。三之渫洁之也，洁之可食矣。而不知五之食者，何哉？五在上，三犹在下，故也。然则渫与洌，性也。食与不食，命也。"②《说文》曰："渫，除去也。从水，枼声。"③渫即指淘去污泥。洌，澄清之意。渫与洌，都是对井体的一种澄治、维护之工。至此，经过一系列的工夫，井之体已全，而井之用亦能得到体现。

上六：井收勿幕，有孚元吉。

《周易本义通释》曰："六阴柔非泉也，而有收之象元吉之占，何哉？他卦之终，为极为变，惟《井》与《鼎》终乃成功。孚字例训，为信。《本义》曰：'有孚谓出有源而不穷也。'盖其出有源，井之体也，其应不穷，井之用也。君子必如此而后为尽性之极功。"④居井之上，井道大成。在下则为井泥，为时所弃；在上则由修而中正，由中正而大成，愈上则井之功愈大。

从上面对卦爻辞的解释，我们可以看出，对待人生问题，虽然如井之功用能利人之便，养人之贤，但首先要强调的是自己的心性，养己而后养人，正合"穷则独善其身，达则兼善天下"之意。胡炳文以井为性，性之用在性之体中，性之用要得到体现，必须进行性体的维护。《井》卦六爻中，除九三一爻讲他人的重视之外，其他都在讲井（性）体之自身的维护。胡炳文特别强调井的汲、渫、甓、洌之功，以井的汲、渫、甓、洌来比喻性的日新。只有日新，才能发挥性体、性用。所以，胡炳文说，知《井》之义，则知尽性。此言诚美矣。

4. 顺于理以制事变的《巽》卦人生修为

在人生过程中，事物变化繁杂，如何在变化中把握人生之道，这是人生论

---

① （元）胡炳文：《周易本义通释》卷2，文渊阁《四库全书》第24册，第425页。
② （元）胡炳文：《周易本义通释》卷2，文渊阁《四库全书》第24册，第425页。
③ （汉）许慎：《说文解字》，中华书局1963年版，第237页。
④ （元）胡炳文：《周易本义通释》卷2，文渊阁《四库全书》第24册，第425页。

中很重要的也是必须面对的问题。如何面对这个问题？我们或许可以从胡炳文的《巽》卦人生修为中找到答案。

《巽》(☴)卦主要讲什么呢？唐孔颖达说:"巽者卑顺之名……然巽之为义,以卑顺为体,以容入为用。"①又说:"此卦以卑巽为名,以申命为义。"②其意指此卦是以卑顺的态度和行为方式来应对变化之事的。但孔颖达没有明确指出,这是一个如何的卑顺法,即"顺"的底线和上线,"顺"的标准在哪里。朱熹比较明确地表达了《巽》为顺于理而制事变的意思。他说:"《巽》只是低心下意。要制事,须是将心入那事里面去,顺他道理方能制事,方能行权。"③不过,朱熹以《易》本卜筮之书的角度来注《周易》,其顺理制事更多的是侧重于卦爻辞的吉凶解说。如他说:"'用史巫纷若,吉。'看来是个尽诚以祭祀之吉占"④。又说:"九五'先庚三日,后庚三日',不知是如何。看来又似设此为卜日之占模样。"⑤

胡炳文继承朱熹认为《巽》卦主要讲顺于理而变事变的说法,他也明确认为"《巽》顺于理,以制事变"⑥。从胡炳文对《周易》的注解中,还可以看出,他提出了一系列的原则和方法来应对变化之事。

首先,要有武人之贞。胡炳文解说初六爻说,因《巽》卦以柔顺为主,本身进退不果之象,遇事不能果断刚强,初六爻阴柔居下,"性柔进退不能决"⑦,双重卑顺就显得过于卑顺,如此反而不能申命。此时只有"惟临事如武人之贞,斯无进退之疑矣"⑧。胡炳文注解上九时也表达了同样的意思,他说:"巽戒乎过柔,故巽极而以刚居柔者失之……故丧资斧。"⑨上九处卦之上,巽至于穷

---

①　(唐)孔颖达:《周易正义》卷 10,《续修四库全书》第 1 册,上海古籍出版社 1995 年版,第 244 页。

②　(唐)孔颖达:《周易正义》卷 10,《续修四库全书》第 1 册,上海古籍出版社 1995 年版,第 244 页。

③　(宋)黎靖德编:《朱子语类》卷 76,中华书局 1986 年版,第 1952 页。

④　(宋)黎靖德编:《朱子语类》卷 73,中华书局 1986 年版,第 1862 页。

⑤　(宋)黎靖德编:《朱子语类》卷 73,中华书局 1986 年版,第 1862 页。

⑥　(元)胡炳文:《周易本义通释》卷 6,文渊阁《四库全书》第 24 册,第 524—525 页。

⑦　(元)胡炳文:《周易本义通释》卷 2,文渊阁《四库全书》第 24 册,第 444 页。

⑧　(元)胡炳文:《周易本义通释》卷 2,文渊阁《四库全书》第 24 册,第 444 页。

⑨　(元)胡炳文:《周易本义通释》卷 2,文渊阁《四库全书》第 24 册,第 446 页。

极,以过巽而失其刚断,失其所有,丧其资斧。而六四则刚好相反,胡炳文说:
"三得阳之正而吝,四得阴之正而悔亡,何也? 三刚而不中非能巽以入者,四
得阴柔之正且以巽而入于三阳之中,故非特悔亡且田有获焉。田,武事也。"①
六四虽也卑顺,但六四阴柔得正,处于三阳之中,有武人阳刚之气,不至于过柔
而招不吉,所以不仅没有悔过之事发生,而且还有收获。这就说明,巽是要卑
顺,但不能过于柔顺,要有武人之贞,以求中正之卑顺。

当然,值得注意的是,利武人之贞,并不是说针对任何变化之事都直接以
武力解决问题,更多的是,它只是一个勉励之辞。胡炳文释初六时说:"利武
人之贞,勉之之辞也。《履》之三以阴居下卦之上,武人为于大君,危之之辞
也。故《小象》于此曰志治,于彼曰志刚。"②即胡炳文强调要有武人的刚强之
志,用武人刚强之志来治理、应对变化之事。

其次,要不过于刚强。前面说不能过于柔顺,这里,又特强调用武人刚强
之志,但又不能太过于刚强。他认为九三之所以会"频巽吝"的原因在于,九
三"刚而不中非能巽以入者"③,三内以阳处刚,不得其中,外以刚亢之质居巽
顺之时,不对其时,所以不能巽以入,如果勉强而为之,则会频繁招来悔吝之结
果。所以,不能过于柔顺,也不能过于刚强,而应持中正之道。

再次,要诚。胡炳文释九二"巽在床下,用史巫纷若,吉,无咎"时说:"床,
所安也,剥床在阴爻言之,是以阴剥阳,阴不能自安。巽在床下,在阳爻言之,
是以阳处阴,阳不能自安。巽之过者,每失之不诚。"④虽九二为刚中,但巽体
为柔,仍有剥床、不安之患,要消除这些忧患,得靠诚,即诚实,有诚意。过于柔
顺之人所犯错误,大多因为诚心不够所致。诚,是如何一个诚法呢? 他说:
"史职卜筮巫职祷祀丁宁,烦悉其辞,以自道达于鬼神,虽巽之过而诚者也,如
是则吉无咎。"⑤史巫之类人,是通过诚意而达神明,胡炳文认为,虽然有巽之
过,但能有史巫般的诚意,依然可获吉。

---

① (元)胡炳文:《周易本义通释》卷2,文渊阁《四库全书》第24册,第445页。
② (元)胡炳文:《周易本义通释》卷2,文渊阁《四库全书》第24册,第444页。
③ (元)胡炳文:《周易本义通释》卷2,文渊阁《四库全书》第24册,第445页。
④ (元)胡炳文:《周易本义通释》卷2,文渊阁《四库全书》第24册,第444—445页。
⑤ (元)胡炳文:《周易本义通释》卷2,文渊阁《四库全书》第24册,第445页。

　　由此可见，胡炳文说的"顺于理"之"理"乃是指事情变化之道，"顺于理"是依此道能诚于心，做事卑顺而又不过，柔顺而有刚强之志。与朱熹相较，同样是"顺理"，胡炳文少了朱子所凸显的吉凶之占的意味，而更侧重易学人生之言，更纯以理义说事。

　　《井》卦与《巽》卦，一个以日新井体，定性而动静不改其终，一个顺理以制事。《井》卦所为重点是维护井体的存在，《巽》卦应对的是变化繁冗之物事，一个强调如何定性，一个强调如何应变，很显然，二者所面对的人生问题刚好相反，这不同的人生问题要求有不同的解决途径。但二者也有相同的地方，都强调内心的修养，都强调内心对性体、对理的把握，都反映了胡氏由内圣至外王的思想路径。

　　综合这四个卦的人生修为来看，胡炳文侧重在人生问题上自身内心的进德，提高心性修养，强调依理办事。可见，理在胡炳文的易学人生论中同样占据着重要地位。

（四）易学人生之"时"论

　　易学上的时论，大抵分为两种：一种以卦画言，为以时解易，即从时的角度来注解《周易》卦爻辞，说明卦爻辞之所为此而不为彼的原因；一种以意蕴言，即易学中的关于时的思想、观点，我们称之为"时的哲学"，是"以一种特殊的'时'的智慧和视野，观照、理解乃至回应大宇宙和现实社会人生的哲学"①。时，不仅仅指时间、时机，也指时下的存在或境遇。时的哲学，换句话说，是关于时的境遇及其背后反映的理论世界，其内容涉及时与宇宙本体的关系、时与万事万物之呈现的结构模式及时的哲学与人生等诸多方面。

　　1. 前人易学之"时"的哲学

　　时与宇宙本体有着莫大关系。太极或易或理是宇宙的本体。这种本体并非虚无，而是动态的存有，或者说本体与存有是一个事物两面的关系。之所以说是动态，是因为这种本体具有生生的功能和属性，《易传》曰"天地之大德曰生"。因为生生，本体获得了存有的表现，同样由于生生，存有处于不断地变化之中，故而有缤纷万千的世界。存有展现了生生的内在驱动，所以《易传》

————————
① 参见王新春：《〈周易〉时的哲学发微》，《孔子研究》2001 年第 6 期。

称之为"生生之谓易"。也正由于此,本体之于存有,不仅有时间空间的境遇,而且因为变易,使得存有体现了时的发展属性。因此,可以说,时是宇宙本体的自然发生,宇宙本体生生的境界不同,时也就有所不同。反过来说,时不同,也反映了宇宙本体生生过程中的不同特点。从这个逻辑出发,我们似乎可以推断,时是把握宇宙本体的重要途径和方式。我们把时放在天人关系中思考的话,那么,时无疑是沟通天人关系的媒介。但宇宙本体与人是如何通过时来沟通的,是采取自天至人,还是自人至天的路径?时为天人的这个"连接点"的本身内涵又是怎样界定的?这些问题,可能单凭从知时、因时、与时至时宜的路径和天人合一的境界来看时与天人的关系,不免有些笼统和不全。因而,进行易学史的考察,这不仅有利于我们厘清不同的易学发展时期,天人之间有不同的时的致思路径,对时的境界界定也不是单一不变的,而且有助于我们更好地理解胡炳文的时的哲学内容及其历史地位。

前文所述,《周易》经部即《易经》只于《归妹》九四爻辞"归妹愆期,迟归有时"见一"时"字,此处"时"似侧重于"时"的时间意涵(即"日期"),它的哲学意涵并不显著,谈不上时论。然而,《易经》对时的言辞虽描述不多,却真实地体现着动态的时蕴。其"时"主要通过卦体六爻的变化和《易经》六十四卦的内在意蕴呈现出来。卦体六爻,自下而上为初爻、二爻以至上爻,《易经》不以一至六来称卦体六爻,而以初代一,上代六,其意实际上表明了一种自初而终的时间上的发展趋势。在具体的卦爻辞中可证这一时势。如《乾》卦六爻,初九为潜龙,九二为见龙在田,九三为终日乾乾,九四或跃在渊,九五利见大人,上九亢龙有悔,描述了龙自隐而显、自弱而强、自下而上的时间趋势。不仅卦体六爻含有时意,《易经》的每一卦都是六十四卦中的一个时间点,上经自《乾》之天、《坤》之地、《屯》之人始,终于《坎》《离》,下经以自《咸》《恒》始而《既济》《未济》终,整个六十四卦描述了自天道而人道的宇宙发展态势。当然,必须指出的是,《易经》中所包含的大量时意,是一种隐性的时,没有作明确的说明。

《易传》首发之,广泛论"时",形成了时的哲学。可以说,时的哲学发轫于古经,成熟于《易传》。《易传》中,"时"字出现达 55 次,出现奉天时、四时、待时、时惕、时发、失时、时成、时乘、对时、时止、与时偕行、时中、时变、时大、时义大、时用大等时论。《易传》中的这些时论,其中,除了个别如"遁,亨,遁而亨也。刚当位而应,与时行也"、《文言》"终日乾乾,与进偕行"的其中之"时"略有从第一种时意的角度对卦爻辞进行说明何以遁亨、终日乾乾者外,其他绝大部分并非简单地阐述卦爻辞之间的变化,而是为区别不同生生境遇下的存有特点,探讨卦爻辞变化背后的理论根据,涉及天地人三才道,譬如当中的与时偕行、时中,告诫人们依天道而行,行为举事依时合符中道。这些时论,传达了一种由天道推人道的致思路向,暗蕴着人类追求与天道合一的思想理论。如此看来,从《易经》到《易传》,"时"经历了一个由隐到显、由单一到多样的表达过程。伴随这一过程,《易传》关于时的哲学,凸显了两大贡献:一是道出了时为宇宙本体"生生"所展现的属性;二是注意区分各种时,暗含了顺天道行人事的思想。《易传》的这两方面,历代易学家,无论是象数派还是义理派,都在不断地深化和明确。

义理派王弼,继承了《易传》时的哲学,强调待时、顺时,提出"适时之变",王弼似乎是以时来解析卦爻,但在他的著作中,并不着眼于解释每一卦爻辞的不同,更多的是从宏观角度来探讨时引起卦爻的变化,立于人道顺从天地之道的角度阐发其中时的奥义,通过时来厘清卦爻中人道与天地之道的关系。这一思想被唐代孔颖达继承,他作《周易正义》,强调不易与变易,适时而变,不可为典要,与王弼的适时之变说是一致的。

时在王弼和孔颖达的言辞中,有了比《易传》更为明确、突出的地位和作用,但也有不足。二人归纳了《易传》时论而提出适时之变和不可为典要的主张,但都没有明确地表示以时达道的口号。他们更多地体现了由天道推人事的顺从态度,而忽视了由人道达天道的自主性和自觉性。

中国哲学发展到宋代,学者们不仅构建了宇宙本体及其与存有现象理一分殊的关系,而且形成了一整套对宇宙本体的修养工夫。宋代对宇宙本体的追求,成为一种自觉行为和现实实践。在时的哲学上,以时达道、随时成道慢慢成为一种明确的言论。

胡瑗在《周易口义》中提出随时通变:"夫圣贤之道,随时通变,无所执泥。"①

---

① (宋)胡瑗:《周易口义》卷4,文渊阁《四库全书》第8册,第263页。

"临事制宜,随时应变,则无施不可也。"①胡瑗已略有以时达道的影子了。明确提出随时以从道的思想的,是胡瑗的弟子程颐。程颐在《易传序》中开宗明义曰:"易,变易也,随时变易以从道也。"②在释《恒·象传》时也曰:"唯随时变易,乃常道也。故云利有攸往。明理之如是,惧人之泥于常也。"③程颐的易学时论,突出贡献之一在于,基于理或太极在易学上的本体地位,从本体论的角度提升了随时的重要性和必要性;其时论贡献之二在于,同样涉及天道、人道,但与《易传》由外至内的致思路线相比,程颐更倾向于由内致外的路向,其更注重人在追求天人合一过程中的主动性和自觉性。从这方面来看,我们说,真正把时作为把握宇宙本体的途径和方式,始作俑者当属程颐。

继程颐之后,宋代又一大易学名家朱熹,把时与宇宙本体的关系作了提升。虽然朱熹以《易》本卜筮之书,但他对程颐之随时变易以从道是认可的,并作了明确的回答。他在《答范伯崇》中曰:"'易,变易也,随时变易以从道也'。易也,时也,道也,皆一也。自其流行不息而言之,则谓之易;自其推迁无常而言之,则谓之时;而其所以然之理,则谓之道。"④朱熹以为,"时"与易、道一体,这就加紧了时与宇宙本体的密切性。

宋代象数派也是高度重视时的。与义理派以时达道的赤裸裸的表述不同,象数派主张通过图式来展示宇宙大道。尽管对时未以言明,然其诸如《龙图》《太极图》《先天图》《河图》《洛书》等图式,皆反映宇宙生成变化之道,展示的是宇宙变化之时。并且,象数派以为,图式不仅仅是对宇宙规律的摹写,也是为传道和达道的。因而,以时达道也是象数派的重要观点。

总的来看,宋代易学关于时的哲学内容日益丰富,不仅明确提出随时从道的口号,而且还提升了时对于宇宙本体的哲学地位。"时"对于把握易学本体越来越重要。

当然,时与万事万物之呈现的结构模式也因象数派、义理派等不同学派在

---

① (宋)胡瑗:《周易口义》卷6,文渊阁《四库全书》第8册,第321页。
② (宋)程颢、程颐:《易传序》,《二程集》,中华书局1981年版,第689页。
③ (宋)程颢、程颐:《周易程氏传》卷3,《二程集》,中华书局1981年版,第862页。
④ (宋)朱熹:《晦庵先生朱文公文集》卷39,《朱子全书》第22册,上海古籍出版社、安徽教育出版社2002年版,第1773页。

不同时期呈现出多样性的特点。由于《易经》中的"时"是一种隐性之时，随着象数易学与义理易学的分野，不同的学派也就有不同的解释，展现出不同的模式。

以象数、图式来描述《易经》卦体六爻和六十四卦之序，就有了象数派"时"模式之建构。汉易从象数的角度来模拟和反映时的动态过程及时对应下的存在，汉易的纳甲说、卦气说都是对时的一种解说。如汉卦气说，以《周易》六十四卦来配四时十二月二十四节气七十二侯。"'卦气'说以对《周易》'时'之因素、'时'之观念的独特理解，建构起一整套象数模式。"①宋元易的图书之学也可以说是涉及时的因素、时的观念，典型的是邵雍的《先天六十四卦圆图》所代表的卦气说，自天地之始，至人道之运行，以《先天六十四卦圆图》的形式刻画出来。

义理派易学，则把古经中的时意归纳起来，大发其义理意涵。首部义理著作《易传》，广泛论"时"，形成了时的概念。黄黎星先生把《易传》之时表现的结构模式作了分类，分成三大类：（1）"四时"之"时"（及"天时""治历明时"之"时"）；（2）"与时偕行""时行"之"时"（趣时，待时而动之时）；（3）十二则"叹卦"的时，为《颐》《大过》《解》《革》（以上四卦言"时大"）《豫》《随》《遁》《姤》《旅》（以上五卦言"时义大"）《坎》《睽》《蹇》（以上三卦言"时用大"）。黄先生还进一步对《易传》三大类之时做了义理上的思考，认为《易传》之时，存在着自然属性和社会属性、客观存在与主观认识、恒常状态与变异状态、现实性与可能性。② 黄先生对《易传》时的分类和论述大体是可行的，尤其是对义理派时的自然属性和社会属性的区分，是很有见地的。

象数派和义理派都对易学之时作了描绘，但二者却使时有了不同的表现形式。如果我们比较就会发现，象数以图式的形式对时的描绘有两大特征：一是象数派的时图是对时隐性的说明。之所以说是隐性，因为这种图式并没有"时"字的出现，而是通过卦画阴阳爻的变化实现卦画与时的对接。二是在象数派易者看来，图式是易本体的自然流露，反映了宇宙自然与人类社会的变化

---

① 黄黎星：《与时偕行，趣时通变——周易"时"之观念析》，《周易研究》2004 年第 4 期。

② 参见黄黎星：《与时偕行，趣时通变——周易"时"之观念析》，《周易研究》2004 年第 4 期。

规律,象数派的时图,融时的自然属性和社会属性、恒常状态与变异状态为一体,具有二而一的特点。与此相较,义理派的时论,则具有自然属性与社会属性、恒常状态与变异状态的分野的明显化和归类性,体现一而二的特点。

正是两派时模式的不一样,因此,对时的运用也有不同的方式。象数派通过图式来诠释宇宙自然变化之时,并根据此图式来解释、预测人类社会的变化发展。譬如汉代的卦气,主要是依据天时用于农时、占卜和谶纬学说的。宋代邵雍的六十四卦先天图式,是依据宇宙自然变化规律运用于诠释人类社会的进展,从而构建了他元运会世的世界历史年谱。很明显,象数派的时图,虽具自然属性与社会属性的一体,但其首先是对宇宙自然变化规律的一种模写,虽强调人类社会的变化规律与自然规律一致性,而实际上更多的是通过图式的模式,把自然的法则运用于人类社会,是侧重于时的自然属性的,走的是一条依自然规律推人道的思路。在这种程度上,我们说象数派对时的运用,是在宇宙万物的自然时中把握人类社会,是讲究人类社会的自然性的。

义理派对时的运用,与象数派侧重自然性不同,更着眼于时的人类社会性,着眼于当下人生的追求和工夫。义理派提倡在时的社会性中把握时的人生哲理,达到人生修养境界。由于时对于宇宙本体把握的重要性和密切性,在人生修养过程和人生境界的实现道路上,对时的运用成为重要的课题。从人生修养境界上看,是为通过时来把握体现在人类社会当中的宇宙本体。从人生修养过程来看,是以区分人生中各种时,要识时知变。换句话说,义理派对人生之时的讲究,无非是遵循时上之理罢了。

总的来看,至宋末元初,"时"对于把握易学本体则越来越突出,时的哲学日益丰富。

2. 胡炳文的人生"时"观

胡炳文对时的哲学发展,取义理之思路,提出"时即所谓中",对前人的时观作了进一步的拓展和深化,把时的观念和思想推向极致。胡炳文说:

> 《既济》以中道,《离》之中也。《未济》中以行正,《坎》之中也。《既济》九五"东邻杀牛,不如西邻之时",时即所谓中也。《未济》上九"不知节",节即所谓中也。尧之授舜只是一中字,《易》三百八十四爻只是一时字。《易》于《小象》之末曰中曰时,《易》之大义略可见矣。末一句"亦不

知节也",不知节者,不知随时以处中也。大易教人之意切矣!①

胡炳文在此段提出了"时即所谓中"的看法,阐述了时与中的关系。"时中"较早见于《蒙·彖》"蒙亨,以亨行,时中也",也见于《中庸》载孔子语"君子之中庸也,君子而时中"。此二处"时中",都意为时行适得其中。这"时中"显然不是后来宋代程颐和朱熹眼中从本体意义上来谈论的"时中"。"中"在宋道学里,已超越了位置之"中"的界定,俨然是个本体意义的概念。程颐称之为适时而变,随时而中,实际上是随时变易以从道。朱熹对时中的理解,是基于"中"的解释。他肯定"中者,不偏不倚,无过不及之名""中只是个恰好的道理"。但"中"有未发之中与已发之中的区别。在朱熹看来,未发之中是体,已发之中是用。未发之中实质就是朱熹之最高本体"理",此理逻辑地存在事物之先,然而在现实上此理又不自待于外,而是存在于万物之中,从而表现为已发之中,如此,未发之中与已发之中是这样一个体用关系。朱熹的所谓"中",已不仅仅是不偏不倚无过不及之义了,已上升到哲学的最高地位。至于时中,朱子说:"已发之中,即时中也。"②此是发挥《中庸》"时中"为随时而中之意,"时"只是把握已发之"中"的情态。朱熹对"时"的界定,与程颐是一致的,都是从本体论的意义提出来的。胡炳文的"中"字,显然也不是一般的位置之称。因其所谓"尧之授舜只是一中字",此"中"字是宋儒诠释儒家道统的意味,用以指称道德本体。胡炳文既然秉承程朱意旨,则断然不会背道而驰,应该是承续朱子本体意义的视角来看待"时"与本体的关系。胡炳文在《四书通》中明确提道:"故粲然者全体之分,即所谓率性之道,即所谓时中之中;浑然者万殊之本,即所谓天命之性,即所谓未发之中。"③胡炳文所论已发之中与未发之中的关系,与朱子意合,只是论述方式上取理一分殊的角度,略有不同,但其将"时中"视为"已发之中",认为时中之"中"是分殊中之"理一"的体现,却无二致,直指宇宙、人性之本体。另外,在时与中的关系上,胡炳文还有其他论述,比如:

---

① （元）胡炳文:《周易本义通释》卷4,文渊阁《四库全书》第24册,第492页。

② （宋）黎靖德编:《朱子语类》卷62,中华书局1986年版,第1510页。

③ （元）胡炳文:《四书通》,摛藻堂《钦定四库全书荟要》影印版,吉林出版集团有限责任公司2005年版,第647页。

> 三岁之田,始于菑,终于畲。"不耕获不菑畲",六二柔顺中正,终始
> 无所作为之象,而必曰因时顺理者,理本自然,无所作为,亦有时可如此。
> 不烦作为者,六二柔顺之至,因其时,顺其理,自始至终绝无计功谋利之
> 心,无所望而有得焉者也,故其占曰"利有攸往"。或曰"利有攸往",则宜
> 于有为矣,而以为无所作为者,何也?曰:惟其因时顺理而不自作为,此其
> 所以可有为也。①

这里明确提出"因时顺理",强调时与理融通无碍,这也说明胡炳文对时的定
位及其与本体的关系是在本体的意义上阐述的。

胡炳文的时中观虽承袭朱子时中之说,但二人时中观还是有细微差别的。
朱熹语是以"时"解释"中"字,未必全然以"时"为"中",只是用"时"以表现已
发之中的随时而中的态势。胡炳文此语强调"时"即是"中",一方面,"即"是
相即不离和寓予之意,则胡氏此是以"中"解释"时"字,是把"时"与"中"置于
不一不二之位,"时"与宇宙本体具有高度的一体性;另一方面,"中"即是理或
易道,把握时即可达理,突出了"时"作至"中"的独特用地,彰显了"时"的手
段义与目标义的统一。当然,在胡炳文关于时的诸多用法中,如从塞之时、萃
之时、因时顺理来看,其说的"时即所谓中","时"与"中"的不一不二相即关
系,不是说"时"就是"中","时"与"中"完全一致,而是他强调"中"可通过
"时"来把握;要做到"中",就必须把握"时",也就是说,在易学上,把握了
"时",也就达到了"中"。那么,从这个意义上来说,"时"就等同于"中"。在
胡炳文看来,《易》三百八十四爻只是一"时"字,《易经》卦爻皆是依时而生,
释时而述。如此看重"时"的胡炳文,在谈及宇宙本体时,将"时"与宇宙本体
契合也就是自然之事了。

因此,元代胡炳文的时的哲学,较之宋人时的哲学,不同之处也就在于此,
缩短了"时"与"中"(道、理)的距离,宋人把"时"作为达道的必要手段,而胡
炳文则发挥把"时"作为与"中"几乎相同的地位。"时"成为目标而非仅仅
是手段和途径,这也是胡炳文对前人时的哲学有所发展和创新的地方。

之所以胡炳文会提出"时即所谓中",是有原因的,大致有以下几种:

---

① (元)胡炳文:《周易本义通释》卷1,文渊阁《四库全书》第24册,第372页。

第一,前人易学中时的哲学,为胡炳文"时"的哲学学说奠定了基础。前面讲过《易传》和宋易中关于时的哲学的典型说法,《易传》中提出了待时、顺时、适时、随时等方法,按天地自然规律办事,以实现人与天的合一。宋易随时变易以从道,从本体的角度对从道提出了随时的要求。胡炳文提出"时即所谓中",把时的重要性推向极致,这种说法,与前人时的哲学是一脉相承的。

第二,儒学的时中观对胡炳文易学时论也有着重要影响。胡炳文曾著《四书通》,对《四书通》之时中观与朱熹的时中观都是相当了解和有体会的,其易学上的时中观,与其儒学上的时中观是密切相关的。

怎么才能把握时呢? 我们首先列举一下胡炳文关于时的一些论说。

胡炳文在论得时失时说:

> 匪正有眚,人自为之也。无妄之灾,天实为之也。六爻皆无妄,三之时则无妄而有灾者也。六二得位而有无妄之福,时也。六三失位而有无妄之祸,亦时也。行人牵牛以去而居者反受诘捕之扰,其灾出于意料之外。……三居内,邑人也。四居外,行人也。三以柔居刚则失其顺,失牛者也。四以刚居柔则得其顺,得牛者也。失非其所,当失;得非其所,当得,皆不正矣。因行人之得,致邑人之灾,非邑人所自为也。①

他论识时说:

> 六爻皆无妄也,特初九得位而为震动之主,时之方来,故"无妄往吉"。上九失位而居乾刚之极,时已去矣,故其行虽无妄"有眚无攸利",是故善学《易》者在识时。初曰吉,二曰利,时也。三曰灾,五曰疾,上曰眚,非有妄以致之也,亦时也。初与二皆可往,时当动而动。四可贞,五勿药,上行有眚,时当静而静。②

又论知时说:

> 《杂卦》曰:"大畜,时也。"其此之谓乎? 初刚居刚,性欲上进,曰利己者,勉其止也。二刚中自能止而不行,可谓知时者矣。③

学《易》,不可不知时。《损》之后必《益》,故二篇用有时,坎之上又

---

① (元)胡炳文:《周易本义通释》卷1,文渊阁《四库全书》第24册,第372页。
② (元)胡炳文:《周易本义通释》卷1,文渊阁《四库全书》第24册,第373页。
③ (元)胡炳文:《周易本义通释》卷1,文渊阁《四库全书》第24册,第374页。

坎,故一篇。贰用缶,《本义》曰"贰用缶"为益以诚心之象。盖缶之器质有诚实象,酒篇之礼至薄,当坎之时,不得已而用之,非益之以诚不可也。"纳约",不自户,而"自牖",亦坎之时不得已也。自牖象坎险之时,不可直致,犹遇主于巷,象睽乖之时不可直行也。其占曰"终无咎",始犹艰难也。①

又论知时识变说:

> 六五中矣,然刚而中可恒也;柔而中,妇人之常,非夫子之所当常也。呜呼,吾于《咸》《恒》之五而悟《易》变易之道矣。咸其脢,戒二之动也。五咸其脢,不动矣,而又不能感。"或承之羞",戒三之不恒也。五"恒其德"贞矣,而又执一不通,故二爻皆无取焉。《易》贵于知时识变,固如此哉!②

又论时异说:

> 以二体则离明也,伤之者坤。以六爻则初至五皆明也,伤之者上。上为暗主,而五近之,故《本义》从《象传》以利艰贞为五。《象》辞多言利贞,惟《坤》利牝马之贞,《同人》利君子贞,《家人》利女贞,《明夷》则曰利艰贞。贞在诸爻中惟《噬嗑》九四、《大畜》九三言之,未有一卦全体以为义者,盖明夷之时,艰难之时也。"贞",一也,与处平常之时异矣。彼方欲晦我之明,艰难以守正而自晦其明也。③

可以看出,胡炳文说的"时",与程颐一样,同样涉及天道(天的运行变化规律,泛指万物规律、道理,如无妄之时)、人道(如"知时识变""因时顺理")。但胡炳文的"时",更强调人道,即人如何认识道或理,如何顺理而为以实现人道与天道的合一。这个问题,同样也是人生论的问题,涉及人的价值如何体现、人生目标如何追求、人生行为如何界定等问题,在此意义上,我们说胡炳文时的哲学,也是其人生时观。我们从其"时即所谓中"和"因时顺理"及上述各例中,具体来看看胡炳文的人生时观的内容:

首先,从行为主体来看,要求主体的修养境界必须达到较高层次,是一个

---

① (元)胡炳文:《周易本义通释》卷1,文渊阁《四库全书》第24册,第380—381页。
② (元)胡炳文:《周易本义通释》卷1,文渊阁《四库全书》第24册,第388页。
③ (元)胡炳文:《周易本义通释》卷1,文渊阁《四库全书》第24册,第396页。

有德、智之士。说他有德，其一，因为时即所谓中，说的是如何随时以把握中道，而作为一名对中道的追求者来说，对中道的把握过程本身就是一种德性的培养和锻炼过程。其二，从胡炳文具体的易学注解中，我们也可以看出他说的时之主体要求德性的培养。如，"东邻杀牛，不如西邻之时"，在祭祀上，东邻之厚礼不如西邻之薄礼，西邻虽礼薄但有虔诚之心，祭礼不以物礼之轻重而分，而是以诚来分。此"时"不是时机之时，更不是指具体的时间，而是突出当下的内心诚敬，注重诚的德性培养，所以胡炳文说时就是中，内心诚敬，做事不过与不及，因而达于中。说他有智，是因为万事成物随时而变，作为时之主体的人来说，要辨别时异，得时失时，知时识时应变，无疑是要具备相当的智慧，具有相当的认知能力。所以，时之把握并非是一般人都可轻易做到的事，对德、智有着明显的要求。

其次，从行为过程来看，要求在处理人生问题时因时顺理，依理而行。上面所举之例，虽本身并非连贯之叙述，但我们把其中思想要点提炼出来，可以看出，胡炳文对于如何把握"时"，有着一系列的过程——辨别时异，得时失时，知时识变，因时顺理。辨别时异，分析人生中遇到的各种时势，如艰难之时与平常之时之不同。得时，即得其所，处于该处之时，失时即失非其所，如《无妄》六二得其位而有无妄之福，六三则失其位而有无妄之祸。事物变化无端，有进退之时，时当动则动，时当静则静，如此识时应变。而事物为什么会如此变化呢？我们看到的只是事物变化的外在表现——时机及时下的境遇不一，其实，这些变化的内在原因在于事物变化有其理。所以，胡炳文所说的这些行为，归根到底就在于，把握事物变化之理，依理而行。

再次，从目标境界来看，其所说的时，是与理同一的，时即所谓中，要求达到天人合一的境界。时，不仅仅是一个时间、时机的因素，还包含着时下的存在境遇，而这些时机、境遇又反映了事物变化的内在之理。把握时，就是把握理，把握理，就实现了中道，达到了天人合一的境界。

最后，从行为精神来看，胡炳文的时的哲学体现了理性认知和实践精神。对时的把握，要求能够辨别时势，能知时识时。这种辨、知、识，本身就是一种认知和实践过程，而且，这种认知和实践活动是一种理性的过程。之所以说是理性，是因为辨、知、识归根为因时顺理，其目标是把握理，认知和实践过程也是根据理而作出的判断、推理。

可以看出,《易传》以降至宋元易学,时与宇宙本体的关系有两大历史发展特点:一是时与宇宙本体的关系越来越紧密。由《易传》的时为宇宙本体的自然流出属性,到宋易以时为达道的手段和途径,再至元易时与宇宙本体的一体化哲学高度的发展历程。二是由人类对宇宙本体的自外而内的被动顺接,到随时从道的自觉。这其中,胡炳文对时的哲学内涵所作的推进实是其中重要的一环。

总的来说,胡炳文易学着重阐发了朱子易学的义理学,无论在经传的文本注解还是对其中易理思想的阐明,胡炳文都贯穿着朱子易学观点和思想。但值得注意的是,胡炳文又不仅仅局限于对朱子易学的吸收,与胡一桂专注朱子易学不同,胡炳文还以折中是正的易学态度和精神来对待易学,虽以朱子易学为主,但也吸收和采纳了程颐、邵雍等易学,体现了其易学的包容性和开阔性。胡炳文运用对比诠释、以时解易等解易体例,对朱子《周易本义》的经传注解内容或依文释义,或拓展、补充、引申,或新解进行疏释,通贯了朱子天地自然之易、阴阳交易变易及太极与阴阳、万物关系思想之易理,参以朱子性命理学,阐发了易学人生论的思想,体现了胡炳文重理和性命的义理易学的特征。胡炳文的义理易学论域基本不出朱子范围,对朱熹易学思想的继承多些,不过,在《易》扶阳抑阴、《易》为君子谋、易学时观及其他易学人生论等方面,胡炳文还是凸显了自己的易学特征,在某些方面对朱熹易学作了推进。

第五章 元代婺源胡氏易学的基本特点

我们在前面第一章里谈及元代婺源胡氏易学的思想渊源和学术背景,认为元代婺源胡氏易学,承接的是朱子易学和家学传统,受到整个易学流变和当下婺源易学发展趋势及形势的影响,同时又受到地域文化——新安理学的影响。在多方面的因素影响下,元代婺源胡氏三人都对朱子易学表示认同,对维护、弘扬朱子易学具有强烈的使命感。胡方平精研《易》旨,沉潜反复二十余年,而后著书发明朱子之意。胡一桂对朱子易学也高度赞扬,"愚尝谓孔圣以来,子朱子有功于易,断断乎其不可及已"①。胡一桂赞赏朱子象数理学一体的易学,有破俗制谬、复明易道之功。胡炳文称"学必有统,道必有传,溯其传,羲、文、周、孔之《易》非朱子不能明;要其统,凡诸家讲《易》,非《本义》不能一"②。胡炳文将朱子《易》与羲、文、周、孔《易》相提并论,放在同一个层次。这些可以看到胡氏三人对朱子易学的立场和态度。元代婺源胡氏易学在对朱子易学表明态度、立场的同时,也展示了自己的易学宗旨和基本特点,即以朱子易学为宗,阐明和发挥朱子易学,在卜筮易、象数易、义理易上继承了朱子易学观和思想内容,尤其是凸显了朱子从象占上推理义的易学,但继承朱子易学而不墨守,发挥朱子易学而不离其宗,从而在阐明和发挥中达到维护朱子易学、弘扬朱子易学的目的。关于元代婺源胡氏易学的这一基本特点,实际上我们已在前面各章中有所探讨,这里我们主要是进行概括和总结。有些内容可能与前面几章有重复之处,但为了文意完整,兹不嫌啰嗦,于此再述。

---

① (元)胡一桂:《周易本义启蒙通释序》,《双湖先生文集》卷1,《续修四库全书》第1322册,上海古籍出版社1995年版,第556页。

② (清)黄宗羲原著,全祖望补修,陈金生、梁运华点校:《介轩学案》,《宋元学案》卷89,中华书局1986年版,第2987页。

第一节　以朱子易学为宗

以朱子易学为宗,指胡氏易学捍卫、阐述朱子易学,即对朱子易学阐明了什么,坚持了什么。前面我们提到过,朱子易学主要是在《易》本卜筮基础上的卜筮易、象数易、义理易一体的易学。那么,对于朱子易学的这些内容,元代婺源胡氏易学又是如何以朱子易学为宗的呢? 从宏观上看,元代婺源胡氏易学主要从两个方面对朱子易学进行了全面阐述:一是正面的阐明、建设,对朱子易学深入剖析,加以继承、拓展;二是侧面的批判,对各种与朱子易学相抵牾的易学观和思想进行批驳和修正。

一、明旨

明旨,是从正面对朱熹易学观和思想内容进行诠释,阐明朱熹易学。胡氏三人都极力阐明朱子易学。

胡方平对朱子《易学启蒙》的注疏都是在肯认朱子易学的基础上进行的,对朱子易学未有半点微言。在解释、阐明《易学启蒙》之旨时,胡方平引用了大量朱子书信、答门人语及朱熹众多门人言论来作为自己的有力论据,通过对照比较、总结归纳、借图说理等方法诠释《易学启蒙》,对朱子象数易进行阐明或发挥己见。胡一桂在拥有大量的易学文献、史料的基础上,通过经传相分的以象解易和比较诠释等方法,对朱熹易学尤其是朱熹的卜筮易、象数易进行阐明。胡炳文对朱熹《周易本义》注解时,也顺着朱子之意进行阐发,常言"《本义》之旨深矣""《本义》之说精矣""唯《本义》为能发之",极力赞赏和推崇朱子之说,并通过比较诠释等方法,对朱子易学进行释义、阐明、补充,也致力于对朱子易学的弘扬。

胡氏三人对阐明朱子易学都付出了许多努力,那么,我们不禁要问,元代婺源胡氏易学到底阐明和坚持了朱子易学的哪些内容呢? 为此,我们一一概括如下:

在古易之学、卜筮易方面,胡氏三人对朱熹卜筮易的内容都不同程度地加以继承、阐明,其中,以胡一桂倡明此举最力,次之胡方平,再次之胡炳文。首先,朱熹古易之学的内容和观点被胡氏所继承和详尽阐明。《易》本卜筮的易学观是古易之学的最基本的内容。对于此,胡一桂对《周礼》所载三代《易》、伏羲《易》、文王周公《易》及《易传》等各方面深入分析,又对四圣《易》辞进行象占分类,全面论证朱子《易》本卜筮的观点。朱熹立于《易》本卜筮基础上划分四圣《易》和《周易》经传的易学观,也被胡一桂所大力提倡。在四圣《易》的内容和结构体系方面,胡一桂在占有大量易学文献的基础上考察了《周易》经传相分的古易之学的历史流变,从史学的角度阐明朱熹的经传相分和四圣《易》区别对待的观点,从而丰富和完善了朱熹的古易之学的内容和结构体系。其次,朱熹的蓍法和变占法则在胡氏易学中得到诠释和承继。在蓍法上,胡一桂利用自己所绘之过揲挂扐图对朱熹过揲挂扐法进行详解,阐明和承继了朱子三变皆挂及过揲之数、挂扐之数并用但强调以过揲定万物策数、以挂扐之数定老少阴阳的做法。沿用朱子稽考《左传》等古筮法的做法,对朱子变占法则有所继承和修正。胡方平对朱子卜筮易也极尽详解,从阴阳对待、阴阳变易及尊阳贱阴等方面来说明朱熹三变皆挂的合理性,在变占上引用朱熹言论对朱熹《易学启蒙》的变占法则进行解释,并对其中如朱熹在三爻变、六十四卦卦变的占法取择上的未明问题进行了修正和明确,避免了表述上的矛盾。胡炳文虽没胡一桂、胡方平如此做大力工作以阐明朱熹的卜筮,但其在注释《周易本义》的体例和分析思路上,突出强调了卦辞的占卜功能,先区分其中的象占之辞,再阐发其中义理,可见其注释的根底依然在于朱熹《易》本卜筮的易学观。

在义理易方面,朱熹的天地自然之易、阴阳变易交易、太极与阴阳关系等理义也贯穿于胡氏易学中。在天地自然之易上,胡炳文对朱熹天地自然之易的思想进行了阐明,从天地之定位、万物之尊卑、善恶吉凶的角度来解释画前之易,区分易书之《易》与画前之天地自然之易,从易书创作缘由和创作过程来说明四圣之《易》出于天地自然之易,为天地之易的自然流露,非假人力安排。从易书的思想、内容角度来阐明易书之道本于天地之道,易书中易象、易数乃至易书之卦序安排皆出于自然之易,易书之辞变象占也是出于自然之易理。甚至圣人制器尚象也是因出于自然之天,是天理之自然者。最后,连易书之学习、易道之流传也是在自然之易的自然流露之内。胡方平提出殊图同归,各图的形式不同,然皆出于自然之易,不假安排,理之所必同。对于阴阳变易交易,胡方平深刻阐述了朱熹的阴阳对待、阴阳流行的思想观点及其于《河图》《先后天八卦》等易图及蓍占之所以如此的原因。胡炳文从爻用九六而不用七八、十二辟卦的卦气运行、二十四节气之论及《杂卦》卦序的排列等方面阐明朱子阴阳变易思想及其运用,从《易经》上下经的划分、《杂卦》卦画排布等方面诠释朱子阴阳交易思想。在太极与阴阳、理与气关系问题上,胡炳文承继了朱子将太极视为卦画之源及哲学本体的看法,阐述了朱子太极与阴阳、太极与万物不即不离的关系。胡一桂则承继了朱熹从逻辑上所论太极与阴阳、理与气的关系,论先后,先有太极、阴阳之理,而后有阴阳之气,阐明有理而后有数,有数而后有卦,有卦而后有象的思想思路。胡方平也继承了朱子太极与阴阳的关系思想,他说:"画前之易一太极耳。横图所该仪象卦以至六十四者,皆自此而生也。象数未形者,言图书未出卦画未立。而其理已具者,言所以为是两仪四象八卦之理已浑然备具,所谓不杂乎阴阳之太极也。形器已具者,言图书既出卦画既立。而其理无联者,言虽有是仪卦象之画而其所以然之理又初无声臭之可求,所谓不离乎阴阳之太极也。"①这是对朱子太极与阴阳不即不离关系的阐述。

在象数易方面,朱子象数易既有易象的内容,也有数的阐述,还有含象与数在内的易图内容。朱子象数易,同样被胡氏易学所诠释。在易象方面,朱熹取象本于《周易》经传,反对汉易诉诸《说卦》、牵强附会而泥象的做法。胡一桂吸取了朱子易象说,对四圣之易象进行了归纳、整理、总结,明确四圣易象各自取象内容,主张对四圣易象区分对待,不可相混,阐明和完善了朱子易象说。在易数方面,胡方平、胡一桂都继承了朱熹关于图书之数为"数之原"的说法、天地之数、大衍之数与图书之数,及过揲、挂扐之数相合相得的关系看法,诠释和丰富了朱子易学中的"数"的思想。在易图方面,胡方平、胡一桂承接了朱子以义理解易图的思路,全面阐明了图书、先后天易图各自的结构图示的原理及相互之间的关系,使朱子所载易图脉络清晰,易理明白,有力地阐明了朱子象数。

---

① (元)胡方平:《易学启蒙通释》卷上,文渊阁《四库全书》第20册,第674—675页。

在卜筮易、义理易、象数易的统一方面，朱熹虽主张《易》本卜筮，但却不废义理、象数，实强调卜筮易、象数易、义理易的统一。元代婺源胡氏对朱熹的这一易学思想也进行了诠释。朱熹的《周易本义》本为明《易》本卜筮之旨而作，《易学启蒙》为明卜筮之旨而倡明象数，其余易学言论散见于语录和书信中。婺源胡氏则对朱熹著作和言论进行整合、诠释。胡方平著《易学启蒙通释》，大引朱子语录和书信，以象占中推义理。胡炳文著《周易本义通释》，在占上阐明义理。胡一桂著《易附录纂注》，取朱子语录以附于《周易本义》解说之后；著《周易启蒙翼传》，对朱子理、象、数、占进行说明。观胡氏三人著作，大有会通朱子《周易本义》《易学启蒙》和语录易学散论之意，取材全面，讲解透彻，全方面地对朱子易学进行了通解，使朱熹卜筮易、义理易、象数易得到统一。

由此可见，元代婺源胡氏对朱子易学，从卜筮易、象数易、义理易至三者的统一，比较全面地对朱熹易学进行了正面的诠释。在明旨过程中，能够立于朱子易学之本，依朱子易学之知而深入诠释，所言不无根据，或于理而合，正所谓本立而充盈，生机盎然。这种正面明旨行为，体现了婺源胡氏宗朱的思想旨趣，与他地易学相较，表现出朱子立场明显的坚定性。如同时期闽学重要人物熊禾。熊禾著有《易经训解》和《勿轩易学启蒙图传通义》。熊氏《易经训解》以《周易本义》为据，重在文字训诂，多述君臣礼义，而删《周易本义》图象，或将图象挪移至《勿轩易学启蒙图传通义》中。熊禾如此义理和象数分治，与朱子象数义理卜筮一体的意旨未必契合通畅。对比之下，胡氏宗朱的易学立场和态度赫然可见。

除此之外，胡氏还注意从侧面来维护朱子易学。

二、辨异

辨异，指胡氏通过比较或直接批判的方式，对各种与朱子易学相抵牾的易学观和思想进行驳斥，以维护、捍卫朱子易学。前面为正面阐明朱子易学，此为反面或侧面申明朱子易学。

在象数易上，胡方平注意辨析邵雍之说与朱熹之说在关于易逆数、天地四象等问题上的不同观点，以及董铢与朱子在四象生八卦上的不同见解。在八卦产生问题上，针对欧阳修关于圣人则《河图》画八卦又观天察地而得八卦的相矛盾说法的质疑,朱熹以为伏羲受《河图》以作易。胡方平则质问:"《系辞》虽不言伏羲受河图以作《易》,然所谓仰观俯察,远求进取,安知河图非其中一事耶?"①以此批驳欧阳修,贯穿了朱子之意。在揲蓍法中,胡方平对三变皆挂与二变皆挂作了比较,批评后二变皆挂之法"三变之后,阴阳变数皆参差不齐,无复自然之法象矣"②。他指出后二变不挂法在蓍法程序上,"非特为六扐而后挂,三营而成易,于再扐四营之义不协"③。所以,胡方平认为,此法"所差虽小,而深有害于成卦变爻之法"④。由此来论证朱熹三变皆挂的合理性。

胡一桂更是注重辨异以阐明朱子易学。四库馆臣在评价其《周易启蒙翼传》时说:"大致与其父之书相出入,而胡方平主于明本旨,胡一桂主于辨异学,故体例各殊焉。"⑤认为胡方平主"明本旨",大致不差,但也应看到胡方平也有辨异学的地方。然此话却对胡一桂评语有失客观,因胡一桂依然主要在于正面阐明朱子易学,虽在《周易启蒙翼传》下篇中有"辨疑"一章,但比较起其整个易学所为来看,只是冰山一角,算不上"主于辨异学",只是与其父相比,其辨异学的比重更大些。胡一桂的辨疑、辨异主要表现在:一为辨《三坟易》之疑。毛渐以世有所传而力主《三坟易》非伪书。胡一桂以为《三坟易》若真有所传,则孔子当有所见,但孔子却没有录,以此说明此《三坟易》为伪书。二为辨四圣之《易》。主要有文王重卦之疑、文王作爻辞之疑、文王作文言之疑、文王始称易名之疑、既济东西邻为纣与文王事之疑、周公作《象象》爻辞、《文言》之疑、淇水不信序卦之疑、易非全书之疑、《文言》辨、《十翼》论。此十辨,在于阐明伏羲重卦、文王作《卦辞》、周公作《爻辞》、孔子作《十翼》。三为辨图书。主要有刘牧易置图书之疑、刘牧指参伍以变为四十五数之疑、欧公图书怪妄之疑。刘牧以九宫、四十五数的易图为《河图》,以五行生成、五十五数的易图为《洛书》。胡一桂以为,刘牧此说,缺乏根据,不足为信,而坚持朱子九数为书,十数为图的说法。欧阳修对于八卦则《河图》而产生的说法表示怀

---

① (元)胡方平:《易学启蒙通释》卷上,文渊阁《四库全书》第20册,第663页。
② (元)胡方平:《易学启蒙通释》卷下,文渊阁《四库全书》第20册,第705页。
③ (元)胡方平:《易学启蒙通释》卷下,文渊阁《四库全书》第20册,第705页。
④ (元)胡方平:《易学启蒙通释》卷下,文渊阁《四库全书》第20册,第705页。
⑤ (清)永瑢等撰:《易学启蒙翼传》提要,《四库全书总目》卷4,中华书局1965年版,第22页。

疑,他以为圣人仰观俯察而得八卦,与图书无关;如果圣人则《河图》画八卦,则不必再仰观俯察了。胡一桂以为,欧阳修是没有看到史书《资治通鉴》所载"魏明帝青龙间,张掖柳谷口水涌宝石负图,状象灵龟,立于川西,有石马、凤凰、麒麟、白虎、牺牛、璜玦、八卦、列宿孛彗之象"①这一证明,所以才有否定图书之学,怀疑《系辞》为孔子所作。

胡炳文在《周易本义通释》中也注重辨别异论,坚持朱子所论。在注解经传时,他常把朱子之说与"诸家"言论相比较,指出诸家言论之失,没有朱子言之有理。四库馆臣在《周易本义通释》提要中称:"炳文复取朱子之书,折中是正,参以诸家易解,以互相发明,初名精义,后病其繁冗,删而约之,改名'通释'。说者谓非《本义》无以见易,非《通释》亦无以尽《本义》之旨。主一先生之言,以尽废诸家。"②所谓的"参以诸家易解,以互相发明",即认为胡炳文在辨异的过程中发明朱子《周易本义》之旨。这种评述,是符合胡炳文易学的实际情况的。

第二节　对朱子易学的发挥

元代婺源胡氏虽以朱子为宗,但并不墨守,在理、象、数、占及体例方面都对朱熹易学有所推进、发挥,发展了朱子易学。

一、理:阳尊阴卑,扶阳抑阴

元代婺源胡氏易学在义理方面,对朱熹易学发挥最大的莫过于阳尊阴卑、扶阳抑阴的思想了。

关于"阴阳"概念的历史演变,我们已述之于前章第三节。总的来说,《易经》没有"阴阳"二字连用之处,其阴阳观念至少在文本上没有体现出来。《易传》中尤其是《系辞传》,对阴阳观念进行了发挥,对阴阳所指、阴阳二者关系和地位都有所阐述,但《系辞传》对阴阳二字没有下定义,虽有天尊地卑之说,

---

① （元）胡一桂:《周易启蒙翼传》下篇,文渊阁《四库全书》第22册,第338页。
② （元）胡炳文:《周易本义通释》提要,文渊阁《四库全书》第24册,第305页。

但却没有明确表示扶阳抑阴或扶阴抑阳。"尊卑"二字,不等同于"扶抑"二字。至宋代,学者对阴阳概念做了更广泛的解释,既有事实层面的描述阴阳之间的关系、地位,也有价值层面的阐发阴阳之间的关系、地位。如宋张载以"一物两体"从事实层面来释太极和阴阳及阴阳之间的关系,但张载更多的是从价值层面来谈阴阳之人生哲理,强调进德修业,在对阴阳二者之价值定位中,略有崇阳之意。朱熹以为阴阳无始动静无端、一气之流行,是从事实层面来讲阴阳在宇宙中生化的自然存在和过程,但又以事实层面的尊阳抑阴来讲人伦道德人事,这又略显有价值层面尊阳抑阴的思想。

元代婺源胡氏易学对前人阴阳观念尤其是在价值层面上进行了拓展和发挥。具体来说,胡方平重在于透过象数而探义理,说明象数的内在原因和根据。其中,阳尊阴卑、尊阳抑阴的思想观念是胡方平阐明朱熹《易学启蒙》象数中突出的一个义理思想。朱熹《易学启蒙》分为"本图书""原卦画""明蓍策""考变占"四篇,在这四篇中胡方平注解时都以易本阳尊阴卑、扶阳抑阴的思想来解说。在《河图》《洛书》方面,对于何以以五居中,朱熹以"三、二之合则为五"[1]来解释,胡方平则以为,五是由于阳数用全,阴数用半而得三两之合,之所以阳用全,阴用半,这是尊阳的表现。对于《河图》生成数、《洛书》奇偶数的排列结构,朱熹解释说:"《河图》以五生数统五成数,而同处其方,盖揭其全以示人,而道其常,数之体也。《洛书》以五奇数统四偶数,而各居其所,盖主于阳以统阴,而肇其变,数之用也。"[2]朱熹以常数变数来解,胡方平则以为,《河图》以四生数即阳数为主,五成数即阴数附于其外,《洛书》以四奇数阳数居四正,四偶数阳数附于四奇数之侧,这是阳尊阴卑思想使然。在原卦画方面,对于伏羲八卦之间的阴阳消长,胡方平以为,八卦之所如此消长,是由于至阳之乾是阴阳动静的根因,是阳在主宰。对于《伏羲六十四卦圆图》左右半球卦爻画之间的阴阳对待,胡方平认为这左右半球的卦爻画中,图左为阳方,阳多而阴少;图右为阴方,阴多而阳少,左右图之间的阴阳卦爻画体现了阴阳的

---

① (宋)朱熹:《易学启蒙》卷1,《朱子全书》第1册,上海古籍出版社、安徽教育出版社2002年版,第213页。

② (宋)朱熹:《易学启蒙》卷1,《朱子全书》第1册,上海古籍出版社、安徽教育出版社2002年版,第213页。

消长,然而这种消长,正是贵阳贱阴、扶阳抑阴所致。他说:"但造化贵阳贱阴,圣人扶阳抑阴,故于消长之际,淑慝之分,又不能不致其区别尔。"①在著策方面,胡方平以为,老阳、少阳的变数与挂扐之数同,虽会对少阴、老阴有所损益但本数却不变;而老阴、少阴的变数与挂扐之数不同,是因为其本数受到少阳、老阳的损益而发生变化。这个变与不变,原因就在于,易是阳尊阴卑的,所以阳为主动,为君道,是制人者,虽损益阴而本身却不受损益变化;而阴则为受动,为臣道,是被治理者,只能从阳,所以会受阳的损益而发生变化。这个变与不变,反映主动与被动、制与从、君与臣的关系。也就是说,在胡方平看来,因为阳尊阴卑,使得老少阴阳之间的这种变化成为可能而且合理。这里,胡方平论阳尊阴卑、扶阳抑阴,就不仅仅是一个事实层面的阴阳消长的外在表现,而是涉及君臣人伦的价值层面的尊阳扶阳了。在考察变占方面,胡方平将朱熹的《易学启蒙》卦变说归结为《乾》《坤》卦变说和主乾说,以为天地自然,莫不为乾尊坤卑,卦变也是以乾尊为主,归根到底是由乾尊所引起和主宰的。由此看来,阳尊阴卑、扶阳抑阴的思想,确是贯穿胡方平解易始终的。

胡一桂也承继了阳尊阴卑、扶阳抑阴的思想。我们举一例可知。如释《观》"盥而不荐,有孚颙若"时,胡一桂说:"此卦四阴长二阳消,名卦系辞虽取他义而初则称小人,且致戒于君子,五、上皆称君子无咎,崇阳抑阴之意爻尤可见。"②胡一桂在这里从价值层面,认为《观》卦五上阳爻的"无咎"是易崇阳抑阴和尊阳的表现。

胡炳文在注解朱熹《周易本义》时亦贯穿着阳尊阴卑、扶阳抑阴的思想。我们也举一例可知,如释《复》卦。朱熹《周易本义》以为剥尽则为纯坤,十月之卦,而阳气已生于下,积之踰月,而后一阳之体始成。《周易本义》之说,从卦体六爻和十二辟卦卦气的阴阳消长的角度来解释《复》卦,很明显,这里并没有表示贵阳贱阴之意,只是对阴阳消长的一种描述。但胡炳文对此卦的解释则不一样。胡炳文说:"而来复于阳,言其生之渐,于阴不言者,亦扶阳抑阴之意也。况谓之复者,本有之,而今来复谓之姤者,本非所望而卒然遇之

---

① (元)胡方平:《易学启蒙通释》卷上,文渊阁《四库全书》第20册,第689页。
② (元)胡一桂:《易附录纂注》卷1,文渊阁《四库全书》第22册,第35页。

也。"①胡炳文以为,《易》于《复》卦之一阳言渐生,而于《姤》卦之一阴却不言其渐生,造成这种差异的原因在于《易》是扶阳抑阴的。对经传其他地方注解时,胡炳文也在骨子里透着阳尊阴卑、扶阳抑阴的思想(详细情况见第四章)。

可见,元代婺源胡氏在前人阴阳观点基础上,对朱熹等前人阴阳观念有所发挥。这种发挥表现在:一是对于阴阳观念,胡氏三人皆无一例外地明确表示为尊阳贱阴、扶阳抑阴,发展了前人关于阳尊阴卑于价值层面的论述;二是胡氏将这种阳尊阴卑、扶阳抑阴的思想贯穿于各自解易的始终,用于阐明、弘扬朱子易学,体现出广泛性和彻底性。

二、象数:归纳、阐明、创绘

象数的内容,既包括各种易象、易数,也含象数在内的各种易图。我们以下将从象数的归纳、阐明及创绘方面来看元代婺源胡氏易学对朱熹象数易的发展、完善和推进。

在象数的归纳方面,元代婺源胡氏易学对朱熹象数易学的发展主要表现在对易象的归纳、总结上。

朱熹曾谈及各种易象,《朱子语类》中卷六十六有专门论"象"一章,在《晦庵先生朱文公文集》中有"易象说"一篇,是朱熹论象的主要内容。其中《朱子语类》有载:"问:'《易》之象似有三样,有本画自有之象,如奇画象阳,偶画象阴是也;六十四卦之爻,一爻各是一象。有实取诸物之象,如《乾》《坤》六子,以天地雷风之类象之是也;有只是圣人以意自取那象来明是义者,如'白马翰如''载鬼一车'之类是也。实取诸物之象,决不可易。若圣人姑假是象以明义者,当初若别命一象,亦通得,不知是如此否?'曰:'圣人自取之象,也不见得如此,而今且只得因象看义。若恁地说,则成穿凿了。'"②有人把易象分为三样,有卦画之象,有爻象,有实取诸物之象。朱熹却不以为然,以为圣人取象各有方法,非执此一端,反对泥象之论。朱熹又说:"《易》中取象,不如卦德上命字较亲切。如《蒙》'险而止',《复》'刚动而顺行',此皆亲切。如'山下出

---

① (元)胡炳文:《周易本义通释》卷2,文渊阁《四库全书》第24册,第415页。
② (宋)黎靖德编:《朱子语类》卷66,中华书局1986年版,第1640—1641页。

泉'，'地中有雷'，恐是后来又就那上面添出。所以《易》中取象处，亦有难理
会者。"①朱熹以为《易》的取象方法不一，难以定论，《易》中取象是难以理会
的。从这两处言论可以看出，朱熹虽对易象有所言论，发表了对易象的看法，
但在他看来，易象远没有卦德来得亲切。在这样的一种观念指导下，朱熹没有
对易象内容和取象方法进行系统的归纳和整理，这与他在解易过程中对汉象
数易的解易方法除卦变外不予采纳的做法是一致的。我们也无法从朱熹《周
易本义》《易学启蒙》《朱子全书》其他有关易学言论中找到他对易象内容的
归纳。

　　元代婺源胡氏中胡一桂更为突出地对易象内容和取象方法进行了归纳、
总结，发展了象数易学。胡一桂对四圣易象进行了归纳、总结，分两大类：一类
是从四圣易象来各自取象所属排列易象。他从《彖》爻《大象》《文言》《说卦》
中把涉及象的辞取出，以各归属八卦及四圣之《易》为类，以天文、地理、人事、
鸟兽、草木为次进行排列，并在象辞之下附上象辞来源。如《兑》卦取象上，周
公《易》象有虎象，胡一桂在"虎"字下注明："《履》三四，《革》五上。"②这是
说，《履》卦的三爻、四爻辞，《革》卦的五爻、上爻都有取兑虎象。此是胡一桂
对周公《易》兑虎取象进行的总结、归纳。另一类是胡一桂把四圣易象，以自
然法象为主线，将易象分为天文、地理、岁日月时等类。如此，胡一桂总结了四
圣易象，建构起了庞大的易象支架。但胡一桂又不仅止于此，他还进一步探讨
了四圣取易的方法，总结出互体、应体、似体、全体、各体、伏体、反体、变体、卦
德、卦体、卦象、卦材、卦义、逐爻取象、远近取象、阴阳取象、爻有六位取象等
17种取象法则。这就不仅在易象上而且在取象方法上丰富了象数易学。

　　在象数的阐明方面，主要指胡氏对朱子象数意蕴的阐明和发挥。朱子的
象数主要集中于《易学启蒙》及《周易本义》所附九幅易图上，还有《蓍卦考
误》等。对于这些象数，无论是《河图》《伏羲文王八卦图》，还是天地之数、大
衍之数、过揲挂扐之数等各种象数易图，朱熹的阐释都有因简约而未明之处，
如《易学启蒙》对《河图》的描述，朱子说明了《河图》的生出次序为"始下次

---

① （宋）黎靖德编：《朱子语类》卷66，中华书局1986年版，第1641页。
② （元）胡一桂：《易附录纂注》卷15，文渊阁《四库全书》第22册，第185页。

上,次左次右以复于中,而又始于下",但对于何以始下次上的内在原因,则未着笔。

元代婺源胡氏对朱熹的象数则进行了全面的阐明,尤其是胡方平,他著《易学启蒙通释》,虽表面上讲象数,但实是从象数上推理义,以理义释象数,阐明象数其中的奥理,使朱子象数意蕴尽显,理义大白,是朱子象数易的一大功臣。对于朱子的《河图》《洛书》象数,胡方平深入地阐述了《河图》《洛书》产生的原因、发生过程、结构内容及图书功用,重点探讨了《河图》《洛书》中五、图书生成奇偶数的关系及图书的生出次序和运行次序。对于朱子所论伏羲、文王易图,胡方平进一步阐明其中阴阳对待、阴阳互根、阴阳相含、阴阳变易、贵阳贱阴等理义。对于大衍之数、过揲挂扐之数等,胡方平从易阳尊阴卑的角度大发其中意蕴。这些都是朱子所讲却当明而未明的问题,胡方平均一一阐明。可谓明朱子之所说,发朱子所未发。

在象数的创绘方面,主要指元代婺源胡氏各种易图的创绘,丰富了前人易图内容。关于易图,朱熹在《周易本义》中附有《河图》《洛书》《伏羲八卦次序》《伏羲八卦方位》《伏羲六十四卦次序》《伏羲六十四卦方位》《文王八卦次序》《文五八卦方位及卦变图》九幅,在《易学启蒙》中附《河图》《洛书》《伏羲八卦》《伏羲六十四卦》《文王八卦》及《三变挂扐图》,在《蓍卦考误》中附有《过揲》《挂扐数图》及《五岁再闰图》。

以图说易,借图说理,这是元代婺源胡氏易学中重要的组成部分。胡氏三人中,胡炳文列有《先天八卦方位图》《后天八卦方位图》,借图来解释《巽》九五"先庚三日,后庚三日"的问题。[1] 胡方平、胡一桂父子更是以大量易图来解易,不仅引用前人如朱熹著中的易图,而且更重要的是,创绘了不少前人所未有的易图。如胡方平作《伏羲则河图以作易图》《大禹则洛书以作范图》《伏羲六十四卦节气图》《先天八卦合洛书数图》《后天八卦合河图数图》《邵子天地四象图》《挂扐过揲总图》《近世揲蓍二二变不挂图》。胡一桂作《伏羲始作八卦图》《伏羲重卦图》[2]《老少挂扐过揲进退图》《二老过揲计三百八十四爻数

---

① 参见(元)胡炳文:《周易本义通释》卷2,文渊阁《四库全书》第24册,第446页。
② 《伏羲始作八卦图》《伏羲重卦图》,此二图以树枝形代替前人的黑白框,图线不同,意义也不同。胡一桂意指伏羲始作八卦图如同木形,具有木的生发性质,符合木的生发规律。

图》《文王改易先天为后天图》《文王九卦处忧患图》《文王十二月卦气图》等。前列胡方平、胡一桂所作之图，都是前人易学中不能直接找到的易图，为胡方平父子创绘之图。当然，这些图并不是胡方平父子突发奇想、毫无根据创造出来的，大多是根据朱熹象数思想对朱熹原有易图的改造，或前人无此易图渊源而直接依朱子象数思想创造而成的。前者如胡方平的《伏羲则河图以作易图》，是根据朱熹《易学启蒙》中圣人则河图画八卦言论，综合了朱熹著作中《河图》与《伏羲八卦图》而创绘的。又如胡一桂的《文王改易先天为后天图》，是根据朱熹《易学启蒙》中对《文王改易伏羲卦图》的言论，综合《伏羲八卦方位图》与《文王八卦方位图》而形成的。后者如胡一桂的《二老过揲计三百八十四爻数图》，这图在朱熹等前人易图中找不到影子，是根据朱熹对过揲策数的描述而自己所创。又如胡一桂的《文王九卦处忧患图》，《易传》及朱熹等人都谈及此图内容，却未有人形成图示。以此图解义，这算是胡一桂自己的创作。如此大量易图的出现，不仅丰富了前人易图的内容，完善了朱熹等前人的象数内容，而且大大推进了以图解易的进程。

由此可见，元代婺源胡氏易学，在易象的归纳、象数的意蕴阐明及易图的创绘方面，承继了朱熹等前人象数的内容，而且还大大超越了朱熹等前人象数易，完善了象数易的内容体系，对象数易的发展无疑有着巨大的贡献。

三、占：稽考古法，修正变占法则

在朱熹看来，《易》本卜筮，易的功用很大程度上通过卜筮来体现。如何卜筮，除了揲蓍求卦之外，另一个重要的方面是卦爻的变占法则。前人对于变占总结出了六爻不变、一爻变至六爻全变的变占取辞原则。关于这方面的专著，元以前有宋代程迥所作的《周易古占法》一书及朱熹在此基础上所作的《易学启蒙》。朱熹在《易学启蒙》中对变占原则做了总结。

朱熹以为凡卦六爻皆不变，则占本卦彖辞，而以内卦为贞，外卦为悔。朱子举孔成子筮立君和秦伯伐晋筮之遇《蛊》卦为例以说明。一爻变则以本卦变爻辞占。朱子举毕万筮仕于晋等例以说明。二爻变则以本卦二变爻辞占，仍以上爻为主。朱子以为，此条经传无文，今以例推之当如此。三爻变则占本卦及之卦之彖辞，即以本卦为贞，之卦为悔。前十卦主贞，后十卦主悔。朱子举晋公子重耳筮得国例以说明。四爻变则以之卦二不变爻占,仍以下爻为主。朱子以为经传亦无文,今以例推之当如此。五爻变则以之卦不变爻占。朱子举鲁穆姜筮往东宫例以说明。六爻变则乾坤占二用,余卦占之卦彖辞。朱子举乾之坤例以说明。六十四卦之变,列为三十二图,变在第三十二卦以前者,占本卦爻之辞。变在第三十二卦以后者,占变卦爻之辞。① 此为朱子《易学启蒙》中的变占法则。

朱子对此变占法则的说明很简单,但明显有不足之处:

其一,朱子所举例证范围非常有限,基本沿用程迥《周易古占法》之例,出于《左传》《国语》。因所取例证的范围有限,可能对变占法则的论证缺乏可靠的全面的根据,这就使得其变占法则缺乏说服力。如其对于二爻变、四爻变的情况,以"经传无文,今以例推之当如此"一句话带过,没有实例以证明此变占法则,揣以己意,但又不说明是怎样一个"以例推之"的过程,实在不能让人信服。

其二,朱子对例证考究不足,解释未清。如其述五爻变法则时,举鲁穆姜筮往东宫例,只说:"穆姜往东宫,筮遇艮之八,史曰:'是谓艮之随。'盖五爻皆变,唯二得八故不变也。法宜以'系小子,失丈夫'为占,而史妄引随之彖辞以对则非也。"②朱子没有分析何以不得称"艮之随"而须称"艮之八"的原因,对古例史官断法没有深层剖析,而武断地认为这是例中史官之误,此种说法也不能让人信服。更有甚者,朱子有些例证的情况并不符合变占法则,不能证明相应的变占法则的合理性。如朱熹举秦伯伐晋筮《蛊》例说明六爻不变以占本卦彖辞,但我们考此例,并没有像朱熹所说的用本卦彖辞解。显然,朱子对此考究不足。这就让人觉得,朱熹对变占法则是先断以己意而附加例证,而非以例子来证变占法则,有颠倒因果之嫌。

其三,朱子对变占法则的说明过简,而且有矛盾之处。如其说三爻变的情况,若变卦在前十卦中,其"以本卦为贞,之卦为悔"的观点跟"前十卦主贞,后

---

① 参见朱熹《易学启蒙》"考变占"。[(宋)朱熹:《易学启蒙》卷四,《朱子全书》第1册,上海古籍出版社、安徽教育出版社2002年版,第258—259页]

② (宋)朱熹:《易学启蒙》卷四,《朱子全书》第1册,上海古籍出版社、安徽教育出版社2002年版,第258页。

十卦主悔"的看法产生矛盾,让人搞不清到底以谁为贞,以谁为悔,取舍犯难。

其四,朱子在例中断章取义,强以为证,导致变占法则实不尽符所举之例。朱子所举《左传》《国语》占筮之例,占法并不完全都是依卦爻辞而断的,也有依卦爻象断的情况。而朱子只看到依卦爻辞断,有意忽视依卦爻象断的事实,而设此变占法则。这种做法,显然也欠妥当。

因而,朱子的变占法则是明显有缺陷的,也受到后世的不少批评。清代王夫之就批评朱子所述《周易》占法乃术士苟简之术。王夫之说:

> 朱子之法,一本之沙随程氏……而沙随程氏以臆见为占法,则固未足信也。①

> 蔡西山以术破道,而星命葬术、为王制杀而勿赦者,复弄易以神其说,则朱子之于易,舍周、孔以从术士,有自来矣。故归奇者,术士苟简之术也,于此可知朱子之过也。②

王夫之不太认同朱子《易》本卜筮的观点,认为朱子所说太过了,且以为朱子占法,一承程迥,断以己意,不足为信,故王氏谑之为术士苟简之术。王夫之对朱子占法的批评是有一定道理的。

元代婺源胡氏承继朱子《易》本卜筮的观点,对于易占自然也少不了关注。胡氏三人中,胡方平、胡一桂父子都对朱子变占问题进行了探讨,同样认识到了朱子变占法则存在的问题,从而加强对《左传》等古筮法的考察,对朱子变占法则进行了一定的修正,对朱子变占内容做了一定的发挥。

针对朱子三爻变中本之卦、前后十卦以谁为主的问题,胡方平基于朱熹"贞为正,悔为过"的观点,对三爻变占法则做了修正。他说:

> 盖变至三爻,则所变爻与不变爻,六爻平分,故就两卦象辞占,而以本卦为贞,之卦为悔也。前十(笔者案,原文为"本"字,依文意改为"十"字)卦主贞,后十(笔者案,原文为"本"字,依文意改为"十"字)卦主悔者,且如乾三爻变,自否至恒为前十卦,自益至泰为后十卦;如坤三爻变,自泰至益为前十卦,自恒至否为后十卦。若所得变卦在前十卦内,虽占两

---

① （明）王夫之:《周易内传发例》,《船山遗书》第 1 册,岳麓书社 1988 年版,第 678—679 页。
② （明）王夫之:《周易内传发例》,《船山遗书》第 1 册,岳麓书社 1988 年版,第 682 页。

卦象辞,却以本卦贞为主,是重在本卦象辞占也。若所得变卦在后十卦内,虽亦占两卦象辞,却以变卦悔为主,是重在变卦象辞占也。①

每卦的三爻变共可变出二十卦,中间对半分开,则有前十卦与后十卦之分。胡方平以为,若变在前十卦内,则处于中之前,所以为正、为贞,因而占断时以本卦贞为主,重在本卦象辞。若变在后十卦内,则处于中之过,即为过、为悔,因而占断时以变卦悔为主,重在变卦象辞。如此规定,就解决了朱子变占中谁为贞悔的问题。

胡方平又把六十四卦卦变分为两半,前三十二卦与后三十二卦。如《乾》自《姤》至《恒》,《坤》自《复》至《益》,为三十二卦之前,皆占本卦爻辞,即所谓一爻二爻以至三爻之变,前十卦皆以本卦为占。如《乾》自《益》至《坤》,《坤》自《恒》至《乾》,为三十二卦之后,皆占变卦爻辞,即所谓三爻之变后十卦以至四五上爻变,皆以之卦为占。胡方平说:

> 然而必以三十二卦为限,以在前者主贞,在后者主悔,亦取其中也。变在三十二卦之前,则正适其中,故皆主贞卦以为占。变在三十二卦之后,则便过其中,故皆主悔卦以为占也。②

取六十四卦中间为界,前三十二卦为贞,后三十二卦为悔。变在前三十卦内取贞卦以占;变在后三十二卦内,取悔卦以占。朱熹对此六十四卦变,只说“变在第三十二卦以前者,占本卦爻之辞;变在第三十二卦以后者,占变卦爻之辞”③,并不牵涉贞悔的问题,而胡方平则以贞悔意解此卦变。与解释三爻变的情况一样,这也是胡方平利用朱熹贞悔之意对朱熹变占内容所做的发挥。

胡一桂依据对古法的考证,修正了朱熹的变占法则。对于一爻变,胡一桂以为不只就一爻占,应合本、之卦体、互体并占;对于二爻变,以本卦二变爻占,仍以上爻为主,但亦旁及诸爻与卦体。对于三爻变,占本、之象辞,并占卦体。对于四爻变,先观本卦二不变爻,然后重在之卦二不变爻,而以下爻为主。对于五爻变,先观本卦一不变爻,然后以之卦一不变爻为主。对于六爻尽变,则

---

① (元)胡方平:《易学启蒙通释》卷下,文渊阁《四库全书》第20册,第716页。
② (元)胡方平:《易学启蒙通释》卷下,文渊阁《四库全书》第20册,第717页。
③ (宋)朱熹:《易学启蒙》卷4,《朱子全书》第1册,上海古籍出版社、安徽教育出版社2002年版,第259页。

乾坤占二用,余占之卦象辞。对于凡卦六爻皆不变,则占本卦象辞,而以内卦为贞,外卦为悔,并占上下两体。胡一桂对朱熹的七条变占法则,有六条有不同意见,可见是对朱子变占法则的一次大的调整。胡一桂做此调整,与朱熹相比,有以下几个方面值得注意。首先,从例证范围来看,胡一桂大大扩展古法的稽考范围,不仅涉及《左传》《国语》筮例,也包括了"家语"中所录的孔子筮例及胡一桂所抄录的唐书等各种史书所载筮例。从取例范围上,就远远超出了朱熹所为。其次,胡一桂对各例进行了精心分析,详尽解说,考察其中占法式样。胡一桂对朱子变占法则的修正,是基于古法筮例事实的考证上作出的调整,并不是随意更改的。再次,其变占法则也表现出了自己的特点。一是不仅有前人所流传下来的依卦爻辞而断的法则,还掺和了卦体卦象的占断法则。如其一爻变、二爻变、三爻变、六爻不变中都强调卦体占断的重要。这是胡一桂根据《左传》等古筮例作出评判而附加的结果。二是胡一桂的变占法则,比较重视本卦,如其一爻变、二爻变、三爻变、四爻变、五爻变及六爻不变,都强调本卦的重要性,尤其是四爻变、五爻变,都先观本卦,再看之卦,这与朱子直接就看之卦的做法是有很大区别的。总的来看,与朱子变占法则相较,胡氏变占法则是基于对古筮例的详尽分析所得出的,有理有据,更具说服力。胡氏对朱子变占法则的改进,体现了对朱子变占法则的完善和发展。

四、体例:对比诠释的广泛运用

朱子的解易体例也是其易学的一个重要组成部分。朱子对易学的注解体例,主要有卦德、卦体及卦变。卦德,为卦所代表的品性。卦体为爻在卦中的阴阳态势。卦变为爻在卦中的动态变化。朱熹主要运用此三种方法,当然,朱熹也用卦象解易,但其卦象基本上是依卦爻辞本有之卦象进行解释,并不像汉象数易中运用互体、五行、纳甲等方法加以诠释。

元代婺源胡氏三人对朱子的解易体例都有所继承,而且,还广泛运用互体、纳甲等汉易象数法对易进行诠释,对朱子解易体例多有补充与发挥之处。其中,胡氏对比诠释法,是胡氏易学解易中颇为重要和突出的一个特点。

所谓的对比诠释法,是指通过对不同的易学人物的思想观点、不同的易学内容的比较,从而对易学作出诠释的一种方法。既有相同知识点上易学人物不同的思想见解之间的比较,也有不同知识点上基于知识点间某种关联所作的对照比较。

胡方平在注解《易学启蒙》时,对比诠释法的运用主要在于两个方面:一是比较前贤在相同知识点上的不同观点,疏释前贤。如他比较邵雍与朱熹在天地四象上的不同观点,董铢与朱熹关于八卦生成上的不同见解。二是不同知识点之间的比较,如他注解后天文王八卦时,把后天文王八卦与伏羲八卦放在一起比较。又如他把《伏羲六十四卦方图》《圆图》放在一起共同探讨。如此,突出了各家思想要点,明确各个内容知识点。胡一桂对比诠释法的运用主要在他的《易附录纂注》一书中。与其父一样,胡一桂也重视对不同易著或易学人物的思想观点进行比较、分析,考其同,辨其异,既有宏观上的比较朱熹易学与他人易学观和思想,如比较刘牧与朱熹在图书说方面的不同,也有微观上的比较朱熹与其他人在《周易》卦爻辞的不同解释上。除此之外,在注解《周易》经传时,胡一桂还善于通过卦体六爻之间的比较来分析各爻辞,以及注重卦与卦之间的比较分析。这一点是其父未及的地方。胡炳文与胡一桂的做法大体一致,也注重卦体六爻和卦卦之间的比较分析,与胡一桂相比,胡炳文则把这种卦体六爻和卦卦之间的比较运用得更为广泛,通篇经传解释中无时不有比较。而且,胡炳文的卦卦之间的比较分得更细,只要卦卦之间稍有相关联的,他都加以比较,有从六十四卦卦序角度进行的比较诠释,有从反卦、对卦进行诠释,有从相同爻位之间的比较分析,也有取辞取象大体一致或相似之间的比较诠释。

从上面简述中可知,对比诠释法在元代婺源胡氏易学中具有共同性、广泛性的特点。共同性表现在胡氏三人都大量运用比较诠释法。广泛性表现在不仅对象数包括图书的解释上大量运用,而且在具体的经传卦爻辞的注解上也普遍运用。比较诠释的方法,穿插于胡氏三人治易的整个过程,是他们易学观和思想体现的有力手段。

正是由于这样的一种共同性、广泛性,使得他们的这种解易方法,成为他们治易方法的一个突出亮点。与前人治易方法相较,一方面,在运用的广泛性方面,胡氏易学远超越于前人,前人如孔颖达、程颐、朱熹虽也注重卦体六爻间的比较诠释,但广泛性远没有胡氏来得深刻。更重要的另一方面在于,卦卦之间的比较,这是前人所不太重视和忽视的一个方面,前人如王弼、孔颖达、程颐、张载和朱熹,在注解经传时大多只就本卦爻而谈本卦爻,囿于本卦的范围。胡一桂、胡炳文则广泛地对卦卦之间进行比较诠释,这种做法可谓具有开拓性。

但也须看到,胡氏的对比诠释法与前人的注释体例方法也有一定的渊源关系。前人有以爻位说和卦体来解易的,爻位说是依某爻所处的位置和具有的阴阳属性所做出的诠释,卦体则是利用爻位说在整个卦六爻之间进行的纵向比较诠释,这二者都已蕴含了比较诠释的方法。胡氏则把这种比较诠释的方法从一卦以内扩展到卦卦之间,如胡炳文的基于相同爻位对卦卦之间爻辞的比较,把爻位说和卦体论放在六十四卦中进行横向比较诠释,从而凸显卦卦之间的内在联系和《易经》六十四卦爻的整体性。胡氏的对比诠释法的广泛运用,是对前人注释体例当然也包括朱熹的注易体例的发挥和拓展。

第三节 凸显从象占上推理义的易学特色

元代婺源胡方平、胡一桂及胡炳文三人的易学,虽各自具体的易学内容有所不同,但三人都有着共同认识和致力弘扬的地方,其中之一就是从象占上推理义的易学观点。由于三人的努力,这一易学观点已成为元代婺源胡氏易学凸显的一个易学特色。我们接下来看看,胡氏三人是如何凸显从象占上推理义的。

一、对象占上推理义的背景考察

易学发展至南宋,已不再截然为义理派和象数派两派分明的易学天下了,而实际出现了以朱熹为代表的卜筮基础上的象数、义理的统一的易学学术派别。所以四库馆臣纪昀在《四库全书总目提要·易类小叙》中对易学派系进行归类的时候,只说两派六宗,但对朱熹的派系却未明言,这大概是因为,朱熹强调卜筮基础上的象数理占统一的学术体系,实难归属于其中某一派系。

朱熹对《周易》的本源做了一个初步的考察,认定《易》本卜筮之书,从而批评以前易学家过分重义理而轻象数,或重象数而忽视义理的做法。朱熹说:

"所喻读《易》,甚善。此书本卜筮而作,其言皆依象数以断吉凶。今其法已不传,诸儒之言象数者例皆穿凿,言义理者又太汗漫,故其书为难读。此《本义》《启蒙》所以作也。"①汉代的象数由于泥象而变得穿凿,义理派虽主张理对象的超越,但又往往陷入忘象的泥沼,更为关键的是,象数派和义理派易学家都偏离了《易》本卜筮之旨。因而,朱熹作《周易本义》阐明《易》卜筮之旨,作《易学启蒙》阐明象数之由。依此看来,朱熹的易学体系,至少由三个部分组成,一是卜筮,一是义理,一是象数。这三部分,卜筮是基础,这是朱熹对《易》的基本认知,不过他主张在《易》本卜筮基础上卜筮易、象数易、义理易的统一。

自朱熹倡明此观点以来,易学界就从未停止过涉及《周易》卜筮性质问题的探讨,这也成为后世易学家不可回避的问题之一。但也必须看到,至元代,朱熹的《易》本卜筮和从象占上推理义的观点除胡氏几先生外,元代易学家中致力于推广朱熹这些观点的鲜有人在,更遑论在易学界中能够造成声势。许多易学家,不仅不推崇朱熹卜筮基础上的象、占、理的统一,还对朱熹这一观点进行批评。他们的易学,已偏离朱熹以卜筮为基础的易学之旨,而直接重义理或重象数。正如胡一桂所忧患的那种情形:"诚以去朱子才百余年,而承学浸失其真。如《图》《书》已厘正矣,复承刘牧之谬者有之;《本义》已复古矣,复循王弼之乱者有之;卜筮之教炳如丹青矣,复祖尚玄旨者又有之。若是者,讵容于得已也哉!"②所谓复承刘牧之谬者,指偏离卜筮之旨而专重象数之徒。复循王弼之乱者,指弃卜筮之旨而专主义理者。复祖尚玄旨者,指偏离卜筮古法而取所谓的玄学易学之人。总之,宋末至元,作为朱熹易学的灵魂和真传的以卜筮为基础的易学,没有得到很好的维护和弘扬,所以胡一桂才说"浸失其真"。

我们举元代其他地方两位颇具影响力的著名易学家,略论他们的易学主旨,看其易学主旨与朱熹的不同,从而有利于进一步考察元代婺源胡氏易学与他们易学的不同,突出胡氏易学重象占的易学观点及其地域文化特点。

---

① (宋)朱熹:《答刘君房》,《晦庵先生朱文公文集》卷60,《朱子全书》第23册,上海古籍出版社、安徽教育出版社2002年版,第2886页。

② (元)胡一桂:《周易启蒙翼传·原序》,文渊阁《四库全书》第22册,第200页。

吴澄(1249—1333),为宋末元初抚州崇仁人,元代江西朱子学的重要代表人物。其与胡一桂、胡炳文年龄相仿,交往甚密,亦为朱子四传门人,《元史》《宋元学案》均有所载,为当时著名的易学家。王新春先生说:"一提元代的学术人物,就不能不提及吴澄的名字;一提元代的学术,就不能不论及吴澄所做出的独特贡献。"①这从某个侧面可见吴澄的学术地位和影响。

吴澄的易学深受朱熹易学的影响。全祖望说:"草庐出于双峰,固朱学也,其后亦兼主陆学。盖草庐又师程氏绍开,程氏尝筑道一书院,思和会两家。然草庐之著书,则终近乎朱。"②吴澄的易学深受多家影响,而朱子易学便是其中主要一家。对于朱子易学,吴澄看到了其中卜筮包含的众理,通过卜筮以求天道,由象数而义理的思想。他在释《系辞上传》"显道神德行,是故可与酬酢,可与佑神矣"时说:

> 以占未来之事者,能前知天道至幽也,因占说出而幽者显矣,故曰"显道"。人之行事不敢自为,必待决之于著,听从神物所告而为之,则所行之事虽在人而实出于神矣,故曰"神德行"。③
>
> 天道幽也,以占而显,则虽天之道而可以用之应接人事矣。④

"道"为天之道,"德行"谓人之所行,由此产生祸福吉凶,但这种祸福吉凶的根基并不在于人,而是在于天道,这要求人们"神德行"。所谓"神德行",即依天道而行。这种显道神德行的途径就是占筮。占筮含有天道在内,故可从占筮上来显道。可以看出,这是吴澄对朱子卜筮易继承的一面。但以易学主旨来论,这并不是吴澄的整个易学主旨,不是他想极力推崇的思想内容。吴澄并不像朱熹一样如此看重占筮,没有对朱熹从象占上推理义的思想进行推广和发挥,而是重在象数之学。他所看到的卜筮含众理的观点,与他重象数的易学观和思想相比,是远远不及的。吴澄的易学主旨在于象数易,而不在于卜筮易,不在于筮占上推理义。为什么这么说? 我们从其著作及其中主要思想和有关

---

① 王新春、吕颖、周玉凤:《〈易纂言〉导读》,齐鲁书社 2006 年版,第 3 页。
② (清)黄宗羲原著,全祖望补修,陈金生、梁运华点校:《草庐学案》,《宋元学案》卷 92,中华书局 1986 年版,第 3036 页。
③ (元)吴澄:《易纂言》卷 7,文渊阁《四库全书》第 22 册,第 550 页。
④ (元)吴澄:《易纂言》卷 7,文渊阁《四库全书》第 22 册,第 550—551 页。

言论就可看出。

在辞变象占上,吴澄重象,提倡以象为本,以辞为用。他在注《系辞传》"是故君子所居而安者,易之象也;所乐而玩者,爻之辞也"时说:"文王之《象》,以象为本,故言象以该辞;周公《爻辞》亦有所象,此言辞不言象者,周公之爻以辞为用,故言辞以该象。"①吴澄以为,《系辞传》所说的观象玩辞,观变玩占,关键在于以象为本。易学的重点在于象,通过卦爻辞将象、辞在"象"的基础上统一起来,并由推考易象出发,由象而数,建立起"一决于象"的象数易学体系。

吴澄的这一以象为本由辞测象的易学主旨,贯穿于其易学著作之终始。吴澄的易学著作见于《易纂言》和《易纂言外翼》。四库馆臣对这两本书的价值和特点,作了恰当的概括。《易纂言》是《周易》经传的笺注之作,四库馆臣称:"自唐定《正义》,《易》遂以王弼为宗,象数之学,久置不讲。澄为《纂言》,一决于象,史谓其能尽破传注之穿凿,故言《易》者多宗之。"②《易纂言外翼》是吴澄对《易纂言》义例的总结,四库馆臣称:"澄所著《易纂言》,义例散见各卦中不相统贯,卷首所陈卦画亦粗具梗概,未及详言,因复作此书以畅明之。"③此书对象数学的辞例、象例、占例等进行了系统的论述,阐述了互体、卦变、卦主、纳甲等取象方法,是一部充分体现汉儒象数易学风格的专著。由此可见,吴澄此两部著作都旨在发挥象数易学。

如果说吴澄的易学在主象数的同时亦看到卜筮的一面,对朱熹《易》本卜筮尚无明显排斥,也不致力推崇,那么,同为宋末至元代的另一位易学家王申子,对朱熹的卜筮基础上的重象占的象数理辞的观点却有所微辞,在距离朱熹易学本旨上走得更远。王申子,元邛州(今属四川邛崃县)人,是寓居慈利州天门山(今湖南张家界市郊)中的一位隐者,著有《大易缉说》十卷。在辞变象占上,他认为,圣人之辞变象占四道共重,须齐头并进而非有轻重之分。他说:"伊川《易传》只尚其辞,康节数学只尚其象,汉上《易说》止尚其变,晦庵《本

---

① (元)吴澄:《易纂言》卷7,文渊阁《四库全书》第22册,第544页。

② (清)永瑢等撰:《易纂言外翼》提要,《四库全书总目》卷4,中华书局1965年版,第23页。

③ (清)永瑢等撰:《易纂言外翼》提要,《四库全书总目》卷4,中华书局1965年版,第23页。

义》只尚其占,谓非说《易》不可,谓说之全则恐犹有所遗也。"①王申子除对伊川、邵雍、朱震有所批评之外,对于朱熹也进行了批评,认为朱熹《周易本义》对《周易》的解说只尚其占,这样的做法同样并不完备。王申子没有继承朱熹卜筮基础之上的卜筮易、象数易、义理易的统一的易学体系,更不主张从象占上推理义,他主张《易》为义理的观点。徐志锐先生在《宋明易学概论》中对王申子有过简单论述。徐先生认为,王申子易学的基本特点是以义理为主,兼顾象数。② 此语是比较客观的。潘雨廷先生对王申子的易学也有过《提要》一篇,认为王申子易学出处与胡一桂相似,二人年龄亦相若,且同为研《易》,然所著之《易》大相径庭。"盖胡氏以朱子为宗,王氏贵自思而得,犹朱、陆也。"③胡一桂易学以朱子为宗,但王申子则多为己发,不尊崇朱子易学之路向。这也指出了王申子的易学倾向与胡一桂的明显不同。

总之,朱熹是在卜筮基础之上的卜筮易、象数易、义理易相统一的易学体系,在宋末元初又开始分化,元人从不同方面对朱熹易学加以继承或改造。但是,朱熹《易》本卜筮、从象占上推理义的易学观点和思想,受到极力推崇的莫过于婺源胡氏易学。

二、胡氏对象占上推理义的推崇

与吴澄、王申子同时代的胡一桂,却与二人易学旨趣不同。胡一桂从维护和弘扬朱子易学的立场出发,阐明、推崇朱子的卜筮易,高举朱子象占上推理义的旗帜。

胡一桂认为,朱熹的易学主要表现为卜筮易,以象占为主。他说:

> 朱子《本义》《启蒙》二书只教人以象占二事。或者乃谓易有圣人之道四焉,有辞变象占四者之分。今只说卜筮乃是朱子之学,易道不止是也,是则然矣。④

胡一桂批评以为卜筮是朱子易的全部的说法,但以为卜筮易是朱子易的主要

---

① （元）王申子:《大易缉说》卷2,文渊阁《四库全书》第24册,第49页。
② 参见徐志锐:《宋明易学概论》,辽宁古籍出版社1997年版,第317—332页。
③ 潘雨廷:《读易提要》卷6,上海古籍出版社2003年版,第263页。
④ （元）胡一桂:《周易启蒙翼传》下篇,文渊阁《四库全书》第22册,第294—295页。

方面。圣人之道有辞、变、象、占四道,胡一桂以为,朱子易学却只教人象占二事。也正是基于这样的认识,胡一桂提出了"辞变统于象占,象又统于占"的观点。他说:

> 至于圣人之道虽有四,实不离乎二。有象而后有辞,有占而后有变。不得于象则玩辞为空言,不由于占则观变于何所?故有象辞有占辞,占而后有卦变爻辞。举象、占则辞、变在其中。若惟举占则象、辞、变在其中,此四者之序,由轻归重,辞、变统于象、占,象又统于占。①

象、占为四道中最重者,而占又是重中之重。此种论调与吴澄关于象与占的认识是不同的。吴澄以象为根本,重在象,而胡一桂则象统于占,重在占。由此,胡一桂对朱熹易学的继承和发挥,重点放在象占上,极力推崇朱子的从象占上推理义的易学观点。他说:

> 夏商周之《易》虽殊,而所主同于卜筮。古易之变复虽艰,而今终不可逾于古。传授传注虽纷纷不一而专主理义,曷若卜筮上推理义之为实。夫然后"举要"以发其义而辞变象占尤所当讲;"明筮"以稽其法而《左传》诸书皆所当备;"辨疑"以审其是而《河图》《洛书》当务为急。②

为倡扬朱子从卜筮上推理义的易学,胡一桂为此做了大量工作。先是著《易附录纂注》,阐明朱熹《易》本卜筮之旨,但觉得还不够,又著《周易启蒙翼传》,对古易内容和体系进行完善。其中,胡一桂对易学文献和易象进行了整理、总结,突出《周易》经传为卜筮的本旨,阐明象占上推理义的古易渊源和理义所赖的象辞内容。胡一桂对蓍占进行探讨,但他并不是只就事论事,而是为用易所做的必备的工作。他说:"蓍策大衍为用《易》而生也。"③其明蓍,稽其法,是用易的前提准备,是卜筮上推理义、断吉凶的基础。他还批评若王弼易学那样偏离卜筮本旨而大谈特谈理义的义理派,也批评如焦氏《易林》、京氏易等虽本卜筮而变乱古法或于理不合的做法,从侧面论证从象占上推理义的必要性和重要性。总的来说,胡一桂所做的努力,都在致力于古易的复就。在

---

① (元)胡一桂:《易附录纂注》卷15,文渊阁《四库全书》第22册,第195页。
② (元)胡一桂:《周易启蒙翼传原序》,《周易启蒙翼传》,文渊阁《四库全书》第22册,第200—201页。
③ (元)胡一桂:《周易启蒙翼传》下篇,文渊阁《四库全书》第22册,第287页。

象占与理义关系上，胡一桂有一鲜明的主张，即立足于卜筮，从象占上推理义。

胡方平对于朱熹的《易》本卜筮基础上从象占推理义的易学也是极力推崇，他的力作《易学启蒙通释》可谓是为此旨趣而作。他在《易学启蒙通释》中力主朱熹作《易学启蒙》实非仅言象数，乃是以《易学启蒙》之象数补光谈义理的程氏《易传》之偏失。四库馆臣在此书"提要"中称："盖易之为道，理数并存，不可滞于一说。朱子因程传专主明理，故兼取邵子之数，以补其偏，非脱略易理，唯著此书以言数也。后人置《本义》不道，惟假借此书以转相推衍，至于支离镣辖而不已，是岂朱子之本旨乎？方平此书，虽亦专阐数学，而根据朱子之书反复诠释。"①此说胡方平不把《易学启蒙》只是看作象数易，而认为亦有于象数中讲义理。《宋元学案》载其书旨：

> 精研《易》旨，沉潜反复二十余年，而后著书发明朱子之意。其言曰："朱子言《易》，开卷之初，先有一重象数，而后《易》可读，《启蒙》四篇，其殆明象数，以为读《本义》而设者与！象出于《图》《书》而形于卦画，则上足以该太极之理，而《易》非沦于无体；数衍于著策，而达于变占，则下足以济生人之事，而《易》非荒于无用，于是《本义》一书，如指诸掌也。"②

此书在于阐发朱熹《易学启蒙》之旨，据朱子及诸家所说反复诠释，专阐象数，以明易之体用。体，指象数中的义理；用，指通过著策变占用易于人事，即通过占、透过象数而把握义理，也就是从象占上推义理。围绕此目的，胡方平对《易学启蒙》的图书、原卦画、著策、变占进行了全面诠释，考察易图象数结构和功能之所以如此的原因，总结出象数中尊阳贱阴、阴阳对待、相含互根、阴阳变易等义理思想，概括各易图之理，从而得出各易图殊图同归，都是出于理之所必同。又极力阐明著占法及其中理义，使易用大明。总之，胡方平易学主旨不在于象数，而在于透过象数充分考察了其中之理义，致力于从象占上推理义。

胡炳文也极力推崇从占上推理义的易学。他在辞、变、象、占四者中格外注重辞占。他说：

---

① （清）永瑢等撰：《易学启蒙通释》提要，《四库全书总目》卷3，中华书局1965年版，第20页。
② （清）黄宗羲原著，全祖望补修，陈金生、梁运华点校：《介轩学案》，《宋元学案》卷89，中华书局1986年版，第2973页。

  《易》之道不外乎辞变象占。吉凶，占也。以辞而明，故曰系辞焉而明吉凶。刚柔相推，象也。变由象而出，故曰刚柔相推而生变化。①

  辞占是一类，变象是一类。辞以明变象之理，占以断变象之应，故四者之目，以辞与占始终焉。②

胡炳文与胡一桂的看法有所不同，胡一桂以象占为一类，而胡炳文则以辞占为一类，变象为一类。虽二人论说不一，但其思想却都是重占的。胡炳文以为，变象之理在于辞，变象之应在于占，所以辞占为四者中较重要的部分。而要明白辞中之义理，无非也要通过占来实现，即人们先占筮求辞，然后即辞中究其中象变之理。在这样的思想指导下，胡炳文著《周易本义通释》，虽讲义理，但他所阐发的义理，并不如王弼、程颐一样，偏离象占之辞而直接专讲义理。他首先继承的是朱熹《易》本卜筮的观点，顺承朱熹对卦爻辞象占分析的思路，对《周易》经部进行注解时，一般都会对卦爻辞进行分析，指明辞中哪些是象辞，哪些是占辞，或象在占中，或占在象中，立足于象占，然后再对其中义理进行阐述。如释《咸》九四"贞吉，悔亡，憧憧往来，朋从尔思"时，胡炳文说："凡四卦皆先占后象。《巽》九五，《咸》《大壮》《未济》皆九四。九居四本非贞而有悔，圣人因占设戒，两开其端以为贞者，正而固也，如是则吉而悔亡。若憧憧于往来，则不能正而固矣。寂然不动，心之体，感而遂通，心之用。憧憧往来，已失其寂然不动之体，所思者朋类从之耳，安能感而遂通天下之故，贞吉悔亡无心之感也。何思何虑之有憧憧往来私矣。"③这是从占象辞中引发出心体心用性命之论。又如他对《乾》卦的认识："当伏羲时，有《乾》卦画，未有元亨利贞卦辞。想占得《乾》卦者，即《乾》六画之象已自知有元亨利贞之理矣。"④这里胡炳文对《乾》卦义理的发挥，没有直接对《乾》卦义理进行阐发，而是指出，先通过占筮获得《乾》卦，然后明了《乾》卦义理，从而明确吉凶。这显然也是一种筮占上推理义的思路。这一思路，亦见于胡炳文《周易本义通释》的始终。简而言之，胡炳文赞成义理的阐发应立足于象占的基础上推出，而不是偏

---

① （元）胡炳文：《周易本义通释》卷5，文渊阁《四库全书》第24册，第496页。
② （元）胡炳文：《周易本义通释》卷5，文渊阁《四库全书》第24册，第508—509页。
③ （元）胡炳文：《周易本义通释》卷2，文渊阁《四库全书》第24册，第386页。
④ （元）胡炳文：《周易本义通释》卷1，文渊阁《四库全书》第24册，第308页。

离《易》本卜筮之旨去大谈特谈性命道德理义。

由此可见,元代婺源胡氏三先生虽从不同方面继承和发挥朱熹易学,但从象占上推理义的易学却是三人所共同极力推崇的。尽管同时代也有不少易学者如吴澄也认识到从象占上推理义,但毕生所主却不在此论上,规模也远没胡氏三先生如此大,因而形成不了声势,影响有限。而胡氏先生都致力于从象占上推理义,不仅致力的程度远胜他人,而且三人都如此主张则有一定规模和影响,已形成了元代婺源胡氏易学的一个特色。

元代婺源胡氏易学的基本特征,若放在一个纵横比较的视域中来看,或许会更加清晰。

首先,从婺源或新安易学史的纵向角度来看,元代婺源胡氏易学作为朱子学脉(朱子后学)的一部分,比前较后,其宗朱立场、态度都是最为坚决的。我们先看胡氏三先生之前宋末元初婺源其他人和新安其他地方的易学色彩。比如休宁程大昌易学,程氏代表作为《易原》,其易将宋河洛象数顺接汉代生成五行之说,申明象数之旨,非朱熹河洛之趣;又力辨列子、王弼之《易》,陈老子之说入易学太极之意,以道之一生二、二生三、三生万物解太极生化,道家意味浓厚。从其具体内容来看,亦与朱子易相区别。比如程氏解"参天两地",以为"知一、三、五之当用而参之,知二、四当用而两之"①,这与朱熹"奇象圆围四而用其全,偶象方围四而用其半"的说法显然不同。可见,程大昌易学非直取朱熹易学之路。

无论是胡氏三先生的弟子还是三先生之后的元代新安易学,其宗朱色彩皆锐减。如胡一桂之弟子董真卿,著有《周易会通》。观其易学,如其书名,其易会通诸家之学,而不专于朱子易学。正如《四库全书》提要著者所言:"定名'会通'者,则以《程传》用王弼本,《本义》用吕祖谦本。次第既不同,而或主义理,或主象占,本旨复殊,先儒诸说亦复见智见仁,各明一义,断断为门户之争。真卿以为,诸家之《易》途虽殊而归则同,故兼搜博采,不主一说,务持象数义理二家之平,即苏轼、朱震、林栗之书为朱子所不取者,亦并录焉。"②胡炳

---

① (宋)程大昌:《易原》卷3,文渊阁《四库全书》第12册,第532页。
② (清)永瑢等撰:《周易会通》提要,《四库全书总目》卷4,中华书局1965年版,第26页。

文弟子徐骥,"受邵子《皇极经世》、声音之学于前村,前村学《易》于传学士初庵,至伯骥深造邵子先天心学之妙,多所发明,注《义易图意》《皇极经世发微》"①。徐氏易学多往邵雍易学去了。

而胡氏三先生之后的元末新安易学,突出易学人物有朱升(1299—1370,休宁人)、郑玉(1298—1358,歙县人)、赵汸(1319—1369,休宁人),他们的易学宗朱程度皆不及胡氏三先生。郑玉曾师事于陆九渊门人杨简的三传弟子吴曒、夏溥,于理学有和会朱陆倾向,于易学多有心学解《易》之痕迹。赵汸与朱子易学脉不无关联,但其易学倾向于通德类情性命义理之阐释,认为《周易》与《归藏》《连山》二易俱掌于太史,占筮家得通用之,而义则不专主于占筮,这与朱熹《易》本卜筮的看法有些区别。朱升重图象易学,其注易多采旁注诸经之路,不惟朱子,博采众说,唯真是从。与胡氏易学相较,元末新安的易学,淡薄了朱子门户之见,由唯朱是从到唯真是从。

若将元代婺源胡氏易学与同时代婺源其他人的易学和其他地方的易学进行横向比较来看,无论是相较于其他朱子后学之易学,还是相较于其他地方的非朱子后学之易学,胡氏易学的宗朱特色都是鲜明的、坚决的。

首先跟婺源和新安其他易者相较来看。大致同时代的新安人物除胡氏外,婺源的许月卿(1217—1286)、程直方(1251—1325),休宁的陈栎(1252—1334)等人的易学于当地也是有一定声望的。许月卿以易魁别院。程直方精于《易》,有易著《程氏启蒙翼传》《四圣一心》《观易堂随笔》。陈栎于易有《百一易略》《读易编》等。遗憾的是,他们的易学著作大多已佚,易学影响受限,不若胡氏三先生以易名家,于后世影响巨大。不过,我们仍能从只言片语中窥知其学术倾向。许月卿重践行,以气节著称,在学术上重汉唐注疏。黄百家以为:"蒙斋之后,山屋以节著,双湖以经术显,其后文献蒸蒸矣。"②程直方易学多取于程、邵,"尽得邵氏不传之秘"③。陈栎易学亦宗朱子。他说:"《读易

---

① (明)程瞳辑撰,王国良、张健点校:《新安学系录》卷16,黄山书社2006年版,第303—304页。

② (清)黄宗羲原著,(清)全祖望补修,陈金生、梁运华点校:《草庐学案》,《宋元学案》卷69,中华书局1986年版,第2279页。

③ (明)程瞳辑撰,王国良、张健点校:《新安学系录》卷11,黄山书社2006年版,第222页。

编》一书，祖朱《本义》，附《语录》，因附程传、王弼注、节斋蔡氏说，而杨传之可喜不可弃者亦存之，乃自家意见，作如此区处。"①赵吉士《寄园寄所寄》称陈栎为"朱子功臣，著述俱极中正。《四书大全》所引新安陈氏说颇多"②。但比起《四书》学说的影响，陈栎的易学要逊色得多。

我们再将其与新安以外其他地方的易学相较。北方的许衡（1209—1281）"祖述程朱"，理学思想折中朱陆，兼采两家之长，讲究反求内心，尊德性立大本，其中陆学气息浓厚；注重实行，强调理学的民生日用；在易学上，《元史》记其初学王弼易学，后兼程朱易学，可见其非主朱子易学。其易学见于《揲蓍说》《读易私言》和《阴阳消长》，大致推演筮法中动静爻概率，重视易学时中、阴阳相长易义，与朱子古易、象数之说相距甚远。北方刘因（1249—1293）有易著《易系辞说》及《河图辨》《中孚象》等篇章。《易系辞说》今已佚，不过从现留存之《河图辨》篇章等可知其易学态度、观点。刘因对于朱熹之易学质疑有所维护，但又不拘泥于朱子易学，如他说："朱子之于《河图》，虽推本为卦画之源，而欲人玩心于其间，然亦有不切之戒。而其为说，第于其理可通而事有证者而叙次之，然亦有传疑，而未尝以为河之所出、伏羲之所目睹者必如是也。"③许衡、刘因都非专注于朱子易学。实际上，北方一脉的朱子易学影响远不如其理学重大，淹没于声势浩大的理学之中。

元代的巴蜀易学，突出人物有黄泽（1259—1346）、赵采、王申子等。黄泽，四川资州人，安家于江西九江，著《易学滥觞》，其易以明象为本，明象以《序卦》为本，占法以《左传》为主，避汉王弼易学、宋图书易学而直追先秦易。赵采，潼川人，著《周易程朱传义折衷》三十三卷，先列程朱两家，但非守朱一家言，而"以为《易》中先儒旧说皆不可废"④，学者之读《易》当从邵、程、朱三先生之说。王申子易学，前已述及，其解易亦多采先秦易法，而不专于朱子之说，于象数多有己意，而于朱子易不无疑惑。

---

① 陈栎：《杨诚斋〈易传〉》，《全元文》第18册，江苏古籍出版社2005年版，第199页。
② （清）赵吉士：《寄园寄所寄》卷11，《续修四库全书》第1197册，上海古籍出版社1995年版，第124页。
③ 刘因：《河图辨》，《全元文》第13册，江苏古籍出版社1999年版，第385页。
④ （元）赵采：《周易程朱传义折衷·原序》，文渊阁《四库全书》第23册，第3页。

金华北山一线,虽有易著,惜今大多已佚。于易学史言,影响远未有婺源胡氏易大。其理学虽谓出于朱学嫡脉,自许谦后,注经愈重训诂、名物制度及文章之学。

元代江西的易学,吴澄(1249—1333)、曾贯、梁寅(1309—1390)等都是易学名家。吴澄之学,在理学上和会朱陆,易学方面前文已述,持朱子易学之一端,重象数,与朱子易亦多有不应。曾贯的《易学变通》主义理,兼采程朱之说,于中择善而取,不唯朱学是从,如其解《涣》卦:"或问涣之卦变,以程说则变自否来,以朱说则变自渐来。果孰从乎?曰卦变固无一定之拘,然以爻画推之,则程说为胜。"①此是去朱取程。梁寅于胡一桂、胡炳文晚年时出生的人物,为元末易学大家,著有《周易参义》,其旨融会程朱易学,以《程传》主理,《周易本义》主象,参酌合一,又旁采诸儒之说,加以阐发,其易与朱子卜筮易基础上象数、义理之统一法,大不相同。

其他如宋末元初的俞琰,所著《周易集说》《周易参同契发挥》和《易外别传》等,其主旨道家易言,又采邵雍易学较多,借以述道教易学,述修炼之术。元代李简《学易记》采子夏以降六十来家,其卷首虽列朱子易图多幅,但亦明言"然仆所取之图则亦不能尽同也"②。元初郝经《周易外传》、陈禧《周易略例补释》等多承王弼易学。

可以看出,胡氏三先生及同时代或相连的前后时代的易学者都不同程度地表现出与朱子易学的关联,但如何将卜筮易、象数易和义理易一体的朱熹易学坚守下去而不各持一端或质疑、嫌弃,他们同样表现出不同的态度。而能将卜筮易、象数易、义理易一体的朱子易学贯彻得彻底的莫若婺源胡氏三先生。胡氏三先生宗朱、述朱、扬朱,无论是宗朱的立场、态度,还是对朱子易学的准确把握,对朱子易学的理、象数、占、体例及从象占上推理义的易学内容的阐发推进上,都有过人之处,彰显出更为明晰的宗朱特征。当然,需要指出的是,不是说其他地方或其他人的易学没有宗朱立场、崇朱行为,比如刘因、陈栎等都以倡朱子学为己任,其所著易学亦未远离朱子易旨,然其易学尊朱、宗朱特色

---

① (元)曾贯:《易学变通》卷6,文渊阁《四库全书》第26册,第56页。
② (元)李简:《学易记图说》,文渊阁《四库全书》第25册,第101页。

未及胡氏鲜明。元代婺源胡氏作为朱子后学,尊朱宗朱的易学特征更为显著,这是有多方面原因的。第一,婺源胡氏有一定的易著数量和易学分量,易学突出,声势强大。胡方平、胡一桂都是易学专家,以易名世。胡炳文亦是易学名家,虽其《四书》学出众,然其易学亦是为世广知,有传世影响。其他人士要么易学不济,要么易学影响淹没于理学,要么易著流失而传世影响受限,要么易学旨趣不致朱子易学,因而朱子易学色彩大打折扣。第二,地域文化的效果影响。第一章已述过,婺源的地域文化深刻影响婺源的学术立场、态度、观点等,使婺源尊朱、崇朱气氛深厚。婺源的地域文化形成某种强大的地域文化"势",这种"势"增强了婺源地方易学的声势和分量,扩充了婺源易学的社会影响力。第三,时代际遇造成元代各地朱子易学发展的不平衡。北方一线通过官学化路径推进朱子理学的传播,金华一线也重在传承朱子理学,此二线理学影响甚大,其易学反而被淹没了。宋元江西、新安朱子学走非官学化路径,学术氛围反而较为自由,理学与易学齐驱。而江西、新安地区本身易学发展自宋以来一直不减,如宋欧阳修、王安石、陆九渊、杨万里易学皆当世名易,影响遍及各地。婺源亦秉有易学气息,不乏治易之士,如宋末胡舜卿。及至胡氏三先生,婺源易学大放光彩。所以,婺源胡氏尊朱宗朱的易学倾向和易学特征,为世所显,亦有来因。元代婺源胡氏作为朱子后学,其易学既承袭了朱子易学的道脉,又折射出强烈的婺源地域文化的身影,凸显了婺源胡氏易学的道脉性和地域性结合的易学文化特色,展现了朱子后学群体的学派特征。

当然,胡氏三人易学尊朱宗朱,并不是说三人易学完全一样。我们说,胡氏三人的易学并不是一个完全无差别的整体,实际上有些许不同。从宏观上来说,三人虽宗朱,但在宗朱的程度上有区别。胡方平、胡一桂父子显然要比胡炳文更为坚决。胡炳文虽不离朱,也不随意驳斥朱说,但折中是正的易学态度和兼采多家羽翼朱子易学的做法,少了许多门户之见。胡氏三人对发展朱子易学的侧重点也是不同的。胡方平重在朱子之象数之学,透象阐理;胡一桂则重在朱子之古易之学;而胡炳文则强调朱子之义理之学。从微观上来说,胡氏三人在具体的易学观、象数、义理思想等方面都有着差异。不过,总的来说,这些差异,都未远离其朱子易学旨趣,都是在尊朱宗朱的范围内出现的不同诠释。

结语　对元代婺源胡氏易学的总体评价

前面我们分章阐述了元代婺源胡氏易学的思想渊源和学术背景,并逐一对胡方平、胡一桂、胡炳文易学进行个案研究,认为胡方平重在阐明、发挥朱子象数易,胡一桂重在朱子卜筮易,胡炳文重在朱子义理易,总括了婺源胡氏易学的基本特点。基于此,我们最后对元代婺源胡氏易学做一简略的评价。

一、元代婺源胡氏易学的贡献

我们以为,元代婺源胡氏易学具有如下贡献:

其一,对朱子易学有着正本清源的作用。朱子殁后,随着朱子学成为官学,朱子易学也得到普及,朱子于卜筮基础上融象数、义理为一炉的易学已成为宋末元代易学探讨中不可回避的内容。但由于各人对朱子易学的理解不一,其中不乏曲解者,致朱子易学"浸失其真"。为使人们对朱子易学有比较准确的认识,元代婺源胡氏三人,或得之家学,或得"朱氏源委之正",凭自己对朱子易学的把握,致力于朱子易学的阐明、发挥,对朱子卜筮易、象数易、义理易比较全面地深入地进行解析,既有正面的阐明,也有侧面的比较、考察,既有对朱子易学的继承,也有在朱子易学基础上的深化,由此阐明了朱子易学的本来面貌和思想精蕴,无疑对朱子易学起了正本清源的作用,从而纠正易学者对朱子易学的歪曲和篡改,有利于维护和弘扬朱子易学。

其二,丰富和完善了易学内容。元代婺源胡氏易学虽以朱子易学为宗,突出朱子易学的思想内涵,但又不仅仅是对朱子易学的阐明,还有对朱子易学的发挥和拓展、补充。在古易上,胡氏明确了四圣之《易》的内容和结构体系,从史学的角度考察了古易流变,从而丰富和完善了古易之学;在象数上,整理、归纳、总结出了庞大的易象系统和取象方法,从理义上全面解释了各种易图,从而丰富了象数易的内容;在义理上,突出了卦爻辞的理、性、命的思想内涵和阳尊阴卑、扶阳抑阴的思想理义,深化了义理易的内容;在变占上,扩充了古筮例的稽考范围,修正和提出了与前人不同的变占法则,补充和完善了卜筮易的内容。对于这些卜筮易、象数易、义理易的阐明、发挥、拓展和补充,如果我们认为这仅仅是对朱子易学的作用,显然是不恰当的,其实,这对于中国古代整个易学都有着不可忽略的作用——元代婺源胡氏易学丰富和完善了中国古代的易学内容。元代婺源胡氏易学透过对朱子易学的阐述、发挥和创新,进一步揭示易之全体大用思想,其中许多思想见解不乏真知灼见,拓展了易学知识体系,具有重要意义和价值。

其三,承继前人易学,维系易学学脉,是易学发展史上重要的一环。承继,指元代婺源胡氏对前人易学的继承,其中主要是对朱熹易学的推崇和承继。胡方平父子得朱氏源委之正,对朱子易学鼎力阐明、维护和弘扬。四库馆臣称胡方平《易学启蒙通释》"即发明朱子《易学启蒙》之旨"[1],称胡炳文对朱子易学"羽翼之功,亦未可没矣"[2]。熊禾称赞胡一桂:"有功夫子,莫若晦翁;有功晦翁,莫若先生。"[3]由此可见,胡氏三人对朱子易学的承继。但必须指出的是,婺源胡氏对前人易学的继承,又不仅仅止于朱子易学,他们对汉象数易、宋程颐等人的义理易也有继承和发挥的地方。他们对重要易学人物和易学内容作出诠释,彰显易学的时代特色,维系易学学术脉络之生生不已。他们也为后世易学的发展提供了易学诠释史的材料和参考价值。故而,从整个易学史来看,元代婺源胡氏易学承前人、启后学,是易学发展史重要的组成部分。

二、元代婺源胡氏易学的影响

元代胡氏的易学著作和思想内容被后世易学家广为引用和探讨,胡氏易学对后世易学也有着巨大影响。这一方面与元代胡氏易学本身的学术建树和学术影响有关;另一方面也与后人民间、官方对其学术的推崇有关,如元董真卿取本于胡一桂《易附录纂注》而著《周易会通》,使胡氏易学得到传承。而功

---

[1] (清)永瑢等撰:《易学启蒙通释》提要,《四库全书总目》卷3,中华书局1965年版,第20页。

[2] (元)胡炳文:《周易本义通释》提要,文渊阁《四库全书》第24册,第305页。

[3] (元)熊禾:《双湖先生赞》,《双湖先生文集·像赞》,《续修四库全书》第1322册,上海古籍出版社1995年版,第542页。

劳发挥最大的莫过于明代胡广等人奉旨所编的《周易大全》,此《周易大全》底本取自胡一桂、胡炳文等易著,胡一桂、胡炳文易学被定为官学,"且二百余年以此取士,一代之令甲在焉"①。由于官方的认可和推广,在二百余年的时间跨度里,胡氏易学对后世的影响可想而知。除《周易大全》外,我们以《四库全书》中易类书卷所引用、评价胡氏易学的言论为例,考察元代婺源胡氏易学的影响和地位。我们把《四库全书》中易类书卷引用、评价胡氏易学的言论出处数量小计以下:

引用、评价胡方平易学的言论,有元钱义方《周易图说》1处;明蔡清《易经蒙引》5处,熊过《周易象旨决录》1处,林希元《易经存疑》2处;清王宏撰《周易筮述》2处,胡煦《周易函书约存》6处,任启运《周易洗心》1处。

引用、评价胡一桂易学的言论,有元董真卿的《周易会通》,取本于一桂《易本义附录纂注》;明蔡清《易经蒙引》27处,熊过《周易象旨决录》7处,陈士元《易象钩解》1处,潘士藻《读易述》7处,逯中立《周易札记》1处;清张次仲《周易玩辞困学记》1处,孙奇逢《读易大旨》1处,刁包《易酌》2处,黄宗羲《易学象数论》2处,胡煦《周易函书约存》1处,沈起元《周易孔义集说》123处,王又朴《易翼述信》1处,乔来《易俟》6处,张烈《读易日钞》3处,陈梦雷《周易浅述》1处,胡渭《易图明辨》1处,程廷祚《大易择言》15处,赵继序《周易图书质疑》1处,李光地《御纂周易折中》1处,《御纂周易述义》2处,翟均廉《周易章句证异》11处。

引用、评价胡炳文易学的言论,有明蔡清《易经蒙引》83处,林希元《易经存疑》17处,胡居仁《易像钞》3处,陈士元《易象钩解》3处,潘士藻《读易述》1处,逯中立《周易札记》1处,吴桂森《周易像象述》1处;清奇逢《读易大旨》1处,刁包《易酌》8处,王宏撰《周易筮述》1处,毛奇龄《易小帖》1处,乔莱《易俟》46处,张烈《读易日钞》23处,陈梦雷《周易浅述》1处,李塨《周易传注》1处,杨名时《周易札记》5处,查慎行《周易玩辞集解》3处,胡煦《周易函书约注》《周易函书别集》8处,沈起元《周易孔义集说》163处,王又朴《易翼述信》18处,潘思榘《周易浅释》25处,程廷祚《大易择言》132处,赵继序《周易图书

① (清)永瑢等撰:《周易大全》提要,《四库全书总目》卷5,中华书局1965年版,第28页。

质疑》7 处,李光地《御纂周易折中》1 处,《御纂周易述义》3 处,晏斯盛《易翼宗》35 处,连斗山《周易辨画》1 处,翟均廉《周易章句证异》14 处。

我们必须指出的是,后人关联胡氏三先生易学的地方不止于上面所列。但从上述小计亦可见一斑,后世引用、评价婺源胡氏易学的易学著作数量是众多的,受其影响是深远的。从影响的时间跨度来看,历经几百年,上至元代至正年间(钱义方《周易图说》),下至清雍正年间(任启运《周易洗心》)。从空间范围来看,既有婺源本地的(潘士藻《读易述》),也有其他地方,诸如四川富顺(熊过《周易象旨决录》),福建各地(蔡清、林希元、任启运等),陕西华阴(王宏撰《周易筮述》),河南光山(胡煦《周易函书约存》),湖北应城(陈士元《易象钩解》),浙江海宁(张次仲《周易玩辞困学记》),河北容城(孙奇逢《读易大旨》)、祁州(刁包《易酌》)等,影响遍及中国东西南北。

从影响内容看,胡氏易学的古易之学、义理易、象数易、卜筮易乃至具体的某卦某爻的解释等各方面易学内容,都被后世易学者引用、评价、继承,影响后世易学。

在古易内容上,胡一桂的古易之学在易学史上有着重要影响和价值。他将朱子古易之学进行完善并使其趋于成熟,而其弟子董真卿则把朱子古易之学发挥、推广至运用方面,由理论上的探讨拉到现实的实践中。董真卿,元代鄱阳人,为胡一桂的弟子,著有《周易会通》,其旨本于胡一桂。董氏在《周易会通凡例》中说:"诸家之解,有相发明者,以先师纂疏为本,又以平日所闻父师者增益之,更广参众说,悉取其议论之。"①董真卿把胡一桂的古易思想观点运用到解经释传和《周易》文本的编排上。董在天历初年戊辰(1328)谈到《周易会通》的解经释传和文本编排的做法:"今特标列而次第之,于牺、文、周公之经,孔子之传初不相杂而相统有经可附者附之,无经可附者则总附于六十四卦之后,亦岂非朱子之意? ……愚于是以四圣之《易》,各标经传于其首以别之,虽不分卷而先后之序已明。"②从文本上看,董真卿的古易,并非完全是分经异传的排法,而是采取"有经可附者附之,无经可附者则总附于六十四卦之

---

①　(元)董真卿:《周易会通·凡例》,文渊阁《四库全书》第 26 册,第 74 页。
②　(元)董真卿:《周易会通·原序》,文渊阁《四库全书》第 26 册,第 71 页。

后"的做法。但颇具特色的是,董氏对每一卦爻都遵从四圣《易》的角度分别诠释,并"标'经''传'于其首以别之"。前人对古易的编次至多区别经传,而董真卿的做法,则更进一步明确标明四圣之《易》。这种重视、突出四圣之《易》的思路,显然是直接继承了其师胡一桂的古易思想。胡一桂古易之学中关于四圣之《易》的内容及卦象、爻象、卦序、卦互体图等亦被董真卿载入《周易会通》而得到继承。可见,董氏的古易已非宋初晁以道、吕祖谦之貌,而是全然按朱、胡古易思想观点建立的《周易》文本编排新范式。

朱熹所作古易,初衷可能是为了避免义理和象数两派的易学误区,还原古易原貌。建构古易的内容体系,也许并非朱熹本身的意图。然后学胡一桂等视朱熹的古易为易学之正学,承继其古易,进行了扩充,最终形成了朱子古易的思想内容体系,并把它运用于易学诠释和文本编排的实践。这可能是当初朱熹所始料未及的。然而,不管朱熹如何思考,其后学对其古易的发展却是自觉的,朱熹与胡一桂等后学共同建构的朱子古易也是客观存在的。

这种朱、胡古易,经历了一个由发起至完善,由理论至实践的历史发展过程,其一大特色在于,把我们通常所见之《周易》经传的文本及其思想内容打乱,又以朱熹四圣《易》的思想特性重新组装,突破了前人的经传研究理论框架,形成了一种独特的完整的理论体系。这在经传研究史上,无疑也有着重要地位和价值。

由朱熹开创胡一桂完善的古易学,也为当今的《周易》经传研究乃至整个易学研究提供了一条重要的研究内容和视角,对于当今的易学研究也具有重大的借鉴作用。首先,朱、胡古易对经传的研究,与当今大多学者从年代、著者等文献学角度来研究和界定经传是不一样的,它突出从四圣《易》的思想、内容体系的角度来探讨经传,这或许为当今《周易》经传的研究指明了一种不同的研究方向。其次,当今人们对《周易》的研究,不仅仅有着以往之义理、象数的视角,而且还开辟了易经传研究、易哲学研究、易人文研究、易与科学研究及易学史研究等多方位的诠释路径,体现了古今结合、中西合璧的现代气息。这些新开辟的路径,掀起了《周易》研究的新高潮,取得了非凡成绩。但综观起来,这种新路径,其实是一种我们不妨称之为分析式的易学研究方法。我们虽取得了易学研究的专业性和精微化,但某种程度上也割裂了中国古代易学内在的有机统一。问题的原因在于,这种分析式研究法忽视了中国古代易学无论在经传之间,还是易学与经传之间,都有着思想和学术上的连贯性和有机统一性。所以,我们确实需要分析式的研究,但是更需要一种整个易学宏观视野下的综合研究,才能使我们对易学的诠释与运用做到精微与精准的统一、真正的古为今用。朱、胡古易,打乱经传文本思想,又重新组合成体系化的思想内容。这种理论体系,虽是对经传的整合,表现为四圣《易》,然其思想内容,则不光是一个经传的问题,实质上,囊括了整个卜筮易、象数易、义理易之根基,甚至几千年的古代易学发展成果皆可归依于古易或在古易之中可找到直接的根据。也可以说,如果我们借鉴朱、胡古易的思路和方法,那么,我们对易学史上其他问题的研究,都可置于朱、胡古易思想内容的宏观视野下进行。因而,如何借鉴朱、胡古易,进一步梳理经传与义理易、象数易、卜筮易等之关系,形成和发展当今的易学哲学研究、象数易学研究、卜筮易研究、易学史研究与经传研究等融为一体的综合式研究范式,实亦为吾人值得探索的问题。

在义理易上,胡氏的阴阳变易交易思想、性命道德理义被引用或讨论。对于胡炳文的阴阳变易交易论,蔡清在《易经蒙引》中说:"云峰胡氏以不能相无之阴阳为对待之阴阳,其消长淑慝者为变化之阴阳,似而实不然。夫消长固流行也,淑慝如何的见是流行者,且如君子道长,小人道消,君子小人分明是异类,岂必于其消长时方有淑慝耶?盖其合下生来时便自有淑慝之分矣!"①蔡清对阴阳变易含义的理解与胡炳文有所不同,蔡清以为淑慝本自存在,不等消长而产生,对胡炳文阴阳变易之说进行批评。明代林希元在《易经存疑》中对胡炳文以阴阳变易解上下经的划分问题持质疑态度。他说:"胡云峰谓之变易,以愚见若是偶然,何上下经恰恰十二卦似乎有意,然以之为变易之象,又似无味。今姑缺之尔。上经三十卦终之柔掩刚,下经三十四卦终之刚决柔。云峰谓圣人赞化育扶世变之意亦似有理。"②林希元不认为上下经如此划分是出于阴阳变易的自然而然,而认为是圣人偶然所致,但对于胡炳文认为上下经有圣人赞化育扶世变之意的观点表示认同。清陈梦雷对胡炳文用阴阳变易交易

---

① （明）蔡清:《易经蒙引》卷 1 下,文渊阁《四库全书》第 29 册,第 73 页。
② （明）林希元:《易经存疑》卷 12,文渊阁《四库全书》第 30 册,第 642 页。

解释《杂卦》卦序排列的做法则是赞赏,他引胡炳文之语来解释《杂卦》卦序排列。他说:"云峰胡氏曰:《易》终于《杂卦》,而交易变易之义愈可见矣。"①胡炳文易学的性命道德理义方面内容,也成为学界讨论的重点。如对于胡炳文"继之者善,成之者性,但善字从造化发育处说,不从人性禀受处说"此论,清胡煦在《周易函书别集》中认为:"按继善之善从造化说,不从禀受说,此语最佳,深合《乾象》与《文言》之旨。"②此是胡煦对胡炳文之说的认同。又如清程廷祚在《大易择言》中引胡炳文之语"泽无水为困,命也;井则有水,性也。知困之义则知安命,知井之义则知尽性。易,性命之书而言之明且切者,莫二卦若也"③来说明《井》卦卦辞,可见他们对胡炳文性命道德理义的接受。

胡氏的象数见解影响着后世易学,或被赞成,或被批评。关于胡方平的大衍之数、挂扐之数的说法,明林希元与清王宏撰、胡煦都讨论过。林希元对于胡方平释"大衍之数五十,其用四十有九,分而为二以象两,挂一以象三,揲之以四以象四时,归奇于扐以象闰,五岁再闰,故再扐而后挂"时以为其中的"一""二""三"本身是一是二是三之数的说法表示怀疑——"恐未是"④。考察三变皆挂而得的挂扐之数的合理性时,王宏撰引用胡方平"挂扐之数极其变则六十四,而其中实该八卦之象"⑤的说法来说明,可见他是赞成胡方平此论的。胡煦在释挂扐之策时亦多引自胡方平《易学启蒙通释》之论。胡方平曾贯以阳尊阴卑来说明图书生成数、奇偶数的排列结构,这种思想和做法在后世中也被承继。如清任启运在《周易洗心》诠释图书时引胡方平此种思想言论来说明:"玉斋胡氏曰:河图以生成分阴阳,五生数阳统五成数阴,同处其方而阳内阴外,交泰之义也;洛书以奇耦分阴阳,五奇数阳统五耦数阴,各居其所而阳正阴偏,尊卑之义也!"⑥对于胡方平的卦气说,元钱义方在《周易图说》中评论说:"玉斋胡氏乃以六十四卦分配,二分二至四位各两卦,外十六气各三卦,合之为六十四卦。夫节气周于天,卦象周于图,本无间也,而何有于两卦

① (清)陈梦雷:《周易浅述》卷8,文渊阁《四库全书》第43册,第315页。
② (清)胡煦:《周易函书别集》卷10,文渊阁《四库全书》第48册,第986页。
③ (清)程廷祚:《大易择言》卷25,文渊阁《四库全书》第52册,第844页。
④ (明)林希元:《易经存疑》卷10,文渊阁《四库全书》第30册,第552页。
⑤ (清)王宏撰:《周易筮述》卷2,文渊阁《四库全书》第41册,第29页。
⑥ (清)任启运:《周易洗心》卷首上,文渊阁《四库全书》第51册,第190—191页。

三卦多少之分哉？吁泥矣。"①批评胡方平将节气于两卦、三卦强分不同。

卜筮易也被广泛讨论。胡煦在《周易函书约存》中讨论了胡一桂的揲蓍法，认为"胡氏舍正策而论余数，失之远矣"②。明蔡清在《易经蒙引》中对于胡方平的三爻变的变占法则很认可，对于胡方平所论"三爻变所以占本卦及之卦象辞者，盖变至三爻，则所变爻与不变爻六爻平分，故就两卦象辞占，而以本卦为贞之卦为悔也"解释道："三爻变则占本卦及之卦象辞，而又必前十卦主贞，后十卦主悔，所以必有所主者何也？曰：既二爻俱变则二爻之辞不同，既二象俱占则二象之占亦不同。于其不同之际，苟无以主之，则不知所决矣。"③蔡清从二爻俱变的占例推出三爻俱变定主之法，这是对胡方平之说的进一步诠释。

胡氏易学的解易体例也得到承继。后世易学者常用胡氏解易方法和体例，如比较诠释的方法和卦体、各体、应体取象法等。如明潘士藻在释《归妹》卦时说："胡双湖曰尝合卦爻辞观之。卦辞女归吉者，以三四两爻也。爻辞夫妇凶者，亦三四两爻也。卦以两体论，巽女有归艮男之象。爻以应否论，当相应之位者为正，不当相应之位者为邪。四女无归三男之理也。特相比而相得，为私情之相合耳。此卦但言女归，不言取女，不得与咸例论。谨始之意已可见于言外矣。"④此例潘士藻一宗胡一桂解易、取象法，涉及巽女艮男各体、相应不相应的应体取象法，还涉及卦体六爻、卦辞与爻辞及《归妹》《咸》卦比较诠释的方法。胡炳文区分以德言和以位言的解易体例，也被后世继承。如清王又朴在释《乾》卦时说："云峰胡氏曰二之施以德言，五之造兼德与位言。"⑤区分德位言，这是胡炳文德位解易的做法，被王又朴所接受。

我们看到，后世引用、评价胡氏易学的言论中，其中有把胡氏易学当作正面的教材，也有把它当作反面的被批评的案例。但对胡氏易学来说，无论是当作正面教材，还是反面教材，都无疑彰显着胡氏易学在后世易学中的影响和地位。

---

① （元）钱义方：《周易图说》卷下，文渊阁《四库全书》第26册，第648页。
② （清）胡煦：《周易函书约存》卷10，文渊阁《四库全书》第48册，第274页。
③ （明）蔡清：《易经蒙引》卷11上，文渊阁《四库全书》第29册，第673页。
④ （明）潘士藻：《读易述》卷9，文渊阁《四库全书》第33册，第357页。
⑤ （清）王又朴：《易翼述信》卷2，文渊阁《四库全书》第50册，第558页。

三、元代婺源胡氏易学的不足

然而,我们在看到元代婺源胡氏易学的功绩之余,也应注意到胡氏易学也有不少的缺陷。

首先,有些论据不够新颖,文献考证不足,导致某些易学观点缺乏说服力。虽然胡氏中胡一桂列了大量易学文献,然而,胡一桂所列的文献史料基本上囿于旧知,而且,他重在对文献以丛目形式加以载册存根,对其中文献的考证很不足,致使其易学言论说服力大打折扣。胡一桂易著有专门一章"辨疑",但他常以异说无着实根据而谴之为"妄论",不屑于与之争论,而胡一桂自己又提不出新的文献依据,如其对范谔昌、王昭素谓《彖象》《爻辞》《小象》《文言》为周公所作的观点,胡一桂一句"援引不明,而辄易其言者,同于诞妄,不足为惑可也"就挡回去了,实不能服人。三先生中胡方平、胡炳文亦同样缺乏考证的工作,对一些有争议的譬如八卦是据何产生的问题,缺乏深入考证而有主观臆断之嫌,同样难以服人。

其次,元代婺源胡氏捍卫朱子易学之立场坚定、态度坚决,旨在阐明、发挥朱子易学,为此做了大量工作,虽很好地维护、弘扬了朱子易学,但也正是由于这种立场、态度,反而束缚了胡氏的手脚,有些易学囿于前人范畴,导致在某些易学思想的阐明上,不免落于浅薄或牵强附会之中;在"易学思想"的发挥上,创造性、超越性不足,使人不无遗憾。

总的来看,元代婺源胡氏易学坚守朱子易学的立场,以朱子易学为宗,展现了元代婺源朱子后学群体的道脉性和地域性的文化特色。虽有所不足,但其对朱子易学、古代易学的传承和发展作出了巨大的贡献;其所揭示的易学象数背后的理义,阐述的易学法象天地自然之道,对后世理解易的全体大用思想,发挥易之经世致用,具有重要价值;后世易学引用胡氏易学内容数量之多,时间纵跨之深远,范围横跨之广泛,所涉易学内容之全面,这些都无法忽视胡氏易学在易学史上的作用和地位。若说朱子易学是对前人易学的集大成,那么,元代婺源胡氏易学则是集大成者的推进者和弘扬者,起着承上启下的作用,是易学史上不可或缺的发展环节,其功于前,其利于后,皆不可没。

参考文献

一、著作

1．(魏)王弼、(晋)韩康伯注,(唐)孔颖达疏:《周易注疏》,文渊阁《四库全书》,第 7 册,台湾商务印书馆 1986 年影印版。

2．(唐)李鼎祚:《周易集解》,文渊阁《四库全书》,第 7 册,台湾商务印书馆 1986 年影印版。

3．(宋)胡瑗:《周易口义》,文渊阁《四库全书》,第 8 册,台湾商务印书馆 1986 年影印版。

4．(宋)欧阳修:《文忠集》,文渊阁《四库全书》,第 1102 册,台湾商务印书馆 1986 年影印版。

5．(宋)刘牧:《易数钩隐图》,文渊阁《四库全书》,第 8 册,台湾商务印书馆 1986 年影印版。

6．(宋)邵雍:《皇极经世书》,文渊阁《四库全书》,第 803 册,台湾商务印书馆 1986 年影印版。

7．(宋)杨时:《龟山集》,文渊阁《四库全书》,第 1125 册,台湾商务印书馆 1986 年影印版。

8．(宋)郭雍:《郭氏传家易说》,文渊阁《四库全书》,第 13 册,台湾商务印书馆 1986 年影印版。

9．(宋)王湜:《易学》,文渊阁《四库全书》,第 805 册,台湾商务印书馆 1986 年影印版。

10．(宋)朱震:《汉上易传》,文渊阁《四库全书》,第 11 册,台湾商务印书馆 1986 年影印版。

11．(宋)程迥:《周易古占法》,文渊阁《四库全书》,第 12 册,台湾商务印书馆 1986 年影印版。

12．(宋)程大昌:《易原》,文渊阁《四库全书》,第 12 册,台湾商务印书馆 1986 年影印版。

13．(宋)林栗:《周易经传集解》,文渊阁《四库全书》,第 12 册,台湾商务印书馆 1986 年影印版。

14．(元)胡方平:《易学启蒙通释》,文渊阁《四库全书》,第 20 册,台湾商务印书馆 1986 年影印版。

15.（元）俞琰：《周易集说》，文渊阁《四库全书》，第21册，台湾商务印书馆1986年影印版。

16.（元）胡一桂：《易附录纂注》，文渊阁《四库全书》，第22册，台湾商务印书馆1986年影印版。

17.（元）胡一桂：《周易启蒙翼传》，文渊阁《四库全书》，第22册，台湾商务印书馆1986年影印版。

18.（元）吴澄：《易纂言》，文渊阁《四库全书》，第22册，台湾商务印书馆1986年影印版。

19.（元）吴澄：《吴文正集》，文渊阁《四库全书》，第1197册，台湾商务印书馆1986年影印版。

20.（元）赵采：《周易程朱传义折衷》，文渊阁《四库全书》，第23册，台湾商务印书馆1986年影印版。

21.（元）胡炳文：《周易本义通释》，文渊阁《四库全书》，第24册，台湾商务印书馆1986年影印版。

22.（元）胡炳文：《云峰集》，文渊阁《四库全书》，第1199册，台湾商务印书馆1986年影印版。

23.（元）陈栎：《定宇集》，文渊阁《四库全书》，第1205册，台湾商务印书馆1986年影印版。

24.（元）胡次焱：《梅岩文集》，文渊阁《四库全书》，第1188册，台湾商务印书馆1986年影印版。

25.（元）王申子：《大易缉说》，文渊阁《四库全书》，第24册，台湾商务印书馆1986年影印版。

26.（元）李简：《学易记图说》，文渊阁《四库全书》，第25册，台湾商务印书馆1986年影印版。

27.（元）董真卿：《周易会通》，文渊阁《四库全书》，第26册，台湾商务印书馆1986年影印版。

28.（元）曾贯：《易学变通》，文渊阁《四库全书》，第26册，台湾商务印书馆1986年影印版。

29.（元）钱义方：《周易图说》，文渊阁《四库全书》，第26册，台湾商务印书馆1986年影印版。

30.（元）汪克宽：《环谷集》，文渊阁《四库全书》，第1220册，台湾商务印书馆1986年影印版。

31.（元）赵汸：《东山存稿》，文渊阁《四库全书》，第1221册，台湾商务印书馆1986年影印版。

32.（明）胡广等：《周易传义大全》，文渊阁《四库全书》，第28册，台湾商务印书馆1986年影印版。

33.（明）蔡清：《易经蒙引》，文渊阁《四库全书》，第29册，台湾商务印书馆1986年影印版。

34．（明）林希元：《易经存疑》，文渊阁《四库全书》，第 30 册，台湾商务印书馆 1986 年影印版。

35．（明）胡居仁：《易像钞》，文渊阁《四库全书》，第 31 册，台湾商务印书馆 1986 年影印版。

36．（明）潘士藻：《读易述》，文渊阁《四库全书》，第 33 册，台湾商务印书馆 1986 年影印版。

37．（明）杨士奇：《东里续集》，文渊阁《四库全书》，第 1238 册，台湾商务印书馆 1986 年影印版。

38．（清）永瑢、纪昀等撰：《钦定四库全书简明目录》，文渊阁《四库全书》，第 6 册，台湾商务印书馆 1986 年影印版。

39．（清）王宏撰：《周易筮述》，文渊阁《四库全书》，第 41 册，台湾商务印书馆 1986 年影印版。

40．（清）陈梦雷：《周易浅述》，文渊阁《四库全书》，第 43 册，台湾商务印书馆 1986 年影印版。

41．（清）胡煦：《周易函书约存》《周易函书别集》，文渊阁《四库全书》，第 48 册，台湾商务印书馆 1986 年影印版。

42．（清）王又朴：《易翼述信》，文渊阁《四库全书》，第 50 册，台湾商务印书馆 1986 年影印版。

43．（清）任启运：《周易洗心》，文渊阁《四库全书》，第 51 册，台湾商务印书馆 1986 年影印版。

44．（清）程廷祚：《大易择言》，文渊阁《四库全书》，第 52 册，台湾商务印书馆 1986 年影印版。

45．（清）嵇璜、曹仁虎等撰：《钦定续通志》，文渊阁《四库全书》，第 394 册，台湾商务印书馆 1986 年影印版。

46．（清）李清馥：《闽中理学渊源考》，文渊阁《四库全书》，第 460 册，台湾商务印书馆 1986 年影印版。

47．（清）赵弘恩等撰：《江南通志》，文渊阁《四库全书》，第 508 册，台湾商务印书馆 1986 年影印版。

48．（清）嵇璜、曹仁虎等撰：《钦定续文献通考》，文渊阁《四库全书》，第 630 册，台湾商务印书馆 1986 年影印版。

49．（清）朱彝尊：《经义考》，文渊阁《四库全书》，第 677 册，台湾商务印书馆 1986 年影印版。

50．（清）徐文靖：《管城硕记》，文渊阁《四库全书》，第 861 册，台湾商务印书馆 1986 年影印版。

51．（唐）孔颖达：《周易正义》，《续修四库全书》，第 1 册，上海古籍出版社 1995 年版。

52．（元）胡一桂：《双湖先生文集》，《续修四库全书》，第 1322 册，上海古籍出版社

1995 年版。

53．(清)赵吉士:《寄园寄所寄》,《续修四库全书》,第 1197 册,上海古籍出版社 1995 年版。

54．(汉)班固:《汉书》,中华书局 1962 年版。

55．(汉)许慎:《说文解字》,中华书局 1963 年版。

56．(魏)王弼著,楼宇烈校释:《王弼集校释》,中华书局 1980 年版。

57．(唐)刘禹锡:《刘禹锡集》,中华书局 1990 年版。

58．(宋)欧阳修、宋祁撰:《新唐书》,中华书局 1975 年版。

59．(宋)周敦颐:《周濂溪集》,中华书局 1985 年版。

60．(宋)周敦颐撰,梁绍辉、徐荪铭等点校:《周敦颐集》,岳麓书社 2007 年版。

61．(宋)程颢、程颐:《二程集》,中华书局 1981 年版。

62．(宋)张载:《张载集》,中华书局 1978 年版。

63．(宋)李觏:《李觏集》,中华书局 1981 年版。

64．(宋)《周易图》,《道藏》第 3 册,文物出版社、上海书店、天津古籍出版社 1988 年版。

65．(宋)朱熹:《易学启蒙》,《周易本义》,《朱子全书》第 1 册,上海古籍出版社、安徽教育出版社 2002 年版。

66．(宋)朱熹:《晦庵先生朱文公文集》,《朱子全书》第 22、23 册,上海古籍出版社、安徽教育出版社 2002 年版。

67．(宋)朱熹:《朱熹集》,四川教育出版社 1996 年版。

68．(宋)朱熹撰,廖名春点校:《周易本义》,中华书局 2009 年版。

69．(宋)黎靖德编,王星贤点校:《朱子语类》,中华书局 1986 年版。

70．(元)脱脱等:《宋史》,中华书局 1977 年版。

71．(明)宋濂等撰:《元史》,中华书局 1976 年版。

72．(明)王夫之:《周易内传发例》,《船山遗书》第 1 册,岳麓书社 1988 年版。

73．(明)戴廷明、程尚宽:《新安名族志》,黄山书社 2004 年版。

74．(明)程敏政辑撰,何庆善、于石点校:《新安文献志》,黄山书社 2004 年版。

75．(明)程瞳辑撰,王国良、张健点校:《新安学系录》,黄山书社 2006 年版。

76．(清)清宗羲原著,(清)全祖望补修,陈金生、梁运华点校:《宋元学案》1—4 卷,中华书局 1986 年版。

77．(清)清宗羲:《易学象数论:外二种》,中华书局 2010 年版。

78．(清)永瑢等撰:《四库全书总目》,中华书局 1965 年版。

79．(清)纳兰性德辑:《通志堂经解》1—4 册,江苏广陵古籍刻印社 1993 年版。

80．(清)耿文光:《万卷精华楼藏书记》,中华书局 1993 年版。

81．(清)黄虞稷:《千顷堂书目》,上海古籍出版社 2001 年版。

82．(清)莫友芝撰,傅增湘订补,傅熹年整理:《藏园订补郘亭知见传本书目》卷一,中华书局 2009 年版。

83．（清）施璜编，吴瞻泰补：《紫阳书院志》，黄山书社 2010 年版。

84．（清）毛奇龄撰，郑万耕点校：《毛奇龄易著四种》，中华书局 2010 年版。

85．（清）皮锡瑞：《经学历史》，中华书局 2004 年版。

86．（清）皮锡瑞：《经学通论》，中华书局 1954 年版。

87．弘治《徽州府志》，《天一阁藏明代方志选刊》第 21 册，上海古籍出版社 1964 年版。

88．国学整理社原辑：《庄子集解》，《诸子集成》第 3 册，中华书局 1954 年版。

89．潘雨廷：《读易提要》，上海出版社 2003 年版。

90．朱伯崑：《易学哲学史》1—4 卷，昆仑出版社 2009 年版。

91．王铁：《宋代易学》，上海古籍出版社 2005 年版。

92．屈万里：《先秦汉魏易例述评》，《屈万里全集》第八卷，台湾联经出版事业公司 1984 年版。

93．廖名春、康学伟、梁韦弦：《周易研究史》，湖南出版社 1991 年版。

94．徐志锐：《宋明易学概论》，辽宁古籍出版社 1997 年版。

95．郑万耕：《易学源流》，沈阳出版社 1998 年版。

96．刘大钧：《象数易学研究》（第一辑），齐鲁书社 1996 年版。

97．刘大钧：《象数易学研究》（第二辑），齐鲁书社 1998 年版。

98．刘大钧：《象数易学研究》（第三辑），巴蜀书社 2003 年版。

99．刘大钧：《周易概论》，巴蜀书社 2004 年版。

100．林忠军：《象数易学发展史》（第二卷），齐鲁书社 1998 年版。

101．萧汉明：《周易本义导读》，齐鲁书社 2003 年版。

102．梁韦弦：《程氏易传导读》，齐鲁书社 2003 年版。

103．丁原明：《〈横渠易说〉导读》，齐鲁书社 2004 年版。

104．梁韦弦：《易学考论》，黑龙江人民出版社 2005 年版。

105．刘玉建：《周易正义导读》，齐鲁书社 2005 年版。

106．吕绍纲：《周易阐微》，上海古籍出版社 2005 年版。

107．王新春、吕颖、周玉凤：《〈易纂言〉导读》，齐鲁书社 2006 年版。

108．王永宽：《河图洛书探秘》，河南人民出版社 2006 年版。

109．史善刚：《河洛文化与中国易学》，河南人民出版社 2009 年版。

110．高怀民：《先秦易学史》，广西师范大学出版社 2007 年版。

111．高怀民：《两汉易学史》，广西师范大学出版社 2007 年版。

112．高怀民：《宋元明易学史》，广西师范大学出版社 2007 年版。

113．徐芹庭：《易经源流：中国易经学史》，中国书店 2008 年版。

114．杨倩描：《王安石"易"学研究》，河北大学出版社 2006 年版。

115．张克宾：《朱熹易学思想研究》，人民出版社 2015 年版。

116．尹锡珉：《王弼易学解经体例探源》，巴蜀书社 2006 年版。

117．张图云：《周易中的数学：揲扐算法研究》，贵州科技出版社 2008 年版。

118．黄寿祺、张善文：《周易研究论文集》（第一辑），北京师范大学出版社 1987 年版。

119．张善文：《象数与义理》，辽宁教育出版社 1993 年版。

120．张其成：《易符与易图》，中国书店 1999 年版。

121．詹石窗：《易学与道教符号揭秘》，中国书店 2003 年版。

122．史甄陶：《家学、经学和朱子学——以元代徽州学者胡一桂、胡炳文和陈栎为中心》，华东师范大学出版社 2012 年版。

123．周茶仙、胡荣明：《宋元明江西朱子后学群体研究》，江西人民出版社 2013 年版。

124．方旭东：《吴澄评传》，南京大学出版社 2005 年版。

125．周晓光：《新安理学》，安徽人民出版社 2004 年版。

126．蔡方鹿：《朱熹经学与中国经学》，人民出版社 2004 年版。

127．束景南：《朱熹年谱长编》，华东师范大学出版社 2001 年版。

128．罗立刚：《宋元之际的哲学与文学》，复旦大学出版社 1995 年版。

129．何宁：《淮南子集释》卷十，中华书局 1998 年。

130．李修生主编：《全元文》第 13 册，江苏古籍出版社 1999 年。

131．李修生主编：《全元文》第 18 册，江苏古籍出版社 2005 年。

二、论文

1．李秋丽：《胡一桂易学研究》，山东大学 2006 年博士学位论文。

2．李秋丽：《胡一桂易学观研究》，《周易研究》2008 年第 4 期。

3．李秋丽：《胡一桂"四圣易象说"探研》，《周易研究》2010 年第 5 期。

4．李秋丽：《论胡一桂占筮识度下的易象观》，《东岳论丛》2010 年第 11 期。

5．钟彩钧：《胡方平、一桂父子对朱子〈易〉学的诠释》，《元代经学国际研讨会论文集》上，台湾"中央研究院中国文哲研究所"筹备处，2000 年。

6．梁韦弦：《宋易在元代的发展》，《周易研究》1992 年第 3 期。

7．黄沛荣：《元代〈易〉学平议》，《元代经学国际研讨会论文集》，台湾"中央研究院中国文哲研究所"筹备处，2000 年。

8．王冉冉：《元代易学研究》，北京师范大学 2012 年博士学位论文。

9．徐儒宗：《周易经传分合考》，载《大易集成》，文化艺术出版社 1991 年版。

10．张平平：《从〈双湖文集〉看新安理学家胡一桂的政治思想》，《铜陵学院学报》2008 年第 2 期。

11．张平平：《略论元代新安理学家胡炳文》，《乐山师范学院学报》2008 年第 8 期。

12．高新满：《胡炳文易学研究》，山东大学 2008 年硕士学位论文。

13．谢辉：《简论朱子易学在元代发展的基本面貌》，《周易研究》2010 年第 6 期。

14．谢辉：《胡炳文〈周易本义通释〉版本考略》，《山东图书馆学刊》2015 年第 6 期。

15．郭振香：《论胡炳文对朱熹〈周易本义〉的推明与发挥》，《安徽大学学报》（哲学社会科学版）2010 年第 2 期。

16．杨泽：《胡炳文的道统观与学术倾向》，《孔子研究》2016 年第 2 期。

17．常桂兰、刘成群：《元代新安理学的易学思想》，《内蒙古农业大学学报》（社会科学版)2009 年第 6 期。

　　18．王新春:《〈周易〉时的哲学发微》,《孔子研究》2001 年第 6 期。

　　19．黄黎星:《与时偕行,趣时通变——周易"时"之观念析》,《周易研究》2004 年第 4 期。

　　20．陈荣捷:《元代之朱子学》,载《朱子论集》,华东师范大学出版社 2007 年版。

　　21．周晓光:《新安理学源流考》,《中国文化研究》1977 年夏之卷。

　　22．赵华富:《元代新安理学家弘扬朱子学的学术活动》,《安徽大学学报》2000 年第 6 期。

　　23．李霞:《论新安理学的形成、演变及其阶段性特征》,《中国哲学史》2003 年第 1 期。

　　24．张克宾:《朱熹"〈易〉本是卜筮之书"疏论》,《中国哲学史》2011 年第 2 期。

　　25．余敦康:《朱熹〈周易本义〉卷首九图与〈易学启蒙〉解读》,《中国哲学史》2001 年第 4 期。

　　26．詹石窗、杨燕:《朱熹与〈周易〉先天学关系考论》,《中国社会科学》2007 年第 5 期。

　　27．周茶仙:《宋明时期江西朱子后学群体研究概说》,《朱子学刊》2011 年第 1 辑。

　　28．周茶仙、胡荣明:《试论宋元明初江西朱子学发展的若干特性》,《上饶师范学院学报》2012 年第 2 期。

后　记

　　《孟子》曰："尽其心者,知其性也。知其性,则知天矣。"天人之际,性命之道,我以易存焉。我于易二十余载。昔日年少访亲,偶见其家藏易书,初时未能在意,卦象难看,卦辞难明,枯燥晦涩,如此之书有何意义? 倒不如术书,以断人生,饶有兴趣,遂取他书以观。后重拾之于学堂,幸甚! 如今时过境迁,幻如昨日,众多理想亦已变迁,但于易未能一刻忘却,废寝食于书外,置图书卦画于脑海,终日玩索,为求天地之心,以易经世。

　　人法易,易法自然。易发于象占,止于理。象占不明,则义理无所凭依。义理不明,则象占无所着落。于生活处遍寻自然之易之象数,求其理,则易之全体大用自然流露,而人未免不能尽心知性知天矣。惜古人论易,虽言象数、义理、卜筮为一体,然仍有就《易》而论易,或空谈象数、义理,或流于技易,而忽视易之经世致用之嫌;当今世人所谓生活易,阐发人伦道德理义,实是古人义理易学于当今之翻版,既无什新意,又空"法"难依。

　　婺源胡氏三先生,谈象言理用占,理论发挥有之。明其易,则易之全体大用思之过半矣。辛卯岁,略述胡氏三先生之易,以成博士学位论文。迄今六载,几易其稿乃成此书。其中纰漏难免,愿就教于方家、同仁。

　　值此付梓之际,感谢恩师詹石窗教授。此书选题、成文至付梓,亦不离先生之劳心。先生学识之渊博,治学之严谨,教诲之谆谆,待人之宽容,关怀之切切,始终激励和鞭策着我不断努力。同时,感谢盖建民教授、乐爱国教授、傅小凡教授、黄海德教授、林忠军教授等,诸位先生对此文提出不少中肯的修改意见和建议。感谢编辑方国根先生为此书的出版付出的辛苦努力。

　　感谢一直支持和爱我的家人。我深切怀念我的母亲。母亲勤劳一生,于乙未岁初突然离世,未能让儿尽孝。每每思母,心痛如丝,愣怔恍惚!

　　谨以拙作献给母亲!

李育富

丁酉年丁未月初修,戊戌年甲子月再修

于重庆一心斋

策划编辑:方国根

责任编辑:方国根　夏　青

图书在版编目(CIP)数据

元代婺源胡氏易学研究/李育富 著. —北京:人民出版社,2022.8
(国学新知文库. 第二辑/詹石窗主编)
ISBN 978－7－01－024054－1

Ⅰ.①元…　Ⅱ.①李…　Ⅲ.①《周易》-研究　Ⅳ.①B221.5

中国版本图书馆 CIP 数据核字(2021)第 245775 号

元代婺源胡氏易学研究
YUANDAI WUYUAN HUSHI YIXUE YANJIU

李育富　著

人民出版社 出版发行
(100706　北京市东城区隆福寺街 99 号)

天津文林印务有限公司印刷　新华书店经销

2022 年 8 月第 1 版　2022 年 8 月北京第 1 次印刷
开本:710 毫米×1000 毫米 1/16　印张:24
字数:360 千字

ISBN 978－7－01－024054－1　定价:95.00 元

邮购地址 100706　北京市东城区隆福寺街 99 号
人民东方图书销售中心　电话 (010)65250042　65289539